The Creative Connection

인간중심 표현예술치료

창조적 연결

인간중심 표현예술치료

창조적 연결

나탈리 로저스 지음 | 이정명 · 전미향 · 전태옥 옮김

The Creative Connection

Σ 시그마프레스

인간중심 표현예술치료 – 창조적 연결

발행일 | 2007년 8월 30일 1쇄 발행
2010년 2월 25일 2쇄 발행
2024년 8월 1일 3쇄 발행

저자 | 나탈리 로저스
역자 | 이정명 · 전미향 · 전태옥
발행인 | 강학경
발행처 | (주) 시그마프레스
편집 | 김윤희 · 김경임
교정 · 교열 | 박민정

등록번호 | 제10-2642호
주소 | 서울특별시 마포구 성산동 210-13 한성빌딩 5층
전자우편 | sigma@spress.co.kr
홈페이지 | http://www.sigmapress.co.kr
전화 | (02)323-4845~7(영업부), (02)323-0658~9(편집부)
팩스 | (02)323-4197

ISBN | 978-89-5832-388-4

The Creative Connection: Expressive Arts as Healing
Author : Natalie Rogers

* 책값은 뒤표지에 있습니다.

나의 어머니와 아버지이신

헬렌 엘리엇 로저스와 칼 R. 로저스를

추억하며

창조적인 딸들

재닛, 프랜시스, 나오미,

그리고 기쁨을 주며 자라나는 손주들

사트야, 사이먼, 재즈민, 메건에게

이 책을 바친다.

역자 서문

2003년 봄, 춘해대학 김예숙 교수의 추천으로 하와이에서 열렸던 나탈리 로저스의 인간중심 표현예술치료 워크숍에 참가했다. 8일간 진행된 워크숍 내내 날씨는 악천후를 기록했다. 급기야 길이 끊기고 단수가 되었다. 50명이 넘는 참가자들은 물수건으로 얼굴만 닦으며 닷새를 넘게 견뎌야 했다. 그때 나탈리 로저스 박사의 태도는 극한 상황에서 촉진자의 공감이 어떻게 사람들의 창조성을 불러일으키고, 그것을 통해 고통이 성장의 원동력으로 변화되는가를 보여 주는 극적인 사례가 되었다. 이 책의 원서를 처음 읽은 것도 그때였다. 그때의 경험은 마치 칼 로저스의 인간중심 심리치료 교과서와 나탈리 로저스의 책 내용이 고스란히 실현되었다고 할 수 있을 만한 것이었다.

나탈리 로저스는 인간중심 심리치료의 창시자인 그녀의 아버지 칼 로저스와 함께 오랜 기간 공동으로 워크숍을 진행해 오면서 몸으로 인간중심 심리치료를 체득한 분이다. 거기에 그림과 춤 등의 표현예술적인 방법론을 접목시켜 인간중심 표현예술치료를 만들었다. 그리고 지금은 미국 세이브룩 대학원의 교수이며, 그녀가 운영하는 인간중심 표현예술치료 프로그램은 유럽, 라틴 아메리카, 일본, 미국, 러시아 등으로 퍼져 나가 많은 전문가를 배출해 내고 있다. 특히 그녀의 작업에서 인간중심 표현예술치료는 개인 내적인 것에 대한 치료를 넘어 사회의 갈등을 해소하고 창조적으로 사회를 변화시키는 데 초점을 맞추고 있다.

지난해 여름, 나탈리 로저스 박사와 한국에서의 워크숍을 의논하는 자리에서였다. 그녀는 내가 현재 공부하고 있는 미국 타말파 연구소에서 당신도 오래전 공부를 했고, 그 경험이 바로 이 책에 녹아 들어가 있다고 하시며, 내게 이 책을 한국어로 번역해 줄 수 있겠느냐고 물으셨다.

미국의 대학들뿐만 아니라 전 세계적으로 표현예술치료의 고전이 된 이 책의 번역을 의뢰받은 것은 개인적으로 큰 영광이었다. 그러나 나는 이것을 한 권의 번역서를 내기 위한 프로젝트가 아니라 인간중심 표현예술치료를 제대로 공부하라는 메시지로 받아들였다. 즉시 대구미술치료연구소의 전태옥, 전미향 선생님께 이번 기회에 함께 공부하자고 말씀드렸다. 이미 이 책의 메시지에 공감하고 있던 두 분은 당장 책을 읽기 시작하셨다.

미국과 한국을 연결하여 책을 읽은 영감을 전화로, 이메일로 나누었다. 인간중심 표현예술치료가 지닌 깊은 초월적 요소를 발견하고 점점 이 책의 매력에 빠져들면서 우리는 이 책의 글자 하나하나에 생생히 살아 있는 나탈리 로저스의 치료적 지향을 고스란히 이해할 수 있었다. 또 우리가 개인적으로나마 이 철학을 실현시키려고 노력하고 있었다는 것을 느끼고 위안을 받기도 했다.

그 공부의 과정은 우리 자신에게 많은 변화를 불러일으켰다. 그간 치료 현장이나 교육 현장에서의 태도를 돌아보았을 뿐만 아니라, 과연 인간의 잠재력이 충분히 발현될 수 있도록 우리가 더 할 수 있는 일은 무엇인가를 심각하게 고민하기 시작했다. 그리고 그 대답 중의 하나를 바로, 어떻게 하면 개인과 사회가 더욱 창조적으로 연결되는 데 우리가 기여할 수 있을까 하는 '창조적 연결' 의 철학에서 찾고 있는 중이다.

2007년 초여름

미국 캘리포니아 마린 카운티에서

이정명

저자 서문

표현예술은 매우 오래된 예술형식이며, 오늘날 이 세상에서 요구하는 통합과 균형을 회복하기 위해 재탄생되었다. 인류는 오랜 옛날부터 춤과 노래, 그림 그리기와 이야기 만들기가 동일한 과정의 각 부분이라는 것을 알고 있었다. 그리고 바로 이 표현적인 예술이 인간을 창조적이고 완전하게 해 준다는 것도 알고 있었다. 그들은 예술을 서로 연결해서 사용했고, 나아가 이것을 자연의 힘과도 연결하였다. 춤과 음악은 정서를 해소하고 신체의 에너지를 높여 주며 공동체의 혼을 일깨운다. 시각예술은 심상과 은유를 제공해 준다.

지금부터 나는 심리치료와 창조성의 철학, 그리고 한 가지 형태의 예술과 다른 예술을 연결하는 창조적 연결 과정에 대하여 서술하고자 한다. 이 과정을 통해 당신의 개인적인 즐거움과 자기발견, 나아가 깊은 심리적 치유를 할 수 있는 기회를 제공하고 싶다. 나의 목적은 우선 당신이 근원적인 창조적 능력을 회복하고, 치유와 변화를 불러오는 자유로운 자기표현을 통해 창조성을 탐색하는 방법을 알도록 하는 것이다. 만약 당신이 자기표현을 통한 치유를 경험한다면 이를 당신의 전문적인 작업에도 적용해 보고자 할 것이다. 그런 의미에서 이 책은 심리치료사, 교사, 부모, 그리고 자기탐색이나 통찰, 의사소통을 위해 안전하고 양육적인 환경을 제공하고자 하는 사람들을 위한 지침서가 될 것이다.

사람들은 종종 내게 왜 표현예술에 관심을 갖게 되었는지 묻는다. 나의 어머니인 헬렌 엘리엇 로저스는 재능 있는 화가였으며, 오빠와 내게 데생과 회화, 조소를 하도록 자극하고 격려하셨다. 나의 아버지인 칼 로저스는 심리학자로서 자신이 명명한 내담자중심 치료라는 탁월한 이론과 방법을 개발하셨다. 그의 이론이 발달해 감에 따라 점차 교육 분야나 행정 분야 또는 명상 작업에도 적용되었고, 그것이 나중에는 인간중심 접근법이라고 불리게 되었다.

이런 배경으로 내가 미술과 심리학 모두에 관심이 있었던 것은 당연한 일이다. 나는 또 자기표현을 위해 동작을 사용하는 것을 좋아했다. 어린아이였을 때 거실에서 음악을 틀어 놓고 춤을 추곤 했다. 대학에서의 전공은 심리학이었지만 미술 과목도 같이 공부했다. 결혼을 하고 아이들이 자란 뒤에 다시 심리학 석사 학위를 받기 위해 브랜다이스 대학에 입학하였다. 그때 나의 멘토는 에이브러햄 매슬로우였으며, 거기서 나는 심리치료사가 되기 위한 공부를 계속하였다. 내가 맡은 첫 일거리는 어린이들을 대상으로 하는 놀이치료였다. 그 경험을 통해 예술은 어린이들에게 표현을 위한 자연스러운 방법이라는 것을 알게 되었다.

그 후 정신건강 클리닉과 정신과 병원에서 일하면서 나는 내담자가 느낌을 표현하고 통찰을 하기 위해서 예술을 이용한 실험을 하였다. 여기에 더해 오랫동안 개인 작업을 통해서 아버지의 인간중심 철학을 확대시키고 예술을 접목한 나의 심리치료법을 개발하게 되었다.

나는 20년의 결혼 생활 끝에 이혼을 했고, 캘리포니아로 옮겨 와서 드디어 인간중심 표현예술 훈련 프로그램을 만드는 데 온 열정을 쏟았다. 지난 10여 년의 시간 동안 나는 이 프로그램의 참여자들이 미술과 동작, 음악, 글쓰기를 통하여 서서히 변화되고 놀라울 정도의 깨달음을 얻는 것을 보고 고무되었다. 2년 동안 여러 번이나 다시 참가하는 사람들을 통하여 그들의 창조성이 활발하게 터져 나오고 자기 역량이 더욱 강화되어 가는 것을 관찰하였다.

나는 당신이 이 방식을 온몸으로 느낄 수 있도록 하려고 노력했다. 처음 몇 개 장은 자기 자신이나 가족 또는 친구들을 대상으로 한 놀이처럼 표현예술을 적용하는 방법에 대하여 기술하였다. 결과에 관계없이 과정 자체를 즐기는 법을 배우는 것이 어린 시절 창조의 기쁨을 회복하는 데 있어서 핵심이다. 그러나 모든 환경이 창조성을 유발하지는 않는다. 제2장은 창조성을 촉진하는 환경을 개발하기 위한 인간중심 치료의 원칙에 대한 나의 확대된 견해를 썼다. 제4장과 제5장은 창조적 연결 과정에 대하여 서술했는데, 특히 창조적 연결의 진화 과정, 즉 동작, 글쓰기, 미술, 음악, 소리, 명상 등이 어떻게 결합되어 영혼의 내적 영역으로 여행을 떠나며 타인들과의 연결이 어떻게 달성되는가 하는 것을 담았다. 표현예술 과정을 말로 서술하는 것은 마치 화성에서 온 여성에게 오렌지 맛이 어떤가를 이해시키려고 애쓰는 것과 같다. 그 맛을 이해하려면 반드시 맛을 보아야만 하는 법이니까 말이다.

제6장과 제7장은 심리치료 내담자와 다른 직종의 사람들에게 적용하는 데 대한 창조적 연결 과정의 이론과 실제에 대하여 기술하였다. 내가 강조하는 것은 우주적 의식을 수용하는 것이다. 그러나 이것은 심리치료 이론에서는 가끔 무시되고 있다. 제8장부터 제11장까지는 우리 시대의 중요한 철학적 · 정치적 · 영성적 위기에 대하여 언급하고자 시도하였다. 즉 우리의 그림자를 수용하는 것, 빛을 받아들이는 것, 영성을 발견하는 것, 문화 간의 보편성을 찾는 것, 미래를 위한 인도주의와 평등주의 그리고 창조적 의식의 계발에 대하여 서술하였다. 표현예술은 이런 주제에 대한 우리의 느낌과 생각을 이해하고 소통하는 데 강력한 수단이 된다.

모든 사람들처럼 나 또한 창조성을 막는 장애물을 가지고 있다. 이 책을 쓰는 동안 나는 우연히 나의 장애물을 없앨 수 있는 창조적 연결 과정을 작업해 볼 기회를 가지게 되었다. 내 컴퓨터는 부엌 옆방에 있는데 마침 그 방을 고치는 중이었다. 목수가 망치질을 하면서 록 음악을 크게 틀어 놓고 작업을 했다. 나는 혼잣말로 "이거 안 되겠군." 하면서 컴퓨터를 스튜디오로 옮겼다. 이럴 수가! 휴식이 필요해서 춤을 추고 노래를 부르기 위해 영감을 얻으려고 음악을 틀었더니 내 마음이 뉴에이지 음악가들, 폴 윈터, 수잔 오스번, 스티븐 할펀, 가브리엘 로스의 더 미러스, 올란툰지와 같은 타악기 연주가들을 향해 열리는 것이었다. 음악의 박동을 느끼고, 리듬을 느끼고, 천천히 몸을 흔들고, 나의 좌절감과 승리감을 표현하고, 소리를 지르고, 몸을 뻗치고, 고함을 지르고, 몸을 부드럽게 했다가 둥글게 말고, 바닥에 무너져 내리는 동작을 통해 좌뇌에서 우뇌로 옮겨 갈 수 있었으며, 풍요로움과 균형감이 나를 글쓰기로 인도하였다. 나는 무엇을 쓸 것인지를 훈련할 필요가 있었다. 점점 내 자신의 논리적이고 직선적인 면들은 직관적인 과정과 은유적인 마음으로 통합이 되어 갔다. 창조적인 과정, 그 대상 — 이 경우는 이 책 — 이 스스로의 목소리를 내기 시작하였고, 나는 마침내 그 소리에 항복하였다.

표현예술에서 이야기 만들기는 고대 조상들의 전통을 부분적으로 되살린 것이다. 지금부터 진짜로 내게 일어났던 이야기로 옮겨 가 보자. 그것은 이 책에 은유적으로 표현된 '태양의 춤(The Sun Dance)' 에 대한 이야기이다. 그 사건은 1987년 5월 22일 스위스에서 일어났다. 스위스에서의 어느 아침, 비가 부슬부슬 내리고 안개가 짙은 가운데 차가운 바람이 불고 있었다. 발코니 창 너머로는 콘스탄츠 호수를 향해 길게 내려가는 신록의 푸른 언덕이 보였다. 멀리서 소 방울 소리가 달랑거리며 나의 아침을 깨웠다. 어떤 때는 이런 특이한 알람 소리에 웃으면서 깨어나 소똥 냄새가 옅게 스며 있는 스위스의 청량한 산악 공기를 기쁘게 들이마시기도 하였다. 봄이었고 푸른 물망초와 노란 민들레가 들판을 물들이고 있었다.

"비가 오면 꽃과 푸른 잎이 쑥쑥 자라지만, 오늘같이 우울하게 내리는 비는 평소 환한 내 성격에도 정말 달갑지 않네." 나는 혼자 중얼거렸다. 프랑스풍 창문으로 고개를 내밀고 흩뿌리는 빗방울을 향해 소리를 질렀다. "난 네가 싫증이 난다. 오늘은 좀 즐기고 싶어." 나는 새로 사귄 친구 파올로 크닐과 기막히게 아름다운 스위스의 경치를 여기저기 즐기고 싶었다. 빗속에서 구불구불한 도로를 드라이브하고 안개로 뒤덮인 산을 보는 것은 즐거운 여행이 될 것 같지 않았다. 그러나 알프스에 있는 파올로의 고향 마을로 같이 여행하는 것은 지난 열흘 동안의 강렬한 정서적인 작업 후에 달콤한 휴식을 가져다줄 것이었다. "자, 태양이여, 햇빛을 좀 비춰 주렴!"

파올로는 스위스의 심리학자이며 행위예술가이자, 미국 매사추세츠 주 케임브리지에 있는 레슬리 대학의 교수이다. 그는 스위스와 독일의 전문가들을 상대로 한 열흘 과정의 '창조성과 표현예술치료' 프로그램의 촉진자 겸 지도자로 나를 초청한 것이다. 여기 스위스 교외에서 그와 나는 참가자들의 내적 창조성을 일깨우는 환경을 만들어 냈다. 그들은 활력이 넘쳤고 동작과 그림, 음악, 연극, 글쓰기와 토론을 통해서 자신을 표현하는 새로운 방법들을 찾아냈다. 교육자나 참가자나 모두들 내적 여행을 하면서 더욱 창조적이 되는 방법을 배우고 도와주는 풍성한 체험을 하였다.

그러나 오늘은 달랐다. 오늘 오후와 저녁은 수업이 없다. 그래서 우리는 긴장을 풀고 그간 우리가 배웠던 것을 느긋하게 소화시킬 기회를 갖기로 한 것이다. 아침 식사 시간에 파올로를 만났다. "오늘 아침엔 무엇을 가르칠까요?" 늘 그렇듯 스위스와 독일어 억양이 섞인 영어로 물었다.

나는 반은 농담으로 "오늘 아침에는 햇빛을 불러내는 춤을 추는 게 어때요?"라고 말했다. 그런데 진지한 어조로 말하고 보니 실제로 그렇게 해 볼 수도 있겠다는 생각이 들었다.

집단 구성원은 열두 명이었는데 그 작업을 해 보기에 적당하다는 생각이 들었다. 세션을 시작하면서 나는 "우리는 아니, 적어도 나는 이 자유로운 오늘 오후와 저녁에 햇빛이 필요해요. 우리 함께 해가 나오도록 제례 의식을 해 봅시다. 아메리카 인디언들은 이런 것을 해 왔습니다. 다른 문화에서도 마찬가지였어요. 자, 우리의 방법을 개발해 봅시다."라고 말했다.

우리들 중 일부는 천천히 드럼을 치고 춤을 추기 시작했다. 어떤 사람들은 미술 재료로 자신의 작업을 해 나갔다. 나는 펠트펜을 집어 들어 커다란 태양을 그리고 그것을 스튜디오의 중심에 놓았다. 처음에는 사람들 전부가 이 제례 춤의 박자와 장단에 참여하는 것 같지 않아 조바심이 났다. 그러나 곧 그들이 참가하거나 참가하지 않는 것은 자신의 자유이며 그것을 허용하는 것이 중요하다는 것을 깨달았다. 파올로는 처음에는 드럼으로, 나중에는 피아노로 계속해서 박자를 맞추었다. 집요하면서도 끊임없는 리듬이 계속되었고 어떤 이들은 종이나 나무토막 또는 타악기를 집어 들었다. 내 기분도 바뀌었다. 얼마나 많은 사람이 참가하는가는 중요하지 않다는 깨달음이 왔다. 중요한 것은 진지하게 몰입하는 그들의 영혼이었다. 나는 최대한 몸과 마음을 다해 태양을 불러내려고 했다. 다른 사람들도 물론 그랬다.

나의 내부에서 이런 무모한 생각에 대한 비웃음 소리가 들려왔다. "사람이 날씨를 변화시킨다고?" 그러나 한편 그런 일이 가능하다는 신념과 믿음이 있었다. 마음속의 현실주의자는 "이건 우스운 일이야."라고 말하고, 마음속의 믿는 이는 "이것은 해 볼 만한 일이고 실제로 일어날 거야."라고 속삭였다.

소리와 박자가 점차 하나가 되면서 조화를 이루었다. 우리는 성가를 부르고 소리를 지르면서 발로 박자를 맞추었다. 한두 시간쯤 지났을까, 확실하지 않다. 그 일이 일어났다. 커다란 유리창을 통해 태양빛이 비춰 들며 밝고 따뜻한 햇살을 회색 카펫 위에 뿌려

대는 것이었다.

우리의 노래는 찬가로 바뀌었다. 발로 세차게 마루를 굴렀다. 노래를 불렀다. 다른 사람들은 손뼉을 쳤다. 소리가 최고조에 달했다가 잦아들었다. 누가 창을 활짝 여니까 싱싱하고 물이 뚝뚝 떨어지는 나무들이 바로 보였다. 가까운 나뭇가지에는 새들이 앉아서 우리와 함께 노래를 불렀다.

마침내 우리는 원을 이루어 조용히 둘러앉았다. 소곤거리기도 하고 킬킬거리며 웃기도 하였다. 대화가 잦아들었다. 나는 이런 말을 했던 기억이 난다. "우리의 부름이 응답받은 것에 감사드리는 시간을 가져야 합니다. 우리가 태양을 불러낸 것이든 '그저 저절로 일어난' 일이든 그것은 중요하지 않습니다. 우리의 소망이 응답받았다는 것이 중요합니다."

사람들이 모두 고요하게 명상을 하자 새들은 목청을 더욱 높였다. 태양은 마술을 부렸다. 완전히 구름으로 뒤덮였던 하늘에서 이제는 회색 구름 사이로 밝은 빛이 쏟아졌다. 그 구름도 사라져 갔고 오후가 되자 눈부신 태양 아래 맑게 씻긴 풍경이 드러났다.

우리는 그날을 '태양 춤의 날'이라고 불렀다. 어떤 사람들은 우리의 음악과 그림, 그리고 하나로 집중된 춤과 기원이 위대한 태양을 불러왔다고 믿을 수도 있다. 어떤 이는 열흘이나 비가 내렸으니 기상학적으로 해가 나올 때가 된 것뿐이라고 말할 수도 있다. 나에게는 그런 것이 중요하지 않다. 중요한 것은 우리의 역량이 강화된 느낌에 있다. 신비감, 가능하다는 신념이 중요한 것이다.

한 참여자는 "태양 춤의 날은 내 개인 성장에 대한 하나의 은유적 표현이다. 우리가 믿음을 가지고 있다면, 우리가 강한 의도를 가지고 집중적으로 문제를 해결하려고 한다면, 우리가 그 가능성을 믿는다면, 우리가 예술을 통해 그들을 이끌어 냄으로써 우리의 느낌을 표현하는 방법을 찾는다면, 우리는 스스로의 마술을 창조할 수 있을 것이다. 우리의 내적인 기적은 실제로 일어난다."라고 하였다.

나는 이런 말을 덧붙이고 싶다. 우리가 바로 이런 신념과 의지를 집단적으로 모을 수 있다면, 그리고 이기심을 버리고 합심하여 노력할 수 있다면, 우리는 서로에게 그리고 지구라는 행성에도 커다란 영향을 미칠 수 있을 것이다. 온전하게 수용하면서 행동할 수 있다면(서로 다른 사람의 음악을 듣고 박자를 맞추면서 우리 자신의 춤을 추는 것) 우리는 태양, 선한 의지, 사랑과 같은 우주의 힘을 불러낼 수 있을 것이다. 그것이 미래를 위한 집단 의식으로 가는 한 가지 방법이다.

이 책은 그 과정, 즉 창조의 과정과 의식의 과정에 관한 것이다. 이것은 두 시간 동안의 태양 춤처럼 단순하지 않다. 많은 요소들과 힘이 포함되어 있다. 이제 다음과 같은 몇 가지 질문을 던지면서 이 글을 맺고자 한다. 우리는 창조적 능력이 막혀 있는 사람들을 어떻게 풀어 줄 것인가? 동작과 춤은 그림에 어떤 방식으로 영향을 미치는 것일까? 창조적 미술은 글쓰기에 어떤 영향을 미칠까? 어떻게 하면 원초적인 창조 능력을 사용할 수 있는 물리적이고 정신적인 환경을 제공할 수 있을까? 우리의 내면에 있는 부정적이고 어두운 힘을 어떻게 하면 잘 다룰 수 있을까? 우리의 개인적이고 보편적인 의식을 어떻게 변화시킬 것인가? 그리고 이 모든 것들이 우리의 세상을 어떻게 도울 것인가?

감사의 글

인간중심 표현치료 연구소의 프로그램에 참여한 분들과 연구소의 교수진, 이사회는 이 책에 생명과 의미를 부여해 주었다. 그들은 자신의 그림과 글과 성장 과정을 들려주며 함께 여행하면서 내 공부를 더욱 풍성하게 해 주었다. 그들의 작품을 발표하고 인용할 수 있도록 허락해 줌으로써 이 책에서 제시한 여러 개념의 구조에 풍성한 색채와 질감을 부여해 주었다. 존 F. 케네디 대학교, 샌프란시스코 대학교, 초월심리학 연구소의 내담자들과 학생들도 마찬가지였다.

작업 초기에 나를 도와준 인간중심 표현치료 연구소의 공동 창립자이자 내 딸인 프랜시스 푸크스와, 공동 소장이자 핵심적인 교수직을 맡은 셸리 데이비스에게 특히 감사한다. 게일 레어드가 마음으로 지지해 주고 관대함을 보여 주고 사적인 이야기를 책에 실을 수 있게 해 준 것에 감사한다. 그림과 글을 사용하도록 허락한 캐롤 그리핀, 리애너낸 그레이브스, 코니 스미스 시겔, 메리 맥클래리, 바비 채니에게 특히 감사한다. 리즈 캠벨과 샤 호닝은 매우 특별한 친구였으며 우리 연구소의 개념을 강력하게 지지해 준 분들이다. 프랜 메이시, 클레어 피츠제럴드, 그리고 내가 구소련에서 함께 연구하던 시절 나는 늘 마음이 편안했고 세상을 바라보는 시야도 넓어졌다. 파올로 크닐과 벤 헤지스는 유쾌하고 협조적인 동료였으며, 인간은 춤과 그림을 즐길 수 있는 존재이고, 현명하고 명랑한 개념 생성기라는 나의 믿음을 새로이 다질 수 있게 해 주었다. 마리아 곤잘레스-블루, 니나 우티가르드-사이먼, 사자 그린우드의 변치 않는 지도력과 이 책에 참여해 준 것에 감사드린다. 이 책에 자신의 활동을 담은 사진을 사용할 수 있게 허락해 준 동료들에게 감사를 표하고 싶다. 스벤드 앤더슨, 낸시 블룸, 스펜서 콘웨이, 셸리 데이비스, 그레첸 딜레이니, 엘리자베스 아이슨먼, 마리아 곤잘레스-블루, 리애너 낸 그레이브스, 사자 그린우드, 묵티 칸나, 보딜 라헬르, 게일 레어드, 프랜 메이시, 조셉 매킨타이어, 루스 밀러, 앨릭잰더 올로프, 샌디 스카칠러, 마사코 시마무라, 니나 우티가르드-사이먼, 피터 라이차가 그들이다. 이 책의 색인 작업을 맡아 준 섀런 스프링거에게도 감사를 드린다. 조셉 매킨타이어가 우리 연구소의 책임소장을 맡아 준 것에 대해 머리 숙여 고마움을 표한다. 그 덕분에 나는 이 책을 쓸 시간을 벌 수 있었다.

언제나 내게 심오한 영감을 불러일으키는 세 딸들의 우정, 사랑, 지지에 늘 고마움을 느낀다.

믿을 수 없을 정도로 능력 있는 편집자인 레인 블라클리에게 이런 말을 하고 싶다. "이 책의 메시지를 이해해 주고 나의 생각과 글을 정리하여 쓸 수 있도록 친절하게 가르쳐 준 것에 대해 감사드립니다." Science & Behavior Books의 밥과 베키 스피처에게도 감사를 드린다. 그들은 나에게 이 책을 쓸 능력이 있다고 믿어 주었다. 예쁜 모양으로 책을 만들어 준 Bookman Productions의 핼 락우드와 폴라 골드스타인에게도 고마움을 표한다.

멜 수드에게 특별한 감사를 드리고 싶다. 그는 인간중심 표현치료의 역할과 깊이를 잘 인식하고 있었으며, 든든하게 격려해 주고 자상하게 이끌어 주어 내게는 등대와도 같은 존재였다.

가슴에서 우러나오는 감사를 보내며,

캘리포니아 샌터로사, 1993년 2월 14일 발렌타인데이에

나탈리 로저스

차 례

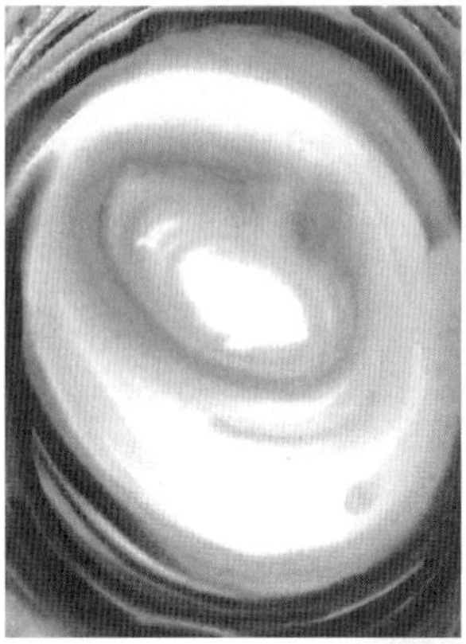

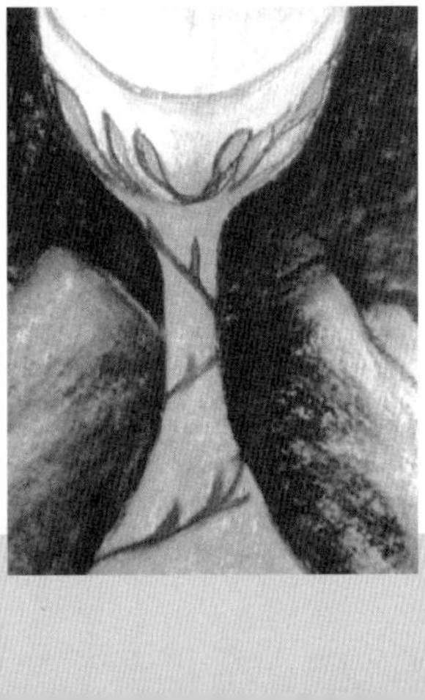

A Path to Wholeness

온전함에 이르는 길

인간중심 표현예술치료

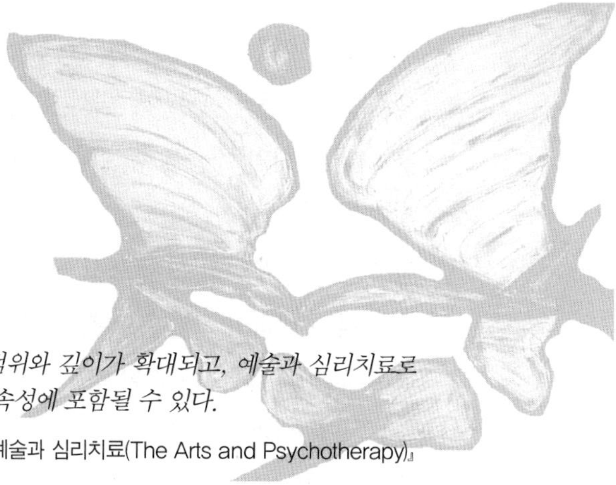

01

예술과 심리치료를 결합하면 각각의 범위와 깊이가 확대되고, 예술과 심리치료로 공동작업을 하면 인류 치유 역사의 연속성에 포함될 수 있다.

—숀 맥니프(Shaun McNiff), 『예술과 심리치료(The Arts and Psychotherapy)』

심리치료 과정의 한 측면은 창조적인 생명력을 깨우는 데 있다. 그래서 창조성과 치료는 중첩된다. 일반적으로 창조적인 것은 치료적이다. 치료적인 것 역시 창조적인 과정이다. 창조적인 예술과 치료적인 작업을 통합함에 있어서 나는 **인간중심 표현예술치료**라는 용어를 사용한다. **표현치료**나 **표현예술치료**라는 용어는 일반적으로 무용치료, 미술치료, 음악치료 같은 것을 의미한다. 그리고 이 용어는 글쓰기, 시, 이미지, 명상, 즉흥극 같은 것들을 포함한다. 정서적 치유를 촉진하고, 내적 갈등을 해소하며, 개인의 창조성을 일깨우기 위해 표현예술을 이용하는 것은 자신이 서 있는 영역을 확장시켜 나가는 것이다. 이어지는 여러 장에서 나는 자기 자신을 알고, 심오한 관계를 만들어 가며, 예술가, 치료사, 그룹 촉진자로서 당신의 방법을 풍성하게 만드는 능력을 키우도록 당신 개인의 삶과 직업에 표현예술을 포함시켜 보라고 용기를 주고 싶다.

표현예술치료란 무엇인가?

표현예술치료는 성장과 치유를 촉진하는 지지적 환경을 만들어 내기 위해 다양한 예술의 장르, 즉 동작, 드로잉, 회화, 조소, 음악, 글쓰기, 소리, 즉흥극 등을 이용한다. 이것은 여러 형태의 예술을 통해 깊은 내적 정서로부터 올라오는 자신을 발견해 나가는 과정이다. 이것은 '예쁜' 그림을 창작하는 것이 아니다. 무대에 올리기 위한 춤도 아니고 완벽한 시를 쓰려고 고쳐 쓰고 또 고쳐 쓰는 시도 아니다.

우리는 내적인 느낌을 외적인 형태로 표현한다. **표현**예술이라는 것은 다양한 수단을 통해 우리의 정서적 · 직관적인 면을 활용하는 것을 말한다. 예술을 표현적으로 이용한다는 말은 시각예술, 동작, 소리, 글쓰기, 연극을 통해 감정을 발견하고 표현할 수 있도록 내적 영역으로 들어간다는 의미이다. 자신의 감정에 대해 말하는 것은 자신을 발견하고 표현하는 데 있어서 매우 의미 있는 방법이다. 인본주의적 원리를 바탕으로 한 치료에서 **표현치료**라는 용어는 비언어적이고 은유적인 표현이라는 것을 의미한다. 인본주의적 표현예술치료는 분석적이고 의학적인 일반 예술치료 모델과는 다르다. 이들 분야에서 예술은 단지 진단하고 분석하고 '치료' 하는 도구로만 이용되기 때문이다.

어떤 면에서 대부분의 사람들은 이미 표현예술의 관점을 자신의 일상생활에 도움이 되도록 사용해 왔다는 사실을 발견할 수 있다. 즉 전화 통화를 하면서 종이에 낙서 같은 것을 해 보았을 것이고, 그런 행동이 정서의 완화에도 도움이 된다는 것을 알고 있을 것이다. 당신은 일기를 써 보았을 것이며, 그것이 당신의 감정이나 생각을 변화시킨다는 것을 알고 있을 것이다. 아마 당신은 꿈을 글로 써 보고 거기에서 어떤 상징 같은 것을 찾아보기도 했을 것이다. 당신은 취미로 그림을 그리거나 조각을 하면서 그런 행위가 일상의 문제로부터 놓여나게 해 주는 경험을 해 보았을 것이다. 또 운전을 하거나 산책을 할 때 노래를 부르기도 할 것이다. 이런 행동 모두가 동작, 음악, 글쓰기, 미술 등을 통해 당신의 존재를 변화시키려고 하는 자기표현의 예이다. 그것들은 당신의 감정을 완화시키고, 마음을 정화시키며, 영혼을 고양되게 하고, 더 높은 의식의 상태로 이끄는 길이 된다. 그런 과정 자체가 치료적인 셈이다.

예술을 자기치유와 치료의 목적으로 사용할 때, 시각예술의 아름다움, 문장의 문법이나 문체, 또는 음악의 조화 같은 것은 걱정하지 않아도 된다. 우리는 예술을 자기 마음대로 표현하고 해소하는 데 사용하기 때문이다. 여기에 더해 상징적이고 은유적인 메시지를 연구함으로써 통찰을 얻을 수 있다. 그런 메시지가 흘러나오도록 시간만 허락한다면 우리의 예술은 우리에게 말을 걸어 올 것이다.

재미있기도 하고 어떤 때는 극적인 결과가 드러나기도 하지만, 우리는 직업적인 전문가가 추구하는 심미적인 것이나 장인 정신은 버려야 한다. 물론 부분적으로는 자기표현으로서 예술에 깊이 몰입되어 자기가 좋아하는 예술적 기교를 추구하기도 한다. 많은 예술치료사들이 치료사로서의 삶에서 예술가로 삶을 전환하기도 한다. 반대로 많은 예술가들이 창조적 과정이 주는 치유적 관점을 이해하고 예술치료사가 되기도 한다.

내담자와 작업을 할 때 깊은 내적 치유를 위하여 창조적 과정을 응용하면 더 높은 단계로 나아가게 된다. 표현예술치료사들은 마음과 몸과 정서를 치료에 포함시키면 논리적이고 선형적인 사고는 물론 직관과 상상력도 불러낼 수 있다는 것을 알고 있다. 정서상태는 그다지 논리적이지 않으므로 상징적이고 비언어적인 방식이 내담자에게 자기탐구와 의사소통을 위한 대안이 된다. 이런 과정이 강력한 통합의 원동력이 된다.

전통적으로 심리치료는 언어로 하는 치료 형태이므로 언어로 표현하는 과정은 항상 중요하다. 그러나 나는 내담자가 이미지를 통해 자기를 표출할 때 훨씬 빨리 그들의 세계를 이해할 수 있다는 것을 알고 있다. 색채와 형태, 상징은 무의식으로부터 나오는 언어이며 각 개인에 대한 특별한 진술이다. 자신이 표현한 상징에 대해 내담자로부터 설명을 들으면, 나는 내담자 자신이 바라보는 바로 그 세계가 확실하게 보인다. 내담자는 또한 동작이나 자세를 통해 자신이 느끼는 바를 표현할 수도 있다. 나는 내담자의 동작을 볼 때 운동감각을 통해 그의 세계를 이해할 수 있다.

동작, 미술, 글쓰기, 음악 등은 확장된 탐색을 위한 단서를 제공해 주기 때문에 내담자의 자기인식이 확대된다. 표현예술을 사용하는 것은 그 자체가 치유 과정이 될 뿐만 아니라 내담자와 치료사 모두에게 통용되는 새로운 언어가 된다. 이러한 예술은 자기에 대한 미지의 측면을 발견하고 경험하며 받아들이게 하는 강력한 수단이다. 언어를 통한 심리치료는 정서장애와 부적절한 행동에 초점을 맞춘다. 표현예술은 내담자를 정서적 세계로 이끌 뿐만 아니라 보다 높은 차원을 제공하기도 한다. 예술을 심리치료에 통합함으로써 내담자는 내면의 자유로운 부분을 활용할 수 있는 방법을 갖게 된다. 치료에는 여러 차원, 즉 지각적 · 운동적 · 개념적 · 정서적 · 신화적 차원과 같은 즐겁고 생동감 있는 배움이 포함될 수 있다. 내담자들은 표현예술이 자신의 문제를 넘어서 이 세상에서 건설적으로 행동할 수 있도록 시야를 넓혀 준다고 증언한다.

인간중심이란 무엇인가?

표현예술치료의 인간중심적 관점은 내 작업의 기저에 깔린 기본 철학이다. **내담자중심** 또는 **인간중심 접근법**은 나의 아버지인 칼 로저스에 의해서 개발되었으며, 그것에 따르면 공감, 개방성, 정직성, 일치성, 배려라는 치료자의 자세와, 내담자의 말을 깊이 경청하여 개인이나 집단이 성장하도록 촉진하는 것을 강조한다. 이 철학은 모든 인간에게 가치와 위엄 그리고 스스로 방향을 찾을 수 있는 능력이 있다는 신념을 구체화한 것이다. 칼 로저스의 철학은 모든 인간에게 성장하고자 하는 타고난 충동이 있다는 것을 믿는 데 근거를 두고 있다. 표현예술치료에 대한 나의 접근법은 모든 인간은 자신의 완전한 잠재력에 도달할 수 있는 능력을 타고났다는 믿음에 근거를 두고 있다.

심리치료에 대한 칼 로저스의 연구에서는 내담자가 자신이 수용되고 이해받는다고 느낄 때 치유가 일어난다는 것을 밝히고 있다. 당신이 두려움, 분노, 비탄, 질투 같은 감정을 느낄 때는 수용되는 느낌과 이해받는다는 느낌을 갖는 것이 거의 불가능하다. 그렇기 때문에 바로 이런 수용과 이해가 치유를 한다. 친구이자 치료사 입장에서 우리는 종종 답을 갖고 있어야 하고 충고를 해야 한다고 생각한다. 그러나 이것은 매우 기초적인 진실을 간과한 것이다. 정서적 고통을 진지하고 심도 있게 들어주고, 자기 스스로 답을 찾을 수 있도록 개인의 능력을 존중해 주는 것이야말로 우리가 줄 수 있는 최상의 선물인 것이다.

공감과 수용은 개인에게 자신의 힘을 강화하고 자신만의 독특한 잠재력을 발견하는 기회를 제공한다. 이러한 이해와 수용적인 분위기는 당신과 친구들 또는 내담자로 하여금 안전함을 느끼게 하여 온전함에 이르는 길을 찾는 방법으로서 표현예술을 받아들일 수 있게 한다.

창조적 연결

나는 내가 창조적 연결(The Creative Connection®)이라고 칭하는 개념에 몹시 끌린다. 이것은 동작, 미술, 글쓰기, 음악 등이 서로 상호작용하는 것을 말한다. 예를 들어, 알아차리면서 동작을 하면 우리에게 심오한 느낌을 불러일으킨다. 이것을 색채와 선, 형태로 표현할 수 있다. 동작을 하고 그림을 그린 후에 글쓰기를 하면 자유로운 연상이 일어나서 때로는 시가 된다. 내가 개발한 창조적 연결 과정은 이런 자기탐색을 촉진시킨다. 이것은 마치 여름에 연꽃이 꽃잎을 펼치는 것과 같다. 따뜻하고 좋은 환경에서는 꽃잎이 속을 펼쳐서 내면의 귀중한 것을 드러낸다. 우리의 느낌을 톡톡 두드리면 그것이 보다 깊은 자기이해와 창조성의 근원이 된다. 우리는 부드럽게 우리의 새로운 가능성이 깨어나도록 받아들이기만 하면 된다. 각 과정의 열림을 통해 우리는 자신의 경험을 심화시킬 수 있다. 그렇게 내면의 핵심에 도달할 때 우리는 모든 존재와 연결됨을 알 수 있다. 자신의 내적 원천과 연결되고 나아가 세계와 우주로 뻗어 나가게 된다.

어떤 작가나 미술가, 음악가들은 이미 창조적 연결을 알고 있다. 만약 당신이 그런 사람들 중 하나라면 "물론 나는 그림을 그리기 전에 항상 음악을 듣고 춤을 춘다."라고 말할 것이다. 작가라면 작품을 쓰기 전에 긴 산책을 한다고 말할 수도 있을 것이다. 하지만 당신이 "나는 창조적인 사람이 아니야."라고 말한다 해도 이 사회에서 당신만 그런 것은 아니다. 나는 이 책이 당신을 유혹해서 당신이 새로운 경험을 하게 되기를 희망한다. 아마 당신은 자신에 대해 놀라게 될 것이다.

나는 이 창조성을 가족 관계에 적용하든 그림 그리는 데 적용하든, 우리 모두가 심오하고 아름답게 창조적인 존재가 될 능력이 있다고 믿는다. 창조성의 씨앗은 대부분 무의식과 느낌, 직관으로부터 나온다. 무의식은 깊은 우물이다. 우리들 대부분은 우물에 뚜껑을 덮고 있다. 느낌은 음악, 춤, 미술, 글쓰기 같은 창조적인 모험으로 우리를 이끄는 길이다. 기분 좋은 느낌일 때의 예술형식은 고무된 형태를 띤다. 우리의 느낌이 폭력적이고 격분한 상태이면 그 분노를 세상에 터뜨리기보다 강력한 예술의 형태로 전환할 수 있다. 예술은 이처럼 다양한 정서적 상태를 지니고 있는 자기 자신을 수용할 수 있도록 돕는다. 자신을 인정할 수 있어야 타인에 대해 최대한 공감할 수 있다.

인간중심 표현예술의 치유력

심리치료와 미술, 춤, 글쓰기, 음악 같은 것을 결합했을 때 치유가 된다는 것을 나는 나 자신의 경험을 통해 알았다. 인간중심 표현예술치료는 바로 내가 물려받은 예술과 철학이 나의 개인적 통합 경험을 통해 탄생된 것이다. 처음에는 글쓰기로부터 얻은 통찰을 실험해 보았다. 나는 결과에 상관없이 낙서를 하고, 울분을 토하고, 색깔을 사용하면서 놀기도 했다.

처음에는 확신도 없이 그런 방법을 내담자들에게 응용해 보았다. 내담자들에게 몇 가지 방법을 사용해 보라고 권유한 후에 피드백을 받기 위해 질문을 했더니, 그들은 그 방법이 도움이 되었다고 하였다. 자기이해가 급격하게 증진되었고 우리들 사이의 의사소통도 놀랄 정도로 향상되었다.

자기표현을 위해 동작과 음악, 자유로운 글쓰기 같은 것을 도입했을 때에도 같은 결과가 나왔다. 내담자들과 집단 참여자들은 '삶을 새롭게 시작하는' 느낌과 자유로움을 느꼈다고 말했다. 집단의 한 참여자는 "나는 노는 법과 내가 알고 있던 성공이나 성취, 지식에서 자유로워지는 법을 배우게 되었다. 다시 시작할 수 있다는 것의 중요성도 깨달았다."고 기록하기도 했다. 어떤 이는 "생각이나 대화를 통해서 하는 것 보다 표현 놀이를 통해서 하는 것이 무거운 정서를 다루는 데 훨씬 쉽다."고 말하였다.

창조적 연결 과정이 통합을 촉진한다는 것은 명백해졌다. 한 내담자는 이렇게 확신을 갖고 말한다. "내 자신을 위해서 구축해 놓은 내면의 장벽과 구조물을 동작과 춤을 통해서 부숴 버릴 수 있다는 것을 나의 느낌을 탐색하는 동안 발견했다. 동작을 한 후에 그런 느낌을 끌어내기 위해서 계속 마음 여는 과정을 반복하였다."

표현예술치료 과정의 깊이와 힘을 말로 전달하기는 어렵다. 나는 개인적으로 힘들었던 시절에 표현예술을 이용해 도움을 받았던 내 개인적인 에피소드를 나누고 싶다. 이 글을 읽으면서 나의 과정, 즉 동작과 미술, 글쓰기를 통해 내가 처한 환경을 받아들이면서 성장해 온 내 인생의 행로를 간접적으로 경험하기를 바란다.

아버지의 죽음 이후 몇 개월은 내게 정서적으로 기복이 심한 시기였다. 상실감이 매우 큰 반면에 해방감도 느꼈다. 아버지의 죽음이 커다란 슬픔을 가져옴과 동시에 나의 정신적 문을 열어 주기도 했다.

표현예술 덕분에 이런 애도의 기간을 잘 지낼 수 있었다. 친구인 예술치료사 둘이 나를 초대해서 함께 작업을 했다. 코니 스미스 시겔(Connie Smith Siegel)은 나를 볼리나스 베이에 있는 통나무집에 초대해서 1주일간 같이 지냈다. 나는 검은색 그림을 그리고 또 그렸다. 어두운 이미지에 싫증이 나면 또 다른 그림을 그렸다. 그것 역시 감상적이고 황량했다. 코니는 원래 화가지만 치료 훈련을 받아서 나의 정서 상태를 수용할 능력이 충분했기 때문에 나를 진정으로 받아주었다.

그리고 콜린 키버트(Coeleen Kiebert)의 워크숍에 한 주간 참가해서 조소와 그림그리기에 시간을 보내기도 했다. 이때는 파도라는 주제로 그림을 여러 장 그렸는데 검은색 그림이었다. 찰흙 한 덩어리로 거대한 파도 밑에서 불쑥 올라오는 머리를 만들기도 했다. 부모님의 집을 정리하면서 소소한 것들에 대해 어쩔 줄 몰라 했고, 아버지의 유품을 정리해야 했으며, 아버지를 좋아했던 수많은 사람들에게 감사의 편지를 쓰다 보니 그동안 쌓인 감정들에 나는 기진맥진하고 말았다. 이런 예술 작업 과정은 나의 정서를 자유롭게 해 주었으며 나는 해방감을 얻을 수 있었다. 예술 작업을 함으로써 나의 내면에서 일어나고 있는 과정을 이해하고 그로부터 자유로워지도록 도와준 콜린의 도움은 또 다른 큰 발걸음이 되었다. 한 달 뒤에는 이 슬픔에서 벗어나야만 한다고 생각했지만 이 두 여성은 계속해서 나의 슬픔의 강을 표출하게 하였다. 그해에 내가 만든 표현예술 작품은 새로운 지평을 향해 마음을 여는 것은 물론 상실감도 계속 드러내는 것들이었다.

한 사람이 깊은 고뇌에 빠질 때 영적 영역이 열린다는 것은 사실이다. 아버지가 돌아가신 지 3개월 후, 나는 예술치료사인 파올로 크닐(Paolo Knill)의 훈련 집단을 도와주기 위해서 스위스로 갔다. 그때 나는 사람과 자연, 나의 꿈들과 내 자신이 연결되는 강한 느낌을 받았다. 나의 내적 존재에 놀랄 만한 일들이 일어났다. 나는 동시성과 특별한 메시지, 엄청난 이미지를 경험하였다. 어느 날 밤, 나는 내 방에서 수많은 커다란 날개들이 퍼득이는 느낌에 잠을 깼다. 다음 날 아침에 최선을 다해서 그 경험을 그림으로 그렸다.

어느 날 오후, 나는 '녹아내리기와 성장하기(Melting and Growing)' 라고 불리는 동작으로 그룹을 지도하고 있었다. 그룹을 몇 쌍으로 나눈 뒤 각각의 파트너에게 상대방이 춤추고 녹아내리고 성장하는 모습을 서로 관찰하게 하였다. 파올로와 나도 한 쌍이 되어 같이 참여하였다. 그는 내가 아주 높은 곳에서 서서히 녹아내리며 바닥에 완전히 무너져 내리는 것을 관찰하였다. 나중에 나는 일기에 이렇게 썼다.

> 나는 녹아내리고 완전하게 내려놓는 기회를 갖게 되어 좋았다. 바닥으로 녹아내리니 완벽하게 이완되는 기분이었다. 나는 항복했다! 그때 갑자기 믿을 수 없을 만큼 밝은 빛이 나를 치는 듯한 경험을 했다. 눈은 감고 있었지만 사방이 아주 환했다. 나는 깜짝 놀라서 잠시 조용히 누워 있다가 서서히 '성장하기' 시작하여 마침내 최대한 높이로 몸을 쭉 뻗었다.

나는 집단 참가자들에게 동작을 하면서 경험한 것을 미술로 표현하게 했다. 나는 나를 완전히 에워싼 그 빛을 그림으로 그리기가 어려웠지만 그 놀라운 경험을 색채로 포착해 보려고 노력했다.

이런 경험들을 반추해 보면서 나의 마음이 점점 열리는 듯했다. 이런 상태가 나를 약하게 만들기도 했지만 동시에 거대한 내적 힘과 빛을 느끼게도 하였다. 며칠이 지난 뒤 다른 파도 그림이 떠올랐다. 이번에는 선명한 청록빛 바닷물에 분홍과 황금빛 하늘이 비치는 그림이었다.

이 그림들은 나의 내면 여행의 부분이다. 그것을 여기서 같이 나누는 이유는 두 가지이다. 첫째, 나는 표현예술의 변화시키는 힘을 알리고 싶고, 둘째, 인간중심 표현예술치료가 아주 독특한 인본주의적 원리에 기인하고 있다는 점을 강조하고 싶은 것이다. 우리가 어떤 사람들과 함께 있는가 하는 것은 매우 중요하다. 예를 들어, 내가 비탄에 빠졌을 때 내 어깨를 두드려 주며 모든 일이 잘될 것이라고 말하는 것보다, 내가 그 슬픔과 눈물에 빠질 수 있도록 수용하는 사람과 같이 있는 것이 더욱 중요하기 때문이다. 무언가 말하고 싶은 것이 있더라도 나는 그냥 들어주고 이해하려고 한다. 그런데 이런 깊은 이해를 가진 초월적인 힘이 때로는 과소평가되기도 한다. 파올로에게 그 빛에 몸을 맞는 것 같은 기분이 들었다고 얘기했을 때, 그는 "그건 당신의 상상일 뿐이에요."라고 대답할 수도 있었다. 하지만 파올로는 나를 이해했을 뿐만 아니라, 내 얼굴에서 아주 극적인 느낌이 나타나는 것을 보았다고 말했다.

인본주의 원리

모든 심리학자들이 이 책에 내포된 원리들에 대해서 동의하는 것은 아니기 때문에 그것을 확실히 언급해 두는 것이 중요하다고 생각한다. 인본주의의 기본 원리는 다음과 같다.

- 모든 인간은 근원적으로 창조적 능력이 있다.
- 창조 과정이 치유 과정이다. 표현예술의 결과물은 개인에게 중요한 메시지를 준다. 또한 창조 과정 자체가 심오한 변화를 불러온다.
- 개인 성장과 더 높은 의식 상태는 자기인식, 자기이해, 통찰을 통해서 성취된다.
- 자기인식, 이해, 통찰은 우리의 정서를 탐색함으로써 성취된다. 비탄, 분노, 고통, 공포, 기쁨, 환희 같은 느낌은 우리가 다른 쪽, 즉 자기인식, 이해, 온전함으로 가기 위해 거쳐야 하는 통로이다.
- 우리의 느낌과 정서는 에너지의 원천이다. 표현예술은 그 에너지를 해방시키고 변형시킬 수 있는 통로이다.
- 동작, 미술, 글쓰기, 소리, 음악, 명상, 이미지 등의 표현예술은 우리를 무의식으로 이끈다.

이것은 우리 자신이 인지하지 못하고 있던 자신의 다른 모습을 드러내 주며 새로운 정보와 인식을 가져다준다.

- 예술의 형태는 내가 창조적 연결이라고 칭하는 것과 서로 연관되어 있다. 우리가 동작을 하면 그것은 글쓰기와 그림 그리는 것에 영향을 미친다. 창조적 연결 과정을 통해 한 가지 형태의 예술은 다른 형태의 예술을 자극하고 키워 주며, 우리를 삶의 에너지원이자 핵심인 곳으로 데려간다.
- 우리의 생명력, 다시 말해 내면의 핵 혹은 영혼은 다른 모든 존재의 본질과 연결되어 있다.
- 그러므로 우리의 핵심이나 온전함에 도달하기 위해 내면으로 여행을 떠날 때, 외부 세계와 우리 자신과의 연계성을 발견하게 된다. 내적인 것과 외적인 것은 하나가 된다.

나의 치료법은 다음과 같은 개인과 집단에 대한 정신역동 이론에도 근거를 두고 있다.

- 개인의 성장은 안전하고 지지적인 환경에서 일어난다.
- 안전하고 지지적인 환경은 진실하고, 따뜻하고, 공감적이고, 열려 있고, 정직하고, 솔직하고, 배려가 많은 촉진자(교사, 치료사, 집단 리더, 부모, 동료)들에 의해서 만들어진다.
- 이런 자질들은 자신이 먼저 경험해 봄으로써 얻어질 수 있다.
- 내담자—치료자, 교사—학생, 부모—자식, 부인—남편, 또는 친밀한 파트너 관계는 이러한 자질들을 경험하는 환경이 될 수 있다.
- 지적 · 정서적 · 육체적 · 영적 차원에서의 통합은 이러한 경험들을 반영하고 평가함으로써 서서히 일어난다.

다음 도표는 표현예술을 통한 자기 핵심의 발견이 어떻게 우리를 우주적 힘의 원천과 연결하고, 우리 자신과 공동체, 나아가 세계와도 연결되도록 도울 수 있는지 보여준다.

우리 함께 창조성을 일깨우는 내적 탐색의 여행을 해 보자. 당신은 시각예술을 거의 모르는 작가, 또는 춤을 출 줄 모르는 화가, 또는 상담자와 내담자 간의 관계를 증진시키는 방법을 발견하고자 하는 치료사일 수도 있다. 자, 나는 당신을 당신의 내부에 있는 비밀의 정원으로 초대한다.

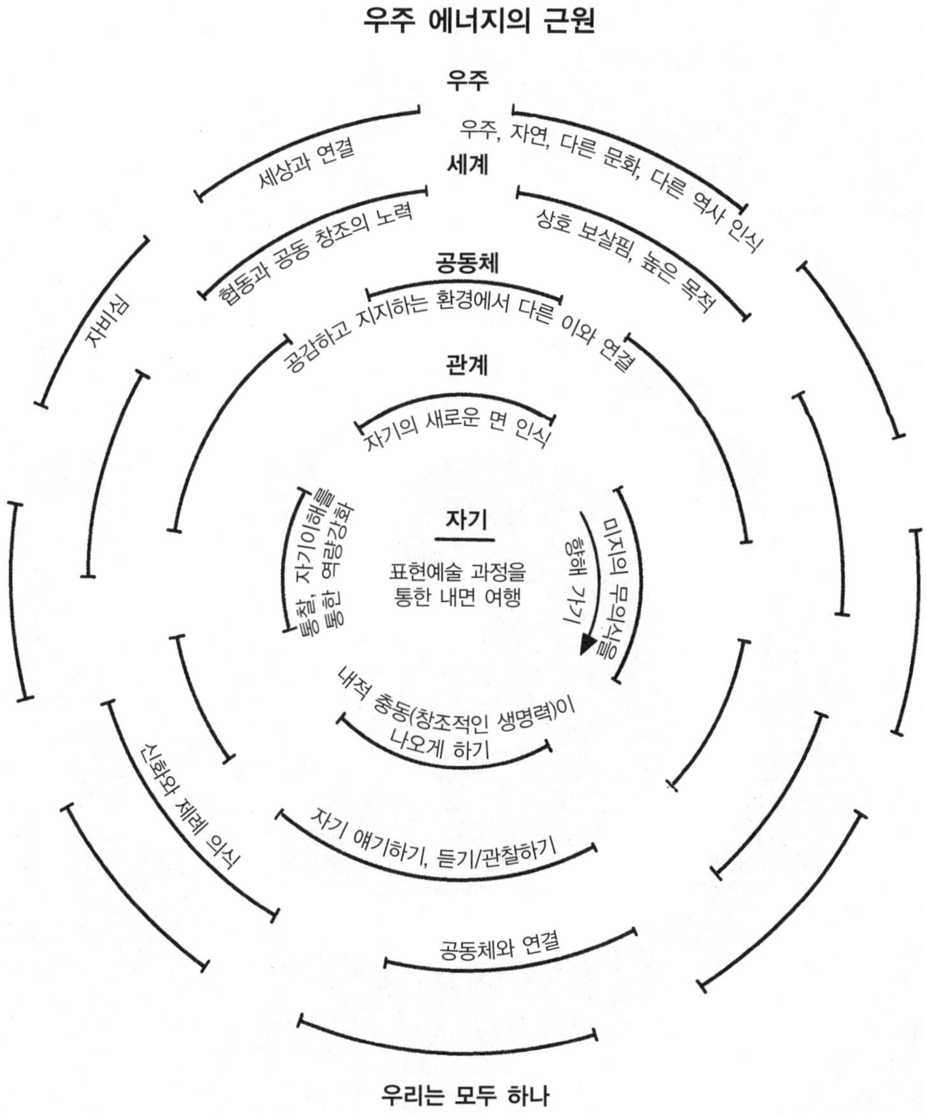

창조적 연결 과정 위의 그림은 우리가 처음으로 표현예술을 통해 내면으로 여행을 떠날 때, 어떻게 무의식의 문을 두드리고 새로운 자기를 깨달아서 통찰력과 자기강화를 얻게 되는가를 보여 주고 있다. 누구나 공감적이고 지지적인 환경에서 적어도 한 명 이상의 사람과 연결이 되면 사회와 연결되는 방법을 배우게 된다. 작은 공동체 안에서 진정성을 배우고 능력을 강화하는 방법을 배움으로써 점차 더 큰 원을 향해 나아가게 된다. 우리는 점차 상호 창조적이고 협력적이 되어 더 높은 이상과 힘을 갖게 된다. 이렇게 되면 우리와 다른 문화나 다른 특성을 가진 세상과도 자비심으로 연결되는 것이다.

검은 물결 비탄에 빠져 나는 압도되었다. 검은 파도를 여러 차례 그려 무력감을 표현했다._나탈리 로저스

흰 날개 나는 내 방 안에서 수많은 거대한 날개가 퍼득이는 느낌에 잠을 깼다._나탈리 로저스

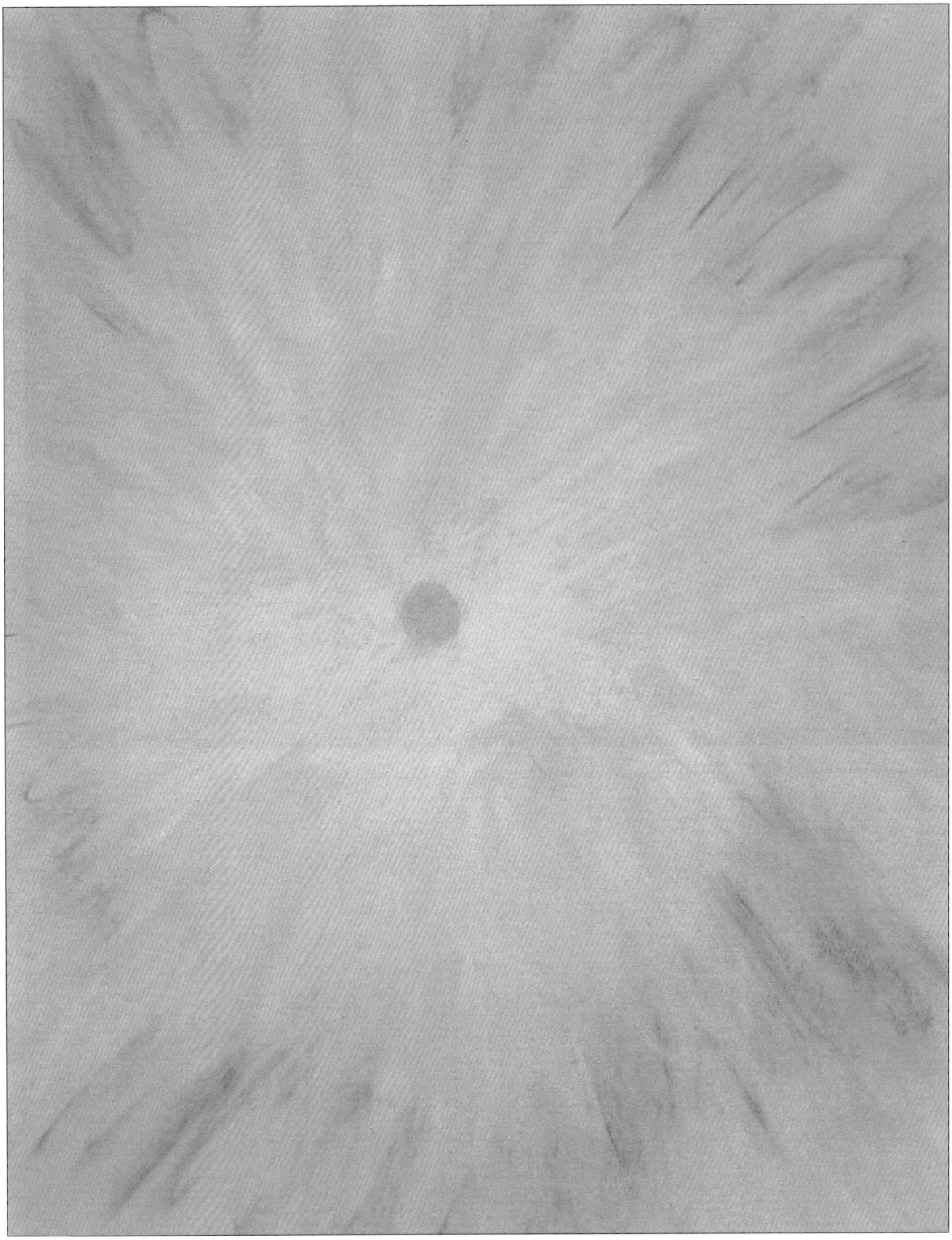

노란빛 나는 '녹아내리기와 성장하기' 춤을 추었다. 바닥에 녹아내렸을 때 나는 항복하는 느낌이 들었다. 그때 갑자기 믿을 수 없을 만큼 밝은 빛이 나를 치는 듯한 경험을 했다. 사방이 환했다._나탈리 로저스

푸른 파도 며칠 뒤 또 다른 파도 이미지가 떠올랐다. 이번에는 선명한 청록색 바닷물에 분홍과 황금빛 하늘이 비치는 그림이었다._나탈리 로저스

Facilitating Creativity

창조성의 촉진

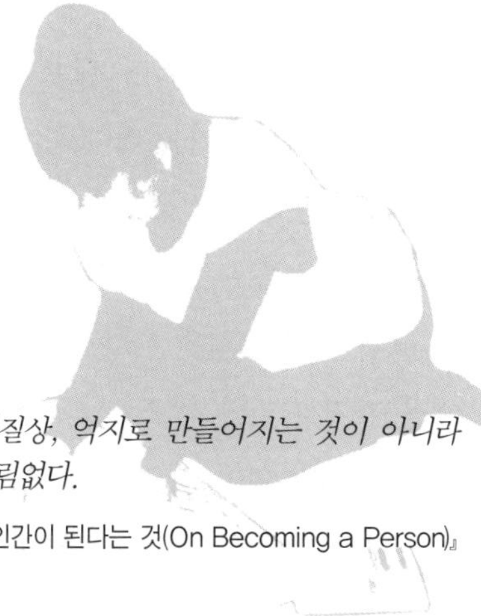

02

창조성의 내적 조건들은 본질상, 억지로 만들어지는 것이 아니라 저절로 발현되는 것임에 틀림없다.

— 칼 로저스(Carl Rogers), 『인간이 된다는 것(On Becoming a Person)』

우리 모두의 내면에는 비밀의 정원이 있다. 그곳은 가시가 많은 장미의 정원일 수도 있고 야생화가 우거진 정원일 수도 있다. 그곳에는 곰팡이 핀 썩은 나무 등걸도 있고 독버섯도 있을 것이다. 그 정원에 무엇이 자라건 그것은 바로 인간 존재의 모든 부분이다. 그 모든 것들은 창조적인 과정에 사용될 수 있는 재료이다.

느낌은 창조적 표현의 원천이다. 우리는 시각예술, 동작, 음악, 글쓰기와 같은 방법을 통해서 그 느낌을 해방시키고 변형시킬 수 있다. 그래서 곰팡이 핀 나무 등걸이든 선명한 색상의 야생화든 모두 의미 있는 예술이 될 수 있다.

어떤 사람들은 자신의 내면에 있는 비밀의 정원으로 마지못해 들어가기도 한다. 다른 사람들은 비밀의 벽 안을 거닐기는 하지만 친구들이나 동료들을 자신의 공간에 초대하지는 않는다. 많은 사람들은 자기탐색이나 창조의 기쁨을 위해 예술을 활용하는 것을 꺼려 하고 두려워하기도 한다. 그 두려움은 우리 자신의 정원을 보지 못하게 하고, 그 정원에서 자라고 있는 다양한 식물과 동물들도 보지 못하게 막는다. 그래서 그 공간에 들어가는 데 안전함을 느낄 수 있도록 하는 방법이 필요하다.

그래서 우리는 두 가지 문제를 살펴보아야 한다. 하나는 춤과 그림, 음악, 글쓰기에 대한 개인적인 이해이며, 다른 하나는 우리 자신의 모든 측면을 살펴볼 수 있는 자신의 비밀 정원에 들어가는 데 대한 두려움이다. 이에 대한 두 가지 적절한 질문은 "표현예술 매체를 사용하는 것을 가로막는 것이 무엇인가?"와 "비밀 정원에 들어가기 위해 예술 매체를 사용하는 것에 대하여 안전함을 느끼게 하는 것은 무엇인가?"이다.

모든 비밀의 정원은 자신을 특별하고 훌륭한 자기가 되도록 하기 위한 풍요로운 토양을 가지고 있다. 창조적 과정을 촉진하는 것은 그런 토양을 준비하는 것과 같다. 딱딱하게 다져진 땅을 산소가 통하도록 부드럽게 일구어야 한다. 영양분을 공급해서 씨가 발아되고 새싹을 터뜨리게 해야 한다. 식물의 성장을 촉진하고 제자리에서 잘 자라도록 주의를 기울여야 한다. 우리는 정원사로서 모든 씨앗들이 가장 아름답고 가장 효율적으로 자랄 수 있다는 믿음, 어쩌면 강한 신념까지도 가지고 있어야 한다.

이렇듯 촉진자로서의 일은 비교적 단순하지만 많은 지식과 경험 그리고 지속적인 관심이 필요한 것이다. 자기표현을 위해 느낌을 이용하려고 하면 자양분과 양육적인 환경이 요구된다. 정원사나 촉진자 또는 치료사는 사람들의 잠재적 능력을 극대화하기 위한 환경을 조성해야 한다.

씨앗은 자연에서 스스로 온전하게 성장하고 꽃을 피울 수 있다. 가끔 아주 척박한 환경에서 자라는 식물도 있다. 예를 들어, 캘리포니아 몬터레이 해변의 바람 센 화강암 바위에서 자라나는 사이프러스 나무가 그런 것이다. 이와 비슷하게 몇몇 창조적인 사람들은 특별한 정원사 없이 스스로 성장하기도 한다. 척박한 환경에 대한 반응으로, 그리고 거기서 살아남기 위한 한 방법으로 강한 창조적 충동을 발달시키는 사람도 있다. 그러나 우리들 대부분은 심미적이고 편안하며 육체적으로 안전한 환경일 때, 그리고 자신의 진실한 느낌을 믿을 만하고 표현할 만한 것이라고 느낄 때 창조성의 본질이 흘러나온다.

심리적으로 안전한 환경, 비옥한 토양을 만들어 내는 사람은 촉진자(교사, 상담자, 부모, 인사 관리자)이다. 촉진자의 가치관과 태도, 존재방식이 참가자, 즉 학생, 내담자,

어린이 등에게 진실한 땅을 탐색하는 데 따르는 정서적 위험을 감수할 수 있는 안전한 공간을 만든다. 촉진자가 창조성을 촉진하려는 의도를 가지고 있다면, 그의 행동이 다양한 표현방식을 존중하는 모델이 된다면, 그는 바로 여러 식물들이 자랄 수 있도록 토양을 잘 배양해 왔을 것이다.

촉진자로서 창조성은 우리 모든 존재에서 나온다는 것, 그리고 우리 각자는 자신을 표현 — 상상과 내적 자원을 활용 — 하고자 하는 선천적인 충동과 욕구를 갖고 있다는 것을 이해하면 도움이 된다. 어떤 저자들은 창조적 과정이 마치 마음에서만 나오는 것처럼 말하기도 한다. 무용가들과 미술가들은 창조성이 감각으로부터 나온다는 것을 경험을 통해 알고 있다. 창조적 과정은 우리의 모든 것, 즉 몸 · 마음 · 정서 · 영혼 전체를 통해서 일어난다. 이것을 알고 믿고 경험함으로써 당신은 동작과 미술, 음악, 창조적 글쓰기, 이미지를 활용하는 것이 창조적 에너지를 자극할 뿐만 아니라 길을 열 수도 있다는 사실을 이해할 수 있다.

당신이 전문적으로 적용하고자 하는 것을 개인적으로 체험해 보는 것이 아주 중요하다. 창조적 과정을 통해 당신 자신을 치유하는 경험을 했을 때 당신은 다음 단계, 즉 다른 사람들이 자신을 표현하는 데 예술을 활용하도록 돕는 단계로 나아갈 준비가 된 것이다. 당신이 한 가지 방법을 고집한다고 생각하기보다 내담자에게 어떤 기회를 제공하고 있다고 생각하면 촉진자로서 편안함을 느끼는 데 도움이 된다. 당신이 표현의 한 방법으로 제안한 표현예술을 받아들이거나 거부할 수 있는 선택권을 내담자에게 주는 것은 안전감을 높이고 촉진적인 관계를 수립하는 데 도움이 된다.

창조성의 촉진 조건

나의 접근법은 부분적으로는 내 아버지와 아버지 동료들의 업적을 기반으로 하고 있다. 그들은 내담자가 안전하고 신뢰할 수 있는 분위기에서 능력을 키울 수 있는 조건을 찾기 위해 수많은 연구를 해 왔다. 내담자와 상담자 간의 촉진적인 관계를 만들어 내기 위해 필요한 기본적인 조건은 창조적인 환경을 만드는 데도 도움이 된다.

『인간이 된다는 것(On Becoming a Person)』에서 칼 로저스(Carl Rogers)는 사회가 창조적인 인간을 필사적으로 요구하고 있다고 주장하면서 창조성 이론을 제시하고 있다.

> 창조성의 주요 동기는 우리가 심리치료에서 철저하게 찾아내는 치유력, 즉 인간이 자신을 실현하고자 하는 경향과 잠재 능력을 발현하고자 하는 경향과 유사한 것으로 보인다. 이 말은 인간의 모든 유기적인 삶에 있어서 아주 명백한 방향성 — 확장하고, 뻗어 나가고, 발달하고, 성숙해지려는 충동 — 과 유기체 혹은 자신의 모든 역량을 표현하고 실현하려는 경향을 의미한다.[1)]

인간은 온전한 자기 자신이 되려는 본능적인 충동을 가지고 있다는 이런 깊은 신념은 표현예술에 대한 나의 작입에 기초를 두고 있다. 나는 '치료적인 힘' 이라는 말을 좋아한다. 인간에게 적절한 환경만 주어진다면 누구나 자기치유에 대한 엄청난 능력을 가지고 있다는 것을 개인적으로 경험하기 때문이다. 당신이 인정받고 신뢰받는다고 느꼈던 때, 그리고 어떤 계획을 짜고 프로젝트를 만들고 논문을 쓰고 진정한 자기가 되기 위해 당신 자신의 개별성을 활용하도록 지지를 받은 그때를 생각해 보라. 이런 도전은 대체로 흥미진진하고 고무적이며 개인적으로 발전한다는 느낌을 준다.

잠재력을 온전히 실현하고 온전한 존재가 되고자 하는 이런 경향은 우리 사회에서 과소평가받고, 무시당하고, 가끔 부서지기도 한다. 나는 자기에 대해 이런 관점으로 방향을 전환하라고 권하고 싶다! 당신이 자신 속에 실현하고자 하는 충동이 있다는 것을 깨닫고 진가를 인정할 때, 모든 사람들 속에 있는 이 귀중한 힘을 훨씬 잘 인정할 것이다.

창조성을 촉진하는 데 있어서 우리는 주의를 기울여야 하는 내적 조건과 외적 조건이 있음을 알 필요가 있다. 칼 로저스는 내적 조건을 경험에 대한 개방과 평가의 주체를 내면에 두는 것으로 정의했다. 그리고 외적 조건을 심리적 안전감과 심리적 자유라고 규정했다.

경험에 대한 개방은 방어기제를 없애는 것이며, 미리 판단하지 않고 존재하는 그 순간을 인식하는 능력이다. 이것은 경직성을 없애고, 새로운 개념과 신념에 대하여 개방하

1) Carl Rogers, *On Becoming a Person* (Boston: Houghton Mifflin, 1961), p. 351.

며, 명료하지 않은 것도 수용하는 것을 말한다. 경험에 대해 개방되어 있다는 것은 예술가에게는 라벤더 하나로 우거진 산을 본다는 의미이며, 배우자에게는 완고한 겉모습 뒤에 있는 부드러운 면을 보는 것을 의미하고, 또는 달콤한 대화 속에 숨어 있는 교묘한 조종을 본다는 의미이다. 또한 정치가에게는 반대 의견 속에 들어 있는 가치를 알아차린다는 것을 의미할 것이다. 어떠한 경험에 대해서도 완전하게 열린다는 것은 쉽지 않다. 우리들 대부분은 보고 싶지 않은 것, 경험하고 싶지 않은 것으로부터 고개를 돌린다. 창조적인 능력을 확대하려면 렌즈를 통해서 걸러진 것을 보기보다는 경험에 대해 개방되는 훈련을 해야 한다.

어떤 사람이 타인의 반응에 귀 기울일 수는 있지만 그 반응에 지나치게 집착하지 않을 수 있다면 그는 **평가의 주체를 내면에 두는 능력**이 발달한 것이다. 사람들은 대부분 인정받으려는 강한 욕구를 가지고 있기 때문에 자기평가가 동료들이 하는 평가보다 더 중요하다는 느낌을 갖기 어렵다. 또 우리들 대부분은 타인에 대해서보다 자기 자신에 대해서 더 비판적이다. 평가가 자신 안에서 일어날 때, 자신에 대한 믿음과 이해가 커진다. 자신의 재능과 능력에 대해 제대로 인식할 때 자존감도 함께 커 간다. 자신을 정직하게 평가할 수 있으면 타인으로부터 계속 칭찬받고자 하는 욕구가 사라질 것이다.

어떤 외적 조건은 앞에서 말한 창조성을 위한 내적 조건들을 촉진하고 양육한다. 칼 로저스는 아래의 두 가지 조건에 대해서 말했으며 세 번째 것은 내가 첨가한 것이다.

1. 심리적 안전감
    a. 무조건적인 가치를 지닌 존재로 인간을 수용하기
    b. 외적 평가가 없는 분위기 제공하기
    c. 공감적으로 이해하기
2. 심리적 자유
3. 자극적이고 도전적인 경험 제공하기

이 개념들은 이어지는 글에서 설명될 것이다.

심리적 안전감

심리적인 안전감을 주는 환경 — 다양한 감정, 반응, 투사를 자유롭게 탐색할 수 있다고 느끼는 환경 — 은 당신의 능력을 창조적일 수 있도록 하는 데 매우 중요하다. 이런 환경은 수용, 공감, 판단하지 않는 촉진에 달려 있다.

인간을 무조건적인 가치를 지닌 존재로 받아들인다는 것은 무슨 의미일까? 그것은 현재의 말이나 행동과는 관계없이 개개인이 소중한 사람이라는 것을 촉진자가 확실히 전달하는 것을 말한다. 두 가지 예를 들어 보자. 한 친구가 언니에게 거짓말한 것 때문에 수치심과 죄책감을 느끼고 있다고 말한다고 하자. 당신이 그 감정을 이해한다는 것을 그녀에게 알게 하는 것이 촉진적이 될 것이다. 정말로 그렇다. 동시에 당신은 그녀가 가치 있는 사람이라고 믿는 당신의 신념을 그녀에게 전달할 수 있다. 예를 들어 "그래, 네가 그런 거짓말을 하고 나서 얼마나 끔찍한 기분이 들었는지 이해할 수 있어. 그래도 나는 우리의 우정을 소중하게 생각해."라는 반응은 잘못을 인정하면서도 그 친구의 가치를 제대로 평가해 주는 말이 된다.

다른 한 가지 예를 더 들어 보자. 어떤 아이가 핑거 페인팅을 하면서 혹은 격정적으로 춤을 추다가 발을 마구 구르면서 소리치고 비명을 지를 때, 촉진자는 아이의 행동에 대해 물리적인 제한을 할 필요는 있지만 아이의 그런 감정은 받아들일 수 있다. 그럴 때는 이렇게 말할 수 있을 것이다. "너 정말로 화가 났구나. 괜찮아! 하지만 핑거 페인트는 종이 위에 내려놓아야 해." 이런 말은 행동에 대해 사회적인 수용의 한계를 알려 주는 한편, 자신의 느낌이 수용되고 있다는 것을 느끼게 해 준다.

또한 개인의 느낌을 수용하는 것 — 춤추는 것을 당황스러워하거나, 색깔을 사용하는 것에 대해 부끄러워하거나 두려움을 느끼는 것 등 — 은 이런 느낌을 언어로 표현하는 것보다 그 사람에게 더 안전감을 느끼게 한다.

외적인 평가가 없는 분위기를 제공하는 것도 안전한 환경을 만드는 데 중요하다. 우리는 경쟁이 심하고 계층적인 사회에서 살고 있으므로 늘 평가가 따라다닌다. 어떠한 형태의 평가나 판단도 존재하지 않는 환경은 참으로 놀랍고도 신선하다. 그것은 자유롭고 활기차다. 그곳은 마치 새장에서 새를 풀어 준 것 같은 분위기가 된다.

누군가가 표현예술 매체를 이용해서 자신의 내면을 탐색해 들어갈 때 촉진자가 비판단적이어야 하는 것은 특히 중요하다. 대부분의 사람들은 판단받고 평가받으면 창조적으로 노력하려는 것을 중단해 버리기 때문이다. 반면에 비판단적 환경을 경험하면 평가에 대한 내적 기준을 스스로 발달시킬 수 있게 된다. 자신의 기준에 대해서 권위자에게 의지하기보다는 자신의 판단을 존중하게 되는 것이다.

당신은 "만약 내담자나 학생의 작업에 대해서 아무런 판단이나 평가를 하지 않는다면 나는 도대체 어떻게 반응해야 하는가?" 하고 질문할 수 있을 것이다. 거기에 대한 답은, 당신의 반응을 그대로 표현만 할 것이지 그들의 작품을 평가하는 데 당신의 반응을 이용하지 말라는 것이다. 결과물을 판단한다는 것은 미묘하긴 하지만 그것에 반응하는 것과는 다르다. 만일 그림, 시, 춤 등에 대한 우리의 반응이라는 것을 인정한다면, 우리는 판단하는 것이 아니라 반응하는 것이다.

그 결과물에 대한 우리의 반응임을 인정하기 때문에, "내 생각에 이 글은 … 지루하다 또는 재미있다." 또는 "나는 이 그림을 보면서 …(관능적이거나 우울함)을 경험한다." 또는 "이 조소 작품을 보았을 때, 나의 느낌은 …."와 같은 일인칭 화법을 써야 한다는 것을 의미한다. 이런 식으로 말하면 "당신의 시는 별로예요."라거나 "당신 그림 정말 좋은데요." 또는 "당신의 조소 작품은 정말 엉망이야."라는 말과는 완전히 다르다. 뒤의 말들은 단정적인 판단이다. 그러나 우리가 우리의 반응이라는 것을 인정할 때, 그 작품의 작가는 우리의 반응과 자신의 내적 평가를 구별할 수 있다.

안전한 환경을 만드는 데도 역시 인간을 순수하고 공감적으로 이해하는 것이 필요하다. **공감**이라는 말은 가끔 동감이라는 의미로 잘못 이해되는 경우도 있다. 사전에서는 공감을 "한 사람의 느낌, 사고, 동기가 다른 사람에 의해서 기꺼이 파악될 정도로 아주 깊게 이해하는 것"이라고 정의하고 있다. 반면 **동감**은 "한 사람에게 영향을 미친 어떤 느낌이 다른 사람에게도 유사하게 영향을 미치는 관계"라고 설명되어 있다. 예를 들어 **연민**이나 **동정** 같은 말들은 동감의 정의 속에 포함되어 있다. 공감한다는 말은 그런 감정을 겪지 않아도 다른 사람의 감정을 완전하게 이해하는 것이고, 동감은 그런 감정을 자기도 겪고 있거나 남에 대해 안됐다고 느끼는 것을 의미한다. 이 두 말 사이에는 커다란 차이가 있다.

한 사람을 공감적으로 이해하고 진심으로 받아들이는 것과 내가 이해한 것을 타인에게 정확하게 전달하는 것은 또 다른 것이다. 상대방이 이해받고 있다고 느낄 수 있는 방식으로 촉진자가 언어적인 반응을 하는 것이 필요하다. 바꾸어 말하기(paraphrasing), 반영하기(reflecting), 거울 되기(mirroring), 적극적 경청(active listening) 같은 것은 모두 촉진자의 이해력을 드러내는 언어적 반응을 의미하는 용어이다. 이런 용어들은 잘못 이해되거나 적용된 경우가 많아서 촉진자들이 앵무새처럼 그저 따라 하게 만들기만 했다. 공감과 이해의 핵심은 내담자의 느낌과 지적인 내용 모두를 정확하게 이해하려는 순수한 의도를 갖는다는 것이다. 나는 특히 이렇게 비유하는 것을 좋아한다. "말은 물론 음악에도 반응하라." 이것은 한 사람의 심오한 의미나 느낌에 도달하는 직관적인 반응과 상상력이 풍부한 반응을 의미하는 비유이다. 의사소통을 하고자 하는 개인이나 내담자는 우리에게 최상의 스승이다. "아니, 내 말은 꼭 그런 뜻이 아니에요."라고 말한다면, 그 사람은 자기가 이미 한 말을 바꾸어 말할 수 있다.

심리적 자유

칼 로저스는 심리적 자유를 창조성의 외적 조건으로 논하면서 다음과 같이 말했다.

> 교사, 부모, 치료사, 촉진자가 어떤 사람에게 상징적으로 표현할 수 있도록 완전한 자유를 주면 창조성이 자라난다. 이러한 허용은 그 사람이 자기 내면 가장 깊숙한 곳에 있는 것을 생각하고 느끼고 그것이 되어 볼 수 있는 완전한 자유를 준다. 또 이런 허용은 창조성의 한 부분인 개방성을 자라게 하고 지각, 개념, 의미를 즐겁게 그리고 자발적으로 이리저리 탐색할 수 있게 한다.

여기서 설명하는 것은 상징적인 표현에 대한 완전한 자유라는 것에 주목하라. 모든 감정, 충동, 형태를 행동으로 표현하는 것이 항상 자유롭지는 않다. 어떤 경우에는 그런 행동이 사회로부터 제한을 받을 수도 있고, 또 사실 그럴 필요도 있다. 그러나 상징적 표현을 제한받을 필요는 없다.[2)]

상징적이라는 말을 강조한 것이 흥미롭다. 표현예술은 상징과 은유를 통해 표현하는 이상적인 수단이다. 어떤 증오하는 사람에 대한 느낌을 상징적으로 표현하는 것은 그 사람을 손상시키지 않으면서 억눌린 느낌을 해소하는 것이다. 데생이나 회화, 조소 등으로 그 사람에 대한 감정을 표현하면 엄청난 해소가 찾아옴과 동시에 새로운 관점이 생겨난다. 또한 상징은 단어의 의미를 넘어선 어떤 메시지를 전달한다.

앞서 말한 원칙들은 우리가 어디에서 작업하고 놀이를 하든 안전한 환경을 만든다는 점에서는 유효하다. 예를 들어, 이 원칙들은 부모가 아이와 의사소통을 잘하기 위해 안전한 환경을 만들 때도 좋은 것이다. 또 교사-학생 관계, 부부 관계, 심지어 사업 세계에서도 매우 효과가 있다.

자극적이고 도전적인 경험 제시하기

창조성을 촉진하는 외적 조건의 세 번째 범주는 자극적이고 도전적인 경험을 제공하는 것이다. 심리적 안전감과 자유는 창조성을 위한 토양이며 양분이 되지만 중요한 것은 씨가 뿌려져야만 한다는 것이다. 나의 아버지와 작업을 할 때 아쉬웠던 것은 사람들에게 그들의 동기를 유발할 수 있는 경험을 자극하는 것과, 창조적인 과정과 관련된 시간과 공간의 허용에 관한 것이었다. 우리는 앉아서 창조적인 것에 관해 대화를 할 수 있지만 그렇게만 해서는 창조적 과정에 들어설 수 없다. 우리 문화는 특히 언어로 표현하는 것에 맞춰져 있기 때문에 내담자나 학생들에게 도전적인 경험을 갖도록 자극하는 것이 필요하다. 한 개인이 표현예술(만일 그 사람이 선택한다면)에 몰두할 수 있도록 주의 깊게 계획된 실험이나 경험은 그 사람이 창조 과정에 초점을 맞출 수 있도록 도와줄 것이다.

우리 대부분은 안전하지 못한 환경에서 창조적인 사람이 되고자 노력해 왔다. 교사들은 교실에서 이것이 옳고 저것은 틀리다고 말하면서 미술 재료를 제공해 왔다. 또 우리는 춤을 추고 노래를 부를 때도 교정을 받고 평가받으며 등급이 매겨졌다. 대부분 이런 경험을 하면서 살아온 사람들에게 지지적이고 비판단적인 공간에서 다양한 방법과 재료들을 가지고 자신을 탐색하고 실험하는 기회를 제공하는 것은 아주 색다른 경험이

---

2) Carl Rogers, *On Becoming a Person* (Boston: Houghton Mifflin, 1961), p. 351.

될 것이다. 이런 환경은 진실하고, 깊이 탐구하며, 동심으로 돌아갈 수 있도록 허용해 줄 것이다.

물론 재료를 늘어놓고 "해 보세요."라고 말할 수도 있다. 그러나 그 결과가 잘되느냐 잘못되느냐의 문제가 아니라 창조성을 자극하는 과제나 경험을 제안하는 것이 도움이 된다는 것을 우리는 알고 있다. 다음 장에서 이런 실험을 시작할 것이고, 훈련에 대한 많은 제안들이 이 책을 통해 계속 나타날 것이다.

무엇이 우리를 망설이게 하는가?

창조 과정은 재료를 가지고 탐색하고 실험하고 놀고 빈둥대며 미지의 세계로 들어가는 것 모두를 말한다. 이런 말을 하면 사람들은 걱정을 한다. "나에게 창조성이라니? 난 줄도 똑바로 못 긋는데!" "감정을 표현하기 위해 춤추거나 동작을 활용해 볼 생각은 없어!" 이것이 대부분의 사람들이 표현예술을 활용할 때 자신의 능력에 대해 스스로 가지고 있는 반응들이다.

나는 내담자들, 친구들, 집단 참가자들로부터 늘 감동적인 이야기를 듣는다. 그들은 즐거움과 자기표현의 형식으로 그림, 음악, 춤을 활용하지 않게 된 바로 그 순간을 정확하게 기억한다. 춤을 추었을 때 낮은 점수를 매긴 교사도 있었고, 춤출 때 비웃은 사람들도 있었으며, 다른 사람들이 노래할 때 입만 벙긋거리라는 말을 들은 사람도 있었다. 그들은 오해받고 부정적으로 평가받고 있다는 느낌을 가졌다. 그래서 생긴 자기이미지가 "나는 그림을 못 그려.", "나는 음치야.", "재미가 하나도 없어." 같은 것들이다. 그래서 음악이나 그림이 점차 샤워할 때 흥얼거리거나 공책에 낙서를 하는 형태로 한정되어 가는 것이다.

얼마나 딱한 일인가! 이 사회는 대다수의 사람들에게서 창조적인 과정의 맛있는 과즙을 쥐어짜 버린 것이다. 우리는 타인들의 칭찬을 구하지 않는 자발적인 표현의 자유를 되찾아야 한다. '예술가', 즉 완벽하게 표현 기법을 습득한 전문가가 되어야 한다는 생각에 집착하면 스스로를 속여서 충만하고 즐거운 창조성의 원천을 빼앗아 버리는 셈이 된다. 대신 우리들 대부분은 기술을 발전시키거나 재료를 완전하게 숙달하는 것이 아니라, 자기표현과 개인적인 성장에 초점을 맞추어 예술을 활용할 수 있다.

카를 융(Carl Jung)은 "환상의 역동적인 원리는 놀이이며, 그 놀이는 어린 시절과 관계가 있다. 그 자체만으로는 일과 무관해 보인다. 그러나 환상과 놀지 않으면 창조적인 일은 태어날 수 없다."고 하였다. 우리 속에 있는 창조적인 싹은 매우 섬세하다. 자신을 표현하려는 충동은 강력하지만 어린 시절 쉽게 억눌려 버릴 수 있다. 그래서 다시 한 번 시도하기를 두려워하고 주저하는 사람들이 많다.

우리는 대부분 예술가라고 하면 '나와는 다른 아주 재능 있고 창조적인 사람' 이라고 여긴다. 그러나 어린아이였을 때 우리들 모두는 창조적이었다. 우리에게는 자의식이 없었다. 우리는 붓을 들고 물감 통에 푹 담갔다가 커다란 종이에 묻히면서 얼마나 즐거워했던가! "엄마, 이것 봐. 나무야!" 하고 소리쳤다. 남들이 그것을 좋아할지, 엄마가 그걸 나무라고 생각할지 걱정하지 않았다. 그저 자신을 표현하면서 행복해했다. 그런 느낌이 좋았다. 그런 행동은 재미있고 진지했다. 우리는 색칠하기, 뿌리기, 점 찍기, 선 휘갈기기를 마음껏 실험했다. 그것은 탐구이자 배우는 과정이었다.

그러나 어느 순간 모든 것이 변했다. 우리가 그것을 보는 대로 사람들이 보는 것이 중요할 뿐만 아니라, 그들이 그것을 좋아할까 하는 것까지도 중요하게 되었다. 내가 들은 다음 이야기는 믿기지 않지만 어디서나 들을 수 있는 보편적인 이야기이다. 한 여성이 이렇게 말했다. "내가 2학년이었을 때 학교에서 그린 토끼 그림을 집에 가져갔어요. 나는 내 그림이 아주 자랑스러웠죠. 어머니가 그걸 보시더니 '야, 멋진 강아지를 그렸구나.' 라고 말씀하셨어요. 나는 그걸 토끼라고 주장했죠. 어머니는 그림을 냉장고 문에 붙이고서 계속 강아지라고 말씀하셨어요. 그 후로 나는 더 이상 그림을 그리지 않기로 결심했어요."

다재다능한 예술가이자 치료사인 어떤 여성이 다음과 같이 말하였다.

> 내가 다섯 살이었을 때 바이에른 지방(독일)의 조그만 마을에 살았는데, 그때 찰흙으로 빵 덩어리 만들기를 즐겨 했어요. 여동생과 나는 채색된 벽돌 가루를 물에 섞어 빨간 레모네이드를 만들고 작은 병에 채워 넣기도 했죠. 우리는 이런 이미지를 많이 만들어 시골

> 식료품 가게 놀이를 했어요. 나는 그 모든 것이 정말 좋았어요.
>
> 자유롭게 그림을 그릴 때마다 내가 아주 좋아했던 그것을 늘 떠올렸죠. 그러나 나중에 나는 우리 선생님이 사실적인 그림에만 관심이 있다는 것을 알게 되었어요. 3학년 때 우리는 자기 기억 속에 있는 자전거를 그리게 되었는데, 진짜 자전거같이 세세하게 그린 그림이 잘했다는 평가를 받았어요. 그것은 낙담스러운 일이었으며, 내가 그림 속에 표현한 아름다움과 영혼에 대해 선생님은 아무런 관심을 보이지 않아서 나는 몹시 실망했어요. 바로 그 순간 나는 그림에 대한 감정을 억압하게 되었죠.[3)]

앙트완 생텍쥐페리와 그의 어린 왕자 이야기도 생각난다. 책의 첫 장에서 소년은 코끼리를 삼킨 뱀을 그린다. 뱀 속에 코끼리가 있다는 것이 어린 왕자에게는 참으로 명백한 사실이었다. 그러나 어른들에게는 그것이 모자이거나 다른 형태인 것이다. 어린 왕자는 어른들에게는 진실한 이해가 부족하다는 사실에 매우 낙담한다.

여기에 또 하나의 사례가 있다. 매우 지적인 전문가 20명으로부터 내 작업을 소개해 달라는 부탁을 받았다. 그들은 캘리포니아 레드우드의 한 명상 센터에서 1주일 동안 심리학과 철학에 대해 토론을 하고 있었다. 나는 미술 재료들과 몇 개의 타악기를 내놓고 놀이의 방법에 관해서 말했다. 즉 색채와 형태를 자유롭게 사용하도록 하기 위해서 몸으로 동작을 하는 것에 관해 이야기했다.

나는 그들의 몸이 두려움으로 경직되어 있는 것을 볼 수 있었다. 나는 그들의 상태를 보고 이렇게 말했다. "여러분들 중 일부는 미술 재료를 보았을 때 전혀 망설임 없이 곧바로 작업을 하고 싶은 사람들도 있을 것입니다. 또 자기 자신에게, '나는 아니야, 나는 그림을 그리거나 색칠을 하거나 춤출 수가 없어.'라고 말하는 분도 있을 것입니다."

많은 사람들이 고개를 끄덕거렸다. 나는 그들의 공포를 이해했다. 그것을 말로 표현해 주니 그들은 긴장을 풀 수 있었다.

나는 웃으며 말했다. "위험을 감수하고 한번 도전해 보면 틀림없이 좋은 시간을 갖게

---

3) Hermine Glaser, "My Path to Creative Therapy"(Santa Rosa, CA: Person-Centered Expressive Therapy Institute, intern paper, 1989).

되고 배우기도 할 것입니다. 만약 그냥 옆에서 지켜보기만 하겠다면 그것도 좋습니다."

근육이 이완되었다. 나는 사람들이 훨씬 부드럽게 숨 쉬는 소리를 들을 수 있었다. 오후 시간이 끝났을 때, 사람들은 기쁨과 자기 만족감에 넘쳐 자신의 조소 작품과 그림을 서로 나누었다. 내가 그들의 불안감을 이해하고, 자신이 꼭 참여하지 않아도 된다는 것을 알려주자 그들은 스스로 즐길 수 있게 된 것이다.

창조성을 가로막는 것들

우리가 창조적인 사람이 되지 못하게 하는 데에는 여러 가지 이유와 변명이 있다. 언제, 왜 스스로를 차단했는지 알게 되면 우리의 습관적인 행동을 바꾸기 위해 의식적인 노력을 할 수 있다. 우리는 그런 변명들을 내려놓고 경이로운 창조적 에너지를 즐길 기회를 가질 수 있다.

우리 내면의 비판자는 우리들 어깨 위에 앉아 있는 듯하다. 그림을 그리거나 논문을 쓰거나 춤을 출 때, 어느 순간 나 자신을 평가하지 않을 때가 거의 없다. "내가 잘하고 있는 건가, 아니면 형편없는 건가?" 대부분의 사람들은 이와 같은 사고 과정을 늘 거친다. 그러나 취학 전에는 무언가가 '올바르고', '아름답고', '좋고', '나쁜' 것에 대해 아무런 걱정을 하지 않고 창조적인 사람이 될 수 있었다. 우리는 그저 탐색과 실험에 빠져들었다.

우리가 이 비판자에게 동조한 이유는 여러 가지이다. 우리가 미적인 안목을 갖도록 도와주고, 어떤 과제에 접근하는 방식을 개선하도록 도와주며, 이 사회에서 쓸모 있는 사람이 되게 하는 것 등 많은 이유가 있다. 그러나 이 내면의 비판자가 우리 인생에 수치심과 당황스러움과 공포를 가져오면 아무 쓸모가 없다. 오히려 창조성만 저해하게 될 것이다.

내면의 비판자가 우리의 감정과 행동을 지배한다고 느끼지 못할 정도로 우리는 내면의 비판자와 익숙해질 수 있다. 이 가혹한 심판관을 내보내는 방법 하나는 그저 그 존재를 인식하고 지나가라고 말하는 것이다. "어, 나 자신을 심판하고 싶은 기분이 드는걸.

나는 자신을 이렇게 계속 힘들게 할 수도 있고, 아니면 이 프로젝트를 하는 과정으로 되돌아갈 수도 있어." 이런 식으로 명상하면 내면의 비판자를 인생의 한 부분으로 허용하면서도 자신의 행동력을 차단하지 못하게 막아 준다. 아니면 스스로에게 이렇게 말할 수도 있다. "미스터 비판자, 당신은 나중에 이 프로젝트에 도움이 될 수 있을지 몰라. 하지만 지금은 아니야."

또한 우리의 창조성을 가로막는 **인정 욕구**가 있다. "누가 내 조소 작품을 좋아할까?", "춤출 때 서툴면 사람들은 나를 어떻게 생각할까?", "내 음정이 틀린 걸 누가 듣는다면 내가 입을 닫아 주기를 바라겠지."

우리는 "만일 내가 있는 그대로의 모습이라면 누가 날 사랑할까?"와 같은 기본적인 질문을 하고 있다. 다음은 한 여성의 글이다.

> 역기능적인 부모와 상호 의존적인 환경에서 자란 어른아이의 행동 패턴에 대해 이제 조금 알게 되었기 때문에, 나의 인정 욕구가 어린 시절 충족되지 못했고 그래서 대리 부모에게 인정을 받으려고 노력했다는 것을 나는 이제 안다. 나는 매우 불안하고 지쳐 있으며, 내 삶이 가치 있다는 것을 느끼려고 다른 사람의 인정에 늘 매달려 왔다는 것을 깨달았다. 어린 시절의 이 상처를 치유하는 길은 기본적인 욕구가 충족되지 않아서 생긴 화, 분노, 절망을 느끼고, 마침내 나 스스로를 인정할 수 있도록 용서하고 진정한 자아가 되는 법을 배우는 것임을 이제 안다. 더 깊이 들어갈수록 나는 더 많이 보게 되고, 내가 항상 진정한 자기가 되어 가는 과정에 있다는 것도 깨닫는다.[4]

우리 모두는 사랑과 인정을 필요로 한다. 그러나 우리의 창조적 에너지를 해방시키기 위한 열쇠는 자신의 가장 깊은 내면에 있는 인정에 대한 느낌을 발견하는 것이다. 우리의 가치를 타인의 손에 둔다면 자신을 그저 기쁨이나 추구하는 삶으로 전락시켜 버릴 것이다. 나는 특히 여성에게 이것이 얼마나 자기파괴적인가를 알고 있다. 내 시대의 여성들은 자라서 남편과 자식을 위해 봉사해야 한다고 배웠다. 그러한 과정에서 많은 여성들이 자기에 대한 감각을 상실했다. 이와는 반대로 가장 높은 차원에서 봉사한 마더

---

4) Hermine Glaser, "My Path to Creative Therapy"(Santa Rosa, CA: Person-Centered Expressive Therapy Institute, intern paper, 1989).

테레사는 남을 기쁘게 하려고 하지 않았다.

우리의 문화는 논리적이고 선형적이며, 고도로 기술적이고 남성적인 특성을 지나치게 강조하다 보니, 미적이고 상상력이 풍부하고 수용적이고 놀이를 즐기는 자아를 인정하는 훈련을 받지 못한 남성들이 많다. 춤이나 색채를 통한 느낌의 표현은 어리석은 것으로 간주되어 온 것이다. 이런 남성들은 온전한 창조적 능력을 열기 위해서 먼저 엄격한 내적 비판자를 극복하고 자기인정을 배워야 한다. 인간중심 표현예술치료 훈련 과정에 들어온 한 남성은 이렇게 서술하였다.

> 남자로서 나는 주로 성취, 업적, 경쟁, 자기조절, 우월함, 이성적인 것, 순종, 특히 가장 중요한 것은 모든 감정을 억압함으로써 자존감을 얻었다. 표현예술 프로그램에서 내게 일어난 일은 나의 정서적인 면, 영적인 면, 그리고 자비로운 측면에 접근함으로써 자존감을 찾을 기회를 갖게 된 것이다. 이런 것들은 내가 나의 '여성적' 인 면으로 간주하여 남성적 정체성으로 받아들일 수 없던 것들이었다…. 그곳은 신뢰의 공간이었으며, 그곳에서 나는 남들과 경쟁하지 않았고, 아무런 판단을 받지 않고 그림, 동작, 글쓰기, 놀이를 통해 나를 표출하였으며, 그것이 나의 능력과 나의 내면 그리고 느낌과 통합을 이루게 하였다. 나는 조롱당할 위험을 무릅쓰지 않고 약하고 친근한 사람이 될 수 있었다…. 내 자신을 표현하는 위험을 무릅쓴 결과, 남자는 어리석고 아이 같고 여자같이 보일 수 있는 행동에 가담해서는 안 된다는 낡은 조건들을 깨뜨릴 수 있었다.[5]

표현예술을 통해서 경험하는 창조적 과정은 자기발견, 자존감, 자기 역량 강화에 이르는 길이다. 위에서 언급된 남성은 자신의 부드러운 면을 이해함으로써 자기 역량이 강화됨을 발견한 것이다.

자기 자신을 인정하는 최상의 근원이 되려면 많은 시간이 걸릴지도 모른다. 당신은 인정이 요구되는 당신의 특별한 부분에 주의를 집중하는 훈련을 할 수 있다. 그것을 우아하게 수용하면서도 그것이 당신의 행동을 지배하도록 내버려 두지는 말아야 한다. 스스로에게 줄 수 있는 도움이 되는 확실한 말은, "내가 잘하고 있다고 누군가가 말해 주

---

5) Alex Rush, "Masculinity and PCETI" (Santa Rosa, CA: Person-Centered Expressive Therapy Institute, intern paper, 1987).

었으면 좋겠다는 것을 나는 알고 있어. 그러나 지금은 나 스스로 내 등을 토닥거려 줄 수 있어."이다.

사랑과 인정에 대한 욕구는 정당한 것이다. 그러나 이것은 교활하고 잡기 어려운 꼬마 요정과 같다. 사랑과 인정은 갈구하면 할수록 더 얻기가 어렵다. 인생은 한 번도 내게 공정한 것처럼 보이지 않았지만, 살면서 경험해 보니 내가 사랑과 인정을 가장 필요로 할 때 그것을 얻지 못했다는 것을 알 수 있었다. 사랑하게 되거나 사랑하고 있을 때 더 많은 것들이 찾아온다. 자기에게 진실하고 솔직한 것이 진정한 사랑과 이해를 받아들이는 지름길이다.

실패에 대한 두려움은 우리의 창조성을 가로막는 또 다른 장애물이다. 실패란 도대체 무엇일까? 학교 체제는 매 단계마다 점수를 매기고, 자기에 대한 느낌과 실패에 대한 느낌으로 우리를 혼란스럽게 만든다. 다행히도 나는 진보적인 교육 체제하에서 교육을 받아 대학에 들어가기 전까지 한 번도 점수가 매겨진 적이 없었다. 대신 교사들은 더 발전하도록 여러 가지 제안을 하였다. 그런 과제물들은 결코 내게 실패감을 주지 않았다. 오히려 그런 방식에는 부정적인 면보다는 좀 더 높은 성취를 하게 하는 긍정적인 요소들이 들어 있었다.

실패란 무엇인가? "내가 그르쳤어.", "나는 좋지 않아.", "나는 큰 실수를 저질렀어!" 실제 생활에서도 그렇듯 창조적 과정에서는 이런 생각들이 아무 쓸모가 없다. 좀 더 도움이 되는 태도는 "나는 이런 상황에서 무엇을 배울 것인가?", "이런 과정과 결과를 어떻게 더 좋게 받아들일 것인가?" 하는 것이다. 치료사이자 집단 촉진자로서 나는 사람들이 자신의 예술로 끙끙대거나 춤을 추면서 당혹감을 느끼는 것을 본다. 그럴 때 "당신이 하는 것에는 옳은 것도 그른 것도 없어요."라고 말하면 그들의 몸에서 긴장이 풀리는 것을 볼 수 있다.

우리의 창조적 잠재력을 방해하는 또 다른 장애물은 **미지의 것에 대한 두려움**, 즉 내면에 있는 괴물이나 악마를 찾아낼지도 모른다는 생각이다. "가장 심한 고통의 근원을 건드리면 어떻게 하지?"와 같은 의문이 종종 생길 것이다. 제8장에서 논하고 있지만 기본 전제는 바로 이것이다. 즉 괴물을 가두어 두는 것은 엄청난 에너지가 요구되며, 오래

가두어 둘수록 괴물은 더 커진다. 그것을 계속 묻어 두기보다 화나고 고통스럽고 폭력적인 측면을 직시하는 것이 최선책이다. 그것을 의식으로 가져오는 것이 그것의 에너지를 약화시키게 된다. 그 모든 감정을 받아들이는 것은 바로 그들과 동맹을 맺는 셈이다. 즉 두려움이라는 그 괴물은 자비심으로 바뀔 수 있다. 우리 내면의 화나고 폭력적인 괴물이 창조적이고 긍정적인 행동을 할 수 있는 에너지로 변화될 수 있다.

예를 들어, 배우자나 사업 상대에 대한 분노를 계속 가지고 있는 것은 당신의 에너지를 고갈시키는 것이다. 화를 몰래 간직하고 마음에 가둬 두면 당신의 몸과 정신과 영혼이 대가를 치르게 된다. 만약 색채나 춤이나 글쓰기로 그 느낌들을 표현할 수 있다면 당신은 화산 같은 에너지를 분출하게 되고, 파트너와의 관계에서 새로운 통찰을 얻게 될 것이다. 바로 이런 방법이 적절한 의사소통의 길을 만든다.

수용적이고 지지적인 환경에서 표현예술을 이용하는 것은 창조성을 가로막는 여러 장애물들을 극복하는 데 큰 도움을 준다. 인간중심 표현예술치료 프로그램에 참가한 많은 사람들은 다음과 같은 말들에 동의한다. "나는 뚜껑이 열리고 풍요로운 창조성과 느낌이 흘러나오는 것을 느낀다. 창조성은 나의 일부분이고 나에게 커다란 에너지를 부여한다." "나는 나의 진지한 면을 재발견하고 새로운 시각을 경험하기 위해 즐겁게 놀 수 있는 자세가 중요하다는 것을 알게 되었다."

안전한 환경을 만드는 것은 마술이 아니다. 그것은 학습이 가능한 기술이다. 그런 환경에 참여해 본 사람들은 결국 이런 생각을 하게 된다. "이런 안전한 공동체를 우리 스스로 만들었다." 정말로 그들은 스스로 많은 부분을 이루어 냈다. 이러한 돌보아 주는 공동체를 발전시키기 위한 환경을 만들기 위해서는 숙련된 촉진자도 필요하다. 그런 기술은 이 장 앞부분에서 설명한 심리적 안전감과 자유라는 원리에 기초를 두고 있다.

당신 스스로 혼자서 창조성을 일깨우기 위한 환경을 만들 수 있다. 다음 장은 당신 스스로 안전하고 허용적인 환경을 만들 때 도움이 되는 표현예술 탐색과 자기확신에 대한 내용이다.

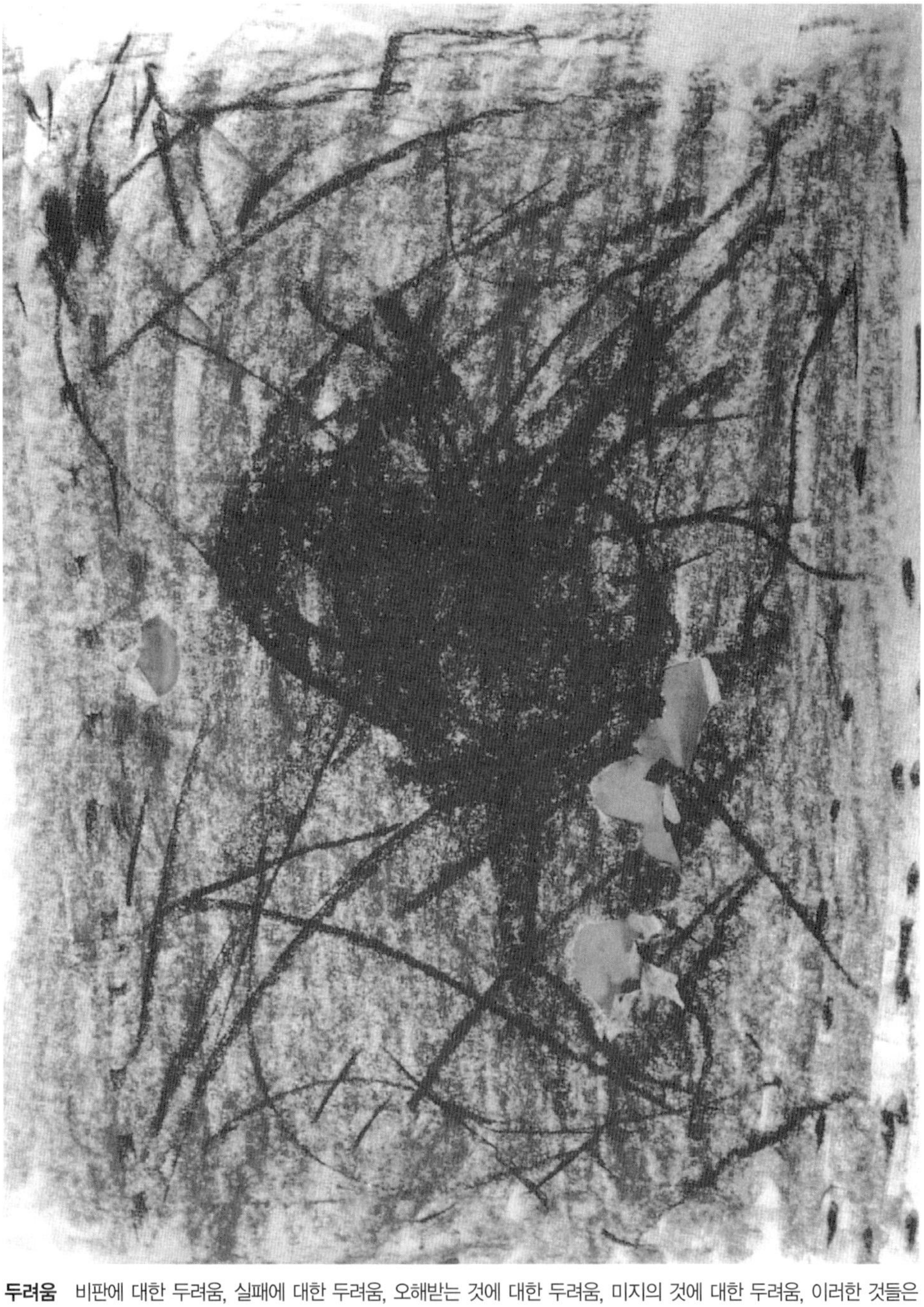

두려움 비판에 대한 두려움, 실패에 대한 두려움, 오해받는 것에 대한 두려움, 미지의 것에 대한 두려움, 이러한 것들은 우리가 타고난 창조성을 활용하지 못하도록 방해할 수 있다._나탈리 로저스

Beginning Explorations
탐색하기

03

놀이는 독창적인 예술이 피어나는 뿌리이다.

—스티븐 내크매너비치(Stephen Nachmanovitch), 『자유로운 놀이(Free Play)』

그림그리기, 춤추기, 노래하기, 글쓰기를 하지 않는 사람이라면, 지금이 바로 창조성이라는 풍성한 흐름을 잠에서 깨워야 할 때이다. 어디서부터 시작하면 좋겠느냐는 질문이 나올 것 같다. 어린 시절 품었던 자유에 대한 감각과 자유분방함을 즐거운 기분으로 다시 포착하는 것부터 시작해야 한다. 한때 우리 모두 지니고 있었던 호기심, 캐묻기 좋아하는 마음, 탐색해 보고 싶은 충동 같은 것들 말이다. 놀이하듯 만들다 보면 창작자라는 자의식은 저절로 사라져 버린다.

창작 과정에 몰입하다 보면 우리가 창조적인 사람이 되지 못하게 막았던 장벽들로부터 실제로 놓여난다. 즉 어떤 평가도 받지 않는 상황에서 여러 가지 형식의 표현예술을 탐색하고 실험해 보면 우리 내면의 비평가 또는 인정받고 싶은 욕구나 실패할 것에 대한 두려움 그리고 알 수 없는 막연한 두려움이 사라질 수 있다. 수업이나 워크숍에서 완벽을 요구하고 점수를 강조하고 비교하면 이런 장벽을 더욱 강화하는 일에 그칠 뿐이다. 그래서 나는 안전하고 인간중심적인 환경을 계속해서 강조하는 것이다.

창작에 뛰어들면 다른 차원의 의식으로 건너가게 된다. 점점 나아지는 결과물에 집중하는 동안 그날그날 신경 쓰고 걱정해야 할 일들과 자기평가는 일시적으로 사라진다. 놀이하는 마음으로 창작 과정에 들어서면 결과물에 지나치게 신경 쓸 가능성도 줄어든다. 뭔가를 만들면서 너무 진지해질 필요도 없다. 사실 아이 같은 마음이 되거나 자유로운 영혼을 갖는다는 것 자체가 하나의 자산인 것이다.

자기 확신

창조적인 환경을 마련한다는 것은, 창조성을 가로막는 장벽이 생기는 것을 인식하고 그런 장벽을 없애는 자기확신을 활용한다는 의미이다. 창조적인 놀이를 시작하기 전에 아래 내용을 미리 읽어 보고 탐색을 시작하면 좋다. 나중에 친구나 가족에게 이것을 가르쳐 주어도 좋을 것이다.

- 내가 만드는 것에는 잘되거나 잘못된 것이 없다. 나는 실험하고 탐색하고 그 과정을 즐기러 여기 있는 것이다.
- 이런! 또 나를 평가하고 있네. 지금 당장은 내 마음속의 비평가를 내보내기로 한다.
- 다른 사람이 내 그림이나 동작이나 글을 인정해 주었으면 좋겠지만, 지금은 나 자신도 스스로를 인정해 줄 수 있다.
- 이 표현방식으로 나의 새로운 면을 탐색해 보기로 한다. 나 자신에 대해 더 많이 알고 그것을 받아들일수록 나는 더 강해지고 더 온정적인 사람이 될 수 있다.

탐색하기

다음은 몇 가지 아주 재미있는 초기 작업이다. 첫 단계는 긴장을 풀고 미술 재료 자체를 즐기는 것이다. 어떤 실험을 해도 좋다. 혼자서, 아이들과 함께, 또는 친구나 파트너와 함께 비 오는 날 오후에 해 볼 수 있는 프로젝트가 있다.

커다란 낙서

✤ 재료

18×24인치 종이(또는 신문지), 펠트펜, 마커, 마스킹 테이프

✤ 과정

종이를 부엌 식탁이나 바닥에 펼쳐 놓는다. 작업하는 동안 미끄러지지 않도록 종이 양쪽 가장자리를 테이프로 고정한다. 종이를 많이 써도 신경 쓰이지 않게 신문지를 활용해도 된다. 어떤 방법으로든 종이를 고정시킨다.

양손에 색깔이 있는 마커를 들고 시작한다. 눈을 감는다. 노래를 부르면서 손을 공중에서 움직여 본다. 먼저 공중에 낙서를 하고 콧노래를 부르면서 손이 춤추게 둔다.

잠시 눈을 뜨고 종이를 보라. 두 손을 사용하여 종이에 낙서를 한다. 눈을 감고 실험하고 눈을 뜨고도 실험한다. 노래는 계속한다. 무엇이 일어나든 그냥 두라. 낙서가 어떤 모양이 될지에 대해서는 걱정하지 말라. 계속 종이를 바꿔 가면서 낙서를 한다.

그림마다 2~3분을 할애한다. 하나를 더 그린다. 또 하나 더 그린다. 마음껏 그려 보라.

흥에 겨운 마음이 해소될 때까지 낙서를 실컷 하고 나서(석 장이 될 수도 있고 스무 장이 될 수도 있다) 왠지 모르게 마음이 끌리는 그림 한두 장을 고른다(가장 이상한 그림을 고를 수도 있고 선이 마음에 드는 그림을 고를 수도 있다). 펠트펜을 하나 골라 그 그림의 여러 부분들을 채우고, 빗금을 치고, 점을 찍고, 마구 휘갈겨 보라. 하고 싶으면 낙서를 더 해도 된다. 어떤 디자인을 만들어 내도 되고, 거기서 어떤 형상이나 꽃이나 동물 모습을 찾아내도 된다. 무엇을 찾아내건 상관없다. 과정 자체를 즐기면 된다.

이제 낙서 그림을 살펴본다. 그 그림에 마음을 열고 있는 그대로 받아들인다. 평가하지 않는다는 것을 마음에 다시 새긴다.

낙서 그림을 보면서 떠오르는 다섯 개의 단어를 적는다. 어떤 단어든 좋다. 옳고 그른 것은 없다.

벽이나 냉장고에 며칠 동안 그 그림 몇 장을 붙여 놓는다. 낙서가 당신에게 말을 걸게 하라. "정말 바보 같은 그림이군."이라고 말할 수도 있을 것이다. 바보 같다는 것마저 받아들이면 된다. 그 그림에 어떤 리듬이나 선이나 형태를 더 그리고 싶을 수도 있을 것

커다란 낙서 그리기 긴장을 풀고 노래를 부르면서 실험한다.

이다. 그러면 그렇게 하라.

음악에 맞춰 낙서하기와 춤추기

시작하기 전에 그때 기분에 맞는 음악을 틀어 놓는다(내담자나 친구와 이 실험을 한다면 다양한 장르의 음악을 준비해 두고 그 사람 마음에 드는 것을 고른다). 눈을 감고 음악에 맞춰 몸을 이리저리 흔들고 움직인다. 다음에는 도화지에 마커를 댄 채 몇 분 동안 손이 춤추게 한다. 일어서서 작업할 수 있는 탁자가 있으면 손이나 팔 외에 몸 전체를 작업에 동원할 수도 있다. 그림을 그리면서 몸을 이리저리 흔들고 움직여 보라.

이런 식으로 낙서 그림을 여러 장 그린다. 한 장을 골라서 마음대로 더 그린다. 낙서 그림에 어울리는 다섯 개의 단어나 다섯 개의 문장을 쓴다. 벽에 그 그림을 붙여 놓는다.

그림에 맞춰 춤을 춘다. 일어서서 그림을 똑바로 쳐다보고 그림을 있는 그대로 받아들인다. 그림에서 어떤 움직임이 느껴지는가? 그림에 어떤 느낌이나 분위기가 있는가? 움직일 때는 눈을 감아서 내면의 동작을 체험할 수 있도록 한다. 동작을 하기 위한 출발점으로 그림의 선과 리듬, 색채를 활용하여 실험한다. 춤이 저절로 추어지도록 한다. 자신이 어떻게 보일지 걱정이 된다면 그 걱정하는 마음을 인정하고 지나가게 놔둔다. 그냥 믿고 자신을 표현하라.

움직이면서 소리를 낸다. 콧노래, 신음 소리, 한숨, 노래가 나오게 한다. 대부분의 사람들은 소리 내기를 주저한다. 스스로를 허락하라. (다른 사람과 함께 할 때에는 서로를 허락해 준다. 함께 시도해 보라.)

⚜ 기타 재료

채색 재료들을 다양하게 활용해도 된다. 오일 파스텔이나 초크 파스텔을 써도 좋다.

⚜ 목적

어떤 그림을 그렸는가? 위의 연습을 하면서 당신은 창조적 연결 과정의 몇 가지 특성들을 경험했을 것이다. 그림을 그리기 전에 공중에 손을 휘저으면서 당신은 자유롭게 그림을 그리는 동작을 체험했다. 눈을 감고 그림을 그리면서 자기표현을 향해 가는 과정을 시작한 셈이다. 그림을 그리고 나서 단어를 몇 개 써 보면 자유로운 미술 표현과 글쓰기를 연결하는 체험을 할 수 있다. 두 손을 동시에 또는 하나씩 사용하여 작업하면 좌뇌와 우뇌를 사용하는 경험을 하게 된다. 콧노래나 노래를 부르면 창조적 연결의 소리 내기가 가진 특성을 도입하는 셈이다. 커다란 낙서 그림을 다양한 방식으로 표현하면서 동작을 통한 체험을 익히게 된다. 또 그림에 맞춰 춤을 추면 창조적 연결이 어떻게 당신을 다채로운 자기탐색으로 나선형을 그리며 데려가는지를 보게 될 것이다. 자신을 평가하지 않도록 자꾸 연습하다 보면 탐색과 창조가 가능한 안전한 환경을 만드는 것이 중요하다는 것을 이해하게 된다.

콜라주

콜라주는 창조적 과정에 쉽게 참여할 수 있는 방법이다. 어렸을 때 우리는 자르고 붙이는 것을 아주 좋아했다. 가위와 풀을 들고 여유를 부리면서 의미 있는 그림을 잡지에서 고르다 보면 꿈같은 그 시절의 마음으로 다시 돌아갈 수 있다. 콜라주는 긴장을 풀어 주고 ™소리 내어 말하는∏ 아주 재미있는 방법이다. (그림보다 훨씬 더 쉬운) 콜라주를 활용해 보면 자기비판을 멈출 수 있다. 그림을 찾고 자르는 일에 빠져 바쁘기 때문에 결과물에 그다지 신경을 쓰지 않게 된다. 각자가 만들고 싶은 어떤 모양으로 그림을 배열하다 보면 눈앞에 놓인 그림들이 상상력을 발휘할 수 있게 한다. 콜라주는 그림 그리기를 주저하거나 아주 분석적이고 지적인 사람에게 특히 더 어울리는 기법이다.

⚜ 재료

잡지, 가위, 풀, 빳빳한 종이나 마분지

선택 사항 : 색종이, 천, 자연에서 주워 온 것들(깃털, 잎사귀, 잔가지), 스테이플러, 투명 테이프

⚜ 과정

콜라주를 만드는 과정은 각자의 느낌이나 욕구, 목적에 따라 다양하다. 놀이하는 마음으로 긴장을 풀면 시작 단계로 아주 좋다.

자유로운 형식으로 한다. 마음에 드는 아무 그림이나 말을 잘라 낸다. 마분지나 도화지에 그것들을 배열하고 풀로 붙인다. 아주 잘했다! 자주 볼 수 있는 곳에 걸어 둔다.

여기서 작업을 마쳐도 되고, 다음 작업을 계속해도 된다.

- 콜라주에 제목을 붙인다.
- 콜라주를 보고 짧은 이야기를 쓴다.
- 콜라주를 보고 떠오르는 대로 소리를 내거나 춤을 춘다.

"이건 나예요." 당신이 자신에 대해 인식하고 있는 자기 마음속의 여러 가지 측면, 분위기, 느낌을 대변하는 것 같은 그림이나 색, 단어를 잡지에서 골라 낸다. 마분지에 그것을 늘어놓고 붙인다. 그 이미지가 말을 걸어 오게 두고 얼마 동안 시간을 보낸다. 여기서 과제를 끝내도 되고 계속해도 된다.

하고 싶으면 종이에다 '내게는 …이 있다.', '내 느낌은 …하다.', '나는 …이다.'로 시작하는 문장 다섯 가지를 떠오르는 대로 쓴다.

문젯거리를 다룬다. '나와 직장 상사(배우자, 자녀, 부모)의 관계', '내가 내려야 하는 중요한 결정', '나의 골칫거리' 같은 제목으로 문젯거리를 골라 콜라주한 것에 쓴다.

먼저 조용히 앉아 그 문젯거리에 대해 명상한다. 느낌이 떠오르도록 그대로 둔다. 내면의 대화가 활발히 일어나게 둔다. 그 다음 콜라주 재료가 있는 곳으로 가서 자기 느낌을 검열하지 않은 채 잡지에서 이미지와 말을 고른다. 그 이미지가 실제로 당신의 문제와 관계가 있는지 없는지에 대해서는 신경 쓰지 말라. 그 이미지가 스스로 그림을 고르게 놔둔다.

배열하고 풀로 붙인 뒤에 잠시 그림이 당신에게 말을 걸도록 시간을 주라. 다음과 같이 하면 콜라주를 더 잘 이해할 수 있을 것이다.

- 콜라주에 어울리도록 '옛날 옛적에…' 같은 이야기를 쓴다. '옛날 옛적에…'로 이야기를 시작하고 그 다음부터는 어떤 이야기든 나오는 대로 쓴다.
- 콜라주가 당신 의식 속에 있는 동안 자유로운 글쓰기를 한다. 10분 동안은 멈추지도 말고 자기가 쓰는 것을 검열하지도 않은 채 계속 쓴다.
- 당신이 신뢰할 수 있는 사람의 피드백을 듣는다.

이렇게 탐색을 시도했다면 축하받아 마땅하다. 이 모든 과정은 순전히 놀이하는 기분으로 해도 되고, 그림들이 당신에게 상징하는 의미를 알아보기 위해 해도 된다.

내면의 비판자와 대화를 나눈다. 지금까지 당신은 재미있게 작업을 했을 수도 있지만, 어쩌면 마음속 비판자가 어깨 위에 걸터앉아 이런저런 평가를 해서 괴로웠을 수도 있다. 그 비판자와 얘기하거나 가상의 대화를 나누면 도움이 될 것이다.

나 : 네가 또 나타나서 내가 하는 일과 내가 하는 말이 별로 안 좋다고 하고 있네! 왜 이렇게 나를 괴롭히는 거지?

비판자 : 너를 방해하고 네가 부족하다고 느끼는 걸 보면 재미있거든.

나 : 내가 왜 이런 대접을 받아야 하지? 난 네가 나타나지 않은 상태에서 내 창조성이 그대로 흘러나오기를 바란다고. 네가 사라졌으면 좋겠어!

비판자 : 넌 절대 그렇게 못해. 내가 네 인생에 기여한 바가 있다는 것을 알잖아?

나 : 말해 봐. 네가 무슨 가치가 있어?

비판자 : 너의 기준을 더 높이 잡아야 한다고 내가 말했잖아.

나 : 하지만 넌 언제나 방해만 하고 있잖아!

비판자 : 정말로 널 방해하려는 것은 아니야. 그냥 너도 내 존재를 이해해 주고 인정해 주면 좋겠어. 그러면 이렇게 자주 나타나지는 않을 거야.

나 : 그렇게만 하면 되는 거야? 그냥 "안녕, 또 왔군?" 하거나, "지금은 네가 필요 없는데." 라고만 하면 사라질 거란 말이지?

비판자 : 물론! 그렇게만 하면 돼.

이런 식으로 이야기가 계속 이어질 수 있다. 자신에 관해 배우는 것은 그만한 가치가 충분히 있다. 시간을 들여 내면의 비판자에 대한 글을 쓰고 부정적인 면을 달랠 수 있는 방법을 배우면 창작을 하는 동안 겪을 수 있는 어려운 순간들을 벗어날 수 있다.

그림일기

그림일기를 쓰면 자기표현이 가진 힘과 깊이를 체험할 수 있다. 그림일기는 그림을 그려 넣는 것만 제외하면 보통 일기와 비슷하다.

✣ 재료

6×8인치 혹은 그보다 더 큰 스케치북, 펠트펜, 색연필 또는 오일 파스텔

종이 위에서 손가락으로 문질러서 색을 섞고 싶으면 오일 파스텔을 사용한다. 선명하고 강렬한 효과를 내고 싶으면 덧칠을 해도 된다. 펠트펜도 좋다. 초크 파스텔은 빨리 칠할 수 있고 색조도 부드럽지만 스케치북이 지저분해질 수 있다.

✣ 과정

하루에 10~20분 정도 시간을 내어 자신의 느낌을 재빨리 그림으로 그린다. 그때 당신이 이 세상에 대해 느끼는 관점을 포착하라. 색채로 기분이나 이미지를 빠르게 표현해 보

면 추상적인 것이 될 수도 있고 하나의 그림처럼 생생한 것이 될 수도 있다. 여러 장을 연속해서 그리다 보면 여러 가지 기분이 빠르게 흘러가거나 그동안 마음 상태가 변한다는 것을 알 수 있다.

나는 그림일기를 6개월간 써 보라고 추천한다. 그림을 그리고 글도 쓰기 위해서는 줄이 그어져 있지 않은 일기장을 준비하면 좋다. 그림을 그려 놓고 그 그림에 대해 글을 써도 좋고, 글을 쓴 뒤에 그 느낌을 표현하는 그림을 그리는 등, 어떤 과정이든지 활용할 수 있다. 결과물에 대해서는 아무런 걱정을 할 필요가 없다.

10분 동안 낙서하거나, 아무렇게나 그리거나, 느낌을 그림으로 표현한다. 좌절했을 때, 슬펐을 때, 화났던 때를 골라 그 느낌이 팔과 손가락을 통해 종이 위에 쏟아지게 한다. 색채, 선, 이미지로 어떤 느낌들을 표현할 수 있는지 해 보자.

자주 쓰지 않는 손을 사용한다. 왼손과 오른손을 번갈아 사용해 보자. 자주 쓰지 않는 손은 통제가 잘 안 될 것이므로 좀 더 멋대로 그리게 될 것이다.

눈을 감고 그린다. 현재 기분을 잘 알아차려야 한다. 크레용과 종이의 관계를 느껴 보자. 크레용이 이끄는 대로, 크레용이 탐색하는 대로 따라가 보자. 빠르든 느리든 크레용의 속도대로 따라가 보자. 이렇게 하면 습관적인 손 움직임의 패턴을 깨뜨리고 새로운 가능성을 열 수 있다. 그리기를 다 마쳤으면 눈을 뜨고 도화지에 그려진 것이 무엇이든 그것을 받아들여라. 아무렇게나 그린 그림에 무엇을 더해도 되고 그냥 둬도 된다.

진퇴양난에 빠지거나 지루해지면 그림으로 표현한다. 그림이 문을 열어 주는 방식이 될 수도 있고, 방전된 배터리를 재충전해 주는 방식이 될 수도 있으며, 당신의 감정으로 되돌아가는 길을 찾아 줄 수도 있다.

기쁨이나 환희를 느낄 때 그 기분을 그린다. 자주 쓰지 않는 손으로 그려 보고 그 다음에는 눈을 감고 그린다.

전날 밤 꾼 꿈을 그리거나 꿈을 꾼 느낌을 그린다.

그림일기는 다른 사람에게 보여 주고 싶지 않으면 보여 주지 않아도 된다. 그러므로 자기 느낌을 마음껏 표현하면 된다. 스스로를 검열하지 말라. 이런 과정은 모두 당신을 위한 것이다. 즉 느낌을 풀어내고, 색채와 이미지가 스스로 말하도록 놔두는 것이다. 나중에 당신이 그린 것을 다시 보면 보다 깊은 통찰과 자기인식을 할 수도 있다.

나는 집에서나 학교에서나 그림을 그릴 때 격려를 받았고 대학에서도 미술 수업을 들었지만, 내가 진정으로 자기탐색 과정에 들어가게 된 것은 1973년에 참여한 한 워크숍에서였다. 그 워크숍의 촉진자였던 제이니 라인(Janie Rhyne)은 인본주의적 예술치료의 개척자 가운데 한 사람이었다. 나는 아직도 제이니가 나에게 건네준 자그마한 스케치북을 가지고 있는데, 거기에는 하루에 두세 차례 낙서 그림을 그리고 펠트펜을 사용하라는 지시가 적혀 있다. 나는 아무렇게나 그림도 그리고 글도 썼다. 첫 페이지에 나는 이렇게 써 놓았다.

> 나는 제발 무의식을 덜 의식했으면 좋겠다. 무의식에서 종이나 미술 재료로 좀 더 직접적으로 작업할 수 있었으면 좋겠다. 솟아오르는 나의 생명력을 내가 우주에 대해 느끼는 하나 됨의 느낌과 통합시키고 싶다. 나는 나의 남겨진 부분을 탐색해 보고 싶다. 나는 어딘가를 넘나들고 있는 나를 탐색하고 싶다. 이 넘나든다는 것은 어떤 에너지 흐름이 나를 통과하여 다른 사람에게 갔다가 되돌아오는 것 같은 것이다. 그것은 실재하는 것인가? 내가 금방 그려 놓은 자화상의 흰(텅 빈) 부분에 무슨 의미가 있다면 그것이 무엇인지 알고 싶다.

책장에서 이 그림일기를 꺼내 보고 나는 그 당시 기록했던 것이 지금도 내게 유효하다는 것을 알게 되었다. 이 물음들은 나의 평생의 연구가 될 것 같다.

그 워크숍을 하는 동안 나는 결과물에 대한 걱정은 접고 과정 자체를 즐겼다. 즐겼다는 말이 맞지 않을 수도 있다. 나는 이혼, 좌절, 정체성 상실, 실연에 대한 내 감정을 내려놓기 위해 그 워크숍 과정을 활용했다. 나는 그때 그린 낙서 그림을 몇 년 동안 다시 보지 않았다. 그런데 그림을 다시 보자 감정들이 파도가 일어나는 과정처럼 생겨난 것을 알게 되었다. 높이 치솟았다가 무너져 내리고, 소용돌이치고, 빙빙 돌고, 다시 치솟아오르는 파도 같은 감정의 연속이었다. 아주 화가 난 것처럼 보이는 그림도 있었고 열정과 환희로 가득 찬 그림도 있었다. 그림의 크기는 5×7인치짜리에서 훨씬 더 큰 그림으로 바뀌었다. 작은 종이로는 더 이상 내 감정의 흐름을 담아내지 못한 것이다.

내 딸 프랜시스 푸크스(Frances Fuchs)도 표현예술치료사인데 딸은 이렇게 설명한다.

> 나의 잠재력이 보잘것없고 세상이 협소하고 닫혀 있음을 느끼게 되면서 나는 심리적으로 많은 고통을 느끼게 되었다. 내가 그림일기를 가장 많이 활용했던 것도 이때였고, 내 의식적 자아는 모르고 있던 것을 색채나 형태가 열린 문으로 들여다보았던 것도 바로 이때였다.[1)]

일기 쓰기

개인적이고 영적인 발전을 위해 일기를 쓰거나 글쓰기를 하는 사람들이 많다. 우리는 글쓰기를 통해 자신의 느낌과 행동양식을 깨닫게 된다. 이런 행위를 통해 자기를 이해할 수 있고 스스로 힘을 기르게 된다.

✤ 과정

다음은 글 쓰는 방식에 대한 인식을 넓혀 줄 수 있는 지침과 제안이다.

가능한 매일 쓴다. 짧지만 자주 쓰는 것이 길면서 불규칙적으로 쓰는 것보다 낫다.

자신을 위해 글을 쓴다. 자신이 쓰는 것을 검열하지 말라. 일기는 자신에게 보내는 아주 사적인 편지이다. 자신의 느낌과 환상, 꿈, 생각을 글에 넣는다. 검열하는 마음이 계속 생기면 자기표현을 가로막는 모든 느낌과 생각에 대해 쓴다.

기분이 좋을 때와 가라앉았을 때, 좋았던 시절과 나빴던 시절, 즐거움과 낙담한 기분에 대해 쓴다.

혼돈이나 혼란스런 마음이 일어나는 것을 허용한다. 자기가 적은 글을 정리하려고 하지 말라. 어떤 방식이든 마음대로 나오도록 두자.

---

1) Frances Fuchs, "Women's Creative Process"(Rohnert Park, CA: Sonoma State University, master's thesis, 1982), p. 18.

섀도 댄싱 그림자는 놀이하고, 언쟁하고, 싸우고, 함께 어울릴 수 있다.

자유롭게 쓴다. 문법이나 구두점에 신경 쓰지 말고 10분 동안 펜이 움직이는 대로 쓴다. 글이 막히면 생각이 날 때까지 글이 막히는 것에 관해서 쓴다.

동작 탐색

이 장 앞부분에서는 그림을 그리기 전에 음악에 맞추어 움직여 보라고 제안했다. 이제 자기표현을 위해 움직여 보라고 제안한다. 몸은 표현하기 위한 하나의 수단인데, 누가 느끼는 바를 동작으로 표현해 보라고 하면 대부분의 사람들은 얼어 버린다. 만일 당신이 스스로 만들어 낸 환경에서 안전하고 지지받는다고 느끼게 되면 바로 그 지점에서 동작에 대한 탐색을 시도해 보라. 이렇게 해 보면 자기표현을 하는 것과 자신의 몸을 재인식하는 데 아주 놀라운 모험이 될 수 있고, 움직이지 않으려 하는 사람들을 이해하는 데도 도움이 될 것이다.

섀도 댄싱(shadow dancing)은 자유로운 동작을 해 볼 수 있는 방법이다. 필요한 것은 어

그림자가 무엇을 표현할지 당신에게 말하도록 둔다.

두운 방, 바닥을 비추는 밝은 빛, 그림자를 비출 수 있는 빈 벽뿐이다. 원한다면 음악도 틀어 놓고 그림자가 춤을 추도록 한다. (아이들은 대체로 이런 것을 참 좋아한다. 아이들은 동작을 하면서 놀도록 우리에게 용기를 줄 때가 자주 있다.)

이런 동작을 시도할 때는 다음과 같이 말하면서 스스로 확신을 가져야 한다. "잘되고 잘못되고는 없다. 나를 부정적으로 판단할 필요도 없다. 중요한 것은 몸을 사용하는 것을 즐기는 것이다. 나는 내 몸이 전달하는 메시지에 귀를 기울일 수 있다."

내면에서 느끼는 것을 동작으로 표현한다. 동작하는 순간 당신이 느끼는 것에 주의를 집중하라. 즐거운가? 바보 같다고 느끼는가? 걱정이 되는가? 마음이 급한가? 어떤 느낌이 들든지 몸으로 그 느낌을 표현해 보자. 내면의 느낌이 팔과 다리와 머리와 상체를 통해 나오게 하자.

이런 경험에 진정성과 강도를 더하기 위해 눈을 감고 움직여 보라. [아니면 자신이 어디로 가는지 볼 수 있도록 살짝 실눈을 뜨고 한다. 이것을 소프트 포커스(soft focus)

라고 한다.] 외부 세계를 차단하면서 자기 몸에 대한 인식이 어떻게 고조되는지에 주의를 기울여라. 신체의 맥박이나 자신을 표현하려는 충동이 몸속에서 생겨나도록 두라. 이것이 당신을 이끌어 갈 것이다.

눈을 감은 채 움직일 때 지켜보는 사람이나 공감적인 관찰자가 있으면 당신은 내면에 더 집중할 수 있고, 동작을 할 때 느끼는 기분을 보다 충분히 인식할 수 있다. 만약 당신의 느낌을 잘 이해해 주고 판단하지 않는다고 믿는 친구가 있다면 그런 사람이 당신의 동작을 관찰하게 하라. 당신을 관찰하는 사람은 기꺼이 당신을 지지하고자 하고, 분석하거나 해석하지 않으면서 당신의 동작을 있는 그대로 봐 주려는 의지가 있는 사람이어야 한다는 것이 중요하다.

나중에 동작에 대해 토론할 때는 반드시 동작을 한 사람이 먼저 그 경험이 어떠했는지 말하게 한다. 관찰자가 말할 때는 일인칭으로 해야 한다. 예를 들면 "당신이 몸을 작은 공처럼 말았을 때 나는 편안한 기분이었어요."라고 해야 한다. 이 말은 "당신이 몸을 작은 공처럼 말았을 때 당신은 편안했어요."라는 말과 다르다. 동작을 한 사람은 공포를 느껴서 몸을 단단한 공처럼 말았을 수도 있기 때문이다. 이런 식으로 말하면 동작을 한 사람은 자신이 경험한 것과 자신이 관찰자에게 준 영향을 구별할 수 있게 된다. 이렇게 하면 관찰자는 동작을 한 사람이 경험한 세계를 존중하게 되고, 이것은 안전하고 신뢰를 주는 환경을 조성하게 된다.

음악에 맞추어 자유롭게 움직인다. (이 실험은 가족이나 친구와 하면 아주 재미있다.) 정신에 미치는 음악의 영향력을 더 잘 이해하려면 블루그래스[2)], 클래식이나 뉴에이지, 록 같은 다양한 음악을 선택하여 눈을 감거나 실눈을 뜬 채 음악에 맞춰 10분 동안 움직인다. 음악의 박자나 분위기가 바뀔 때 어떻게 느끼는지 주의를 기울인다. 그 다음에는 음악에 맞춰 그림을 그린다.

움직이거나 그림을 그릴 때 소리를 낸다. 동작과 색채와 소리를 통해 여러 형식의 음악에 반응함으로써 자기 속의 다양한 면들이 발현될 수 있다. (만약 별로 움직이고 싶지

---

2) 역주_bluegrass. 제2차 세계대전 뒤 미국에서 생긴 컨트리 앤드 웨스턴 음악 양식.

않으면 여러 가지 다양한 배경 음악을 틀어 놓고 듣는 동안 재빨리 추상적인 그림을 그리고 색칠을 한다.) 이 과정을 더 심화시키려면 그림을 그릴 때마다 자유로운 글쓰기를 시도해 보라.

동작, 색채, 소리를 통해 각 장르의 음악에 반응해 보았을 때 당신 몸의 어느 부위에서 반응이 있었는가? 북소리에 맞추어 춤을 출 때? 클래식 아니면 록 음악에 맞춰 춤을 출 때? 각각의 음악에 맞춰 춤을 추었을 때 기분과 느낌은 어땠는가?

소리로 실험하기

소리로 몇 가지 쉬운 실험을 해 보면 목소리나 진동으로 표현하는 일의 중요성을 알게 된다. 만일 남이 듣는 것이 부끄럽다면 고속도로를 달리거나 외딴 방에 있거나 숲 속을 산책할 때 해 보라.

자신만의 음조를 찾는다. 눈을 감고 입을 열고 자신이 내는 소리와 함께 논다. 마음에 드는 어떤 진동을 찾을 때까지 소리를 높거나 낮게 내면서 논다. 그 소리가 아랫배의 깊숙한 곳에서 나올 수 있도록 한다. 진동이 어떻게 내장을 울리고 목구멍을 뜨겁게 만드는지 느낀다. 소리를 내면서 바보같이 논다. 소리를 지르고 으르렁거리고 신음 소리도 낸다. 소리를 낼 때마다 중간 중간 심호흡을 한다. 입과 목구멍을 활짝 열고 소리가 밖으로 나오게 한다. 낮고 부드러운 소리를 낼 때라도 배에서 소리가 나오게 한다.

친구와 함께 소리를 내면 그 경험이 더 강렬해질 수 있다. 서로 얼굴을 마주 보고 먼저 눈을 감은 뒤에 자신의 음조를 찾을 때까지 소리를 내면서 놀면 된다. 호흡과 진동을 느껴 보라. 그리고 난 뒤 눈을 뜨고 서로 쳐다보면서 자신만의 음조가 울리게 한다. 3~4분 동안 이런 상태를 지속할 수 있으면 그 진동이 의식 상태를 바꿔 준다. 그러면 문자 그대로 당신의 내면과 외부 세계를 조화시킬 수 있다.

그 다음에는 **소리로 대화를 나누어 볼 수** 있다. 당신은 대화를 '말하거나' 노래해 볼 수 있다. 당신은 '대화' 소리로 전달하고 있는 그 분위기가 어떤 것인지 알아차려야 한다.

그리고 **잠시 조용한 시간을 가진다.** 소리내기를 한 뒤에 무엇이 일어나든지 그대로 받아들여라. 내 경험으로는 2~3분(혹은 그 이상) 소리내기를 하면 내면에 텅 빈 공간이 생긴다. 이렇게 잠깐 조용히 있으면 보다 차원 높은 깨달음이 일어난다.

비밀의 정원

왜 이런 실험을 하는가? 스스로 뭐라고 답하는가? 긴장이 좀 풀렸는가? 당신 스스로 새로운 힘이나 강인함을 찾았는가? 다른 어떤 것과 조화를 이룰 수 있는가? 여기서 제안하는 실험들은 당신이 창조적 과정에 즐겁게 참여할 수 있도록 도와준다. 창작의 기쁨을 다시 일깨우는 것이 창조적 과정의 첫 단계이다. 일단 우리 몸과 감각에 주파수를 맞추면 자기발견과 개인의 성장으로 가는 길을 찾게 된다.

이 장에서 제시한 대로 탐색해 보면 당신 내면에 있는 비밀의 정원으로 가는 문이 열린다. 이러한 탐색이 당신을 내면의 창조성으로 다시 연결시켜 준다. 다양한 매체들을 활용하면서 찾아낸 것은 무엇인가? 당신은 내면의 정원, 즉 내면의 자기를 탐색할 의지가 있는가? 이런 과정을 흥미롭게 진행시켜 볼 수 있는가? 잠시라도 마음속의 심판자나 비판자를 옆으로 제쳐 놓을 수 있는가? 당신이 찾아낸 것은 물망초인가, 치자꽃인가, 아니면 전나무인가, 늑대인가?

마음의 정원에서 괴물을 발견한다면 어떻게 될까? 우리 모두의 내면에는 두려움과 고통과 분노가 잠재되어 있다. 만일 우리 내면에 잠재된 것들을 완전히 인식하고자 한다면 내면의 다양한 면들을 제대로 알아차려야 한다. 표현예술을 활용하는 것은 내면의 정원에 있는 늑대나 썩은 나무 그루터기를 직시하고 경험하는 데 있어서 안전한 방법이다. 당신은 그런 이미지를 똑바로 쳐다보고, 그것들을 받아들이고, 그것들이 말을 걸게 할 수 있는가?

무엇을 찾았는가? 두려움인가, 근심인가? 분노인가, 우울인가? 아니면 이름도 형태도 없이 당신 내면에 스멀거리고 있는 어떤 존재인가? 그림그리기, 찰흙, 콜라주, 글쓰기, 소리내기를 통해 당신은 자신도 몰랐던 어떤 면을 수용할 수 있을 것이다. 당신을 포함해서 모든 사람의 내면에는 어두움이라는 존재가 있다는 것을 인식하라.

마음속 정원을 둘러보면서 그 정원의 아름다움을 인정하고 즐길 수 있는가? 자신이 이미 가지고 있는 창조성의 진가를 정말 인정할 수 있는가? 꽃, 찬란한 태양, 이제 막 돋아나는 새싹이 보이는가? 자기의 가치나 아름다움을 인정하는 것이 고통이나 분노를 인정하는 것보다 더 어려운 사람들이 많다. 시간을 들여 자신의 진가를 인정하도록 한다.

당신은 지금까지 가족이나 친구나 동료들과 함께 실험을 했을 것이고, 이 창조적인 과정에 참여함으로써 동료애도 발견했을 것이다. 이런 과정에 참여하는 사람들 중에는 창조성을 고무시켜 주는 사람이 한두 명은 꼭 있다. 서로 함께 작업할 때는 마법 같은 일이 일어난다. 또한 자신의 경험을 서로 나누면 심오한 의사소통 관계가 새로 생기기도 한다.

당신의 감정이 표현예술과 연결되면서 새로운 에너지가 발견된다면 자신을 믿어야 한다. 만일 창조적 연결을 경험한다면, 즉 어떻게 하나의 예술형식이 다른 예술형식을 풍성하게 만들 수도 있고 가로막고 있는 장벽을 없애 주는지도 경험한다면, 당신은 평생 동안 도움이 될 수 있는 지식을 습득하는 셈이 된다. 만일 몇 가지 실험을 하다가 어떤 '부정적인' 힘이 건설적인 에너지로 바뀌는 것을 느낀다면, 당신은 자기치유가 가진 강력한 방법을 발견하는 셈이 된다. 다음 두 장에서는 지금껏 우리가 경험해 온 창조적 연결에 대한 이론과 개념을 더 상세히 설명하겠다.

The Creative Connection

창조적 연결

I. 동작과 글쓰기

04

예술은 다른 예술을 풍성하게 만들어 주어야 하고 다른 예술과 접목시킬 수 있어야 한다. 그래서 나는 춤과 음악과 디자인에서 배운 것을 글로 적곤 한다.

—아나이스 닌(Anais Nin), 『여성이 말하다(A Woman Speaks)』

화창한 어느 날, 나는 고속도로를 달리면서 장 볼 거리를 생각하다가 문득 머릿속에 창조적 연결이라는 두 개의 단어가 떠올랐다. "이게 뭐지?" 나는 혼잣말로 중얼거렸다. 그 때 일은 금방 잊어버렸지만 그 두 단어는 계속 떠올랐다. 나중에 나는 그 말이 내가 수 년 동안 내 마음속에 키워 오던 작업을 설명해 주는 말이라는 것을 깨달았다. 요즘 나의 학생들은 이렇게 말한다. "자, 이제 창조적 연결 작업을 합시다."

창조적 연결의 개념

창조적 연결이라는 것은 하나의 예술 형태가 다른 예술 형태에 직접적으로 영향을 미치게 하는 과정을 뜻한다. 다양한 표현예술들을 연속적으로 활용하면 내면의 여행을 고조시키고 강화시켜 준다. 우리 자신을 표현할 때 동작이나 소리로 시작한 뒤 감정에 따라 움직이면서 색칠을 하거나 찰흙 작업으로 옮겨 가면 우리의 예술 작업이 바뀌는 셈이

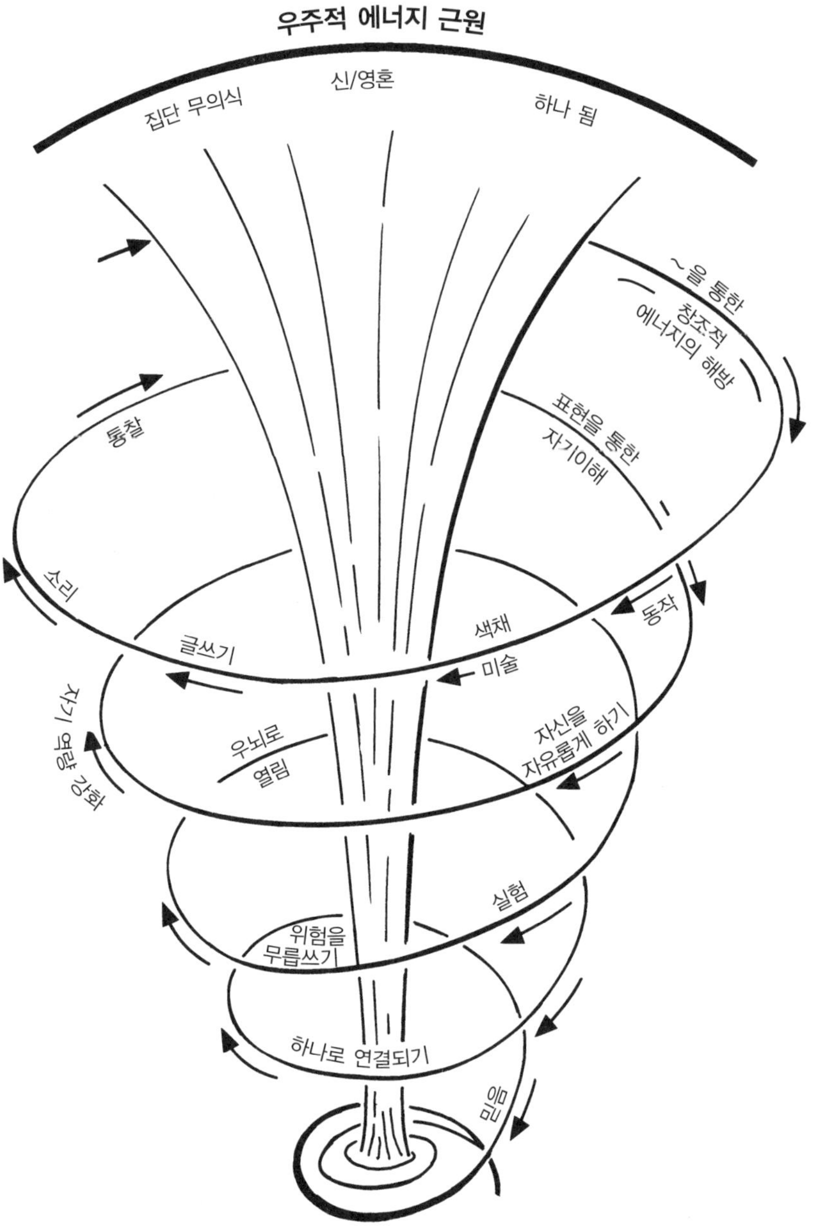

창조적 연결 과정 한 가지 예술형식에서 다른 예술형식으로 옮겨 가면서 금지의 층들을 벗겨 내고 우리의 중심, 즉 우리의 창조력으로 데려간다. 이 중심은 우주적 에너지 근원으로 가는 길을 열어 주고 우리에게 생명력 그리고 하나 되는 느낌을 준다.

다. 그때 우리가 만들어 내는 것은 무의식에서 나오는 것일 경우가 많다. 우리는 작품으로 드러난 것을 보고 놀랄 수도 있다. 그래서 그림을 그린 뒤에 그 그림으로 글을 써 보면 그 글도 내면의 깊은 곳에서 나온 것이라 할 수 있다. 한 가지 예술형식에서 다른 예술형식으로 옮겨 가면서 우리의 독창성을 가리고 있던 여러 금지의 층들을 벗겨 내고 우리만의 독특한 특징과 특별한 아름다움을 찾게 된다. 이 과정은 마치 나선처럼 우리의 몸, 마음, 정서, 영혼의 깊이를 재어서 우리를 자신의 중심으로 들어가게 한다. 이 중심 혹은 핵이 바로 우리의 본질이며 창조적인 생명력이 샘솟는 원천인 것이다(도표 참조).

동작, 미술, 소리내기, 음악, 글쓰기, 명상은 우리가 내면의 핵, 즉 본질로 들어가도록 돕는다. 우리 대부분은 이것을 직접 몸으로 체험할 수 있다. 왜냐하면 우리 에너지의 중심이 단전이나 명치에 있다고 보기 때문이다. 이 핵을 건드리면 에너지가 밖으로 흘러넘쳐서 우주 에너지의 근원에 연결된다는 것을 발견한다. 그 통로가 열리면 우주 에너지가 우리에게 흘러들 수 있다.

예술과 치료를 통합시킬 수 있는 가능성을 발견해 낸 예술가나 치료사는 아주 많다. 요즘은 대학의 교과과정이나 책 제목으로 **통합치료**(intermodal therapy)라는 용어를 사용하고 있다. [숀 맥니프(Shaun McNiff)의 『예술과 심리치료(The Arts and Psychotherapy)』라는 책을 특히 추천하고 싶다.] 이 통합치료는 내가 창조적 연결이라고 부르는 방식과 유사한 점이 많다. 내가 심리학자로 훈련을 받을 때에는 표현예술을 배우는 교과과정이나 책이 전혀 없었기 때문에 나는 시행착오를 거쳐 경험으로 이 개념을 익혀야 했다. 나는 애너 핼프린(Anna Halprin)의 댄스 트레이닝 프로그램에 그림일기장을 가져갔다가 동작이 미술과 글쓰기에 미치는 영향을 발견하게 되었다. 나는 점심시간에 오일 파스텔을 이용하여 감정을 표현하는 그림을 재빨리 몇 장 그렸다. (나중에 다시 살펴보고 나는 깜짝 놀랐다. 작고 인상주의풍인 몇 점의 그림에는 범상치 않은 강도의 색채와 자유와 힘이 깃들어 있었던 것이다.) 또 점심시간에 글을 썼을 때 시가 저절로 나왔다. 원래 시쓰기를 부끄러워했기 때문에 나는 참 놀랐다. 동작이라는 강도 높은 작업이 그림과 단어가 좀 더 진솔하게 터져 나오도록 만들었음이 분명했다.

내가 경험한 이 과정을 연구하다가 나는 창조적 연결이 갖고 있는 힘에 매료되었다.

그때부터 나는 표현예술이나 통합치료에 관한 책은 무엇이든 다 찾아서 읽었다. 맥니프의 책은 예술의 상호 연관성을 강조하는 것이다. 특히 진 휴스턴(Jean Houston)의 『인간의 가능성(The Possible Human)』은 마음－몸, 좌뇌－우뇌의 통합으로 보다 차원 높은 의식 상태에 도달하는 것에 관한 이론과 실제를 다루고 있는 책이다.

창조적 연결에 대한 다른 견해를 들어 보기 위해 나는 친구이자 저명한 인류학자인 앤젤리스 애리언(Angeles Arrien)을 캘리포니아 샌터로사에 있는 우리 집에 초청하여 비공식적인 토론을 했다. 다음은 우리 둘의 대화에서 발췌한 부분이다.

나탈리 : 앤지, 우리 지난번 얘기했을 때, 내가 창조적 연결이라고 부르는 것에 대해 당신도 할 말이 많다는 것을 알았어요. 나에게 창조적 연결이라는 것은 표현예술을 설명하는 용어이고, 이 표현예술을 통해 우리는 모든 사람의 내면에 들어 있는 창조성이라는 깊은 우물을 만나 보고자 동작, 미술, 소리, 글쓰기, 이미지를 사용합니다. 당신도 이 과정에 대해 아주 열정적이던데, 나와는 다른 용어를 쓰시더군요. 개인적이면서 인류학적인 관점에서 보았을 때 이 과정을 무엇이라 하나요?

앤 지 : 그건 네 가지의 지성을 통합시키는 치료 모델이라 할 수 있는데, 여기서 네 가지 지성은 정신적 지성, 정서적 지성, 육체적 지성, 그리고 에너지적 지성 또는 직관적 지성을 말해요. 또 우리에게 제각각 다른 창조적 정신의 여러 면을 통합하는 방법을 가르쳐 주는 치료 모델이라고 할 수도 있어요.

나탈리 : 당신이 말하는 '창조적 정신'은 무슨 뜻인가요?

앤 지 : 한 개인의 내면에 들어 있는 창조적 정신은 표현하는 것에 거침이 없는 정신의 본질과 아주 깊이 연결되어 있는 충동입니다. 이것은 어떻게 다양한 형식으로 표현할 수 있는가를 찾는 데 거침이 없는 그런 충동입니다. 그중 한 가지 형태가 시각적인 것입니다. 때로는 동작으로 표현하지요. 음향, 소리, 음악이라는 형태도 있네요. 창조적인 예술 혹은 치유를 위한 예술, 아니면 치료를 위한 예술 분야라고 하는 이 분야는 창조적 정신 전체를 설명하기보다는 창조적 정신의 어느 부분만을 발달시키는 경우도 있지요.

당신의 표현예술에서 내가 정말로 대단하다고 생각하는 점은, 당신이 모든 형식을 담을 수 있는 어떤 그릇(container)을 만들어 냈다는 것입니다. 인간 신화의 원형에 빗대어 말하면 표현예술은 솥, 우물, 성배라고 할 수 있습니다. 참 흥미로운 것은, 당신은 미술치료만이 아니라(왜냐하면 미술치료는 시각예술이므로) 춤, 음악, 음향, 글쓰기, 이미지도 포함시키고 있다는 점이에요. 당신이 사용하는 다중 방식(multimodal)이라는 용어가 마음에 들어요. 하지만 그것은 창조적인 정신의 일부가 아니라 그 정신을 완전하게 다 표현하는 것을 존중하는 그릇이라고 생각합니다.

이 모델은 앞서 말한 네 가지 지성을 존중합니다. 직업이나 이데올로기, 신념 체계, 자신이 태어난 문화권 등과 관계없이 이것은 노래하기, 춤추기, 이야기하기, 침묵하기라는 네 가지 보편적인 치료약을 모두 담을 수 있는 그릇의 모델인 것이지요. 그리고 이 치료약과 모두 연결되어 있는 것이 시각예술입니다. 당신의 방법은 궁극적으로 치유와 변화를 가능하게 하고 영혼을 되찾으려는 훈련 또는 영혼 회복 훈련인 것이며, 전통문화에서는 영혼 상실이라 부르는 현상을 치유하는 훈련입니다. 요샛말로 하면 우울증이니 낙담이니 실망이니 하는 것 말이에요.

언어학자 테오도어 미스너(Theodore Misner)는 여러 문화의 언어를 연구하는 사람인데, 이런 주석을 붙여 놓은 적이 있어요. "모든 문화권에서 창조성, 직관, 영성이라는 말을 동의어로 사용하는 것이 참 흥미롭다."라고요. 난 속으로 생각했지요. '이 세 말이 정말로 영혼으로 가는 문이라는 것이 참 재미있다.' 라고요.

예를 들어, "그래, 난 영적인 사람은 아니야. 그래도 내 창조성을 탐색해 볼 거야."라고 말하는 사람이 있다고 합시다. 그런 사람은 창조성의 문을 통해서 결국 자신의 영성을 되찾을 수 있다는 것을 모르고 하는 말이지요.

나탈리 : 이 작업에서 드러나는 영적인 면들이 내게는 참 놀랍습니다. 우리가 사용하는 방법이 사람들의 창조적인 에너지를 깨워 준다는 것을 알고 있었지만, 창조적 연결 과정이 사람들의 영성을 찾게 도와준다는 것을 깨닫는 데는 시간이 좀 걸렸어요. 당신 말처럼 창조성은 영성으로 가는 문이지요.

앤 지 : 그리고 '영혼의 작업' 이고요.

나탈리 : 그것 참 딱 맞는 말이네요. 하지만 내가 우연히 그런 말을 사용하게 된 것은 아니에요. 나는 영혼이나 샤먼, 영적이라는 말을 사용할 때는 굉장히 조심스러워집니다.

앤 지 : 글쎄요, 이 작업은 전적으로 영성에 이르는 것이지요. 직관적인 작업처럼 말이죠. 이런 말을 하는 사람도 있어요. "나는 영적이지도 않고 창조적이지도 않지만 헬렌 파머랑 나의 직관에 대해 연구해 볼 참이야." 이것은 영성과 창조성으로 가는 또 다른 문입니다. 이 모든 것은 서로 연결되어 있어요.

나탈리 : 그래서 **창조적 연결**이라는 말이 나를 사로잡은 거예요. 이 말은 정말 우연히 머릿속에 떠올랐는데, 그게 바로 나의 작업을 가리키는 말이란 것을 알아차릴 때까지는 도대체 무슨 말인지 나는 이해도 못했습니다.

앤 지 : 그것 참 재미있군요…. 원래 창조성이란 것은 사람들을 초월적인 장소로 데려가는 일을 하니까요. 창조성에는 시간의 상실, 즉 영원함, 시간과 공간의 변화라는 특성이 있어요. 자의식의 상실, 총체적인 초점도 생기는데, 모든 예술 작품은 어느 정도는 영혼을 표현한 것이라 할 수 있습니다.

나탈리 : 창조성에 파괴적인 면도 있다는 것에 대해 어떻게 생각하세요? 나는 늘 창조성을 치유라고 생각했었는데 창조적 과정이 부정적이거나 나쁜 목적으로 이용될 수도 있다는 것을 깨달았어요. 가장 끔찍한 고문실을 만들어 낸 사람도 창조적인 사람이라 할 수 있으니까요. 게다가 핵폭탄을 만들어 낸 것도 아주 창조적인 과정임에 틀림없고요. 나는 이렇게 혼잣말을 해요. "잠깐, 이것이 언제나 치유 과정이 되는 것은 아닐지도 몰라. 여기에는 어두운 면도 있을 수 있잖아?"

앤 지 : 내가 흥미를 느끼는 것이 바로 창조적 정신은 표현형식을 찾아내는 데 거침이 없다는 점이에요. 창조적 정신은 늘 시각이나 의도를 탐지하면서 움직입니다. 만일 나의 의도가 선한 것이고 나의 시각이 치유나 변화를 위한 것이라면 창조적 정신은 훌륭한 환경을 가진 셈입니다. 그러나 내 의도가 좋지 않은 목적을 가지고 있다고 해도 마찬가지로 창조성을 발휘할 수 있죠. 나는 카를 융(Carl Jung)과 마리 폰 프란츠(Marie von Franz)가 창조적인 정신이 출구를 찾지 못할 때 가장 엄청난 파괴가 자행된다고 한 말을 좋아합니다.

당신의 작업을 설명한 글을 읽다가 네 가지 치료약에 대해 내가 말했던 부분이 생각났습니다.

나탈리 : 어디서 '치료약'이라는 말을 떠올렸어요? 당신이 직접 떠올린 말인가요?

앤 지 : 네, 그래요. 노래하기, 춤추기, 이야기하기, 침묵하기가 남아 있는 전통문화권의 사람들은 이런 질문을 하지요. "당신 인생에서 언제쯤 노래를 그만두었습니까? 언제부터 춤을 추지 않게 되었지요? 언제부터 이야기에 빠져드는 것을 그만두었습니까? 언제부터 침묵이라는 편안한 영역이 불편하게 느껴지기 시작했습니까?" 그들은 노래를 부르지 않게 되고, 춤을 추지 않게 되고, 이야기에 빠져들지 않게 되고, 침묵이 불편하게 느껴지는 때가 바로 영혼을 상실하게 된 시점이라고 믿기 때문입니다.

나탈리 : 정말 멋진 이야기네요.

앤 지 : 그렇기 때문에 노래하고, 춤추고, 이야기하고, 침묵하기로 돌아가는 것은 영혼 회복 작업이나 마찬가지지요.

나탈리 : 전통문화권 사람이라는 건 정확하게 누구를 말하는 건가요?

앤 지 : 원래부터 특정 문화권에서 살아온 토착민이나 부족민이 될 것입니다. 아프리카의 부족민들은 그런 방식으로 생각합니다. 아메리카 대륙과 오세아니아의 원주민들, 그러니까 오스트레일리아 원주민, 마오리족, 폴리네시아나 열도의 원주민들도 그렇게 생각하고요. 그들의 전례 행사나 치유 작업을 보면, 노래하고 춤추고 이야기에 푹 빠지고 침묵하기라는 평안한 영역을 좋아할 때 그 사람이 건강하고 행복하다고 여기지요. 대다수 예술 작업이 침묵하는 가운데 이루어진다는 것은 참 흥미로워요. 이것은 이중의 연결이나 마찬가지입니다.

나탈리 : 맞아요, 예술 작업은 심오한 침묵 가운데 이루어지는 것 같습니다.

앤 지 : 시간을 초월하는 것이지요.

나탈리 : 한번은 35명이 하나의 집단을 이루어 동시에 자기만의 표현예술 작업을 하고 있었는데, 그때의 침묵은 정말 대단하고 심오한 것이었습니다. 나는 그때의 그 장소를 신성한 공간이라고 부르지요. 나는 수많은 사람들이 아주 강도 높게 창조적으로 집중하면서 만들어 내는 침묵에 그저 '귀 기울이기 위해' 몇 분간 작업을 멈출 때도 있습니다. 정말 경외심이 생길 정도입니다. 그러니까 사람들이 노래하지 않고 춤추지 않게 된 지점이….

앤 지 : 바로 영혼 상실을 경험하는 지점이라는 것이군요.

나탈리 : 내 인생에 대해 생각해 볼까요. 나는 내가 언제 춤을 그만두었는지 궁금하네요. 아마 내가 결혼했을 때, 21살 때쯤이었을 거예요. 나는 책임감 있는 아내이자 어머니가 되어야 했거든요.

앤 지 : 내가 당신의 작업에서 강한 인상을 받은 것 하나를 더 들자면, 당신의 작업은 정신병리(psychopathology)에 집착하는 대신에 정신신화(psychomythology)와 연결되고자 하는 사람들에게 관심을 쏟는다는 점입니다.

나탈리 : 맞습니다. 우리는 인생의 문제점도 파고들지만 인생의 기쁨과 즐거움을 찾아내는 것을 강조합니다.

앤 지 : 그때의 정신은 사랑의 본성인 에로스(eros)와 지혜의 본성인 로고스(logos)의 통합이지요. 그리고 신화는 삶의 꿈이라 할 수 있는 미토스(mythos)[1]입니다. 그러

1) 역주_사실을 토대로 지어낸 이야기를 뜻하는 그리스 어.

니까 당신은 사람들이 사랑의 본성인 에로스 혹은 지혜의 본성인 로고스에 다시 연결되어 결국 삶의 꿈을 되찾는 법을 가르치고 있다고 할 수 있네요. 당신의 작업은 별 효과 없는 일에는 매달리지 않기 때문에 아주 고무적이고 힘을 불어넣어 주는 작업입니다.

나탈리 : 나는 상처를 치유하거나 문제를 해결하는 것을 넘어설 필요가 있다는 것을 오래 전에 느꼈습니다. 나는 사람들이 자신의 완전한 잠재력을 발견할 수 있는 환경을 만들어 내는 일에 늘 몰두했고, 이 일은 인간관계의 문제나 직장의 문제를 해결하는 것 이상이었습니다. 나의 작업은 사람들이 기쁨과 환희를 재발견하도록 돕는 것이지요.

앤젤리스 애리언이 지적하고 있는 섯처럼 창조적 연결은 오래된 지식을 다시 깨워서 온전하고 통합된 인간이 될 수 있게 도와준다. 표현예술 과정은 다음의 것들을 깨닫게 해 준다는 것이 나의 믿음이며 경험이다.

- 우리의 과거 : 우리의 어린 시절
- 현재의 기분 : "나는 지금 무엇을 느끼고 있는가?"
- 우리 내면의 진실 혹은 무의식
- 우리의 영성 혹은 보다 높은 차원의 의식

이런 것을 깨달으면 자아개념, 자존감, 의식 수준을 향상시키거나 변화시킬 수 있는 선택권을 갖게 된다. 자신의 완전한 잠재력을 깨닫고자 한다면, 내면의 진실과 현재의 의식 상태를 어린 시절 체험한 것과 연결해 보는 것은 통합에 필수적이다. 제1장의 인본주의적 원칙에서 설명한 것처럼 자기발견과 자기통찰은 풍요로운 삶을 살 수 있는 문을 열어 준다. 또 우리 자신과 이 세상을 위해 고귀한 선(good)을 품을 수 있는 기회도 제공해 준다.

나는 계속 이런 질문을 하고 싶다. "창조적 과정에 완전히 몰입했을 때 나의 몸, 마음, 정신, 영혼에 어떤 일이 일어날까? 이 강력한 몰입은 왜 현재의 내 모습과 나의 인식 방식을 바꾸어 놓는 것일까?" 우리는 육체적이고 심리적인 사건을 설명할 수는 있지만 생명의 잉태와 탄생, 죽음처럼 창조 과정에서 일어나는 변화는 신비의 영역으로 남겨 둘 수밖에 없다는 결론을 내려야 할지도 모르겠다.

지금 나는 한 가지 예술형식과 다른 예술형식의 상호 관계에 대해 얘기하고 있지만 이어지는 내용에서는 이런 형식들을 동작, 글쓰기, 시각예술, 즉흥음악, 소리, 명상 등으로 나누어 살펴볼 것이다. 내가 주로 사용하는 것은 (내게 제일 익숙하기 때문에) 동작, 미술, 글쓰기이다. 나는 늘 즉흥 음악이나 소리를 가지고 실험을 하지만 이런 방식에는 익숙하지 않다. 음악을 만들어 내고 목소리를 이용해 소리를 표현하는 것은 매우 강력한 창조의 경로이다. 음악은 악기로 만들어 내고 소리는 성대로 만들어 낸다는 점에서 나는 즉흥 음악과 소리내기(이 책에서 내가 사용하는 말)가 다르다고 본다.

예술로 분류되지는 않지만 명상도 창조적 과정에서 매우 본질적인 한 측면이다. 내가 논하는 기타 표현예술 형식들은 활동과 관련이 있다. 명상 혹은 수용적으로 되는 것은 창조적 과정의 본질적인 요소임에도 간과되는 경우가 많다.

동작의 치료적 특성

움직이는 것은 삶 그 자체이며 산다는 것은 움직이는 것이다. 믿기지 않는다면 1분 동안만 꼼짝 않고 있어 보라. 불가능할 것이다. 동작은 인간의 본질적인 욕구이다. 숨 쉬는 것도 동작이다. 우리 몸은 항상 우리의 내면 상태를 표현하고 있다. 누가 슬퍼하고 있거나 화난 상태라는 것을 우리는 본능적으로 알 수 있다. 그 사람의 신체언어와 동작을 파악하기 때문에 그렇다.

우리 몸은 신전이다. 우리 몸은 이 땅에서 존재하는 동안 가지고 살라고 주어진 것이다. 우리는 몸을 사랑할 수도 있고 미워할 수도 있다. 지상에서 잠시 머무는 동안 우리는 몸을 가지고 돌아다녀야 한다. 우리는 몸을 즐길 수도 있다. 고도로 발달한 기술문화와 그 많은 종교들이 우리를 몸과 동작에서 분리시켜 놓았다는 것은 참으로 이상한 일이다.

동작치료사인 바바라 메틀러(Barbara Mettler)는 동작이 모든 예술의 기초라고 설명한다.

> 동작은 가장 우선하는 표현 매체이며 그 외 다른 수단들은 동작에 근거한다. 말하기, 글쓰기, 노래하기, 그리기, 색칠하기, 도구나 악기 이용하기, 만들기 등은 모두 움직이려는 충동에서 시작되며, 이 충동이 말, 색조, 선, 색채 등의 재료로 옮겨지는 것이다. 동작 외의 모든 매개체에서는 우리 내면의 경험이 우리와는 다른 재료로 표현된다. 동작으로 표현할 때에는 우리 몸의 동작 그 자체가 재료이다. 재료와 도구와 생각은 몸을 움직이면서 표현할 때 모두 하나가 된다.[2)]

우리의 몸과 동작은 우리 몸의 건강과 안녕을 반영해 준다. 균형감각이나 땅에 발을 붙이고 있다는 느낌이 있는가? 아니면 구름 속에 떠 있는 것 같은 기분인가? 당신의 몸은 유연한가 뻣뻣한가, 재빠른가 느린가, 말랐는가 살쪘는가? 살아가면서 행동하는 방식을 깨닫게 되면 정서적 안녕과 육체적 안녕이 어떻게 연결되어 있는지를 의식하게 된다. 동작은 우리가 느끼는 방식에 영향을 미치고, 우리가 느끼는 방식은 동작하는 방식에 영향을 미친다. 이러한 상호적인 관계가 동작과 정서 사이에 존재한다.

자기치유를 위해 동작을 활용하는 것을 주저하는 사람이 많을 것이므로, 우선 내가 어떻게 이 분야에 뛰어들게 되었는지 얘기해 주고자 한다. 나는 음악에 맞춰 움직이는 것(춤 동작 그 자체가 아니라 즉흥적인 동작)을 좋아했었는데 오래전에 그만두었고, 그러다 보니 심리적으로도 활발하지 않았다. 춤추기에는 키가 너무 크다거나 나이를 먹었다고 생각했을 수도 있고, 아내와 어머니로서 조신하게 살아야 한다고 생각해서 그에 따랐다고 볼 수도 있다. 그 뒤 앞서 말했던 것처럼 중년의 나이(42세)에 캘리포니아로 이사를 갔다. 이혼을 하고 보스턴 외곽의 집에서 멀리 옮겨 간 후, 나는 샌프란시스코에 있는 애너 핼프린의 댄스 워크숍에 참여함으로써 자기표현이라는 풀장에 뛰어든 것이다. 그 댄스 스튜디오로 걸어 들어간 일은 이전의 내 삶과는 극명하게 대조되는 것이었다. 나는 잔디가 깔린 동네와 능률적인 집안일, 잘 정리된 일상, 대체로 빈틈없는 나의 존재에 익숙해 있었다. 다음은 첫날 내가 경험한 것들이다.

---

2) Barbara Mettler, "The Art of Body Movement"(미출간).

디비사데로가(街)에 이르러 버스에서 내리고 보니 해질 녘이었고, 나는 창살을 친 술 가게, 인도에 버려진 쓰레기, 에너지로 가득 찬 사람들이 이야기하고 웃고 소리 지르고 있는 온갖 문화가 공존하는 동네에 와 있었다.

오래 사용하여 낡고 닳은 좁은 나무 계단 위로 자유로운 영혼을 대변하는 스튜디오 하나를 볼 수 있었다. 정치 포스터, 정이 넘치는 사진, 창의적인 예술 작품들이 여기저기에 붙어 있었다. "이게 펑키(funky)라는 거구나." 나는 이렇게 중얼거렸다. 아무렇게나 놓인 가구, 옷, 음식, 거기서 나는 이상한 냄새를 맡으면서 나는 스스로를 달랬다. "너무 긴장하지 마, 나탈리."

매주 열리는 그 야간 수업에 나는 좀 늦게 참석했기 때문에 워밍업을 할 틈이 없었다. 첫날 저녁 수업에서 나는 자기표현, 사람 간의 접촉, 내면의 지식을 얻기 위해 내 몸을 직접적이고 강력하게 활용하였다. 우리 그룹이 원을 그리며 앉아서 그날 밤 제시된 주제를 논의하는 동안, 나는 사람들이 착용한 현란한 레오타드 댄스복과 머리띠, 달랑거리는 귀고리에 놀랐고, 또 아주 유연한 근육질의 흑인 리더에 놀랐다. "오늘밤에는 섀도 댄싱을 할 겁니다." 그녀가 말했다. "모두 돌아가면서 조명을 이용해 벽에 자기 그림자를 만들어 보세요. 자기 이미지를 가지고 놀아 보고 자신의 몸으로 춤을 만들어 보세요."

'맙소사, 내가 이걸 꼭 해야 하나?' 나는 그렇게 생각했다. 나는 얼어붙었다. 그런데 다른 사람들이 자기 그림자에 푹 빠져 있는 것을 보면서 나도 끌리는 것이었다. 키가 큰 사람, 작은 사람, 뚱뚱한 사람, 날씬한 사람도 있었다. 더 중요한 것은, 사람들이 자기 그림자로 찾아가고 있는 그 관계라는 것에 매료되고 있었다.

그날 그림자와 내가 함께 한 활기찬 놀이(그림자 혼자서 춤추고 있었던가?)가 나를 영혼에 다가가게 했다. 내 차례가 다가오자 나는 제일 가까운 출구가 어디인지 찾았다. 그러다가 손과 발이 싸늘한 채로 나는 내가 벽에 만든 거인을 바라보면서 조명을 마주하고 서 있다는 것을 알았다. "이게 정말 나야?" 나는 이렇게 자문하면서 움직이기 시작했다. 그냥 지금 사라져 버리거나 나가 버리면 안 될까? 그 거인은 흔들흔들 움직이고, 크기가 줄어들기도 하고, 팔을 쭉 뻗기도 하고 구부리기도 했다. 그 검은 이미지가 점점 더 커지더니 마침내 손이 벽에서 천장까지 뻗어 가는 것이었다. 그 다음에는 몸을 구부려 하나의 덩어리로 줄어들더니 손가락이 나와서 숨바꼭질 놀이를 했다. 그러더니 손가락이 유연하게 이끌어 갔는데 팔이 따라 나왔고 그 다음에는 팔을 따라 몸이, 그 다음에는 몸을 따라 두 발

> 이 나왔다.
>
> 그때 갑자기 내 등 뒤에 사람들이 있고 내가 춤추는 모습을 바라본다는 것을 의식했는데, 춤이야말로 전염병이라도 되는 양 내가 늘 피해 다니는 것이었다. 겨드랑이에서 땀이 흘러내렸다. 나는 자신을 의식하게 되었다. "나무토막처럼 보일 텐데." 나는 이렇게 중얼거렸다. 그때 내게 선택권이 있다는 것이 떠올랐다. 하나는 사람들의 존재를 인식하고 춤을 멈추는 것, 또 하나는 사람들이 내놓을 수 있는 부정적인 견해를 인식 밖으로 몰아내 버리는 것이었다. 나는 순식간에 후자 쪽을 택했다. "그냥 그림자에만 집중하면 괜찮을 거야." 나는 다시 벽에 비친 그림자에 푹 빠지면서 사람들을 마음에서 몰아내 버렸다.
>
> 나는 바보짓하는 광대가 되었고, 바람에 흔들리는 나무도 되었으며, 풀 속의 뱀이 되기도 했다. 그림자가 나에게 노는 법을 가르쳐 주었다. 나는 20년이라는 세월이 흐른 뒤 다시 한 번 새로운 활기로 가득 차서 내 몸을 활용하는 과정에 빠져들었고 열광한 채 나를 표현하게 되었다.
>
> 나는 몸을 둥글게 만 자세가 되어 동작을 마쳤다. 내 커다란 심장박동 소리만 들렸던 몇 분간의 침묵이 흐른 뒤, 나는 사람들이 원형으로 앉아 있는 곳으로 돌아왔다. 처음에는 모르는 사람들의 얼굴을 바라볼 수가 없었다. 하지만 일단 얼굴을 보니 그들의 눈은 솔직하고 부드러운 표정으로 나를 인정해 주고 있었다. 나는 수용받는 느낌이 들었다. 나는 그들과 한 무리가 된 것이다.

동작하고 춤추는 위험을 감수했던 나의 이 이야기가 당신에게 직접 위험을 감수해 보겠다는 용기를 주었을지도 모르겠다. 나처럼 가장 깊은 풀에 바로 뛰어들 필요는 없다. 한 번에 한 단계씩 시작하고 동작을 통한 표현에 대해 제대로 이해하면 된다.

감정을 춤으로 표현하는 일은 여전히 내게 도움이 된다. 축 늘어지거나 우울해지면 나 스스로 움직이려고 한다. 북소리가 나오는 음악을 틀어 놓고 마음을 가라앉히거나 땅과 연결되게 하는 것, 클래식을 틀어 놓고 음악의 메시지가 내 몸으로 들어오게 하는 것, 눈을 감고 몸이 첫 동작을 하게 만드는 것 등 말이다. '내면에서 바깥으로' 움직이다 보면 무기력함이나 축 늘어진 기분을 체험하고 나의 그런 면을 인정하게 된다. 이런 과정은 내게 새로운 깨달음을 가져다준다. 지금까지 알지 못했던 느낌이 풀려서 내 몸의 근육과 신경과 핏줄과 땀구멍을 통해 밖으로 나온다. 무력감이 처음에는 강해지다가 나중에는 사라져 버리고 새로운 에너지와 결단력이 생긴다. 그것이 무엇인지 모른다 하더라도 그 감정의 근원으로 다가가 보면 그것을 바꾸어 놓을 수 있다.

동작을 하는 동안 우리는 자신의 관능적인 면과 성욕을 건드려 보고, 또 그것들을 영혼과 통합시킬 수 있다. 격렬한 동작, 날카로운 움직임, 발 구르기, 주먹 휘두르기 등과 같은 에너지와 동작을 경험해 보면 분노와 좌절감, 차단된 것 같은 감정을 풀어낼 수 있다. 이런 방식은 자신을 인식하게 하고 그런 격렬한 에너지를 건설적으로 방출하게 하는 건강하고 창조적이며 유익한 방식이다. 이런 감정들을 마음에 담아 두고 있으면 우리 몸에 증기가 꽉 차서 압력밥솥 같은 상태가 된다.

그저 앉아서 좌절하고 가로막힌 기분, 화가 난 것에 대해 몇 시간 동안 얘기해도 그 감정의 에너지는 변하지 않을 것이다. 하지만 동작으로 감정을 표현하기 위해 몸을 쓰면 (안전하고 수용적인 환경에서) 그 감정을 깊이 체험하고 수용하고 풀어 주고 변화시킬 수 있다. 그 괴물을 철창에서 끄집어내어 제대로 바라보고 결국 우리 자신의 일부라고 인정할 수 있는 것이다. 분노에 찬 그 야수는 결국 동맹군이 되어 우리가 힘과 결단력 그리고 계속 나아갈 의지를 갖게 해 준다.

물론 사람들은 자기 속의 성난 야수가 공격을 하면서 해칠까 봐, 그리고 그 분노가 진짜 폭력으로 바뀔까 봐 몹시 두려워한다. 하지만 실제로는 뚜껑을 계속 닫아 놓았을 때 진짜 폭력으로 바뀌어 버릴 것이다. 이와 달리 안전한 환경에서는 분노를 춤으로 바꿀 수 있는 기회, 다시 말해 분노를 타인이나 자신에게 해를 입히지 않고 자유로이 표현할 수 있는 기회를 얻게 된다. 그러면 역시 분노는 강인함과 자기 역량 강화로 바뀌고, 파괴를 불러올 수도 있었던 에너지가 건설적인 형태로 바뀌는 것이다. 치유는 이런 식으로 이루어진다.

섬세하고 부드럽고 느긋한 동작은 사랑과 희망이라는 우리 내면의 깨끗한 연못에서 고요하게 흘러나온다. 힘차고 씩씩하고 전진적인 동작은 자신의 사명감과 운명을 깨닫게 해 줄 수 있다. 정적과 내면의 고요함을 표현하는 동작의 초점은 평화롭고 명상적인 것에 맞춰져 있다. 이런 기분을 표현해 주는 동작을 찾아보면 내면의 진실과 외부의 진실이 정리된다. 희망을 느껴서 그것을 표현하는 춤을 추면, 이런 동작을 통한 체험이 우리를 완전한 조화 상태로 데려간다. 두려움을 느껴서 그 두려움을 동작으로 표현하면 내면과 외부가 서로 일치하게 된다. 이런 조화를 통해 우리는 이런 모든 면이 활기차게 살아가는 데 필수적이라는 것을 받아들이고 인정하게 된다.

동작을 통한 자기발견

동작은 다음 네 가지 중 어떤 것에서라도 시작할 수 있다.

- 당신이 경험하는 느낌 : 기쁨, 슬픔, 분노 등
- 이미지 : '나는 바보 같은 아이다.' 혹은 '나는 바람 속에 서 있는 나무다.'
- 개념 : '힘세다는 것이 어떤 것인지 경험해 봐야겠다.'
- 신체적인 충동 : '내 몸이 나를 움직이게 할 것이다.'

여기서는 당신이 동작하는 과정을 깨닫도록 돕고자 위의 네 가지 출발점에 대해 설명하겠다. 어디서 시작하는가는 그다지 중요하지 않다. 동작만이 가진 특별하고 치유적인 면은 동작이 진실한 표현에서 나와야 한다는 것이다.

다음은 느낌으로 동작을 시작하는 예이다. 나는 불안감을 춤으로 표현하고 있는데, 춤이 진행되면서 내 기분도 계속해서 바뀌고 있다.

> 나는 불안한 느낌으로 잠에서 깼다. 왜 그런지 몰랐다. 아마 꿈 때문인지도 모르겠다. 어젯밤 모임에서 느낀 좌절감 탓일 수도 있다. 나는 스웨터를 걸친 뒤에 춤을 추기로 했다. 눈을 감고 내 몸속에서 일어나는 불안감을 인식했다. 그 느낌을 개념화하지 않았고, '이런 불안감을 어떻게 표현하면 좋을까?' 라는 생각도 하지 않았다. 그냥 내 몸에게 이렇게 말했다. "그냥 자신을 표현해 봐."
>
> 오랫동안 가만히 있다가 발이 바닥을 구르기 시작했다. 그러자 척추가 울렸다. 어깨가 발이 구르는 박자를 따랐다. 주먹을 꽉 쥐고 있다는 것을 깨달았다. 손도 박자를 따랐다. 이 동작이 계속되면서 나는 생각을 멈추게 되었다. 내 느낌이 길을 이끌었다. 발이 점점 더 세게 바닥을 구르자 머리가 숙여졌다. 팔꿈치와 어깨가 움직이기 시작했다. 입을 꽉 다물었다가 벌렸다. 이 동작이 한동안 계속되었다. 심장이 강하고 빠르게 뛰었다.

> 그 다음에는 눈이 위를 바라보았다. 머리가 눈을 따랐다. 손이 위로 뻗었고 발을 계속 구르고 있었다. 새로운 기분이 내 몸으로 들어왔다. 발이 조금씩 겅중거리면서 방을 돌아다니게 만들었다. 겅중거리며 돌아다닐 때 무릎이 위로 올라갔다. 어느새 망아지의 이미지가 내 마음속으로 들어왔다. 영혼의 빛이 내 존재 속으로 들어왔다.
>
> 나는 피곤했다. 나는 카펫에 쓰러졌다. 몸이 천천히 말려들었다. 나는 이제 해변에 있는 어린아이이다. 이제 휴식이 나를 차지하게 놔두었다. 조용하고 평화로웠다. 몇 분 뒤에 두 팔을 머리 위로 쭉 뻗어 올렸다. 나는 내 몸을 쭉 늘렸다. 얼마나 커질 수 있을까? 나는 의식적으로 바닥이 나를 지지하게 했다. 나는 바닥으로 가라앉아 긴장을 풀고 나를 그냥 놔두었다. 눈을 떴다. 창밖으로 단풍나무에 달린 청록색 잎이 보였다. 나는 몸이 어떻게 느끼는지, 지금 내 감정은 어떤지 점검해 보았다.

이 간단한 사례는 일단 어떤 느낌에서 시작하고 그 다음에는 그 느낌이 일러 주는 동작을 몸이 따라 하게 한 것이다. 이렇게 하고 나자 느낌이 저절로 변해 버렸다. 불안함에서 망아지의 영혼으로, 그것이 다시 해변에서 몸을 둥글게 말고 있는 평온한 어린아이로 변한 것이다. 요약하면 나는 다음과 같이 경험했다고 할 수 있다.

- 나는 느낀다(불안).
- 내 몸이 움직인다(발 구르기, 몸 흔들기).
- 새로운 느낌이 생긴다(생기에 찬 느낌).
- 내 몸이 새로운 느낌대로 움직인다.
- 다른 느낌이 생긴다(아이 같은 느낌).
- 몸이 그 느낌에 따라 움직인다(아이의 자세로).
- 다른 느낌이 다가온다(온화함과 편안함).
- 내 몸이 그것을 받아들인다(온화함과 편안함을).
- 내 몸이 마침내 쭉 펴지고, 눈이 떠지고, 나는 모든 감각을 선명하게 인식한다.

어떤 느낌을 인식하고 그 느낌이 춤을 만들어 내게 하면 느낌은 변화해서 내가 몰랐던 정보를 가져다준다. 내가 느낀 불안감의 진짜 이유는 사라지지 않지만, 내 몸은 이제 긴장을 풀고 내 마음은 어떤 행동을 취할 수 있는 새로운 정보를 갖게 된다.

우리는 대개 걱정이 있을 때 오랫동안 산책을 한다. 산책도 마찬가지의 과정이다. 동작으로 느낌을 체험하면 신체와 정서와 사고가 정돈되어 문제점을 명확하게 바라볼 수 있다. 이 방법은 심리치료의 현장에서도 활용할 수 있다.

하나의 개념이나 생각 또는 이미지로 동작을 시작해도 된다. 예를 들면, '자신감이 넘치는 기분인 것처럼 춤을 추겠다.' 와 같이 말이다. 그 다음엔 그 개념을 동작으로 옮기면 된다. 이렇게 개념으로 작업하면 움직일 때 당신의 몸에 실제로 점점 더 힘이 생기는 기분이 들고 자기 이미지가 변하기 시작한다.

이미지로 동작을 해도 깨달음을 얻을 수 있다. 이 부분을 읽으면서 직접 시도해 보라. 그냥 팔을 뻗는다는 목적으로 팔을 위로 쭉 뻗는다. 지금 당장 해 보라. 그 다음에는 다른 의도를 가지고 같은 동작을 한다. 눈을 감고 따스한 햇살과 바닷바람이 느껴진다고 상상한다. 그것들을 받아들이기 위해 당신은 팔을 들어 올리고 있다. 바다 공기와 따뜻한 햇볕을 들이마신다. 처음과 두 번째 사이에 차이점이 느껴지는가? 어느 부위에서 차이를 느끼는가? 가슴인가, 심장인가, 아니면 정신인가?

따뜻한 햇살과 신선한 공기라는 이미지를 품기만 해도 동작과 경험이 바뀌게 된다. 의자에서 일어나 물을 한 잔 가지러 갈 때도 마찬가지다. 복도를 걸으면서 사자에게 살금살금 접근한다고 상상해도 동작은 달라진다. 그때의 동작은 흥분과 두려움을 표현하고 있을 것이다.

이 두 가지 사례는 움직이는 방식이 어떻게 느끼는 방식을 바꾸어 놓는지를 알려 준다. 무력감을 느끼는 것처럼 움직이면 무력감이 더 강화될 것이고 무능력한 사람으로 보일 수 있다. 자신감이 있는 것처럼 움직이면 실제로 더 자신감을 느낄 수 있다. 또 다른 사람들도 우리를 자신감이 있는 사람으로 느낄 수 있다.

몸이 우리에게 어떻게 움직일지 알려 주면 어떤 일이 일어날까? 몸의 충동에 따라 움직이는 것은 당신이 지금까지 경험해 보지 못한 일일 수 있다. 첫 단계는 먼저 눈을 감고 내면으로 들어가는 것이다. 당신을 움직이게 하는 몸속의 충동을 기다려 보라. 불가능하다고 생각할 수 있다. 왜냐하면 지금까지는 자신을 움직이는 것이 생각이라고 여겼기 때문이다. 충분히 기다리고 자신의 사고 과정을 그냥 편안히 놔두면 당신의 몸은 움직이려는 충동을 갖게 될 것이다. 아주 사소한 몸짓이거나 커다란 동작일 수도 있겠지만 어쨌든 동작이 일어날 것이다. 춤치료사인 메리 화이트하우스(Mary Whitehouse)는 이 과정을 수동적으로 움직여지는 것인 동시에 능동적으로 움직이는 과정이라고 말한다. 동작치료사인 재닛 애들러(Janet Adler)는 이것을 진정한 동작이라고 부른다. 우리 워크숍에 참여한 어떤 사람은 이렇게 말했다.

> 내가 춤을 춘 것이 아니다. 그것이 나를 춤추게 했다! 평범한 사업가인 나는 유령이나 영혼을 본 적도 없지만, 어쨌든 그것이 나를 춤추게 했다. 나는 자신을 위해 중요한 일을 한 것이다. 이 일은 내게 어마어마한 즐거움을 주었다.

춤을 출 때 사람들은 더 이상 자기 몸에 대해 생각하지 않는다. 그냥 몸 자체가 된다. 정말 놀라운 일이다.

감정이나 생각, 이미지, 충동에서 동작을 어떻게 시작하든지, 동작이 치유 과정의 일부라는 것을 이해하는 것이 중요하다. 춤이나 동작 같은 결과물 그 자체에 초점을 두지 않고 우리 내면의 과정을 들여다보는 것이 더 본질적이다. 동작을 하는 사람은 자기 내면의 존재를 탐색할 때 여러 단계의 깨달음을 거치게 된다. 그 단계들은 다음과 같다. 먼저 어떤 느낌을 알아차리는 것, 느낌을 충분히 경험하는 것, 느낌의 변화를 체험하는 것, 그 느낌을 통합하는 것, 느낌을 이해하는 것, 느낌에 동화하는 것이다.

우리는 몸이 전하는 메시지에 깊은 관심을 기울임으로써 느낌을 알아차리게 된다. 때때로 "그래! 이게 바로 지금의 나야!"라며 놀라기도 한다. 우리는 동작을 통해서 몸의 느낌을 충분히 경험한다. 여기에는 평소 부인하고 있어 알지 못했던 어떤 감정을 탐색하는 일도 포함된다.

세 번째 단계는 느낌이 동작으로 흘러가면서 변화하는 것을 말한다. 무력감의 상태가 힘이 충전된 상태로 에너지가 변하는 것을 인식한다.

지금껏 인식하지 않으려 했던 자신의 어떤 측면들을 몸이 인정하고 경험할 때 궁극적인 치유가 이루어진다. 상반되는 것들을 서로 결합하거나 연결시킴으로써 새로운 균형감을 가지고 자신의 중심으로 가면서 통합을 경험하는 사람들이 많다. 예를 들어, 분노/고통 또는 두려움/믿음같이 내면에 있는 극단적인 감정을 춤으로 표현하고 난 뒤, 의미 있는 운동감각적인 통합과 개인적인 통합이 따르는지 탐색하기 위해 제3의 동작을 해 볼 수 있다.

이 과정을 인지적으로 이해하는 것은 동작을 끝낸 직후 반추하고, 글을 쓰고, 미술 작품을 만들어 봄으로써(혹은 이런 것들을 조합해 보면서) 이루어진다. 막 끝낸 동작에 대해 잠시 생각하고 글을 써 보면 정서적 체험과 육체적 체험이 명료해지고 지적으로 이해할 수 있게 된다. 다른 매체로 이런 경험을 표현하면 동작의 의미를 더욱 심화시킬 수 있다.

통합하고 이해하고 동화하는 것을 어느 정도까지는 치유하는 것과 동시에 이루어낸다. 또 이 과정을 되풀이한다. 우리는 경험을 회상한다. 동화는 수용적인 방식이며, 이 방식을 통해 우리는 모든 지식을 물리적이고 비유적인 차원에서 받아들이게 된다. 동화는 새로운 것을 향해 나아가기 위해 이전 경험을 떠나는 출발점이 될 수 있다.[3)]

자기표현과 치유를 위한 동작의 가능성을 탐색하면서 당신은 자신의 경험을 기록해 보고 싶을 것이다. 다음 사례에서 그 과정을 분명하게 볼 수 있다.

공포와 즐거움

40대 남성인 프랭크는 '녹아내리기와 성장하기' 라는 훈련에 참여하면서 겪었던 격한 감정을 글로 적었다. 이 수업에서는 신뢰감을 쌓고 다른 사람이 살아가는 방식을 존중하는 마음을 경험하는 데 시간을 들였다. '녹아내리기와 성장하기' 프로그램에서 나는 다음과 같이 설명했다.

> 30분간 함께할 파트너를 고르세요. 당신의 파트너는 당신의 동작을 관찰하고 당신은 파트너의 동작을 관찰합니다. 내가 부드러운 음악을 틀면 동작을 하는 사람이 눈을 감고 10분간 음악에 맞춰 '녹아내리기와 성장하기' 를 합니다. 이렇게 하려면 그저 소리가 당신 속으로 들어오게 두면 됩니다. 당신이 녹아내렸다가 다시 성장한다고 상상하세요. 어떤

---

3) 여기에 제시하는 단계들은 콜린 키버트(Coeleen Kiebert)가 『어느 날 갑자기 : 창조적 과정(All of a Sudden : The Creative Process)』(Aptos, CA: self-published, 1980)에서 설명하는 단계와 유사하다. 키버트는 전반적인 창조 과정을 설명하고 미술에 대해 상세하게 설명한다. 나는 동작을 창조적인 과정으로 논하면서 키버트의 주장을 적용했다.

> 동작을 하든 잘되거나 잘못된 것은 없습니다. 당신이 녹아내리고 성장하도록 둘 때 어떤 기분인지 관찰하세요. 바닥에 계속 앉아 있고 싶을 수도 있고 전혀 녹아내리고 싶지 않을 수도 있습니다. 성공이나 실패는 없습니다. 당신 자신을 더 잘 알고자 하는 과정일 뿐입니다.
>
> 관찰자는 동작을 하는 사람이 내면으로 들어갈 수 있는 공간, 즉 자리를 만들어 주는 공감적인 관찰자여야 합니다. 관찰자는 판단하지도 평가하지도 않습니다. 관찰자는 당신이 내면으로 들어가 움직일 때 정서적 · 육체적으로 안전을 느낄 수 있는 공간을 만들기 위해 있습니다.
>
> 약 10분 동안 움직여 본 뒤에 끝내라고 알려 드리겠습니다. 그러면 관찰자와 동작을 한 사람은 간단하게 자기 경험을 서로 나누어 봅니다. 동작을 한 사람이 먼저 말합니다. 관찰자는 자기가 받은 인상을 일인칭으로 전합니다. 이런 식으로 말이지요. "당신이 공 모양으로 몸을 말았을 때, 나는 어린아이 같다고 느껴졌어요." "당신은 어린아이였어요."라고 말해서는 안 됩니다. 서로 얘기를 주고받은 뒤에는 역할을 바꿉니다. 관찰자가 동작을 하고 먼저 동작을 했던 사람이 이번에는 관찰을 합니다. (이 경험을 하고 난 뒤에는 찰흙이나 색채를 활용한 시각예술 작품을 만들고 자유로운 글쓰기를 합니다.)

프랭크는 다음의 글을 쓰고 거기에 '공포와 즐거움'이라는 제목을 붙였다.

> 나는 직선처럼 움직이는 것 같다. 내가 움직이는 선은 너무 뻣뻣하고, 훈련을 받아서 그런 것 같다. 옛날 운동선수로 훈련받았던 경험 때문에 내 동작에 자꾸 반복이라는 개념이 주입되는 것 같다.
>
> 다른 동작을 해도 앞의 동작과 똑같고 자연스럽게 나오지도 않았다. 어린 시절 운동이 자기표현을 할 수 있는 주요한 출구였다는 것을 인정한다. 하지만 지금은 옛날식의 경직된 동작을 부드러운 것으로 바꾸고 싶고, 곡선이나 곡선도 직선도 아닌 동작을 도입하고 싶다.
>
> 연습을 하면서 일어날 수 있는 일을 나탈리가 간단하게 설명하자 내 몸이 즉각 얼어 버렸다. 내가 자유로이 움직일 수 있는 기회를 스스로에게 허락할 수 있을까? 다른 사람 앞에서 동작을 할 수 있을까? 내 파트너가 불안하여 긴장이 풀리지 않는다고 해서 내가 먼저 해야 했다. 그래서 영원처럼 길게 느껴졌던 짧은 한순간에 나는 이렇게 결심했다. "바보! 네가 이 기회를 원했었잖아! 이제 소원 성취했으니까 일단 해 봐! 너의 중심이 원하는 대

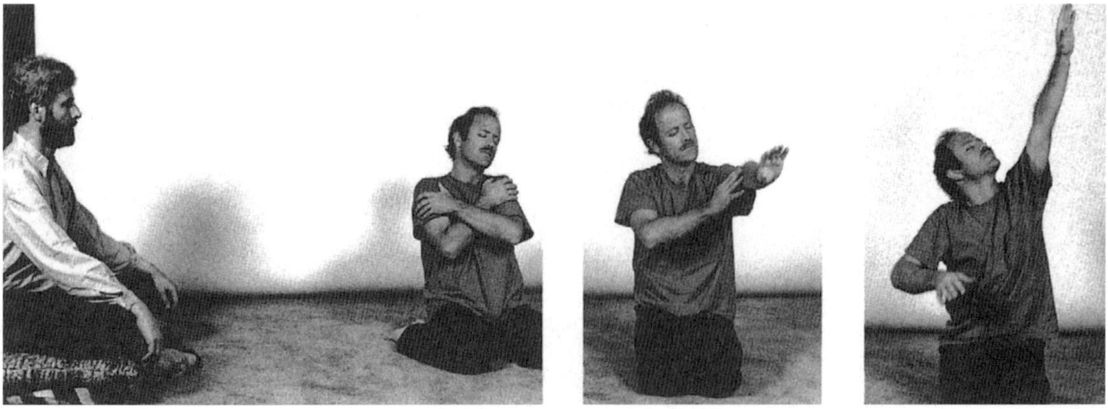

관찰자는 동작하는 사람이 내면으로 들어갈 수 있는 공간을 만들어 준다.

로 우아하게 한번 해 봐. 천사들과 춤춘다고 생각해. 너의 핵심과 교감하고 거기서 떠오르는 프랭크의 모습에 두려워 말라고. 아니, 잃어버린 친구라고 여기고 환영하라고…."

나는 이렇게 허세를 부리면서 눈을 감고 숨을 깊이 들이쉰 다음 남아 있는 용기를 모두 쥐어짜 냈다. 지금이 그때다, 자유로워져라. 음악이 용기를 주었고 초봄에 내리는 촉촉한 비처럼 달래 주는 것 같았다. 음악은 성장을 촉진해 주었다. 처음에는 척추와 등의 근육을 느슨하게 풀어 주는 요가와 같은 익숙한 동작을 한다는 느낌이 들었다. 이때가 내가 녹아내린 지점이었는데, 좀 더 적절하게 말하자면 내가 태어나는 지점이었다. 일단 체온이 올라가고 근육이 풀리자 오래 바닥에 머물고 싶지 않았다. 나는 성장하고 싶었다.

내가 유연한 자세로 바닥에서 일어나 똑바로 서려고 하자 문제가 생겼다. 나의 시도는 서툴고 불안정했다. 그때 내 마음이 "망쳐 버렸어."라고 반응했다. 그러자 몸의 반응을 멈추고 웅크린 자세로 균형을 잡은 뒤 호흡과 긴장 이완에 집중했다. 비판적인 목소리를 일단 달래고 나자 내가 천천히 부드럽게 똑바로 선 자세를 취하는 모습을 떠올리게 되었다. 나는 그렇게 마음의 그림을 그리면서 부드럽게 이어 나갔다. 기분이 들떴다. 땀과 미소가 얼굴을 덮었다. 가장 어려운 부분을 지나왔고 이제 즐거움을 향해 움직였다. 일단 서게 되자 그 다음 동작은 본능적이고 처음 해 보는데도 자유로웠다. 동작이 태극권과 비슷했지만 라틴식의 흥겨운 분위기가 났다. 리듬감이 더욱 살아났고 음악에 더욱 빠져들었으며, 땀에 흠뻑 젖어 버렸다.

춤을 끝낼 때가 다가온다는 것을 서서히 느꼈다. 슬프지 않았고 때맞춰 끝낸다는 기분이

어떤 동작은 좌절감이나 차단감을 표출하게 한다.

> 었다. 스스로 만족했고 성취감을 느꼈다. 피로와 충만감이 묘하게 섞인 느낌이었다. 나의 핵심을 탐색하면서 재미있게 놀았다는 자랑스러운 기분이 내 몸을 둘러쌌다.[4)]

프랭크는 비록 공포와 즐거움을 느끼며 동작을 경험했지만 그것을 완전하게 받아들이는 것이 어려웠다고 말한다.

> 놀랍게도 (관찰자의) 피드백은 동작을 하는 것보다 받아들이기가 훨씬 더 어려웠다. 내 파트너의 관찰을 전혀 믿을 수가 없었다. 내 파트너가 울고 싶었다고 하자 나는 내 귀를 의심했다. 내 동작이 그녀에게 그토록 영향을 미쳤단 말인가? 믿고 싶었지만 자꾸 의심이 생겼다. 아니, 좀 더 적절하게 말하자면 나의 비판적인 마음이 다시 힘을 얻은 것인지도 모른다. 그러나 파트너의 관찰이 믿기지는 않아도 나는 내 영혼과 함께 춤을 추었고, 다음에는 두려움이 지금처럼 대단하지 않으리라는 것을 알게 되었다.

프랭크의 경험을 다시 살펴보면 그가 인식한 단계를 알 수 있다.

1. 내면에 강력한 비판자가 있었지만 자기 몸이 이끌어 가게 함으로써 프랭크는 자기 느낌을 인식하게 되었다. 그의 몸은 그의 마음이 알지 못하는 것을 알고 있었다. 그가 내면의 균형감을 필요로 하고 있고, 각지고 직선적인 동작을 우아하고 유연한

4) Frank Hernandez, 제목이 없는 학생 논문(Orinda, CA: JFK University, 1987).

동작이 균형을 잡아 준다는 사실 말이다. 그의 몸은 좀 더 우아한 동작을 갈망했다.

2. 그는 내면의 유연함과 우아함이 주는 그 느낌을 완전하게 경험했다.
3. 동작을 하면서 그의 감정은 두려움에서 자신감, 성취감, 즐거움으로 변했다.
4. 프랭크는 자기 내면의 서로 상반되는 것들이 통합되는 것을 경험했다.
5. 마지막으로 글을 쓰고 반추해 봄으로써, 즉 인지적인 작업을 통해 프랭크는 심리적으로 무슨 일이 일어나고 있는지를 이해했다. 그는 우아함과 내면의 균형감을 연결 지은 것이다.
6. 글을 쓰고 시간이 흘러 자기 경험을 바라보는 관점이 생기면서 그는 이 과정에 동화했다.

한 가지 사례를 더 들어 보면 당신은 똑같은 훈련을 통해 아주 다르게 느낄 수 있다는 것도 알게 될 것이다.

저항감 극복하기

딘 역시 동작에 관한 설명을 들으면서 겁을 먹었지만 탐색해 보기로 했다. 그녀가 쓴 신랄한 글을 통해 어떻게 느낌(이 경우에는 저항감)이 동작으로 옮겨질 수 있고, 또 동작을 하면서 어떻게 그 느낌이 변하는지를 알 수 있다. 그녀는 처음 10분 동안 파트너를 먼저 관찰했지만 자기 차례가 다가온다는 것도 예상하고 있었다. 나중에 그녀는 이렇게 적었다.

> 처음 몇 분은 완전히 고문 그 자체였다. 치과의 진료 의자에 앉아 눈을 꼭 감고 빠르게 돌아가는 드릴이 아무것도 모르는 채 입 안 깊숙이 박혀 있는 불쌍한 어금니를 공격하기만을 기다리는 것처럼 끔찍했다…. 내 차례가 다가오는 것을 알고 있었고 내 몸으로 아무것도 보여 줄 게 없다는 생각을 하고 있었으며, 어금니처럼 내 마음속의 고통이 드러날까 봐 걱정했다…. 정말 그 순간은 괴로웠다.
>
> 마침내 내 차례가 되었다. 나는 마지못해 일어나서 내가 움직일 공간과 내 파트너가 바라볼 수 있는 공간을 만들기 위해 조금 움직였고 그 다음에 눈을 감았다.
>
> 움직이지 않고 서 있는 동안은 마치 영원처럼 느껴졌다. 그러자 이 연습에 대한 반감이나

저항감 같은 것이 생겨서 몸을 떨기 시작했다. 그때 내 몸속의 무언가가 이 저항감이 당연하다고 말하는 것이었다. 계속 이 저항감을 느껴 보라고 했다. 녹아내리기나 내려놓는 것에 대한 저항감을 제대로 느껴 보라는 것이었다. 내가 지금까지 취해 온 방식이 바로 그런 저항감이었다. 그것은 아주 강력한 저항감이었다.

도움을 필요로 할지도 모른다는 생각에 대한 저항감.

도움을 요청하는 것에 대한 저항감.

내 걱정, 불확실한 느낌, 두려움을 남에게 말하는 것에 대한 저항감.

자만이라는 갑옷을 벗는 것에 대한 저항감.

내가 완벽하지 않다는 것을 인정하는 것에 대한 저항감.

마침내 조금은 내맡겼다는 것, 그리고 아주 조금 녹아내렸다는 것에 대한 흥분감, 그리고 내려놓음에서 오는 따뜻함으로 몸이 떨렸다. 순전히 나 자신의 의지가 아니라 누군가로부터, 어떤 것으로부터 잠시나마 도움을 받았다는 느낌이 들었다. 그 뒤에 다시 저항감이 되살아났고 이번에는 강력하고 방어적인 태세였는데, 조금은 다른 곳에서 조금은 다른 관점으로 되살아났다. 그리고 다시 물러갔다. 이번에는 좀 더 길었다. 그 뒤에 두 번째, 세 번째, 네 번째 주기가 되풀이되었으며, '통제 불능' 상태를 겪는다고 나의 세계가 산산조각 나는 것은 아니라는 느낌이 매번 조금씩 더 강해졌다. 그러더니 결국 저항감이 완전히 사라졌고, 완전하게 내맡기면서도 그것을 여전히 의식하고 있는 것이 무엇인지를 체험하고 알게 되었다.

이 지점은 매우 특별했다. 그러나 온전히 내려놓기, 즉 완전히 녹아내리기의 전체 과정에는 어쨌든 무서운 지점이 있다. 극적인 것을 추구하다 비명을 지르거나 도망칠 수 있다는 점에서 무서운 것이 아니다. 오히려 그것은 녹아내리다가 일종의 무(nothingness)의 상태로 돌아갈지도 모른다는 데서 오는 두려움이었다. 마치 저항감(그리고 통제력)은 삶이고 내려놓는 것은 삶이 아니라는 것처럼 말이다. 이때 저항감은 실로 성장하기 위한 생명력의 특수한 형태라는 깨달음이 여명처럼 다가왔다. 그것은 정서적이고 영적인 성장이 불가능할 때 자기 자신을 살아 있게 하는 방식이었다.

마룻바닥에 누워 바닥과 한 몸처럼 느끼면서 무에 대한 공포가 점점 커져 갔을 때, 내 몸

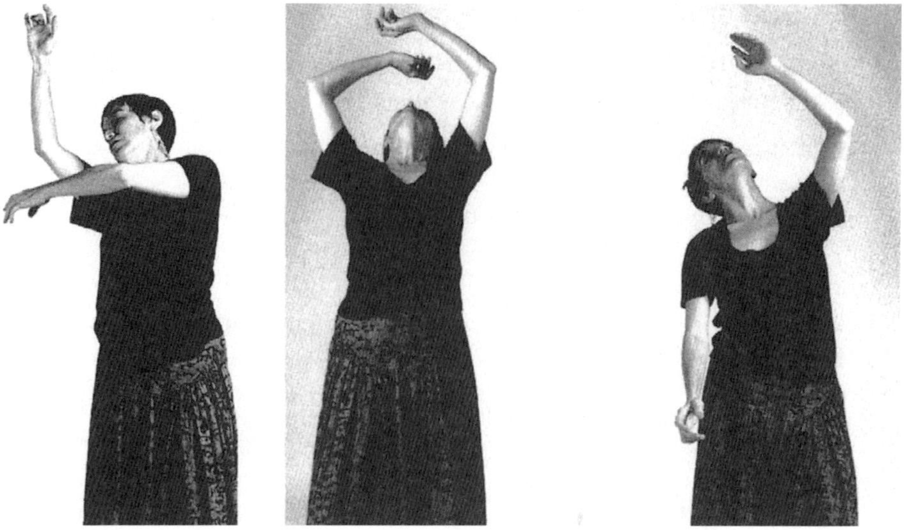

어떤 동작은 유연함과 내면의 평화를 경험하게 한다.

과 상체가 생명과 동작과 성장에 대한 힘을 느끼기 시작했다. 맥박이 뛰고 수축하고 확장하려는 욕구가 팔다리와 머리의 무게에 저항했고 반응하게 만들었다. 팔다리와 머리는 상체에서 에너지를 빨아들여 마룻바닥으로 전해 몸을 밀어내게 함으로써 중력과 겨뤄 당당한 승리를 이루어 냈다. 승리감과 함께 놀라운 행복감이 내 몸의 중앙과 상체와 사지에서 흘러나와 멋지고 거대하게 일렁이는 움직임을 만들어 냈다가 차츰 조용히 잦아들었고 내맡기면서 이완되었다. 나는 마침내 조금 녹아내린 것이다. 곧이어 또 시작되었는데 이번에는 바닥과 공명하는 것이 아니라 밀어내기 시작했고, 마치 음파처럼 한가운데는 또렷하지만 사방으로 아무런 저항도 받지 않고 퍼져 나가면서 사라지는 것이었다. 상호작용의 힘이 사라지고 느낌도 사라졌다….

음악 사이로 나탈리의 음성이 전해져 내 존재의 중심으로 들어오더니 이제 끝낼 때라고 말했다. 좌절감과 무력감이 밀려왔다. 포기하고 싶은 기분이 들었다. 그러더니 완전히 내맡겼다는 것, 공명하는 가운데 힘을 찾았다는 것, 문자 그대로 내 존재를 땅에 내려놓았다는 사실을 내 감각기관은 기억하고 있었다.

마룻바닥에서 이런 것을 발견하고 나서 내가 느낀 기쁨을 전할 방법이 없다. 그것을 제대로 느낀다는 것은 나로서 존재한다는 느낌, 땅에 내려놓는다는 느낌, 중심에 있다는 느낌

먼저 동작을 하는 사람이 자기 경험을 말하고 그 다음에 관찰자가 일인칭으로 자기가 받은 인상을 전해 준다.

을 느끼는 것이다. 나는 몸을 웅크렸다. 발과 손을 바닥에 대었다가 펄쩍 뛰어올랐다. 한 번 더 했다. 흥겨웠다. 몸을 쭉 뻗었다. 내 경험을 한껏 발산했다. 산들바람이 부드럽게 부는 따뜻한 봄날에 생명이 자랄 수 있는 것처럼 나는 아름답게 자라났다.

그날 내가 표현한 그림과 조소 작품은 내가 궁극적으로 느낀 많은 것들을 표현해 주었으며, 그것은 다른 사람들에게도 전달된 것 같았다. 그들의 피드백이 믿기지 않을 정도로 놀라웠던 것이다. "점점 우아해지네요." "고래 꼬리인가요, 뿔 더미인가요?" "바다 같군요." "기쁨이네요."

사람들은 이 작업에서 내가 표현한 진실을 듣고 싶을 것이다. 동작을 하는 중에 저항감의 역할을 지켜보고 또 그림과 글쓰기를 해 본 뒤에 오는 모든 경험에서 그 저항감이 얼마나 필수적인 것이었는지를 알게 되면서, 나는 이것이 바로 내가 살아온 방식이라는 것을 깨달았다. 그래서 저항감에 휘둘리지 말고 그 저항감을 가지고 작업을 해 보아야 한다. 이것이 내 성장 과정의 일부가 되게 해야 하는 것이다….[5]

5) Dean Lockhart, 제목이 없는 학생 논문(Orinda, CA: JFK University, 1987).

지금까지 우리는 두 편의 극적인 사례를 살펴보았다. 프랭크는 부드럽게 움직이고 싶었고 딘은 자신의 강한 저항감을 경험해 보았다. 둘 다 비슷한 과정을 거쳤다. 자신의 저항감을 깨닫자 딘은 그 감정을 충분히 온몸으로 경험했다. 흔히 있는 경우지만, 자기가 가장 두려워하는 어떤 면을 완전하게 체험하게 되면 그 면은 새로운 얼굴을 한 채 친구가 되기도 하고 긍정적인 에너지의 원천이 되기도 한다.

딘은 내맡기기 또는 녹아내리기에 자기 몸을 '아주 조금 내놓는' 커다란 위험을 감수했다. 그는 저항과 순종의 주기를 반복하다 내려놓는 과정으로 넘어갈 때 신체와 정서에 일어나는 변화, 즉 무에 대한 두려움을 멋지게 설명했다. 딘은 자기가 사라지지 않는다는 것을 몸이 확신하자 자기가 겪은 새로운 경험을 신뢰하게 되었다. 생명력, 동작, 성장이 자기 몸으로 들어오는 것을 느끼면서 변화가 일어났다. "발과 손을 바닥에 대었다가 펄쩍 뛰어올랐다… 흥겨웠다… 몸을 쭉 뻗었다." 저항감에 맞서 싸우지 않고 저항감을 제대로 알게 되었다는 것은 저항감을 동맹군으로, 즉 에너지의 근원이자 성장 과정의 일부로 활용했다는 의미이다. 딘은 미술 작품을 만들고 일기를 쓰면서 이 과정을 인식할 수 있었다.

위의 사례는 인간중심 철학이 어떻게 동작의 영역까지 뻗어 갈 수 있는가를 설명해 주는 훌륭한 사례이다. 자신의 모든 면을 경험하고 받아들일 수 있으면 완전한 자기가 되려는 거대한 충동을 발견하게 된다. 이번 사례에서 딘의 경험은 동작과 정서에 관련되는 것이었는데, 이것은 언어적이고 정서적인 경험에 의한 기존의 심리치료에 또 하나의 차원을 보태 준다고 할 것이다. 딘의 사례는 창조적 연결을 실증해 보인 것이다.

자기표현을 위한 글쓰기

동작이 낯선 사람은 많겠지만 글쓰기는 우리들에게 익숙한 편이다. 지금까지 학교 숙제도 해 보았고 사적인 편지, 사업상의 서류도 적어 보았기 때문에 대부분의 사람들은 어느 정도 글쓰기 경험이 있다. 이 책은 무의식 세계의 문을 두드리고 자기통찰에 이르도록 돕기 위해 글쓰기를 활용한다. 말로 할 수 없는 생각이나 느낌을 일기로 기록하는 사람들은 어떻게 이 과정이 자기이해를 증진시켜 주는지 잘 알 것이다.

자기를 표현하기 위해 글을 쓰는 것이 처음에는 쉽지 않다. 우리를 지성에서 불러내어 느낌과 이미지로 들여보내는 매우 간단한 연습이 바로 **자유로운 글쓰기**이다. 나는 이것을 MIT 인문학부에서 팻시 커밍스(Patsy Cummings)와 그의 동료들로부터 배웠다. 자신이 수업에서 활용하는 자유로운 글쓰기에 대해 팻시는 다음과 같이 설명한다.

> 자유로운 글쓰기는 아주 기초적이고 간단한 연습으로, 손을 번갈아 가며 발가락을 만지거나 횡경막으로 호흡하는 것처럼 매우 쉽고(10분밖에 걸리지 않는다) 인간의 품성과 영성, 몸에 주는 이익이 대단하기 때문에 누구나 매일같이 해야 하는 것이라고 할 수 있다. 자유로운 글쓰기를 하면 자신이 누구인지 알 수 있는데 일상에서 자유롭게 해 주거나, 또 당신이 아무런 희망도 없이 일상생활에 매여 있다는 것을 보여 준다. 긴장을 푸는 데는 아스피린보다 낫고 부작용도 없다. 우울해질 때 도움이 되고 당신이 걱정하는 것이 무엇인지 일러 주기도 한다. 다음은 수업 시간, 친구, 우리 자신에게 들려줄 수 있는 지시 사항이다.
>
> 10분 동안 글을 쓴다. 쓰다가 멈추지 말라. 철자, 구두점, 완전한 문장, 문법 걱정은 하지 말라. 할 말이 없으면 그냥 "할 말이 전혀 생각나지 않는다."라고 자꾸 쓰다 보면 뭔가 생각나게 될 것이다. 적어 놓은 것은 한동안 읽지 않는다(최소한 잠시 동안은).
>
> 자유로운 글쓰기는 자신이 생각하는 바를 찾아내는 방법임은 물론이고, 어떤 억양과 단어와 구절로 생각하는지를 찾아내는 방법이다. 또 교과서에서 배운 말만 알거나 다른 사람의 생각만 좇는 사람들이 자신의 말과 생각을 찾아내는 방법이다.
>
> 특히 처음에 자기 글을 수용적으로 읽어 주는 독자가 있어야 한다는 것이 중요하다.[6)]

나도 팻시의 말에 동의한다. 새로 태어난 '말로 된 시'에 공감해 주고 용기를 주면서 듣는 사람이 분명 필요하다. 나는 사람들에게 다음과 같이 일러 준다. "자기가 쓴 것을 검열하지 마세요. 원하지 않으면 당신이 쓴 것을 남과 나눌 필요가 없습니다. 글을 쓸 때

---

6) J. Brown et al., *Free Writing: A Group Approach* (Rochelle Park, NJ: Hayden Books, 1977), p. 6.

는 자신에게 정직하세요. 남에게 읽어 주는 것은 나중에 결정해도 됩니다." 사람들이 자기 글을 읽고 나누려고 하면, 나는 듣는 사람들에게 그 글에 공감하고 지지하는 마음을 갖고 일인칭으로 피드백을 해 주도록 상기시킨다. "내가 볼 때에는 이 문장이…." 또는 "당신 글을 들어 보니, 나는 … 느낀다."처럼 말이다.

팻시가 제안하는 10분짜리 글쓰기를 직접 해 보라. 자유로운 글쓰기는 혼자서 해도 좋고 함께 해도 좋으며, 독립적으로 해도 되고 워크숍에서 같이 해도 멋진 경험이 될 수 있다. 가족이나 친구들과 같이 한다면 인간중심의 원칙들을 준수해야 한다. 글쓴이에게는 읽어 주지 않을 권리가 있다는 것을 존중해야 한다. 또 남의 글을 들을 때면 읽는이의 준거 틀에 맞춰야 한다. 즉 상대방의 입장이 되는 것(글을 평가하는 것이 아니라)이 어떤 기분인지 자문해야 한다는 것이다.

창조적 연결 과정은 글을 쓸 때 내면의 근원을 두드려 보게 하고 진정한 표현을 더욱 확장시켜 준다. 자유로운 글쓰기에 활기를 더하려면 당신이 끌리는 동작이나 그림을 활용하면 된다.

자유로운 글쓰기가 지금까지 해 본 다른 글쓰기와 아주 다르다고 하는 사람들이 많다. 다음에 세 가지 사례가 있다.

나는 오늘 다이아몬드인 것 같다

다음의 첫 사례는 노스이스턴 일리노이 대학교의 교수인 한 남성의 글이다.

> 나는 오늘 다이아몬드인 것 같다. 단면이 많고 깔끔하게 잘 깎여 반짝반짝 빛나는 다이아몬드 말이다. 내가 이렇게 느끼는 경우도 흔치 않았지만, 어젯밤 이후로 이렇게 찬란하고 반짝이며 단면이 많은 다이아몬드 같은 기분을 느낄 특별한 이유도 없었다. 오늘 아침에 아들이 그다지 좋아진 것도 아닌데 어쨌든 나는 다이아몬드를 가진 기분이다. 내가 바로 다이아몬드인 것이다. 이제 보니 나는 51년 동안 이 원석을 깎아 왔던 것이다.
>
> 한때 내 인생의 한 부분이었던 그 지저분하고 누추한 아이오와 시골에서 나는 참 멀리도 왔다. 하지만 수십 번의 변화와 방향 전환, 여러 단계를 거친 뒤에 나는 내가 누구인지 알게 되었고, 이제는 잘 깎인 단면들을 돈으로 바꾸고 내가 만든 것을 사용하고 즐길 때라는 것을 알게 되었다.

> 불완전하기는 하지만 나는 나이며, 다이아몬드는 완전해지려고 노력해 왔던 것을 상징한다…. 내가 거쳐 온 머나먼 길을 돌아보고 싶지 않다. (계속 써야 한다) … 창으로 미시간 호수를 내다보면서 여유를 좀 부려 보자. 그래도 발에 물이 찰랑이는 것이 느껴지니 기분이 좀 낫고…. 호숫가를 달리는데 호수 너머로 해가 뜨고 지는 아름다운 광경을 보니 기분이 들뜬다. 내 외로움은 내가 잘 돌볼 것이지만 의미 있는 타인과 내 외로움을 반드시 나누려고는 하지 않겠다. 나를 나 자신과 더 많이 공유하고 거기서 의미를 찾을 것이다.[7)]

두 번째 사례는 간결하면서 우아한 글이다. 글쓴이는 내가 시카고에서 지도했던 리더십 컨퍼런스 그룹에 참여한 사람이었다.

높고 낮음

높고 낮은 — 음조
가깝고 먼 — 거리
땅과 하늘 — 접촉
검고 흰 — 섞임
같고 다른 — 인간은 모두 평등하게 창조되었다.
약하고 강한 — 우주
삶과 죽음 — 인간

다음 사례는 내 프로그램에 참여했던 보호관찰소 공무원들 가운데 한 사람이 쓴 글이다. 이들은 일은 아주 많으면서도 보수는 적었다. 그래서 나는 이틀짜리 프로그램에 짜 넣은 자료들로 이 사람들이 자기들 내담자를 대할 때 도움을 얻기를 바랐다. 그런데 그들은 이렇게 말했다. "그렇지 않습니다. 원칙적으로 당신의 자료는 우리 내담자에게 적용시킬 수가 없어요. 한 명당 15분에서 20분을 할애해서 그들에 관한 정보를 알아내야 하니까요. 하지만 우리가 좀 더 새로워지고 창조적이 되어야 한다는 것이 절실하게 필요하다고 느끼고 있습니다."

---

7) 익명의 참가자, 시카고 워크숍, 1988.

장미는 잘라 내도 자란다

> 그녀는 장미처럼 아름답다. 장미는 잘라서 심으면 흙에서 천천히 자라 해를 향해 구불거리며 서서히 줄기를 틔우고, 자그마하게 꼬부라진 가지에서 꽃봉오리를 터뜨린다. 이 작은 아기가 "나 여기 있어요." 하며 이웃들에게 울음소리를 전하니 이웃들이 달려온다. 제일 먼저 개미가 재빨리 달려와서 먹이를 찾아 이리저리 왔다가 다시 떠나고 다시 멈춘다. 아침 햇살에 개미는 더듬이를 실룩거리며 왔다 갔다 같은 길을 서둘러 달리고 있다. 한 마리 한 마리 합세하더니 마침내 기마 행렬이 되고 새로운 탄생을 축하하려고 모두 바삐 기어 나온다….[8)]

앞의 사례들은 우리가 이해할 수 있는 것을 설명하고 있지만 자유로운 글쓰기의 내용은 별 연관성 없이 적힌 것이 많아서 얼른 보면 분명한 의미를 알 수 없는 것이 흔히 있다. 글쓰기를 하면서 무의식의 세계를 두드리는 방법을 알게 되면 잠재된 이미지를 불러올 수 있고, 형식적이고 진부한 표현을 바꿀 수도 있다. 때때로 글은 우리의 보이지 않는 면을 음성으로 들려주고 자신을 더욱 깊이 인식하게 만든다.

창조적인 글쓰기를 통해 자기를 표현할 수 있도록 도와주는 훌륭한 책이 아주 많기 때문에 참고문헌 목록을 참조할 것을 권하며, 특히 나탈리 골드버그(Natalie Goldberg), 캐롤린 힐브런(Carolyn Heilbrun), 가브리엘 리코(Gabriele Rico), 브렌더 율랜드(Brenda Ueland), 아이러 프로고프(Ira Progoff)의 책을 추천한다.

영혼 회복

당신은 언제 어디서 춤추기와 글쓰기를 그만 하게 되었는가? 영혼의 잃어버린 부분을 되찾고 싶은가? 창조적 연결에 대한 나의 이론을 읽는 것 외에도 당신은 치유 과정으로 동작과 글쓰기를 활용하여 마음의 여행을 떠날 수 있다. 이 장에서 들었던 여러 사례들이 두 가지 표현예술 — 내면에서부터 동작하기, 자유연상 과정으로서의 글쓰기 — 을

8) Jeseph Doherty, 보호관찰소 워크숍 참가자, 1979.

간접적으로 체험해 볼 수 있도록 도와줄 것이다. 독자들 중에는 이런 방법 한두 가지를 이미 시도해 보고 자신의 창조적 본질을 일깨우는 기쁨을 맛본 사람도 있을 것이다. 다음 장에서는 시각예술, 음악, 소리, 명상을 탐색하여 창조적 연결을 좀 더 깊게 할 것이다. 색채와 소리를 활용하면 어떻게 미지의 영역으로 갈 수 있는지 궁금하지 않은가? 당신 내면에 있는 비밀 정원으로 계속 여행할 수 있는 기회가 당신 앞에 놓여 있다.

The Creative Connection

창조적 연결

II. 미술, 음악, 명상

05

예술은 마음을 비우고 자기의 중심을 찾아가는 방법이다.

—앨런 워츠(Alan Watts), 『선(禪)의 길(A Way of Zen)』

나는 불안에 떨거나 건강한 아동 또는 성인이 여러 예술형식을 이용하여 내면세계와 외부세계를 자유로이 탐색할 수 있는 창조적인 환경을 만들어 내기 위해 지난 35년 동안 일했다. 나는 창조성을 촉진하는 사람으로서 그리고 표현예술치료사로서 어린 시절 알고 있었던 색채와 형태를 활용하여 직접적인 의사소통을 다시 경험할 수 있는 환경을 제공한다. 다시 아이로 되돌아갈 수는 없다. 이미 너무 많이 알고 있기 때문이다. 하지만 우리는 예술을 통해 자발적인 자기표현이 가진 치유적 측면을 다시 포착할 수 있다.

시각예술의 치유 능력

색채, 선, 형태는 우리에게 말을 한다. 미술은 직접적이고 본능적인 체험이다. 미술은 말이라는 공장을 거쳐야 할 필요가 없다. 색채, 선, 형태는 우리의 에너지 정도, 느낌 상태, 자아 개념을 나타낼 수 있다. 색채는 부드럽거나 강렬할 수도 있고, 밝거나 어두울 수도 있으며, 섬세하거나 강력한 힘을 가질 수도 있기 때문에 우리에게 '말을 할 수' 있는 것이다. 선은 삐죽삐죽하거나 매끈하기도 하고, 이리저리 이어지거나 끊어지기도 하며, 단순하거나 복잡할 수도 있다. 모든 선은 역동적인 메시지를 가지고 있다.

이미지는 무의식에서 생겨나 우리가 내면세계를 이해할 수 있게 도와준다. 또 다른 신체 언어인 미술은 우리의 감각과 인식에서 생겨난다. 우리가 만들어 내는 예술 작품 과정과 이미지가 우리에게 메시지를 전해 줌으로써, 우리는 예술이라는 매체를 활용하여 내면세계와 외부의 현실 사이에 다리를 놓을 수 있다. 화가인 코니 스미스 시겔(Connie Smith Siegel)은 "미술은 감각에 기초하면서도 개념적인 언어, 즉 느낌의 언어라는 점에서 명상과 치료에 아주 가깝다."라고 말한다.[1)]

인간중심 표현 시각예술에 대해 말할 때, 이는 매우 숙련된 솜씨로 그림을 그리기 위해 사물을 제대로 보는 법[베티 에드워즈(Betty Edwards)의 책에서 주장하는 것처럼]을 배운다는 의미는 아니다. 우리는 의식적이건 무의식적이건 어떤 느낌을 경험하는 과정에 대해 얘기하는 것이며, 결과물에 대해 걱정하지 않으면서 미술을 통해 그 느낌을 표현하는 것에 대해 얘기하는 것이다.

표현예술은 자기탐색의 과정을 중요시한다. 치유하고 정보를 얻고 통찰하고 성장할 수 있는 길을 만드는 것은 예술 행위의 결과물이 아니라 그 과정이다. 시각예술은 우리 자신을 극적으로 신랄하고 다채롭게 표현할 기회를 제공해 주며, 그래서 우리가 누구인지 통찰하게 해 준다. 우리는 느낌을 풀어내고 비언어적인 방식으로 그 느낌을 표현하며 또 예술 작품을 살펴봄으로써 내면 깊은 곳에 있는 자기(self)에 대해서도 통찰할 수 있게 된다.

창조적인 행위를 하면서 매우 강도 높게 집중하다 보면 억눌린 느낌을 실제로 건설적인 에너지로 변화시킬 수 있다. 또 극단적이거나 상반되는 내면의 느낌을 통합하고 완전한 균형을 잡아 주고 정리함으로써 자기 자신을 치유할 수도 있다. 우리는 이런 갈

---

1) Connie Smith Siegel, 제목이 없는 인턴 논문(Santa Rosa, CA: Person-Centered Expressive Therapy Institute, 1985).

등 요소들을 탐색하고 온전한 존재가 되는 길을 찾기 위해 시각예술을 활용할 수 있다. 이 장에서 드는 사례나 여러 논의들은 바로 이런 개념을 상세히 설명하고 확장해 준다.

마음속에 떠오르는 어떤 상징적 이미지를 지적으로 이해하면 심리적인 성장도 도모할 수 있다. 창조 과정과 상징적인 이미지가 가진 치유적인 특성을 깨달으면 표현예술이 가진 신비스럽고 초월적인 특성을 이해할 수 있는 문이 열리는 것이다.

시각예술을 통한 자기발견

우리가 작품으로 만들어 내는 이미지는 오래 가기 때문에 시각예술은 특히 내면 여행에 유용하다. 다시 한 번 말하지만, 자신이 작업한 작품을 보고 반추하면서 그것이 자신에게 말을 걸도록 할 수 있다. 예술치료사이면서 최면술 전문가인 카운슬러 프랜시스 푸크스(Frances Fuchs)는 이렇게 말한다. “미술에는 우리 내면 자기의 자식이자 산파가 될 수 있는 능력이 있다.”[2] 내면의 자기를 제대로 이해할 수 있으면 내면의 진실과 외부세계를 연결할 수 있고, 자연과 다른 인간들에게 더 가까이 다가갈 수 있다. 또 세상을 보는 관점도 넓어진다.

다른 자기탐색 매체들과 마찬가지로, 미술을 통해 자기 자신을 표현하다 보면 자기가 도외시했던 분노, 탐욕, 질투, 부러움 등의 느낌과 만날 수 있다. 이 어두운 측면을 제대로 인식하고 그 속의 에너지를 활용하거나 변화시킬 수 있는 건설적인 방법을 찾아내는 것이 중요하다. 미술이라는 매체를 활용하는 것은 온전하고 통합적이고 건설적인 사람이 될 수 있는 터널을 안전하게 여행하는 역동적인 방법이다.

다음은 표현예술을 통해 자기발견을 한 세 가지 사례로, 인간중심 표현치료 연구소 훈련 프로그램에 참여한 사람들의 글에서 발췌하였다. 그들은 이미지와 색채를 통한 자기표현이 가진 힘과 효과를 상세히 설명해 준다. 잠재적인 이미지나 어떤 강렬한 느낌

---

2) Frances Fuchs, “Exploring Women's Creative Process”(Rohnert Park, CA: Sonoma State University, master's thesis, 1982), p. 18.

(그 느낌이 의식의 표면 바로 아래에 있는 것이라 할지라도)은 표현예술 과정으로 들어갈 수 있는 두 개의 문이다. 이미지와 느낌은 개인의 성장을 촉진하는 연료인 것이다.

이미지로 시작하는 미술 — 스피릿 베어(Spirit Bear)

첫 번째 사례인 캐롤 그리핀의 경험을 통해 우리는 이미지가 어떻게 무의식에서 생겨나는지, 그리고 시각적인 형태로 옮기면 그것이 어떻게 부정적인 에너지를 풀어내는지 보게 된다. 이 과정은 그런 에너지를 생기 있고 긍정적인 동기로 바꾸어 준다.

> JFK 대학교 표현예술치료 연구소의 소장이며 이 그룹의 공동 촉진자인 벤 헤지스(Ben Hedges)가 우리를 인도하여 명상에 들게 했다. 그는 우리에게 땅과 연결되어 있다는 느낌, 뿌리가 아래로 뻗어 가는 듯한 느낌을 느껴 보라고 했다. 나는 다시 한 번 황금의 언덕을 느꼈으며 가느다란 뿌리가 내게서 자라나는 경험을 했다. 나는 그 요소들과 연결되어 있다는 느낌이 들었다. 그는 우리에게 어떤 영혼의 모습을 띤 채 다가오는 욕구가 있는지 찾아보라고 제안했다. 나의 욕구는 … 나의 예술의 막힌 흐름을 풀어 주는 것이었다.
>
> 명상에 깊이 잠겨 있을 때 어떤 존재가 내게 다가왔는데, 그것은 커다랗고 매우 힘이 센 영혼이었다. 내 속의 아주 깊은 동굴에서 이제 막 긴 겨울잠을 깬 것처럼 나의 곰 영혼이 내 앞에 나타났다. 그 곰은 깨어나자 힘이 세지고 몸의 털이 푸르스름한 자성을 띤 것처럼 빛을 발했으며, 그 눈빛은 아주 강렬했다. 우리 그룹이 동작을 하기 시작하고 그들의 영혼도 모습을 드러냈다. 나는 서서히 일어나 나지막하게 으르렁거리는 소리가 내 목에서 나왔으며 육중하게 움직였다. 나는 땅의 지지를 받으면서 내면의 욕구에 계속 집중했다. 이 곰은 아주 강력한 힘을 가졌으며 놀랍게도 예술을 표현하고 싶어 하는 내 욕구의 동맹군이었다. 나의 결단력과 힘도 커져 갔다. 나는 다른 영혼들과 교감했다. 그들 중에는 새나 하늘을 날아다니는 짐승 같은 것들이 많았다. 땅에 발을 디딘 내 영혼과는 대조적이었다. 곰의 영혼은 뒷다리로 벌떡 일어나 무시무시한 포효를 토하며 앞발을 들어 올렸고 거기서 에너지가 뿜어져 나왔다. 이것은 내 손과 내 곰 영혼에서, 그리고 땅에서 흘러나오는 힘이었다.
>
> 우리는 미술 재료가 있는 곳으로 갔고 나는 아크릴 물감을 사용할 준비를 했다…. **푸르스름한 털이 난 곰.** 내 곰 영혼을 창조해 내어 그것이 지닌 자성과 힘을 그림으로 표현하는 일은 참으로 신나고 강렬한 느낌이었다.[3)]

캐롤은 예술을 창조하는 데 중요한 내면의 힘과 강렬한 욕구를 찾아가고 있었다. 그녀의 곰은 그녀에게 메시지를 주면서 그 메시지를 따라갈 용기도 주고 있었다. 캐롤은 나중에 소그룹에서 자기 그림을 가지고 나누었다. 그녀는 너무나 오랫동안 '아주 착하게만' 살려고 했는데 자기 내면에서 육중하게 걸어 다니는 곰이 이제 깨어났다고 설명했다.

> 나는 항상 힘을, 분노로 가득한 힘을 두려워했다. 그런데 이제 그 힘이 나의 동맹군이 될 수 있는 것이다. 바로 그 곰처럼 나는 나의 주인이 될 수 있다. 예술적 에너지인 내 곰의 앞발이 내게 목적과 초점을 주었다. 세상의 남성들에게는 허용되어 왔지만 나한테는 금지시켜야 한다고 배워 왔던 내 속의 남성, 즉 아니무스[4]는 이제 치료를 받기 시작한 것이다. 곰 영혼의 힘은 이제 나와 함께, 나를 위해 존재하고 나를 지지해 줄 수 있게 되었다.

그 다음 날 캐롤은 미술 재료가 있는 곳으로 가서 커다란 종이 한 장을 잘라 분노가 어떤 것인지에 관해 글을 썼다. 캐롤은 빨간색과 검은색 잉크로 그 과정에 대해서 썼다.

> 고통과 상처, 분노의 에너지를 깊이 깨달았다. 그림을 그리니 다시 한 번 신이 났다. 이번에는 느낌을 발산할 때였다. 나는 **내 전부를 그림 속에 표현했다**. 그림 속에 나타난 움직임은 심장의 모양을 띠었는데, 심장은 분노의 희생자이자 치유자이면서 바로 분노가 도사리고 있는 곳이었다. (저자 강조)

캐롤은 이미지가 아니라 자신의 느낌으로 이 특별한 과정을 시작했다. 그녀의 곰 이미지는 그녀의 분노 속에 깃든 두려움과 힘을 끄집어낸 것이다. 캐롤은 자기가 안전한 환경에서 그 분노를 탐색하고 있음을 알고 있는 상태에서 '금지된' 분노로 가는 여행을 계속했다.

> 그 후 일정이 없는 어느 오후에 나는 명상에 들어가기로 결정했다. 그것이 나의 창조성으로 다가가는 길이 될 것 같았다. 나는 연못의 백조를 바라보다가 백조가 너무나 아름다운

3) Carol Griffin, "Tools For Self-Discovery" (Santa Rosa, CA: Person-Centered Expressive Therapy Institute, intern paper, 1987).

4) 역주_animus. 융의 용어로, 여성이 지니는 무의식적인 남성적 요소를 말한다. 융은 남성은 여성적 요소를, 여성은 남성적 요소를 살려서 의식에 통합해야 함을 강조하였다.

> 것에 놀라 그림으로 그려 보고 싶었다. 나는 다시 한 번 가느다란 뿌리가 내 몸에서 땅으로 뻗어 내리도록 두었다. 그런데 이 곰이 백조를 받아들이지 않으려 했다. 나는 갑자기 노랗고 찌르는 것 같은 눈빛에 에너지가 뻗어 나오는, 거대한 앞발을 가진 그 힘세고 피할 방법이 없는 곰이 되었다. 나는 예술과 분노를 나타내는 강렬한 메시지인 거대한 앞발을 가진 곰 그림을 그렸다.
>
> (그 다음 날) 곰이 칭찬해 주기를 바라면서 나타났다. 내 몸에 깃든 거대한 에너지가 마침내 움직이기 시작했다. 나는 그 곰을 내 뱃속에서 느낄 수 있었고 만족스러웠으며, 그 에너지를 부여잡고 싶었다.[5)]

캐롤의 경험을 통해 깊은 명상 중에 그 사람에게 중요한 이미지가 생길 수 있고, 그 이미지는 무의식과 접촉하게 해 준다는 것을 알 수 있다. 동작과 소리를 만들어 보니 이미지에 대해 온몸의 감각으로 체험을 하게 되었다. 동작을 통해 캐롤의 곰 영혼은 이미지 이상이 되었다. 그것은 감각 차원의 경험이기도 했다. 색채를 활용해 보니 이미지가 형태가 되었는데, 이 형태는 자신에 관해 말을 걸고 그림을 그리고 싶은 욕구에 대해서도 계속 말을 걸었다. 캐롤은 그동안 대체로 억눌러 왔던 두 가지 느낌인 힘과 분노가 가득 차올라 그림으로 그리고 춤으로 표현하고 글로 쓰고 다시 그림을 그렸다.

자신의 힘과 분노를 숨기고, 그림으로써 자기의 에너지를 구속복(straightjacket)에 가두고 있는 여성들이 많다. 어두운 선으로 자기 느낌을 풀어내고 난 뒤 캐롤은 분노가 창조성으로 연결되는 에너지라는 것을 깨달았다. 이 경험을 통해 캐롤은 자기이해, 자기존중, 자기역량 강화를 더 이끌어 낼 수 있었다.

캐롤의 경험을 통해 우리는 표현예술의 과정을 더 잘 알 수 있다. 이 과정 중에 여러 장의 그림을 연속으로 그려 봄으로써 캐롤은 억눌러 왔던 분노의 느낌, 내면의 기분, 무의식적인 느낌, 욕망을 발견했다. 그와 동시에 아주 중요한 어떤 상징을 찾아냈는데, 이것은 살아가는 동안 계속 의미를 지니게 될 것이다. 그녀는 또 창조성의 모든 것을 발전시키는 과정에 들어가 봄으로써 차원 높은 의식 상태도 깨달았다. 만약 그 곰이 가진 상징적

5) Carol Griffin, "Tools For Self-Discovery" (Santa Rosa, CA: Person-Centered Expressive Therapy Institute, intern paper, 1987).

푸르스름한 털이 난 곰 예술적 욕구의 강력한 동맹군_캐롤 그리핀

힘센 앞발을 가진 곰 내 속의 강력한 에너지가 마침내 움직이기 시작했다._캐롤 그리핀

양극단 그리기 어둠/빛_바비 채니

#1 나의 어두운 면, 즉 엄청난 혼돈이며 낙담이자 자기 불만인 측면

#2 나의 밝은 면, 즉 유연하고 따스하고 감각적이고 상냥한 측면

#3 나의 두 측면이 합쳐진 것, 즉 강인함과 힘과 운동성이 황금색으로 나타나고 있는 것

내 영혼의 안내자인 해오라기가 위로 치솟으면서 나의 일부인 악어를 뒤로 하고 떠나고 있다._나탈리 로저스

그림을 그린 뒤 자유로이 글을 쓴다.

악어가 울퉁불퉁한 머리를 진흙탕 속에서 들어 올리더니 눈물이 가득한 눈을 깜빡인다. "나를 잡아먹지 말아요!" 악어는 이미 날아오르기 시작한 희고 거대한 해오라기에게 사정하듯 말했다. 해오라기의 거대한 형태는 멋지고 강력한 에너지로 가득 차 있다. 해오라기가 가는 길은 알 수 없다. 뒤돌아볼 틈이 거의 없었지만 그래도 한번 뒤돌아보았더니 해오라기의 가슴은 그 추한 파충류에 대한 연민으로 찢어지는 것 같았다.

"왜 떠나면 안 된다는 거지?" 해오라기는 자문했다(비록 저 어두운 색의 불쾌한 괴물이 평생의 동반자이기는 했지만).

'왜 날 떠나야만 하는 거지?' 악어는 이렇게 생각했다.

해오라기를 향한 악어의 갈망이 해오라기를 건드렸다. 악어 없이 자기가 어떻게 될지 해오라기는 알 수 없었다. '몸이 없는 영혼이라, 그것이 내가 바라는 것인가? 음… 그건 아닌 것 같은데.' 해오라기는 생각했다. 그렇지만 내가 왜 진흙탕에 처박힌 야수와 관계를 맺어야 하는 걸까? 정말 왜 그래야 하는 걸까? 해오라기는 자문했다. 악어는 진흙탕 속으로 미끄러져 들어갈 뿐이다. 해오라기는 이렇게 생각했다. '몸이 없는 영혼? 그러면 아무것도 아니잖아?'

인 의미(가령 북미 지역이나 유럽 사람에게 곰이 상징하는 바)를 알아본다면, 캐롤은 그것이 아주 풍성한 내용을 갖고 있음을 알게 될 것이다.

느낌으로 시작하는 미술

캐롤은 하나의 이미지로 시작했다. 그러나 특정한 이미지 없이 그저 색채와 선이 자유롭게 흐르도록 놓아두고 지켜보면서 느낌을 탐색하는 것도 가능하다. 그러한 과정은 무의식의 깊이를 재빨리 측정한다. 바비 채니는 자기 성격의 갈등 요소들을 그린 그림을 다음과 같이 설명한다.

✣ 양극단 그리기 : 어둠/빛

> 나는 '어두운 면' 부터 시작했다. 그날 나의 어두운 면은 너무나 부정적이어서 나는 그것을 '엄청난 혼돈' 으로 묘사했다. 그 느낌은 절망과 비판적인 느낌이었고… 우울함과 자기 불만이었다.
>
> 두 번째 그림은 나의 '밝은 면' 에 대한 그림이었다. 이 그림은 금빛 나는 주황색(내가 제일 힘 있는 색이라고 보는 것)으로 가벼운 터치와 부드러운 선으로 그려졌다. 이 그림은 유연하고 따스하고 자상하며 밝은 분위기였다.

그 뒤 바비는 세 번째 그림을 그려 보라는 제안을 받았다. 두 느낌을 합한 그림이 나왔다.

> 나는 가운데에 검은색 선을 그으면서 그림을 시작했다. 검은색이 얼마나 강력한 말을 하고 있는지, 그 느낌이 얼마나 강력한 것인지를 깨달았다. 금색을 칠해 보니 (그 금색이) 검은색 주위에서 자연스레 움직였다. 검은색이 힘을 나타내고 그림의 중심이었는데도 금색이 그 검은색 주위에서 즐겁고 편안하게 움직이고 있었다. 사실 나는 그 그림에서 검은색의 강인함과 힘이 좋았다. 두 느낌을 합해 보니 운동성이 나타났고 어떤 특징도 드러났다. 이런 식으로 나의 '검은' 분위기를 나를 힘들게 하는 요인이 아니라 힘의 원천으로 다룰 수 있다는 것을 깨달았다.[6)]

---

6) Beatrice (Lowry) Chaney, "Person-Centered Expressive Therapy: Exploring Creativity as a Path to the Heart" (Rohnert Park, CA: Sonoma State University, master's thesis, 1986), p. 90.

자기 내면의 화나고 추악한 '혼돈' 부분을 직시하고, 그것이 우리 속의 일부라는 것을 인정하고 그림을 통해 표현해 보면 그 어두운 측면 속에 가두어 둔 중요한 에너지를 찾아낼 수 있다는 것을 다시 한 번 알 수 있다. 우리가 완전하게 기능하려면 그런 에너지를 건설적으로 활용하는 법을 배워야 한다. 바비가 의도하지 않았으며 추상적이고 느낌을 그린 그림들은 그녀의 인생을 새로이 유추할 수 있는 기회를 가져다주었다. 이 사례를 통해 색채와 선이 느낌으로부터 자유로이 흘러나올 때 어떻게 무의식이 표면화되는지도 알 수 있었다. 도화지 위든 인생에서든, 검은색을 이용하여 황금빛의 찬란함을 끌어낼 수 있다는 중요한 사실을 우리 마음이 비유적으로 보여 준다.

⚜ 고통을 표현하기 : 블랙박스

바비는 자기 내면에 갈등이 있다는 것을 알고 있었기 때문에 종이 위에 마음의 대화를 옮겨 보기로 했다. 그녀는 매우 조심스레 접근했다. 마음에 떠오르는 것은 아주 자연스러웠다. 하지만 더 강력한 느낌이 떠오르면 어떻게 해야 할까? 도저히 느낌을 통제할 수 없을 때는 어떻게 해야 할까? 그것을 삼켜야 할까, 소리를 지르고 울어야 할까? 다음 사례는 한 참가자가 자기의 고통스런 느낌을 인식하게 되었을 때 글쓰기가 어떻게 도움이 되는지를 보여 주고 있다. 다음은 그가 내게 써 준 글에서 중요 부분을 발췌한 것이다.

> 이 워크숍에 오기 전에 나는 나와 다른 두 사람이 관련된 아주 복잡한 인사 문제로 골머리를 썩이고 있었다…. 워크숍 중이던 어느 날… 나는 일기에 다음과 같이 썼다. "그 여자를 쫓아 버려야지! 내가 이긴 거야, 젠장! … 사람들이 내 편이 되었으면 좋겠어. 나에 대해 그렇게 끔찍한 말을 하다니. 나는 그렇게 무지막지한 인간이 아니야. 나는 일이 잘되게 하려고 애를 썼어. 공정하고 따뜻한 삶을 바랐어. 마흔넷이나 되었는데 아직도 처신을 깔끔하게 하지 못하니, 나는 골칫거리를 없애 버려야 해. 남들이 나를 알아주었으면 좋겠어. 내가 이긴 거야!"

대학교 행정 직원으로서 매우 능력 있는 이 여성은 엄청난 분노를 가지고 있었고 조절할 필요가 있었다.

> 이런저런 생각에 빠져 있을 때 나는 울기도 하고, 나의 느낌과 느낌 모두를 무거운 금속 블랙박스에 가둬 놓고 있는 내 모습을 그려 보기도 했다. 나는 침대에 앉아 그 블랙박스

> 가 들어앉은 가슴속에서 생기는 아주 불편하고 고통스런 감각을 실제로 느낄 수 있었다. 그때 나는 그려 보고 싶은 그림을 떠올렸고 공책 한구석에 스케치를 했다…. 늦은 저녁이 되어서야 나는 그림을 그릴 수 있었다. (그 다음 날) 아침에 나는 그림 두 장을 더 그렸는데… 시리즈 같은 그림이었다. (그림들은) 암흑에서 밝은 빛으로 떠오르는 형상을 그린 것이었는데 그 형상 속에 들어 있는 블랙박스가 뚜껑이 열리더니 완전히 사라져 버렸다. 나는 지금까지 내가 해 왔던 것보다 훨씬 더 많은 사물과 사람들, 식물을 만지고 느끼면서 돌아다니기 시작했다. 기숙사로 돌아오면서 내 손에 쥔 장미 한 송이를 예뻐하느라 여러 번 길을 멈추었던 것이 기억난다.
>
> … 직장으로 되돌아온 이후 나는 내가 타인에 대해 좀 더 자발적인 태도를 보인다는 것을 알았고, 남들도 이전과 아주 다른 식으로 내게 반응한다는 것을 알았다. 학교 행정일과 나의 관계도 훨씬 더 성공적인 기미를 띠기 시작했다.[7)]

이 여성은 자기의 정서적 고통에 완전히 집중하면서 그것이 자기 몸 특정 부위에 자리잡고 있다는 것을 알았다. 그 고통은 아주 극적인 이미지를 만들어 내었다. 여러 장의 그림으로 그 이미지를 계속 탐색하면서 그녀는 자신의 인식과 신체적인 감각을 변화시킬 수 있었다.

자신을 통제해야 한다는 강력한 욕구가 그녀 가슴속에서 육체적 감각과 블랙박스의 이미지로 갑자기 떠오른 것이었다. 블랙박스를 여러 차례 그려 보니 그 이미지가 저절로 변했고 그녀가 느끼는 방식도 실제로 바꾸어 놓았다. 정말 기적 같은 일이다! 표현예술은 정말 놀랍다. 표현예술에는 효과가 있다. 이런 그림을 그려 본 것이 실제로 그녀의 모든 감각을 열어 주어서 '장미향을 맡을' 수 있게 되고 이해심과 동정심도 좀 더 가질 수 있게 된 것이다.

개념으로 시작하는 미술

하나의 이미지 혹은 하나의 느낌에서 어떻게 미술을 통한 자기발견이 시작되는지 살펴

---

7) 익명, "1985년 7월 21에서 28일까지 소노마 주립대학교에서 인간중심 표현치료 연구소가 주최한 워크숍에서 겪은 경험."

보았다. 세 번째 방법은 개념으로 시작하는 것이다. 가령 최근 나의 찰흙 조소 작품들은 나와 내 연인의 관계에 대한 것으로 보인다고 할 수 있다. 이 찰흙 작품은 남성과 여성의 상호작용을 여러 가지 형태로 보여 주고 있다(추상적이기도 하고 사실적이기도 하다). 이런 주제가 자꾸 떠올랐기 때문에 나는 여러 작품들을 보면서 머리로 결론을 내렸다. "철사로 찰흙을 두 동강 낸 뒤 두 조각의 형상을 잡아 서로 밀접하게 맞춰 들어가는 모양을 만들어 봐야지." 이 작업을 하면서 나는 지적인 개념에서 시작하여 조소 작품을 만든 것이다.

이런 식으로 지적인 면에서 시작하면 생명력이 없는 예술을 만들어 내기 때문에 창조 과정에는 느낌을 포함시키는 것이 중요하다. 내 조소 작품의 경우 두 찰흙 조각을 서로 맞추어 가며 정서적으로 그리고 운동감각적으로 연결하는 데 오랜 시간이 걸리지 않았다. 나는 지금 내 인생의 단계에서 내 속에서 통합되고 있는 남성적인 면과 여성적인 면을 비유적으로 만들고 있다는 것도 깨닫게 되었다. 음과 양은 서로 강력한 하나의 단위를 만들어 가는 삼차원의 퍼즐 조각처럼 느껴진다.

앞에서 말했듯이 예술 작품에서 나타나는 상징을 살펴보면 우리의 정체성과 행위의 역동성을 지적으로 이해할 수 있다. 고금의 여러 문화권에서 서로 다른 여러 상징들이 나타나기 때문에, 우리는 시공간의 경계를 넘어서는 연결감도 얻게 된다.

카를 융은 상징이 가진 보편성을 이해하는 데 크게 기여하였다. 융의 치료적 접근법은 너무 지적이라고 생각되지만 예술과 상징에 대한 융의 접근법에서 많이 배운 것을 나는 감사하게 생각한다. 가령 자꾸만 떠오르는 '영혼의 안내자'라는 이미지인 해오라기가 어떤 문화권에서는 자유와 영성과 초월의 상징이라는 것이 내게는 참으로 매력적으로 다가온다. 그런 상징을 지적으로 이해하는 것이, 구름을 향해 머리를 쳐들고 긴 다리를 몸 뒤쪽으로 쭉 뻗은 채 땅을 박차고 날아오르는 커다란 흰 새에 대해 내가 느끼고 있는 것과 잘 들어맞는 것이다. 뱀이 지상과 하늘을 이어 주는 의미도 있다는 것을 어디선가 읽고 나서는 머리에 떠오른 여러 종류의 뱀과 뱀 꿈, 뱀에 대한 이미지, 조각, 그림 등이 내게 더욱 중요한 것이 되었다. 나는 이집트의 어떤 무덤 복도 벽에 그려진 기다랗고 구불구불한 뱀에 푹 빠졌으며, 뱀은 그 무덤의 수호자, 즉 삶과 죽음을 이어 주는 창조물이라는 것을 책에서 읽었다. 이러한 문화를 초월하는 상징이나 보편적인 상징들은 나의 오랜 과거로 더 가까이 데려다 주고 내면의 존재에 대해 더 잘 보게 해 준다.

내가 겪는 대부분의 변화와 치유는 여러 가지 형식으로 뱀을 만들어 내는 과정 중에 일어나는 것이지, 뱀의 의미를 지적으로 이해하면서 일어나는 것은 아니다. 명상하는 것 같은 뱀도 있고 아주 단호한 자세를 취한 뱀도 있다. 어떤 꿈에서는 두 마리의 코브라가 서로 마주 본 자세를 취하고 있는데 아주 역동적인 에너지가 둘 사이에서 솟아나고 있었다. 뱀이 건네는 메시지를 받아들이면 이 뱀들이 그 당시 나의 에너지와 영혼의 상태를 반영한다는 것을 알게 된다.

상징에 대해 인간중심 접근법으로 다가가면 그런 상징이 가진 의미에 대해 우리 스스로 배울 여지를 남기지만, 최종 분석은 우리가 스스로에게 전달하는 메시지로 해야 한다. 비록 작품의 특정 부분에 대한 이해가 시간이 흐르면서 바뀔 수도 있지만, 그 예술 작품이 우리에게 주는 의미는 여전히 우리의 무의식이 우리에게 말을 건넨다는 것을 반영하고 있다.

예술가와 그의 작품에 대한 존중

이 책에서 설명한 경험들은 공감적이고 지지적인 환경이 주어지기만 하면 누구나 자신을 이해하고 통찰하며, 자기가 원하는 길이나 방향을 찾아낼 능력이 있다는 이론에 근거하고 있다. 시각예술, 글쓰기, 소리, 동작, 그 무엇이든 당신의 표현예술을 지적으로 이해하는 것은 한참 후에 이루어지는 것이며, 때로는 몇 년이 걸리기도 한다.

예술 작품을 바라볼 때 촉진자(치료사)의 목표는 그 사람의 세계를 더 잘 이해하는 것이다. 다른 사람의 작품을 바라보는 것은 우리에게 어떤 영향을 미친다. 우리가 보는 것은 그 사람의 내면세계를 보고 있는 우리의 시각이다. 우리가 보고 있는 것이 반드시 그 사람의 내면세계에 대한 그의 시각인 것도 아니고, 대체로 그렇지도 않다. 촉진자가 해야 할 중요한 질문은 "이 사람은 자기 작품에 대해, 자기 인생에 대해 어떻게 경험하고 있는가? 이 사람이 자기의 내면세계를 탐색하는 동안 나는 어떻게 이 사람과 온전하게 있어 줄 수 있을까?"이다.

낙서나 표현을 중시한 그림, 조소, 사적인 춤, 짧은 글 등의 예술을 만들어 낼 때 사람들은 언제나 자기의 어떤 측면을 드러낸다. 무의식적인 자기의 일면을 드러낼 수도 있다. 어떤 사람이 예술적인 표현을 하거나 자기인식을 하도록 자극을 주고 싶다면, 당신은 그 사람이 그에 관해 이야기할 수 있도록 도와주고 건설적인 피드백을 해 주어야 한다. 그가 지금까지 몰랐던 어떤 면을 다른 사람과 나누어야 하는 위험을 안고 있음을 당신은 잘 알고 있기 때문에, 당신은 그 결과물을 존중하는 마음으로 대해야 한다. 치료사나 그룹 촉진자들도 그가 결과물의 의미를 발견할 수 있도록 세심하게 도와주어야 할 책임이 있다. 다음은 시각예술 작품에 대해 원활하게 토론하는 데 도움이 되는 것이다.

어떤 결과물과 그것을 만들어 낸 사람에게 어떤 식으로 존중하는 마음을 표현할 수 있을까?

- 예술가(참여자 혹은 내담자)에게 창작 과정이 어땠는지, 그리고 그 작품이 자신에게 어떤 의미를 주는지 설명해 달라고 요청한다. 이런 식으로 물을 수 있다. "당신의 그림이나 조각을 보면서 어떤 느낌이 듭니까?"
- 그 예술가가 작품의 의미를 설명할 때까지 당신의 반응을 표현하지 않는다. 그 다음에 그 예술가에게 당신이 받은 인상이나 생각을 듣고 싶으냐고 묻는다.
- 작품을 분석하거나 해석하기보다는 당신의 개인적인 느낌과 생각을 털어놓는다. 예를 들면 이런 식으로 말할 수 있다. "이 그림을 보면 외로운 느낌이 들어요(흥분이 되요, 혹은 슬퍼져요). 당신도 그런 기분을 느꼈습니까?" 또는 "제가 보기에는, …처럼 보이는군요." 이렇게 말하면 그 이미지에 대한 당신의 진실과 그 예술가의 진실을 구별하는 데 도움이 된다.

여러 가지 표현예술 과정

다음은 시각예술의 의미를 탐색하고 확장하는 것을 좀 더 용이하게 해 주는 여러 가지 방법을 한데 모은 것이다.

게슈탈트 예술 과정

먼저 일인칭으로 작품의 모든 부분을 설명해 보라고 청한다. "나는 종이에서 흘러나오는 파란 곡선이다. 나는 진한 초록색의 얼룩이다. 나는 하늘 가득한 먹구름 위로 비치는 노란 태양이다." 같은 식으로 말이다. 자신의 작품을 보면서 일인칭으로 자신을 표현하는 것이 쉬운 일은 아니기 때문에 당신은 그 사람이 이 과정을 편안하게 되돌아볼 수 있도록 상기시켜 줄 필요가 있다. 이렇게 하려고 노력하다 보면 예술가는 번뜩이는 통찰을 얻을 수도 있다.

특정 부분을 확대하거나 덧붙여 그리기

예술가가 보기에 자기 작품의 한 부분이 모호하거나 제대로 규명할 수 없거나 그를 힘들게 만드는 작품이 있을 수 있다. 흰 종이에 적당한 크기의 구멍을 내어 그 부분에 맞는 틀을 만든다. 틀을 작품의 그 부분에 갖다 대고, 다른 종이에 그 부분을 확대하거나 덧붙여 그려 보라고 제안한다. 이 제안이 그 예술가에게는 별로 호소력이 없을 수도 있지만, 이런 과정을 통해 무의식적인 소재를 드러낼 수 있다. 의식 차원에서는 그저 흐릿하게 인식되었던 것이 보다 더 선명해진다.

그림에 대해 글쓰기

우리는 자기발견을 고양시켜 주는 여러 가지 방법으로 작품에 대한 글을 써 볼 수 있다.

✤ 그림과 동일시하기

다음은 그림과 동일시하는 세 가지 방법이다.

- 자기 그림에 어울리도록 '나는 …이다.', '내게는 …이 있다.', '나는 …라고 느낀다.'로 시작하는 문장 다섯 가지를 쓴다.
- 그 그림에 제목을 붙인다. 1년 후에 그 그림을 다시 보면 머릿속에 어떤 제목이 떠오를까?
- 그림을 보고 즉각 떠오르는 단어 다섯 가지를 쓴다. 그림 위 또는 뒷면에 그 다섯

단어를 쓴다.

♣ 자유로운 글쓰기

어떤 그림을 그린 후에, 글을 쓰다가 멈추거나 고치지 말고 종이에서 펜을 떼지도 말며 철자, 문법, 구두점에도 신경 쓰지 말고 일단 10분 동안 글을 써 본다. 아무 생각도 나지 않으면 그냥 이렇게만 써 본다. "무엇을 써야 할지 아무 생각이 나지 않는다." 그렇게 계속 써 본다. 바로 옆에 자기 그림이 있지만, 그 그림에 대해 글을 쓰고 있는지 아닌지 걱정하지도 말라.

♣ 대화하기

글 속에 나타난 이미지에게 말을 걸고 그 이미지도 목소리를 내게 한다. 당신은 따질 수도, 논쟁할 수도, 동의하지 않을 수도 있고, 남들의 관점을 이해하려고 노력할 수도 있다. 글이 당신을 어디로든 데려가게 하라(96쪽, 해오라기와 악어의 대화편 참조).

♣ 이야기 만들기

그림을 보면서 '옛날 옛적…' 으로 시작하는 이야기를 만들고 마음대로 흘러나오게 한다.

그림을 동작으로 표현하기

동작만으로 또는 동작을 다른 여러 시각예술 방식과 조합함으로써 자기표현을 더욱 심화시킬 수 있다.

♣ 포즈 잡기

그림을 보고 몸을 이용하여 그림이나 조소 작품의 형태를 따라 포즈를 잡는다.

♣ 그림이나 조소 작품을 보고 춤추기

앞의 '포즈 잡기' 로 먼저 시작한다. 그림 속의 형태나 느낌을 표현하는 자세를 일단 잡고 그림에서 반복되는 패턴이나 선의 흐름에 맞춰 움직인다. 맨 먼저 그림이나 조소 작품을 활용하고, 그 다음에 그림이나 조소 작품의 의미를 더 깊이 탐색할 수 있는 다른 방법으로 움직인다. 움직일 때 소리도 활용하고, 말이 자유롭게 흘러나오게 한다. 움직

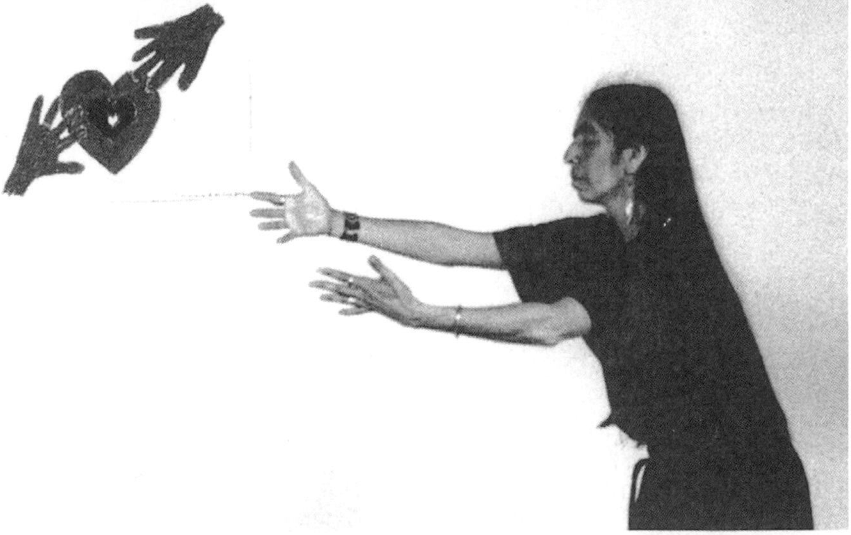

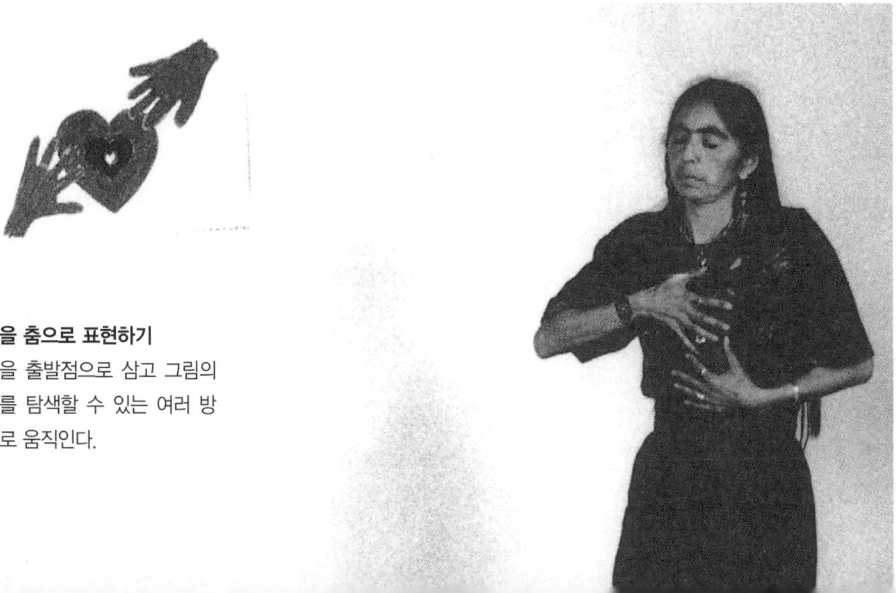

그림을 춤으로 표현하기

그림을 출발점으로 삼고 그림의 의미를 탐색할 수 있는 여러 방식으로 움직인다.

여 보면 춤이나 이야기를 만들어 낼 수 있다.

그림을 소리로 표현하기

그림을 보면서 느끼는 느낌을 극적으로 표현하기 위해 목소리를 사용한다. 다른 사람과 함께 작업을 한다면 그 사람이 소리 내는 작업에 동참하게 한다. 그렇게 하면 당신이 바라는 소리를 탐색하는 데 도움이 된다.

그림에 나타난 느낌을 표현하는 음악을 만들기 위해 타악기나 화성 악기 같은 것을 활용할 수도 있다.

당신만을 위해 하든 다른 사람과 공동 작업으로 하든 이런 식으로 탐색한다면 삶에 대한 당신의 시각이 바뀔 수 있다. 표현예술은 일상에서 오는 우울이나 자기중심적인 생각을 넘어 정신을 일깨우고 영혼에 활기를 불어넣는다.

치유를 위한 소리내기

소리는 아주 민감한 주제라고 할 수 있다. 일상적인 대화 톤이 아닌 방식으로 목소리를 내는 것을 우리 문화에서는 분명 꺼리는 경향이 있다. 나는 어렸을 때 부모님이 언성을 높이는 것을 본 적이 거의 없다. 지금도 나는 언성을 높이는 상황에서는 뒤로 물러나는 경향이 있다. 어떤 가정에서는 고함을 지르고 말로 싸우는 것이 흔한 일이다. 그런 소음을 겪고 산 사람들은 큰 목소리를 다시는 듣고 싶어 하지 않는다.

우리 사회에는 자기 마음대로 소리를 지르게 하는 출구가 거의 없다. 아이들은 학교에서 조용히 해야 한다고 배운다. 연인들이 서로 사랑할 때도 소리를 죽여 아무도 모르게 해야 한다. 큰 소리는 타인의 사생활을 침해할 수 있다. 당신은 조용히 있고 싶은데 다른 사람은 시끄럽게 떠들고 싶다면 서로 원하는 것을 얻기 힘들어질 것이다. 대부분은 샤워하면서 노래를 부르거나 고속도로의 소음에 묻혀 차 안에서 고래고래 소리 지르는 것으로 끝난다.

어린 시절 말하고 노래했던 경험은 자신의 목소리에 대한 태도에 영향을 미친다. 당신은 어린 시절 시끄럽게 떠들어 선생님에게 조용히 하라는 꾸중을 들어 본 경험이 있을지도 모르겠다. 아니면 합창을 할 때 부르지는 말고 그저 입만 벙긋거리라는 말을 들었을지도 모르겠다. 크게 말하라거나 "안 들려!"라는 말을 여러 번 들어 보았을 수도 있겠다. 각자 어떤 경험을 갖고 있든지 우리가 말하고 노래하는 방식은 우리가 누구인지에 대해 많은 것을 알려 준다.

북미 지역에서는 말을 하지 않으면 입을 다물고 조용히 있는 경향이 있다. 챈팅(chanting)을 하고, 소리를 지르고, 노래하고, 신음 소리를 내고, 크게 웃는 것이 삶의 일부인 문화권도 있다. 이런 것들 하나하나가 느낌을 풀어 주는 강력한 방식이다. 대부분의 종교는 사람들이 마음을 열어 깨달음을 얻게 하려고 노래와 챈팅을 활용한다. 노래와 챈팅은 정치적 선동이나 혁명 세력을 불러일으키는 데 사용될 수도 있고, 죽음을 애도하게 도와주거나 신을 찬양하는 데 사용될 수도 있다. 노래는 느낌을 위한 강력한 목소리이다. 노래는 영혼의 언어이다. 목소리를 자유롭게 사용하는 것은 자신의 깊은 차원과 만날 수 있게 돕는다. 목소리는 치유력이 있다.

가수인 바비 맥페린(Bobby McFerrin)은 인터뷰에서 이렇게 말했다.

> 우리 문화는 음악이 가지고 있는 영적인 힘을 광범위하게 재발견하는 데 장애물이 되고 있다. 그는 이렇게 말한다. "모두 이교적이고 미신에 불과한 쓰레기라고 생각하기 때문에 사회에서 천시되는 것이 바로 소리입니다. 그러나 우리 조상들은 지구에 그리고 그 자연의 요소들에 훨씬 더 가까이 다가가 있었으며, 오늘날 우리가 급속도로 잃어 가고 있는 삶에 대한 경외심을 갖고 있었습니다. 그들은 영혼의 영역에 훨씬 더 가까이 다가가 있었지만, 우리는 과학 기술과 우리가 살고 있는 도시와 미디어의 공격으로 인해 우리의 진정 중요한 부분과는 점점 멀어지고 있어요. 그것은 우리 조상으로부터 이어져 온 기억이며, 우리 조상들이 영적인 존재들을 불러내기 위해 사용했던 오래된 노래, 오래된 챈트, 오래된 리듬에 대한 타고난 기억이지요. 딴 세상 얘기처럼 들리겠지만, 제 얘기는 사실 이 세상에 대한 얘기입니다."[8)]

목소리는 몸과 마음이 만나는 지점이다. 머리와 몸 가운데에 위치한 성대는 몸과 마음

---

8) In "Medicine Music" by Phil Catalfo, in *New Age Journal* (March / April 1991), p. 33.

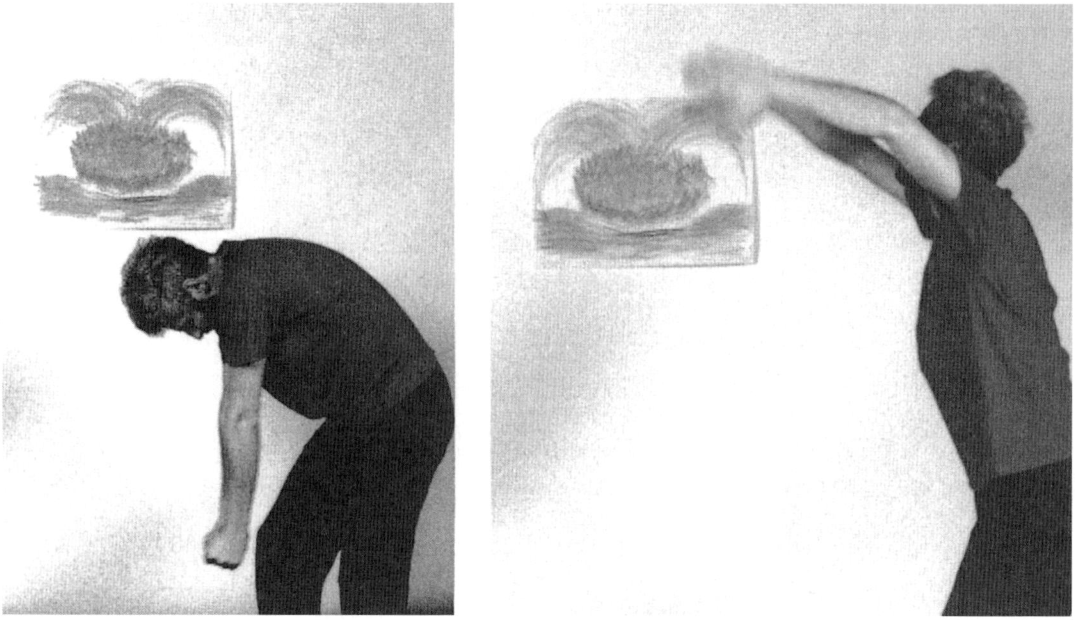

그림을 소리로 표현하기 움직이면서 소리를 낸다.

이라는 자기의 두 측면을 연결하는 통로인 것이다.

소리는 진동이다. 그리고 세상은 진동으로 이루어져 있다. 물리학자들은 모든 물질은 진동이라고 말한다. (공연이 아니라) 자기표현과 자기발견의 형식으로서 소리를 내어 보면 느낌을 풀어내고 우리를 내면에서 바깥으로 마사지해 주는 방법을 알게 된다.

우리는 목소리를 생각할 때 대개 의사소통의 수단이나 노래 혹은 공연을 떠올린다. 하지만 목소리는 자기치유를 위해서도 사용될 수 있다. 돈 캠벨(Don Campbell)은 마음과 몸, 정서, 영혼을 통합하는 수단으로 목소리를 활용했을 경우의 치유력에 대해 여러 해 동안 연구를 했다. 그는 자신의 책과 테이프에서, 지구와 우주의 진동에 연결되는 것은 물론 내면을 가다듬는 마음의 진동을 만들기 위해 목소리를 사용하는 과정을 설명했다.[9)]

9) Don Campbell, *The Roar of Silence* (Wheaton, IL: The Theosophical Publishing House, 1989).

그는 시작 단계에서 2, 3분 동안 각 모음의 소리를 실험하고 모음 사이에는 1분 동안 휴식하라고 제안한다. 지금 당장 시도하고 싶을 수도 있겠다. 당신이 내는 소리의 질을 실험할 때 눈을 감고 진동을 느낄 수 있도록 가슴 위에 한 손바닥을 꼭 붙인다. 이렇게 하면 자신을 풀어 놓고 이완시키며 혈압과 긴장감을 낮출 수 있고, 마음을 가다듬고 균형을 잡을 수 있다. 캠벨은 소리를 내면 긴장이 풀리기 때문에 세상의 소리를 들을 수 있는 능력이 활짝 열린다고도 한다.

자기 집에서 혼자 소리 내는 실험을 하는 것은 공공장소에서 하는 것과 다르다. 아직도 나는 여러 사람 앞에서 소리 내기로 마음먹으면 가슴이 쿵쿵 뛴다. 노래하는 것을 스스로 금하고 있음을 알아차린 나는 음성치료사인 수잔 오스본(Susan Osborn)의 '누구나 노래할 수 있다(Everyone Can Sing)' 라는 주말 워크숍에 등록했다. 나는 좀 일찍 도착했는데 오스본이 준비를 하고 있던 방으로 들어가면서 신경이 아주 예민해졌다. 이 주말을 견뎌 낼 수 있을까? 돌아갈까, 하는 생각을 하다가 나는 오스본에게 다가가서

“노래할 때마다 울음이 나오기 때문에 못 해낼 것 같아요.”라고 말했다. 그녀는 부드럽게 대답했다. “그래서 이런 프로그램이 있는 거예요.” 나는 그 주말 동안 거기에 머물렀고 노래하는 내 목소리에 대해 많은 것을 발견하게 되었다.

나는 아직도 차 안에서 테이프를 틀어 놓았을 때에만 큰 소리로 노래할 수 있다. 그러나 오랜 세월 여성으로서 나의 힘을 키워 오는 동안 내 목소리는 더욱 강해졌고 더 큰 울림을 갖게 되었다. 앤지 애리언(Angie Arrien)의 말이 떠오른다. “당신이 노래하지 않게 된 그 시점이 바로 당신이 영혼을 잃어버린 때입니다. 우리에게 필요한 것은 영혼을 되찾는 작업이에요.” 첫딸이 태어났을 때 나는 매일 밤 아이가 잠들도록 노래를 해 주었고, 딸아이가 자동차 옆 좌석에 앉아 있을 때면 노래를 불러 주었다. 이제 딸은 성공한 음악가이자 목소리 교사이다. ‘나는 언제 노래 부르기를 그만두게 되었을까?’ 나는 아직도 궁금하다.

소리 체험을 또 한 번 해 본 것은 『신비스런 나선(The Mystic Spiral)』(의식의 발달에 관한 책)의 저자인 질 퍼스(Jill Purce)와 함께했던 ‘몽골 · 티벳 배음[10] 챈팅(Mongolian and Tibetan overtone chanting)’ 주말 워크숍 때였다. 목소리가 가진 마술적인 특성에 흥미를 갖게 된 퍼스는 주말 동안 우리의 실습을 지도했다. 나는 범상치 않은 에너지로 가득 차서 집으로 돌아왔으며, 내 온몸이 떨렸고 1시간 동안 커다란 수채화 세 장을 그려 냈다. 한가운데 커다란 하얀색 공간이 있고 무지개 색깔의 선을 연상시키는 원들이 있는 그 그림(이 책 표지로 사용한 그림)은 그날 내가 소리로 체험한 것을 잘 묘사해 주고 있다. 소리 실험을 할 때마다 나는 아늑하게 공간을 둘러싸고 있는 원을 그린다. 소리의 진동은 내 몸과 마음을 놀라운 방식으로 열어 준다.

소리를 내 보면 자신의 목소리를 찾는 데에도 도움이 된다. 스스로 소리를 내 보면 우리를 둘러싼 물질의 진동을 건드릴 수 있다. 몸을 진동시키고 마사지하기 위해 목소리를 이용함으로써 의식의 상태를 변화시킬 수 있다. 다른 사람과 같이 소리를 내 보면 그들과 육체적 · 심리적으로 조화를 이룰 수 있다.

---

10) 역주_倍音. 진동체가 내는 여러 가지 소리 가운데 원래 소리보다 많은 진동수를 가진 소리.

어떤 주말 수업에서 우리는 소리 실험을 하기로 했다. 다음은 성공한 화가이자 작가 겸 사진가인 한 여성의 보고서이다. 그녀의 상세한 설명을 통해 소리 체험이 가진 잠재적인 힘을 느껴볼 수 있다.

> 다음은 나의 소리내기 체험이다. 소리내기는 나를 해방시켜 준다. 내가 만약 별로 옳지 않은 일을 하면 내 속의 심판자가 나를 비난하고, 나는 거의 들리지도 않는 끙끙거리는 소리를 내는데 그것은 훌쩍거리는 소리에 더 가깝다. 몇 주가 흐르고 몇 달이 지나면 이 상황은 더 심해진다. 상심, 죄의식, 기뻐하지 못함, 좌절감이 너무나 많다. 금요일에는 내장에서 나오는 것만 같은 비명을 질렀는데, 그 소리가 나오기 직전 뱃속에서 소용돌이가 이는 것같이 느꼈기 때문에 내장에서 나온 것을 알 수 있었다. 나는 어떤 느낌도 내놓고 싶지 않았다. 그것들을 깔고 앉아 속에 품고 있으려고 무척 애를 쓰면서 스스로 이렇게 말했다. 밖으로 내놓지 마, 밖으로 내놓지 마… 내놓아 버려! 잠깐만, 속에 담고 있어, 네 느낌을 숨겨… 밖으로 내놓아 버려! 아아아아아아아악! 나는 내면으로 무너져 내리고 기진맥진했으며, 울고 기력이 다 빠져 버렸다.
>
> 다음 날 나는 좌절감을 행동으로 표현하게 되었다. 내 인생에는 좌절감이 너무나 많이 쌓여 있었다…. 나는 발을 구르고 허공에 주먹을 휘두르며 턱을 바짝 당기고 "으응." 하는 아주 원시적인 소리를 질렀다. 그 소리는 흉곽에서 목구멍을 통해 올라왔다. 그 소리가 밖으로 나오는 데는 노력이 필요했다…. 나는 완전히 녹초가 되고 목이 쉴 때까지 계속 발을 구르고 팔과 다리를 내저으며 불평을 해 댔다. 나는 개운한 기분이 들었다. 나는 좌절감이라는 풍선을 날려 보낸 기분이었고, 그 풍선은 멀리 날아가 우주 속으로 사라졌다.
>
> 내가 살아온 배경과 삶은 늘 시각예술 그 자체였다. 지난 몇 년 동안 나는 글쓰기에 몰두했고 그 과정에서 나온 결과물을 좋아했다…. 이제 나는 다른 것을 찾아냈다. 그것은 바로 소리이다. 말이 되지 않는 소리를 낸다는 것이 아주 원시적인 것처럼 여겨지지만 거기에는 뭔가 본질적인 것이 아주 많다. 소리는 몸도 형태도 언어도 없는 나의 일부이다.
>
> 주말 동안 소리 작업을 해 보니 분명 나의 영적인 자아를 건드렸다. 이틀간의 수업 동안 내가 겪은 가장 강력한 경험이었다. 나는 스트레칭을 하면서 내면의 소리를 토해 내기 위한 워밍업을 했다. 목과 어깨에 단단히 걸려 있던 것이 성대로 올라왔고, 목구멍으로 치받고 올라오더니 입으로 나왔다…. 소리 연습을 하는 동안 나는 속에 그걸 가둬 두라거나, 남들을 귀찮게 하지 말라거나, 누가 말 걸지 않으면 말하지 말라거나, 착한 애는 그저

입 다물고 있어야 한다고 말하는 대신 그것이 모두 터져 나오게 했다.

나를 가장 폭발하게 만든 것은 파트너끼리 마주 보고 서로의 눈을 들여다보면서 내면의 소리가 밖으로 나오게 하는 연습을 할 때였다. 처음에 내 목소리는 부드럽고 낮았으나 곧 내면에서 불길이 점점 커지는 것을 느끼게 되었고, 정말로 열기가 커지게 하려면 더 많은 연료를 쏟아 부어야 한다는 것을 알게 되었다. 나는 횡경막을 확장하고 터져 나오는 소리의 높이와 단계를 높였다. 숨 쉴 때마다 소리는 점점 더 강해졌다. 소리의 높이가 올라가면서 내 영혼과 몸의 높이도 올라갔다. 내가 낼 수 있는 가장 큰 소리를 내면서 내 영적 존재의 진정한 본질이 드러났다. 나는 공간 속에서 반짝이는 빛이 가득한 허공을 떠다녔으며, 내 옆에는 반짝거리는 어떤 움직임이 많았다. 나는 무아지경에 빠졌다. 나는 자유로움을 느꼈고 아무런 규제도, 기대도, 욕구나 갈망도 없다는 느낌이 나를 둘러쌌다. 나는 대단한 활력도 느꼈다.

이제 아무런 노력을 기울이지 않아도 소리가 계속 나왔다. 이제 숨도 쉬지 못할 정도였고 횡경막이 텅 비었는데도 나는 계속 소리를 질렀다…. 내 발이 진한 회청색 카펫 위에 있다는 것을 알고 있었지만 머리는 다른 영역에 있는 기분이었다. 몸이 떨기 시작했고 손가락은 몸 옆에서 쫙 펼쳐졌으며 얼굴이 벌겋게 되는 것을 느꼈다.

이제 돌아가야 할 때가 되었다. 나는 일단 멈추고 숨을 한번 들이쉰 다음 천천히 내려왔다. 나는 한 번 더 소리를 질렀던 그 지점으로 돌아갔다. 그전처럼 강렬하지는 않았지만 내 몸 밖으로 한 번 더 나갔다는 것을 알았다. 두 번째로 내려오면서 나는 내가 파트너와 보조를 맞추고 있음을 알아차렸다. 우리는 동시에 숨을 쉬고 있었고 우리의 코 높이도 거의 비슷했다. 우리가 소리 여행을 하는 동안 나는 그녀에게 아주 가까이 연결되어 있다는 느낌을 받았다.

내 뒤에서 이제 여행을 마쳐야 할 때라고 누군가가 말하는 소리가 들렸다. 파트너와 나는 속도를 줄였고 웃음을 터뜨렸다. 아! 더 해소되는 느낌이다! 우리는 웃고 또 웃었으며 앉으면서 좀 더 웃었다. 시간이 모자라지 않았으면 그 웃음이 어느 지경까지 갔을까, 하고 내 파트너가 물었다. 아마 울음을 터뜨리게 되지 않았을까, 하는 것이 나의 대답이었다. 그녀는 살짝 웃으며 동의한다는 듯 머리를 끄덕였다. 나는 울음이 전체 소리 실험에서 최종 단계일 것이라는 느낌이 들었다….

너무나 많은 것이 드러났다. 금지, 용기, 두려움, 겁에 질림, 지금까지 몰랐던 내 모습, 내

> 속의 어린 여자 아이, 증오, 엄청나게 쌓인 분노, 혼란과 잃어버린 순수…. 연습을 끝냈을 때 나는 힘이 넘쳤고 내 몸은 매우 뜨거웠다. 어깨에서 김이 나고 있었는데 거기가 바로 긴장이 뭉쳐 있던 곳이었다.
>
> 수업이 끝날 무렵 내 머릿속에는 계속 통합이라는 말이 떠올랐다. 내면으로 향하는 길로 다가가는 데는 아주 많은 방법이 있다…. 동작, 연극, 글쓰기, 소리 등이 그것이다. 제각각 자신의 내면을 깊이 들여다보도록 도와주는 그 나름의 힘과 장점이 있다.[11)]

나는 소리가 우리를 데려갈 수 있는 깊이에 대해 당신에게 경고하기 위해, 그리고 바닥에 앉아 하는 게임으로 활용할 때 독자들에게 주의를 주려고 이 사례를 들었다. 소리는 매우 심오한 정서적 체험을 불러온다. 내 느낌을 말하자면, 소리는 우주란(cosmic egg)[12)]을 깨뜨릴 수 있는 요소라는 것이다. 소리는 우리가 존중해야 하는 잠재력이다. 소리는 차원 높은 영적인 상태를 환기시키는 것은 물론 매우 강렬한 기억을 건드릴 수도 있다. 그룹으로 소리 실험을 했던 몇몇 경우에서 사람들은 신비스럽고 마법 같은 체험뿐만 아니라 신체적 외상(trauma)의 기억까지 되살려 냈다. 치료사와 그룹 촉진자들은 소리 실험을 하는 동안 드러날 수 있는 정서 상태를 다루는 데 시간을 할애하도록 마음의 준비를 해야 한다.

다음 장에서는 목소리와 소리내기를 활용하는 시범적인 치료 세션에 대해 설명한다. 다양한 소리가 억제되지 않고 표현될 수 있고 남을 놀래키지 않도록 방음이 잘되어 있으며 따로 떨어진 건물에서 하는 것이 아주 중요하다. 소리 여행을 완전한 것이 되게 하려면 치료사 스스로 '충격에 내성'이 있어야 한다. 다시 말해 내담자가 지르는 소리가 고성이건 흐느낌이건 비명이건 다 받아들일 수 있어야 한다는 것이다. 그런 소리에 치료사가 두려움을 느끼거나 당혹스러워한다면, 어떤 소리든 낼 수 있도록 허용되고 지지받아야 할 내담자에게 그다지 도움이 되지 않는다.

---

11) 익명의 글(Orinda, CA: JFK University, student paper, 1986).

12) 역주_러시아의 천체물리학자인 가모프(Gamov)가 주장한 것으로, 태초에 우주의 모든 물질이 밀집되어 있던 구체를 가리킨다.

치료로서의 음악

치료 목적으로 소리를 사용할 때 음악을 만드는 것과 음악을 듣는 것은 서로 다른 별개의 측면이다. 마케팅 전문가들은 음악이 영혼을 달래 주고 식욕을 자극한다는 것을 잘 알고 있기 때문에 우리는 가게나 사무실, 엘리베이터 안에서 음악으로 폭격을 당하는 것이나 다름없이 살고 있다. 음악은 결혼식이나 장례식, 졸업식, 가두 행진 등 대부분의 행사에서 중요한 부분을 차지한다. 우리는 리듬과 북소리를 들으면서 발을 맞추기도 하고 원초적인 느낌이 일어나기도 한다. 종교 단체나 영성 단체들은 충만감을 돋우기 위해 두드리는 소리를 활용한다. 성가대는 사랑과 연민의 느낌을 건드린다. 고전음악은 영혼의 열정을 불러일으키고, 우울감이나 비극적인 느낌에서 고결하고 황홀한 느낌에 이르기까지 다양한 느낌을 불러일으키는 경우가 많다.

음악을 들으면서 우리는 심오한 느낌을 느끼는 상태로 들어갈 수 있다. 그런 정서적 에너지를 변화시키기 위해 어떤 느낌을 깊게 경험하는 데는 녹음된 음악을 활용해도 된다. 그 느낌을 잘 이해하고 음악을 적절히 잘 고르면 스스로 치유하는 데 도움이 된다. 슬플 때는 슬픈 곡을, 성취감을 누릴 때는 호른 같은 금관 악기나 북소리를, 관능성이나 영성에 귀 기울이고 싶을 때는 부드러운 현악기나 티벳 종을 연주해 볼 수 있다. 사람들은 "슬픈데도 울 수가 없어요."라거나, "이제 막 인생에서 중요한 뭔가를 이루어 냈는데 그렇게 기쁜 줄을 모르겠어요."와 같은 말을 할 때가 자주 있다. 그런 느낌을 제대로 확인하게 해 주는 음악을 찾아내면 당신이나 당신의 내담자가 그 느낌의 근원을 파악하는 데 도움이 될 것이다.

우리는 어떤 한 가지 정서적 상태에 사로잡힐 때가 있다. 그때 반대의 느낌을 불러일으키는 음악이 중요한 역할을 할 수 있다. 우울할 때 즐거운 노래를 들으면 죽음을 목전에 두고 지그[13]를 추는 것 같은 도움을 받을 수도 있는 것이다.

자기를 이해하고 치유할 수 있도록 음악을 만들어 내는 것을 가리키는 음악치료는

13) 역주_jig. 빠르고 활발한 3/4 박자의 춤.

그 자체로도 매우 중요한 분야이다. 나는 개인적으로 자주 음악을 들으면서 음악이 내 그림과 춤과 영혼을 고무시키게 한다. 하지만 나는 이 분야의 전문 훈련을 받지는 않았다. 그래서 이 부분에 대해서는 나처럼 인본주의적 접근법을 취하며 나보다 경험이 더 많고 훈련도 더 많이 받은 동료들의 글을 인용하는 것이 더 낫다고 생각한다. 음악치료사인 나의 동료 테레즈 마리 웨스트(Therese Marie West)가 이런 얘기를 했다.

> 음악은 지적인 방어를 감소시키고 몸, 마음, 정서, 영혼을 연결 짓는 관계를 향해 갑니다. 음악은 정서적 에너지를 전달하는 강력한 도구입니다. 음악은 정서를 불러일으키고 정서를 표현하는 매개체이기도 합니다. 음악은 사람을 압도해 버릴 수 있는 감정들을 정리해 주고 마음에 품을 수 있게 하는 틀을 제공해 줍니다. 우리는 자신을 완전하게 체험할 때에만 치료될 수 있습니다. 사람들은 자신이 찾아낼지도 모르는 고통 때문에 스스로를 완전하게 경험하는 것을 두려워하지요. 음악은 자기의 모든 면을 지각 차원에서 탐색할 수 있는 비언어적인 형식이며, 긴장을 풀어 주고 서로 소통하는 경로가 됩니다.
>
> 나는 치명적인 질환을 앓고 있는 환자 가족들을 도와주는 호스피스 프로그램에서 일합니다. 나는 다양한 연령대의 사람들과 같이 일하며 즉흥 작업을 할 때 아주 인간중심적인 방법을 씁니다. 물론 우리는 얘기도 나눕니다. 그러면서 나는 자기표현의 방식으로 음악(미술도 자주)을 도입하는 것이지요. 우리는 함께 음악을 만들고 노래도 합니다. 나는 사람들이 말하고 겪은 것을 듣고 플루트 연주를 합니다. 내 연주는 그 사람들이 느끼는 느낌을 실제로 반영하고 있습니다. 그들의 심오한 느낌에 대한 나의 체험을 비언어적으로 표현하면, 그것은 아주 설득력이 있고 때로는 그들이 더 깊은 차원으로 갈 수 있게 도와줍니다.

어떤 신경과 의사가 말을 하지 못하는 환자들을 테레즈에게 보냈는데, 자신의 음악과 환자들과 함께 만들어 낸 음악이 세상으로 향하는 중요한 연결 고리가 되었다는 얘기를 테레즈로부터 듣고 나는 감동을 받았다. 다른 치료사들도 그렇겠지만 테레즈도 내담자들이 상호 의사소통을 잘할 수 있도록 여러 가지 예술형식을 제공한다. 동작, 미술, 연극은 음악과 잘 어울리는 경우가 많다.

음악치료는 창조성과 기분 좋은 느낌을 표현하는 매체로서는 물론이고, 육체적 고통이나 정서적 고통, 심각한 질병, 상실감이나 슬픔에 직면한 사람들을 돕는 데도 아주 큰 도움이 된다. 이런 방법은 아이들이나 장애가 있는 사람들, 정신병동에 입원한 사람들에게도 활용해 볼 수 있다.

나는 음악을 좋아하고 우리의 삶에 음악이 미치는 영향을 잘 알고 있으며, 악기를 활용해 즉흥연주를 함으로써 나 자신에 대해 더 많은 것을 알아낸 경험이 있다. 우리 훈련 프로그램에 참여한 사람 몇몇이 자원해서 자기들의 전문 분야를 나에게 가르쳐 주었다. 직업이 의사인 사자 그린우드(Sadja Greenwood)도 즉흥음악을 많이 사용하는 촉진자이다. 그녀는 음악치료 실험에 관한 짧은 논문 몇 편을 썼는데 다음이 그것이다.[14)]

> 말을 넘어서 예술로 자기표현을 하고 느낌을 전달하는 데는 여러 가지 방식이 있다. 노래하기, 콧노래하기, 북치기, 악기 연주하기는 수많은 사람과 집단에 아주 강하게 다가가는 표현방식이며 창조성을 드러내는 형식이다. 즉흥음악은 하나의 예술이며 느낌을 표현하고 발산하는 기법이고, 집단의 응집력을 키우는 수단이 되기도 하며, 함께 리드미컬한 소리를 만들어 내면서 연주자들이 자의식을 버리고 황홀경으로 들어갈 수 있게 해 준다.
>
> 나는 데이비드 달링(David Darling)[15)]과 그가 만든 단체인 '사람을 위한 음악(Music for People)'이 주최하는 워크숍과 음악 철학에 크게 감명을 받았는데, 이 단체는 음악은 누구나 할 수 있는 자연스럽고 창조적인 표현이라는 믿음을 표방하고 있다. 세상에는 사람 수만큼의 즉흥음악이 존재하며, 어떤 사람과 어떤 악기가 만나든 음악을 만들어 낼 수 있다. 틀린 음이니 틀린 곡이니 하는 것은 없다!
>
> 혼자서 즉흥연주를 하려면 하나의 음만으로 연주하거나 노래 부르고, 데이비드 달링이 말하는 '퀄리티 사운드'[16)]가 당신의 목소리나 악기에서 가장 편안하고 좋아하는 위치에서 나오게 한다. 가능한 오랫동안 그 소리를 꼭 잡고 즐긴다. 다른 퀄리티 사운드도 낸다. 소리 사이의 침묵을 존중하라. 멜로디가 떠오르기 시작할 것이다. 천천히 진행하면서 소리가 나오게 하고 큰 소리와 낮은 소리를 왔다 갔다 한다. 억지로 만들지 말고 저절로 생겨나게 하라.

---

14) Sadja Greenwood, "Improvisation Music as Creative Expression" (Santa Rosa, CA: Person-Centered Expressive Therapy Institute, intern paper, 1991).

15) David Darling, Music for People / RD 4, Box 221A / Keene, NH 03431.

16) 역주_quality sound. 가치 있고 중요한 음이란 뜻.

당신이 잘 아는 자장가같이 간단한 노래를 연주하거나 부른다. 시간이 좀 흐른 뒤에 그 곡조를 확장하거나 바꾼다. 멜로디를 바꾸고 리듬도 바꾼다. 음의 높이를 올리거나 낮추어 본다. 크게, 낮게, 혹은 다른 주법으로 연주한다. 계속 달리해서 연주한다.

이제 산책 노래를 연주한다. 먼저 당신이 실제로 걷는 박자에 맞춰 제자리걸음을 해 보거나, 천천히 쉬지 말고 실제로 방을 돌아다녀도 된다. 한 박자에 한 음씩 노래하거나 악기를 연주한다. 다음 음으로 바꿀 준비가 될 때까지 같은 음을 한동안 계속 연주한다. 산책곡이 점차 다른 형태로 발전하게 한다.

즉흥 연주 자신의 음악적인 면을 새롭게 발견한다.

> 연주나 노래를 시작하기 전에 동작을 먼저 해 본다. 말을 하지 말고 발과 몸의 소리에 귀를 기울이면서 편한 대로 움직이거나 춤을 춘다. 숨을 내쉴 때 차츰차츰 소리도 나가게 한다. 발의 리듬과 손뼉, 당신의 목소리가 노래가 되고 있는지 살펴본다. 그 상태를 유지한 채 원한다면 거기에 단어나 음절을 대입해 본다. 당신이 가진 악기로 그 소리를 연주한다.[17)]

우리는 그린우드와 함께 이 즉흥연주를 몇 차례 시도하면서 해방감과 즐거움을 느꼈을 뿐 아니라 자신의 음악적인 면을 새롭게 발견할 수 있었다.

명상과 수용

지금까지 논의한 창조적 연결 작업은 매우 활동적인 것이다. 동작, 미술, 글쓰기, 소리내기는 창조적인 과정으로서, 결과물을 중시하지는 않지만 무언가를 만드는 것에 몸소 동참하는 과정이라 할 수 있다. 우리는 몸을 움직이고 그림을 그리고 글을 쓰고 성대를 사용하면서 육체적으로 활동적인 상태가 되는 것이다.

내 생각에 이와 함께 중시해야 할 것이 조용하고 수용적인 방식으로 내면으로 들어가는 것이다. 자기 자신과 우주의 에너지 근원에 주파수를 맞추는 것은 우리의 창조성으로 문을 활짝 여는 강력한 방식이다. 명상을 하면 내면의 힘과 지혜를 일깨우는 데 도움이 된다.

아주 훌륭한 책인 『명상법: 자기발견을 위한 안내서(How to Meditate: A Guide to Self-Discovery)』에서 로렌스 르샨(Lawrence LeShan)은 과학자로 구성된 작은 모임에 대해 설명하였는데, 이들은 모두 매일같이 명상을 하는 사람들이라고 한다. 왜 명상을 하는가라는 질문에 그들은 여러 가지 답을 내놓았는데 누군가가,

> "집에 돌아오는 것과 같습니다."라고 했다. 그러자 모두 입을 다물었고 하나 둘 동의한다는 듯 고개를 끄덕였다. 그 대답을 듣고 보니 더 이상 질문을 계속할 필요가 없었다.[18)]

17) Sadja Greenwood, "Improvisation Music as Creative Expression"(Santa Rosa, CA: Person-Centered Expressive Therapy Institute, intern paper, 1991). p. 2.

르샨은 우리가 명상을 하는 이유를 이렇게 설명했다.

> 우리가 한때 어렴풋이 알았거나 혹은 제대로 알지 못했으며, 무엇인지도 모르고 언제 잃어버렸는지도 모르면서 잃어버린 우리 자신의 어떤 면을 발견하고 회복하고 그것으로 되돌아오기 위해서입니다. 명상은 인간의 잠재력이나 우리 자신과 진실에 좀 더 가까이 다가가는 것, 혹은 사랑과 활력과 열정을 가질 수 있는 능력에 가까이 다가가는 것, 우리가 우주의 일부이자 결코 우주와 떨어지거나 소외되어서는 안 된다고 알고 있는 것에 더 가까이 다가가는 것, 좀 더 효과적으로 현실에서 바라보고 이해할 수 있는 능력에 다가가는 것이라 할 수도 있습니다. 명상을 하면서 우리는 이런 목표들 모두가 결국 같은 의미를 갖는다는 것을 알게 되었습니다. 우리는 우리가 잃어버린 것을 회복하려고 노력하고 있습니다.[19]

이 글을 읽으면서 나는 앤젤리스 애리언이 창조적 연결 작업은 영혼 회복 작업이라고 했던 것이 다시 생각났다. 언제 어디서 우리는 침묵할 수 있는 능력과 존재하는 모든 것에 문을 활짝 열 수 있는 능력을 상실한 것일까?

나는 중요한 일을 시작하기 전에 그저 몇 분 동안 마음을 가다듬고 내면으로 들어가 집중하는 것만으로도 생기를 얻을 수 있다. 그 일이 내담자와 작업하는 것이든, 조소 작품을 만드는 것이든, 위원회 회의든, 강의든, 표현치료 집단 촉진 작업이든, 무엇이든 말이다. 마음을 가다듬으면 고요한 내면 상태에 도달하여 일을 할 때 공감하기도 쉽고 더욱 효율적일 수도 있다. 정신없이 바쁘게 돌아가던 것이 마치 마른 양파 껍질이 벗겨져 나가듯 내 마음과 몸에서 떨어져 나간다. 사소한 슬픔이나 짜증스런 걱정거리가 사라지고 나는 그 순간에 완전하게 존재할 수 있게 된다.

마음을 열고 수용적인 자세를 취하는 것은 창조성의 흐름과 매우 밀접한 관계가 있다. 그리고 창조성은 우리 내면의 에너지 근원과 자존감, 자기강화에 직접 연결되어 있다. 우리는 너무나 오랫동안 삶에서 생기는 모든 일과 모든 사람들을 통제하려고만 했다. 그러는 대신, 일이 자연히 이루어지고 저절로 나타나도록 두는 것이 창조적 과정과

18) Lawrence LeShan, *How To Meditate: A Guide to Self-Discovery* (Boston: Little, Brown, 1974), p. 3.
19) Lawrence LeShan, *How To Meditate: A Guide to Self-Discovery* (Boston: Little, Brown, 1974), p. 4.

명상 상태의 중요한 부분인 것이다.

내 전문 분야의 주류에서 밀려나고 있다고 느끼게 되고 돈을 버는 능력 때문에 걱정을 하던 1980년, 나는 아주 극적인 경험을 하면서 명상에 관심을 갖게 되었다. 그때 나는 명상을 하기로 결심한 터였다. 나는 조용히 앉아 호흡을 세면서 머리에 떠오르는 온갖 생각들을 관조하려고 했다. 나는 아주 짧은 순간 내면의 평화를 느꼈다. 그때 갑자기 두 개의 문장이 떠올랐다. "당신은 축복받은 존재입니다." "당신이 책임질 필요는 없어요." 나는 깜짝 놀랐다.

그 주 내내 이 두 문장이 계속 마음속에 떠올랐다. '축복받았다' 는 것은 내 사전에는 없는 말이었다. 하지만 어쨌든 기분 좋은 말이었다. 처음에는 내가 특별하다고 느꼈다. 그런데 곧 특별하게 축복을 받았다는 것이 부담으로 느껴졌다. 마침내 나는 진짜 의미를 알아냈다. 만약 축복받았다는 것을 깨달을 시간만 있다면 우리는 모두 축복받은 존재라는 것이다.

두 번째 메시지인 '당신이 책임질 필요는 없다' 라는 것은 살아가면서 인생을 통제하려고 했던 나의 노력과는 정반대되는 말이었다. 참 이상한 메시지였다. 하지만 여러 차례 생각을 하다가 그것이 내가 꼭 듣고 싶어 했던 말이라는 것을 알아차렸다. 내 전문 분야를 헤쳐 나가려고 그렇게 애쓰지 않아도 되었던 것이다. 길이 열리도록 그냥 두면 되는 것이었다.

명상을 시작한 초기에 두 가지 심오한 메시지를 얻고 나니 나는 좀 더 얻고 싶은 기대를 품게 되었다. 그러나 더 이상 아무것도 얻지 못하게 되자, 나는 그 두 가지 메시지만으로도 평생을 살기에 충분하다는 것을 깨달았다. 그 두 가지 메시지는 내가 원했던 것 전부였다.

글을 쓰거나 일기에 그림을 그리거나 여기서 제시한 동작을 활용하기 전에 먼저 눈을 감고 호흡에 집중하면서 조용히 앉아 있어 보라고 제안한다. 고요가 당신의 창조적 과정의 일부가 되게 하라.

창조성이라는 강

창조적 연결을 논의하면서 여러 예술형식이 어떻게 우리의 신비스런 자기를 찾아내도록 도와주는지를 살펴보았다. 표현예술을 활용하면 동작과 소리, 말과 이미지를 통해 메시지를 끌어내는 무의식의 영역으로 들어갈 수 있다. 창조적인 힘을 많이 활용하면 할수록 그 힘을 더 많이 갖게 되는 것 같다. 샘의 근원을 두드려 샘물이 흘러나오게 하라. 그렇게 하면 자기를 우주의 에너지로 활짝 열게 된다.

동작, 미술, 글쓰기, 소리, 명상은 창조성이라는 흐르는 강물 속에서 서로 얽혀 있다. 창조성을 우리 내면의 깊은 우물이라고 생각하면 그 우물은 고요히 가라앉아 움직이지 않을 때도 있을 것이다. 동작은 우물물을 움직이게 하고, 뚜껑을 열고 샘물이 보글보글 솟아오르게 한다. 미술은 이 보글보글 솟아오르는 물이 색채와 모양과 형태로 드러나게 한다. 이 색채와 모양과 형태는 암울하고 위협적인 소용돌이나 잔잔하게 흐르는 강 또는 멋진 폭포가 될 수도 있다. 자유로운 글쓰기는 소리내기나 음악처럼 그 강이 내는 소리가 될 것이다. 시에 맞춰 춤을 추고, 그림에 맞춰 노래하고, 그 여행 전체를 글로 써 보는 것도 가능하다. 이것이 바로 창조적 연결인 것이다.

Using Expressive Arts with Clients

표현예술의 적용

06

예술 체험은 감각을 통해 자신과 만나는 방법이다. 춤추기, 북치기, 찰흙 작업하기, 그리기, 색칠하기 등은 그 일을 왜 하는지 굳이 알려고 하지 않아도 감각 차원에서 자신을 알 수 있게 해 준다. 노력하지 않아도 알게 된다.

—제이니 라인(Janie Rhyne), 『게슈탈트 예술 경험(The Gestalt Art Experience)』

이 장에서는 치료 환경에서 내담자와 함께 표현예술을 활용할 때 필요한 준비물과 사용 방법에 초점을 맞춘다. 예술가, 작가, 음악가, 교사, 혹은 부모라면 이 준비물들이 아주 유용할 것이다. 이 장의 내용을 당신의 목적에 맞게 잘 적용하기 바란다.

나의 내담자들 대부분은 내 책 『여성의 등장 : 중년기 10년의 변화(Emerging Woman: A Decade of Midlife Transitions)』를 읽었거나, 내가 내담자중심으로 치료한다는 것을 알고 찾아온다. 그러나 내가 자기표현과 자기이해, 의사소통의 한 형태로 표현예술을 활용하기도 한다는 것을 알게 되면, 그들은 이 활동에 참여하는 것을 주저할 수도 있다. 시대가 변하고 사람들도 치료 방법으로 사용되는 매체가 다양하다는 것을 예상하고 있지만, 도움을 구하러 오는 사람들은 대부분 아직 언어중심 치료를 예상한다.

언어중심 심리치료의 효과를 높이고 심화시키기 위해 표현예술을 활용하는 것은 자연스러운 발전 과정이다. 우리는 몸, 정신, 정서, 영혼이라는 자기의 모든 측면들을 통합시켜 주는 과정에 참여해야 한다는 것을 점점 더 깨달아 가고 있다. 간단히 말하자면,

자기의 모든 측면을 포함시키지 않으면 자기의 모든 측면을 통합할 수 없다는 것이다. 자기에 대해 생각만 한다고 창조적인 사람이 되지는 않는다. 창조성이라는 과정에 참여해야만 창조성을 일깨울 수 있는 것이다.

우리 문화에서는 자신을 언어로만 표현하는 것에 젖어 있다. 심리치료, 참만남 집단, 12단계 프로그램[1], 직원 회의, 조직 기획 회의를 할 때, 그리고 교사나 강사는 자신의 생각과 느낌을 말로 표현한다. 우리는 또 책상에, 차 안에, 컴퓨터 앞에 앉아 있는 것에 익숙하다. 그리고 의사소통의 방식으로 그림이나 동작을 활용하는 경우는 매우 드물다. 그러므로 치료사나 안내자 같은 촉진자가 내담자(또는 집단 구성원)에게 의자에서 일어나 표현 매체로 실험해 보라고 초대하는 것이 반드시 필요하다.

내가 제안하는 것은 새로운 것이 아니다. 고대 문화는 예술과 치료를 구분하지 않았다. 모두 하나이고 같은 것이었다. 춤, 노래, 시각예술은 일상생활을 구성하는 요소였으며, 완전한 하나가 되려면 자기의 모든 면이 삶에 참여해야 한다고 믿었다. 오늘날에는 창조적인 시각예술 작품 만들기, 감각 차원의 인식, 호흡 운동, 소리내기, 북치기, 동작하기 등을 강조하는 개인 성장 집단이나 자조 집단이 많으며, 내담자들은 전보다 훨씬 개방적이고 보다 전체적인 방법 — 몸 전체, 정신, 마음, 영혼을 모두 포함시키는 접근법 — 으로 작업을 하고자 한다.

창조적 과정의 장점

창조적 과정에 대한 우리의 관점을 바꾸는 것은 다른 사람을 창조적인 사람이 되도록 돕는 데 가장 중요한 환경을 마련하는 것이다. 사람들은 창조적인 능력을 성취하고자 하는 욕구뿐만 아니라 그럴 권리도 갖고 있다. 우리가 타고난 충동이나 욕구는 창조적인 표현을 하고 싶어 한다. 동작, 소리, 미술, 글쓰기, 이미지를 하나로 통합하면 치료 관계를 다양한 방식으로 향상시켜 준다. 표현예술을 활용하면 내담자에게 다음과 같은 도움을 줄 수 있다.

1) 역주_twelve step programs. 알코올 중독 치료 등에서 치유의 과정으로 제시하는 열두 단계.

- 자기 감정을 규명하고 느껴 본다.
- 무의식의 내용을 탐색한다.
- 에너지를 표출한다.
- 통찰을 얻는다.
- 문제를 해결한다.
- 직관적이고 신화적이며 영적인 차원의 자아를 발견한다.

창조적 예술을 활용하면 내담자가 자기 감정을 규명하고 그것을 제대로 느껴 보도록 강력하고 효과적으로 도와줄 수 있다. 이 방법은 매우 이성적이고 언어중심적인 사람들에게 특히 유용하다. 진정한 감정이 솟아나게 하기보다 자기 문제에 대해 이야기하는 것이 더 능숙한 내담자들이 가끔 있다. 제1장에서 설명한 인본주의 심리학의 원칙에 동의한다면, 치료사인 당신은 내담자가 가장 깊은 차원에서 자기 느낌을 경험하고 그것을 풀어내며 통찰을 얻고 변화할 수 있는 환경을 만들어야 한다.

표현예술을 활용하면 내담자는 무의식을 건드려 보고 탐색할 수도 있다. 창조적 연결 과정은 사람들이 무의식이라는 깊은 물속으로 풍덩 뛰어들게 해 준다. 색채, 형태, 상징이 무의식에서 솟아나와 시각예술이 된다. 내담자가 인간중심의 환경에 있으면 그런 이미지와 상징에 의미를 부여할 수 있다. 진실한 동작, 즉 내면에서 바깥으로 나오는 것을 동작으로 해 보면 무의식의 내용을 동작으로 체험하는 셈이 된다. 소리내기를 도입하면 내담자는 진동하는 통로, 즉 목구멍을 열게 되고 목구멍은 마음과 몸을 연결시켜 준다. 소리는 가끔 과거의 경험을 불러내기도 한다. 또 챈팅과 소리내기는 물질과 영혼을 동작으로 그리고 정서적으로 연결 지어 보는 경험을 불러일으킬 수 있다. 무의식의 내용은 자기라는 비밀의 정원에 깔려 있는 비옥한 토양이다. 거기에서 다양한 식물이 자라나 꽃 피울 준비를 하는 것이다.

표현예술은 정서적 해방과 통찰을 쉽게 촉진시켜 준다. 제1장에서 나는 아버지가 돌아가시고 난 뒤 표현예술을 활용하면서 내가 체험했던 치유 과정에 대해 상세히 설명하였다. 표현예술이 얼마나 해방감을 가져다주는지 확신하는 내담자와 워크숍 참가자들이 아주 많다. 이 장 뒷부분에는 자신이 미쳐 버릴까 봐 몹시 두려워하는 한 남자가 어떻게 동작을 활용했는지에 대한 예가 나온다. 동작에 통찰까지 더해져서 그의 삶을 뒤덮은 무서운 그림자가 상당히 걷히게 된다.

색채, 동작, 소리, 자유로운 글쓰기, 이미지는 문제를 해결하고 결정을 내릴 때 아주 유용하게 쓰일 수 있다. 나는 결정을 내리고자 하는 내담자를 위해 이미지 여행을 안내할 때가 많다. 내담자는 상상 속에서 잠재적인 결정들을 하나하나 내려 보고 그 결과를 경험하면 도움이 된다. 그 다음에 나는 내담자에게 시나리오 각각에 대한 그림을 그리고 동작을 해 보라고 한다. 그렇게 하면 내담자는 자기가 내린 결정 하나하나를 직접 체험해 보게 된다. 직관, 상상, 상징, 동작을 통한 경험은 그 사람이 당면한 문제에 모두 집중하게 된다. 이런 식으로 아주 새로운 정보가 내담자에게 전해진다. 내담자는 이런 과정을 통해 그동안 씨름하고 있던 논리적인 찬반 리스트를 더욱 완전하게 만들 수 있다.

표현예술은 내담자들이 그들의 직관적이고 신화적이며 영적인 면들을 발견하게 해 준다. 이제 사람들은 인생에는 평범한 사건이나 현실적인 문제 이상의 것이 훨씬 더 많이 일어난다는 것을 잘 알고 있다. 우리는 모두 영적인 존재이다. 우리 모두는 인생에서 자신만의 이야기를 가지고 있다. 우리는 정해진 시간 안에서 여행을 하고 있으며 이 여행에는 시작과 끝이 있다. 산꼭대기도 있고 계곡도 있으며, 도전도 있고 승리도 있다. 우리는 우리 자신의 인생 이야기를 쓰는 작업에 참여하고 있는 것이다. 표현예술은 이러한 이야기를 실어다 주는, 비교할 데 없는 훌륭한 운송수단이다. 그림, 글쓰기, 동작, 춤, 챈팅, 노래, 이 모든 것들은 우리 내면에 깃든 신화적인 것들을 불러낸다.

치료 관계 촉진하기

표현예술치료의 장점을 아는 것은 표현예술치료를 활용하는 출발점이다. 관계를 촉진하기 위해서 표현예술치료의 철학과 원리를 이해하는 것도 중요하다. 안전하고 허용적인 환경을 만들기 위한 심리학적 원리들(제1장과 제2장 참조)은 치료적 관계를 위한 필수 조건을 잘 설명하고 있다. 당신이 치료사, 사회복지사 혹은 정신건강 전문가라면 이에 대해 이미 많이 알고 있을 것이다.

인간중심 표현예술치료사들은 예술을 치료 과정이나 자기탐색, 자기이해의 과정으로 활용한다. 우리의 방법은, 치료사에게 '진짜 지식'이 있고, 치료사가 내담자의 예술을 정확하게 해석한다고 믿으며, 치료사가 해석한 것을 받아들여야 내담자가 성장할 수 있다고 믿는 의학 모델과 구별된다. 우리는 공감적이고 정직하며 배려하는 심리적 환경이 주어지면 사람들은 모두 자기 방향을 제대로 찾아내는 능력이 있다고 믿는다. 우리의 전통은 여러 인본주의적 심리학자들로부터 나온 것인데, 특히 칼 로저스(Carl Rogers), 에이브러햄 매슬로우(Abraham Maslow), 롤로 메이(Rollo May), 클라크 머스태커스(Clark Moustakas), 로스 무니(Ross Mooney), 아서 콤스(Arthur Combs), 시드니 주러드(Sidney Jourard), 프레스콧 렉키(Prescott Lecky) 등을 들 수 있으며, 이들은 권위적인 의학 모델을 거부하고 개인의 성장이라는 관계 모델을 만들었다. 이런 모델로 작업할 때 치료사들은 내담자의 위엄, 가치, 자기 방향을 찾는 능력을 존중하는 것이다.

탁월한 몇몇 인본주의 심리학자들은 치료사는 물론 내담자의 관점에서 심리치료의 과정을 밝혀 주는 책을 저술했다. 특히 제임스 부겐탈(James Bugental), 프랜시스 본(Frances Vaughan), 클라크 머스태커스의 책을 추천하고자 하며, 고전이 된 칼 로저스의 『인간이 된다는 것(On Becoming a Person)』도 추천한다. (위에 언급한 저자들의 책을 보려면 참고문헌을 참조하라.)

신뢰할 수 있는 유기체인 인간

인본주의자들이 지지하는 한 가지 기본 원칙은 적절한 환경만 주어지면 인간은 긍정적으로 성장할 수 있는 잠재력을 지닌 존재라는 것이다. 『칼 로저스가 말하는 인간의 힘(Carl Rogers on Personal Power)』에서 내 아버지는 이런 말을 하고 있다.

> 인간중심의 접근법은 인간이 기본적으로 믿을 수 있는 유기체로서 외부와 내면의 상태를 평가할 수 있고, 자신이 처한 맥락을 이해할 수 있고, 삶의 다음 단계에 대해 건설적인 선택을 할 수 있으며, 그런 선택에 따라 행동한다는 전제에 기초하고 있다.[2)]

2) Carl Rogers, *Carl Rogers on Personal Power* (New York: Delacorte, 1977), pp. 14–15.

내가 치료사로서 경험해 보니 이런 전제는 더욱 확실하다. 치료사가 내담자를 위해 무엇인가 바로잡아 주어야 하고 그들이 문제를 해결하도록 충고해 주어야 한다는 생각을 떨쳐 버리기 어려울 때도 있다. 하지만 우리의 에고(ego)가 가진 욕구 — 해결책을 가지고 있어야 한다는 욕구 — 를 떨쳐 버리는 것이 가장 중요한 치유력 가운데 하나이다. 나에게 "당신은 나 자신보다 더 나를 믿는 것 같아요."라고 말하는 내담자가 많다. 내담자의 역량을 스스로 강화할 수 있는 기회를 주는 것이 바로 믿음 — 자기 방향을 찾을 수 있는 능력을 모든 내담자가 갖고 있다는 나의 믿음 — 이다. 자기 방향을 찾기 위한 환경을 만들 때, 나는 내담자가 결정을 내리는 데 도움이 될 수 있는 읽을 거리를 주거나 교육적인 정보를 제공하지만, 그런 것은 자기 역량을 강화시킬 토대를 마련해 주는 것에 불과하다. 내담자에게 지속적인 행동 변화가 필요하다면 그런 변화는 내면의 확신에서 나와야 하는 것이지 외부의 권위에서 나와서는 안 된다. 나는 여기에 대해 톰 해너(Tom Hanna)가 설명한 방식이 마음에 든다.

> 이것은 아버지가 아이를 다루는 것처럼 치료사가 환자를 어둠 속에 가둬 두는 권위적인 의학 모델을 따르는 문제가 아니다…. 이것은 타성에 젖어 있고 불행을 느끼는 한 개인이 자기 자신의 전체성과 건강을 스스로 통제하고 유지할 수 있는 능력을 회복하는 문제이다.[3)]

낡은 정치 형태가 무너지고 있는 이 세상에서 민주주의의 원리를 믿고 있는 사람들은 이제 하나의 도전에 직면해 있다. 자기결정과 민주주의의 원리에 기초를 둔 치료 과정을 계속 개발하고 유지해야 한다는 도전 말이다.

> 내담자중심 접근법의 목적은 치료사가 내담자를 통제하거나 또는 대신 결정해 주는 것을 의도적으로 포기하고 피하는 것이다. 내담자가 주인 의식을 갖도록 촉진하고 주인 의식을 가질 수 있는 전략을 촉진하는 것이다. 즉 의사결정을 할 주체를 정하고, 그 결정이 가져올 결과에 대해 책임질 주체를 정하는 것이다.[4)]

---

3) Tom Hanna in Carl Rogers, *Carl Rogers on Personal Power* (New York: Delacorte, 1977).

4) Carl Rogers, *Carl Rogers on Personal Power* (New York: Delacorte, 1977), p. 14.

솔직함, 무조건적이고 긍정적인 배려, 공감

칼 로저스와 그의 동료들은 지난 30년 이상 치료 관계를 가능하게 하는 기본 조건을 실험하고 연구했다. 다음의 세 가지 조건은 여러 문헌에서 오해되거나 지나치게 단순화된 적이 많았다. 그래서 나는 로저스 자신이 간략하게 요약한 글을 인용하고자 한다.

> 치료사와 내담자, 부모와 자식, 지도자와 집단 구성원, 교사와 학생, 행정 책임자와 직원 간의 관계에서 성장을 촉진하는 분위기를 만드는 데 세 가지 조건이 필요하다. 사실 이 조건들은 개인의 성장을 목표로 하는 모든 상황에 적용된다. 전에 발표한 글에서 나는 이 조건에 관해 상세하게 설명한 적이 있다.[5] 여기서는 심리치료의 관점에서 간략하게 요약하고 있지만 이것은 앞서 말한 것처럼 모든 관계에 적용된다.
>
> 첫 번째 조건은 솔직함, 진실함, 일치감과 관계가 있다. 치료사가 직업적인 모습이나 가면을 쓰지 않고 진정한 자신의 모습을 취할수록 내담자가 건강한 방식으로 변화하고 성장할 가능성은 더욱 크다. 이것은 치료사가 그 순간 내면에서 흘러나오는 느낌과 태도가 개방적이라는 것을 의미한다. 즉 본능 차원에서 경험하는 것과 온전하게 깨어 있는 것, 그리고 내담자에게 표현하는 것 사이에 조화가 이루어지고 일치되는 것을 말한다.
>
> 변화가 일어나는 환경을 만드는 데 중요한 두 번째 태도는 수용, 배려, 칭찬, 즉 무조건적이고 긍정적인 배려이다. 이것은 내담자가 어떤 모습을 보이든지 치료사가 긍정적이고 무비판적이며 수용적인 태도를 취할 때, 치료를 위한 움직임이나 변화가 일어난다는 의미이다. 즉 혼란, 분개, 두려움, 분노, 용기, 사랑, 자신감 등 내담자가 느끼는 모든 감정을 치료사가 기꺼이 받아들이는 것을 말한다. 그것은 무소유적 배려이다. 치료사가 조건을 두지 않고 내담자를 칭찬할 때, 치료를 향한 움직임이 일어날 것이다.
>
> 치료 관계를 촉진하는 세 번째 조건은 공감적 이해이다. 이것은 내담자가 경험하는 느낌이나 의미를 치료사가 정확하게 이해하는 것을 뜻하며, 치료사가 받아들이고 이해한 것을 내담자에게 알려 주는 것을 의미한다. 이것이 훌륭하게 기능하면 치료사는 내담자의

---

5) Particularly in *On Becoming a Person*, and C. R. Rogers, "A Theory of Therapy, Personality and Interpersonal Relationships as Developed in the Client-Centered Framework," in S. Koch (Ed.), *Psychology: A Study of a Science, Vol II: Formulations of the Person and the Social Context* (New York: McGraw Hill, 1959).

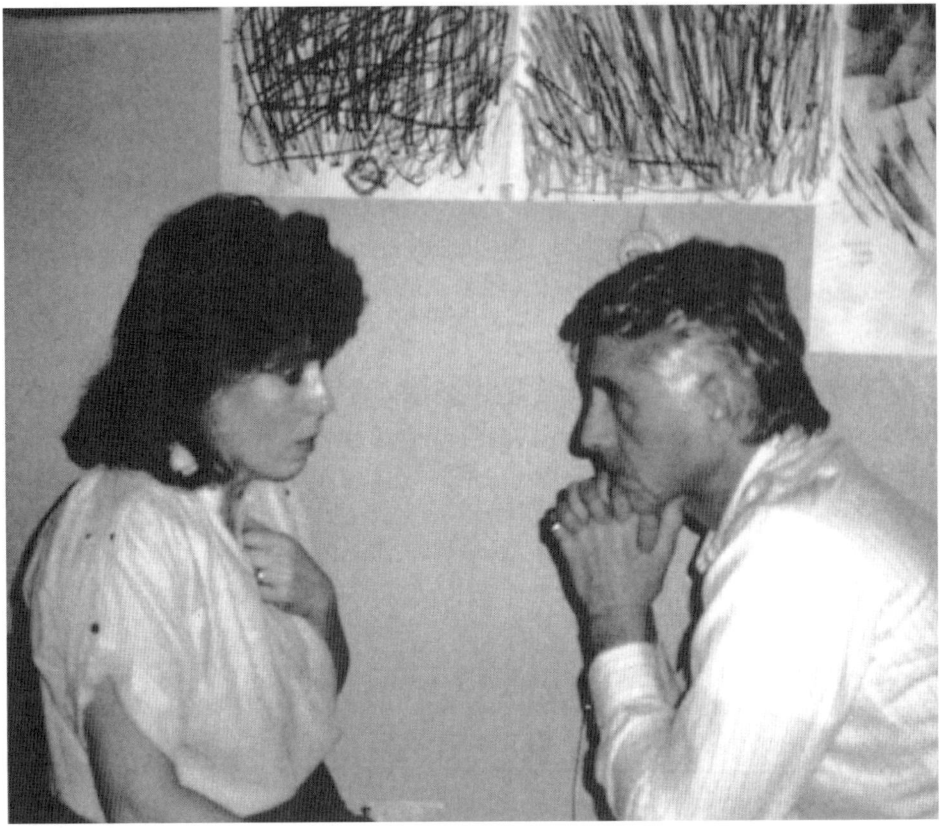

공감은 말과 신체 언어로 전달되어야 한다.

세계 속에 아주 깊이 들어가 내담자가 자각한 의미뿐만 아니라 자각하지 못한 부분까지도 이해할 수 있다. 이 특별하고 적극적인 경청은 내가 알고 있는 한 변화를 일으킬 수 있는 가장 강력한 잠재 능력이다.

이렇게 치료를 촉진하는 조건들이 갖추어졌을 때 인성과 행동의 변화가 실제로 일어난다는 견해를 지지하는 연구 결과가 점점 많이 나오고 있다. 1949년부터 지금까지 미국과 여러 나라에서 이런 연구들이 이루어져 왔다. 심리치료에서 일어나는 태도와 행동의 변화, 학교에서 학업 능력의 변화, 정신분열증 환자의 행동 변화 등에 대해 많은 연구가 이루어졌다. 이 연구들은 아주 신뢰할 만하다[이 연구의 요약을 보려면 로저스(1980)[6]를 참조하라.][7]

나의 인간중심 표현치료 훈련 프로그램에 참가한 사람들이 경험한 생각들은 내가 이 개념을 정리하는 데 많은 도움이 되었다. 그들은 솔직성이라는 말을 정의하기 위해서 다음과 같이 말했다. "솔직성은 자기 경험과 접촉하고 자기 경험에 정직해지는 것을 말한다. 자기 자신과 자신의 내담자에게 정직해야 한다." "솔직하다는 것은 자기 자신, 내담자, 공간, 시간과 계속 연결되어 머무는 것을 의미한다." "솔직해지는 것은 일관된 생각이나 느낌을 함께 나누는 것이다."

칼 로저스가 우리 표현예술치료 연구소의 교수진으로 있을 때(1985, 1986년), 세 번째 조건에 대해 다음과 같이 강조했다. "치료사는 항상 내담자와 모든 느낌을 공유해야 하는 것은 아니며, 그렇게 하는 것이 현명한 일도 아니다." "느낌을 솔직하게 나누는 것이 중요한 때는 일관된 느낌이 계속 솟아나서 내담자와 온전하게 함께 있는 것을 방해할 때이다."

무조건적이고 긍정적인 배려라는 개념을 오해할 때가 자주 있다. 어떤 토론 자리에서 우리는 다음과 같은 말에 동의했다. "무조건적이고 긍정적인 배려란 판단하지 않고 수용하는 것이다." "이것은 가장 깊은 차원의 수용이다. 어떤 사람의 행동을 인정할 수는 없을지라도, 훨씬 더 깊은 차원에서 그 사람의 존재 자체를 받아들일 수는 있다." "이것은 온전한 존재 그 자체를 존중하는 것이다." 치료 관계에서 이러한 깊은 차원의 칭찬이나 배려를 하도록 노력해야 하지만, 사실 이것은 아주 드물게 일어난다는 것을 아버지는 항상 강조했다. 나는 내담자와 함께하는 경험을 설명할 때 '마음에서 우러나는' 이라는 말을 사용한다.

나는 **공감**을 '다른 사람의 눈, 귀, 마음으로 세상을 바라보는 것' 이라고 정의한다. 또 '옆에서 같이 걷기 혹은 그 길 위에 함께 있기' 라고 설명하기도 한다. 치료사가 공감하

---

6) Carl Rogers, "Client-Centered Psychotherapy," in H. I. Kaplan, B. J. Sadock, A. M. Freedman (Eds.), *The Comprehensive Textbook of Psychiatry III* (Baltimore, MD: Williams & Wilkins, 1980).

7) Carl Rogers, "A Client-Centered, Person-Centered Approach," unpublished paper for the Center for the Study of the Person, date unknown. Also, an expanded verison of this appears in Carl Rogers, *A Way of Being* (Boston: Houghton Mifflin, 1980), pp. 114–18.

는 것만으로는 충분하지 않다. 말과 신체 언어로 전달할 필요가 있다. 내담자는 치료사가 정말 자기와 함께 길을 가고 있는지 확인하기 위해 말로 반응해 주기를 바랄 때가 자주 있다.

내담자중심 접근법이나 인간중심 접근법에서 성장을 촉진하기 위한 이 세 가지 조건은 칼 로저스의 전문가로서의 삶에 있어서 핵심 주제였다. 매우 초보적인 것처럼 들릴 수도 있겠지만, 치료사로서 이 조건을 완전하게 생활화하기 위해서는 엄청난 연습이 필요하다는 것을 대부분의 치료사들은 인정한다.

예술가의 내면세계와 해석을 존중하면 내담자중심 치료가 확장되어 표현예술 영역까지 나아가게 된다. 인간중심 표현치료는 내담자중심 심리치료의 이론과 연구, 실제라는 단단한 토양 위에 서 있다. 그것은 표현예술이라는 자극을 주고 길을 제공함으로써 치료 방법을 다양하게 확장한다. 창조적 연결 과정은 내담자가 무의식 세계의 문을 열 수 있는 내년의 창조력을 활용할 수 있도록 자극을 준다. 치료사는 권위나 결정 내리는 과정을 내담자에게 맡기는 식으로 자극을 준다. 치료사는 내담자가 수집한 정보를 존중해 주어야 한다.

나는 분석적 미술치료를 아주 싫어하게 된 경험이 있다. 내가 미술치료 훈련을 시작할 즈음 유명한 정신분석 예술치료사가 내 작업에 대해 간단한 슈퍼비전을 한 적이 있었다. 그때 나는 매우 강한 거부감을 느꼈다. 나는 미술 작업하는 것을 좋아하기 때문에 쉽게 내담자의 입장에 설 수 있었다. 그래서 "내 그림이 이런 의미라고 누가 말한다면 기분이 어떨까?" 하는 의문이 생겼다. 그 치료사가 아무리 선한 의도를 갖고 있었다 할지라도, 진한 오렌지색과 분홍색의 감각적이고 열정적인 내 그림을 보고 '당신의 무의식에서 나온 분노에 찬 표현' 이라고 말했을 때 나는 화가 났다. 나중에 색채를 이용해 나를 표현하려고 했을 때 그러한 해석이 나에게 큰 방해가 된다는 것을 알았다.

나는 상징이나 색채에 대해서 도식적으로 진단을 하는 것은 비생산적이라고 생각한다. 누군가가 내 작품을 판단하고 꼬리표를 붙인다면, 내가 내담자로서 자발적이고 자유롭게 작품을 표현할 수 있겠는가? 그런 진단은 미술로 무의식적인 감정을 드러내는 것에 대해 자의식을 갖게 만들 수 있다. 나는 내담자와 학생들에게 내가 원하는 만큼의 존중과 배려를 하고 싶다.

두 번째 경험은 내가 인턴으로 있었던 가족치료 클리닉의 직원 회의에서 일어났다. 정서장애 아동의 사례가 소개되었는데, 멜라니 클라인(Melanie Klein)의 이론에 푹 빠져 있던 어떤 미술치료사가 그 아동이 그린 빨간 불자동차가 성적인 공격성을 상징한다고 주장하는 것이었다. 나는 그 아이가 불쌍하게 느껴졌다. '그냥 불자동차를 좋아하는 것일 수도 있잖아.' 라는 것이 내 생각이었다. 그런 해석은 신이나 권위 있는 인물 노릇을 하려는 것이거나, 내담자가 예술 작품을 만들지 못하게 하는 행위로 보였다.

미술 작품을 가지고 진단하고 분석하는 것에 대해 부정적인 나의 이런 반응은 프로이트식 예술치료사로 훈련받은 임상가들과 함께 작업하면서 생긴 것이다. 나는 예술을 사용하여 어떤 사람의 과거를 '읽고' 미래를 예측하려는 일부 인본주의 심리학자들을 보고 경악을 금치 못했다. 이런 식으로 점쟁이 노릇을 하는 것은 인본주의 원칙에 들어 있는 개인의 기본 권리와 개인에 대한 존중과는 상충되는 것이다. 나는 이런 관점이 위험하다고 생각한다.

우리는 심리치료사로서 나름대로 가치 체계를 가지고 있다. 창조적 연결 과정을 활용할 때 이런 가치 체계에 대해서 깨어 있는 것이 중요하다. 몇 년에 걸쳐 내가 개발한 아래의 신조는 개인적이기는 하지만 인간중심의 철학을 적용한 것이다.

나의 신조

- 사람의 내면을 여행하는 것은 매우 두렵고 흥분되고 힘든 모험이라는 것을 나는 안다.
- 나는 당신과 같이 있지만 방해하지는 않는다.
- 나는 당신이 어떻게 자신을 돌보아야 하는지를 잘 알고 있다고 믿는다. 나는 당신을 책임지지도 않을 것이고 당신의 힘을 빼앗지도 않을 것이다.
- 나는 당신을 포기하지도 않을 것이다.
- 나는 당신을 존중하고 당신이 내린 결정도 존중할 것이다. 그리고 당신의 능력을 믿는다.

- 나는 당신이 내면 여행을 떠날 때 당신을 지지하고 용기를 줄 것이다.
- 나는 당신과 당신의 신념 체계에 도전을 할 수도 있다. 하지만 당신과 당신의 진실을 언제나 존중할 것이다.
- 나는 당신에게 새로운 것을 시도해 보라고 격려하고, 내면의 미지의 세계로 뛰어드는 모험을 해 보라고 용기를 불어넣어 주겠지만 절대로 강요하지는 않을 것이다.
- 나는 당신이 내적 창조성의 문을 열고 내면의 본질을 발견하도록 돕기 위해 표현예술 매체를 제안할 것이다. 당신은 이 매체를 사용하지 않을 자유가 있다.
- 나는 가끔 당신에게 내 의견을 들려주고 피드백을 할 수 있지만, 그것이 당신에게 의미 있는지 알아보기 위해 늘 점검할 것이다.
- 나는 내 능력이 닿는 한 나의 한계와 당신의 한계를 존중할 것이다.
- 나의 가치 체계와 신념을 당신에게 알려 줘서 내가 하는 말과 행동을 당신이 알도록 할 것이다.
- 당신에게 배울 수 있도록 나는 마음의 문을 항상 열어 놓는다.
- 나는 실수도 하고, 좋아하지 않는 일도 하고, 때로는 잘못 생각하기도 한다. 이런 경우 솔직하게 시인할 것이며 "미안하다."고 말할 수 있다.

물리적 공간과 재료 준비

표현예술 매체를 활용할 수 있는 사무실이 있으면 좋다. 커다란 공간이나 스튜디오가 필요하다는 의미는 아니다. 중간 크기의 테이블과 어느 정도 움직일 수 있는 공간이면 충분하다. 큰 소리를 내도 옆 사무실에서 들리지 않는 사무실을 얻기가 어렵기는 하지만, 내담자가 소리를 지르거나 분노의 신음 소리를 내지르게 하는 것이 중요하다는 것을 대부분의 치료사들은 알고 있다. 게슈탈트 요법이나 라이히 식의 작업은 이런 공간이 필요하다. 치료사들이 차츰 방음 장치가 된 방을 요구하기 때문에 건축가들은 그렇게 디자인하고 있다.

나는 자연광, 신선한 공기와 식물이 중요하다고 믿으며, 그림과 가구를 통해 미적인 감각을 전달하는 것도 중요하다고 생각한다. 정서 치유는 우리의 모든 감각을 통해서 이루어진다. 창문 하나 없이 형광등만 켜져 있는 그런 방을 나는 몹시 싫어한다. 그런 환경에서 엄청나게 많은 사람들이 일하고 있다는 것은 정말 믿을 수 없는 사실이다. 현대 사회에서 고도로 발달한 기술로 인해 우리는 자연과 단절되어 있으며, 우리 내면의 본질과도 단절되어 있다.

사무실에서 사용할 수 있는 적당한 재료를 준비해야 한다. 그렇게 복잡한 재료는 아니다. 다음은 최소한 필요한 목록이다.

✢ 시각예술용 재료

신문지 18×24인치, 촉이 넓은 펠트펜 한 세트, 오일 파스텔, 마스킹 테이프, 작업할 탁자(또는 종이를 붙일 수 있는 20×26인치 크기의 판을 준비해서 바닥에서 할 수 있다.)

✢ 동작 재료

북, 작은 타악기 몇 개

✢ 글쓰기 재료

펜, 줄 그어진 공책

✢ 자기표현을 위한 예술 작업을 계속할 때 필요한 재료

도자기용 찰흙, 종이 접시(커다랗고 납작한 것－찰흙을 놓기 위한 것), 콜라주 재료(도화지, 잡지, 가위, 풀)

당신 자신의 준비

심리치료사나 남을 돕는 일을 하는 사람 중에 이런 질문을 하는 이들이 많다. "어떻게 이런 방법을 도입하게 되었지요? 그림을 이용할지, 동작을 이용할지, 이미지를 이용할지 어떻게 정합니까? 그리고 어떻게 내담자들이 참여하게 합니까?" 당신이 표현예술 매체를 가지고 직접 작업해 보고 치료되는 체험을 했을 때, 그리고 당신이 훈련된 치료사로서 내담자에게 새로운 길을 탐색하도록 길을 열어 주는 사람이라고 가정했을 때, 비로소 내담자에게 표현예술을 적용하여 창조성을 키울 수 있는 환경이 마련되었다고 할 수 있다.

이미 여러 가지 예술방식을 통해 내면 여행을 하면서 심오한 과정을 체험했기 때문에 당신은 그것의 효과에 대해 자신감을 갖고 이 방법들을 소개할 수 있다. 동작, 미술, 글쓰기, 소리내기 등을 통해 자기 내면의 깊이를 재어 보았다면, 당신은 이 방법을 내담자에게 소개할 수 있는 필수적인 요소를 이미 갖고 있는 셈이다. 당신 스스로 그것을 신뢰하고 있는 것이다. 이렇게 확신하는 것이 반드시 필요하다. 창조성은 도구가 아니다. 그것은 당신이 펼치고 열면서 들어가는 하나의 신비로움이다.

많은 치료사들이 표현예술 작업에 매력을 느끼고 어떻게 작업 능률이 오를지 상상할 수 있지만, 이 방식을 내담자들에게 소개하는 데 주저하는 사람들도 있다. 대화치료를 하면서 보조 활동으로 그림을 활용해 보자고 조심스레 제안했던 나의 첫 치료 세션이 생생하게 기억난다. 혹시 내담자가 위협을 느낄까, 나를 바보 같다고 생각할까, 아니면 소중하고 비싼 시간을 낭비하고 있다고 생각할까? 그때까지만 해도 나는 치료 훈련 과정 중에 표현예술을 경험해 본 적이 전혀 없었고, 또 내가 치료를 받을 때도 그런 경험을 해 보지 못했기 때문에 나에게는 모델이 없었다. 하지만 그림으로 탐색해 보면서 깨달음을 얻었고, 요가와 자유로운 동작을 활용했던 수업이 내 인생에 새로운 활력과 빛을 주었음을 나는 알고 있었다.

내가 내담자들에게 표현예술을 제시할 용기를 가질 수 있었던 것은 내담자중심 상담에 바탕을 두고 있었기 때문이다. 나는 내담자가 최고의 선생님이라고 생각한다. 내가 실험하려고 내담자에게 무엇을 제안하고 계속 피드백을 요청하면 내담자에게 의미 있는 과정을 개발할 수 있다. 물론 나는 내담자의 그림을 분석하거나 해석해서는 안 된다는 것을 알고 있다. 내가 상징적 의미를 해석해야 하는 전문가가 될 필요는 없다. 나는 모든 사람들이 자신의 의미를 발견할 능력을 내면에 갖고 있다고 믿는 내담자중심 철학을 따른 것이다. 나는 나 자신을 표현예술치료의 권위자가 아니라 내담자의 자기발견 과정의 동반자라고 생각한다.

나는 방법을 제시하고 그 방법을 사용할지 말지는 내담자가 결정한다. 나는 예술 매체를 선택 사항으로 제시할 뿐이다. 만일 내담자가 그림, 동작, 이미지를 사용하고 싶어 하지 않으면, 나는 내가 바보 같다거나 거절당했다고 느끼지 않고 "아니요."라고 한 내담자의 반응을 그대로 받아들인다. 나는 내담자가 가장 깊은 차원에 있는 자기 이야기를 하고 자기탐색을 할 수 있도록 여러 가지 방법을 믿고 활용할 수 있는 환경을 만드는 것이 내 역할이라고 본다.

같은 맥락에서 치료사인 내가 어떤 역할을 하는지 당신에게 말하고, 그중에서 당신에게 도움이 되는 것을 당신이 선택하도록 맡기고 싶다. 어떤 길이든 절대적으로 옳은 길은 없다. 자신의 치료 철학에 가장 맞는 것이 무엇인지 알아보기 위해서 당신은 꾸준히 실험하고 실습을 해야 한다.

세션 시작

내담자들은 대부분 치료 시간이 되면 불안해진다. 그래서 나는 시작할 때 이렇게 말한다. "주의를 모으고 온전하게 당신과 함께 있는 것이 내게는 중요한 일입니다. 여기 오는 동안 부산했던 일들을 떨쳐 버리기 위해서 우리 함께 눈을 감고 1, 2분 정도 침묵을 하면 나에게 도움이 됩니다. 당신도 괜찮겠어요? 당신은 명상이 익숙하고 편안한가요?"

조용해지면 나는 눈을 감고 "깊이 숨을 쉬고, 앉아 있는 의자가 편안히 받쳐 주는 것을 느끼면서 근육의 긴장을 풀어 보세요."라고 제안한다. 이렇게 간단하게 시작하는 것이 치료사인 내게(종종 내담자에게도) 큰 도움이 된다. 그것은 나로 하여금 이 자리에 온전하게 존재할 수 있게 하며, 내담자에게는 부담으로 갖고 있는 내면의 핵심으로 바로 가게 하는 의식 상태가 되게 한다.

이렇게 명상으로 시작하면 치료사의 안내를 받아 진행되는 이미지 과정을 소개하는 것이 될 수도 있다. 내담자가 집중하는 과정에 익숙해지면 이어지는 세션에서 다음과 같이 구체적으로 알아차리는 방법을 도입해 볼 수 있다. "자, 이제 당신 내면의 생각과 느낌에 깨어 있으세요. 어떤 이미지가 떠오릅니까? 그 이미지들은 당신 몸 어느 부위에 있습니까?" 이미지와 그것이 있는 몸의 부위는 심오한 느낌, 에너지 덩어리, 그리고 통찰로 가는 직선 경로가 될 수 있으며, 더 깊은 탐색 방법으로 그림이나 동작을 활용해 볼 수 있다.

첫 번째 또는 두 번째 세션에서 나는 이런 말을 한다. "나는 표현예술치료사로서, 당신이 상징적이고 비언어적인 방식으로 내면 여행을 하도록 돕기 위해 동작과 그림과 이미지를 사용할 수 있는 훈련을 받은 사람입니다. 때때로 그런 방법들을 당신에게 제시하고 해 보라고 할 것입니다. 나는 특히 이 작업의 치유 과정에 관심이 있지 결과물에 관심이 있는 것은 아닙니다. 물론 그 결과물은 당신에게 말을 걸고 당신에 대한 새로운 정보를 줄 수 있습니다. 나는 당신을 진단하거나 해석하기 위해 미술을 활용하지 않습니다. 자기탐색과 치유를 위한 하나의 방법으로 미술과 동작을 활용할 것입니다."

이때 나는 내담자에게 반응을 요청한다. 재료를 사용하고 싶어 안달하는 사람도 있고, "나는 그림을 못 그려요.", "나는 창조적인 사람이 아니에요.", "나는 몸치라서 춤을 못 춰요."라고 하는 사람도 있다. 확실히 그들은 멋진 작품을 만들어야 한다는 두려움에 사로잡혀 있다. 그러면 나는 이것이 그들의 창조성이나 그림 실력, 춤 실력을 테스트하는 것이 아니라 자기발견의 한 방법일 뿐이라고 간단하게 말함으로써 그들을 안심시킨다.

나는 언어를 쓰지 말고 자신을 표현해 보라고 할 때 "싫어요."라고 말할 권리가 그들에게 있다고 꼭 일러 준다. "나는 당신에게 제안하고 용기를 줄 수는 있지만 결정은 당신이 합니다. 나는 그 결정을 존중할 거예요."라고 말하기도 한다. 그러면 내담자는 안도의 숨을 쉰다. 표현예술 방식을 활용하고 싶어 하는 사람들도 많다. 이 방법을 제시할 때 불안해하는 사람은 오히려 치료사일 수 있다.

개인 상담을 할 때 나는 신뢰와 개방, 자기탐색을 하도록 촉진하기 위해 지적 능력은 말할 것도 없고 직관력도 활용한다. 비유적으로 설명해 보면, 이 상태는 우리를 둘러싸고 있는 거대하고 투명한 달걀 껍데기를 만드는데 그 속에는 공기와 빛 그리고 안전한 기운이 가득한 것과 같다.

어떤 방법을 활용할 것인가는 지금 하고 있는 작업에 달려 있다. 만약 어떤 내담자가

세션 시작

나는 내담자에게 이렇게 청한다. "그 느낌이나 이미지를 색깔로 표현해 보겠어요?" [나탈리가 동료인 묵티 칸나(Mukti Khanna)와 함께 시연하고 있다.]

자신의 온전한 잠재력을 차단하고 있는 것이 무엇인지 알기 위해 내면을 탐구하고 있다면, 그 내담자는 "나는 움직일 필요가 있어."라고 말하는 신체 언어를 자주 사용할 것이다. 그 내담자는 자기 기분을 묘사할 때 반복적으로 어떤 몸짓을 취할 것이다. 아니면 자기 몸을 아주 통제해서 움직이지 않으려 하거나, 사건 또는 느낌을 묘사하기 위해 이미지만 활용하지 자신이 말하는 것처럼 움직이지 않으려 할 수도 있다. 내담자가 보여주는 이런 반응들이 내게는 어떤 표현예술 방법을 사용할 것인가에 대한 단서가 된다.

내담자가 얘기하면서 벌써 제스처까지 쓰고 있으면, 나는 더 깊이 들어갈 수 있도록 구체적인 동작을 같이 만들어 보자고 제안하기도 한다. 만약 내담자가 "상사한테 무슨 말을 해야 할지 몰라 정말 곤란해요."라고 하면서 발을 툭툭 치고 있다면, 나는 그 내담자에게 발을 툭툭 치는 것을 관찰해 보고 그것을 과장해서 표현해 보라고 한다. 의자에서 일어나 내담자의 발이 말하게 한다. 그 느낌이 어떤지 알아보기 위해 나도 그 동작을 같이 해도 되는지 묻기도 한다. 이런 식으로 나는 내담자와 함께하는 동작 여행의 동반자가 된다. 나는 발을 툭툭 치면서 그 내담자가 어떻게 느끼는지 느끼기 시작한다. 그녀와 함께 그 느낌을 확인하기 위해 "발을 치는 것이 당신에게 어떤 말을 하나요?"라고 묻기도 한다.

"정말 그 상사를 견딜 수가 없어요."

그러면 나는 그 내담자에게 발 치는 것을 좀 더 과장하고 소리와 말도 첨가해 보라고 제안한다. 그녀의 초조함이 좌절감과 분노로 변할 수 있다. 이렇게 감정이 변하는 것은 현재 상황이 과거의 유사한 경험과 관련이 있음을 말해 주는 것이다. 내담자가 이끄는 대로 따라가는 것은 동작을 통한 내담자의 경험을 지지하는 것이고, 문제를 보다 깊이 탐구하도록 도와주는 것이다. 그녀를 어디로 데려가야 할지 알아야 할 필요는 없다. 그녀가 나에게 보여 준다. 크든 작든 모든 동작은 자기발견으로 가는 열쇠를 갖고 있다. 내담자의 동작에 집중하면 무의식 세계로부터 재료를 끌어낼 수 있다. 그녀는 무의식에서 나온 재료들의 의미를 깨닫게 된다.

가끔 내담자는 다음과 같은 여러 이미지를 활용하기도 한다. "가슴이 깨져 열리는 느낌이에요." "마치 검은 상자 속에 갇혀 있는 것 같아요." 이러한 말은 시각예술이 도움이 될 것임을 암시해 준다. 그러면 나는 "그 느낌이나 이미지를 색깔로 한번 표현해 보겠어요?"라고 말한다. 만약 내담자가 "예." 하고 대답하면, 나는 "평소에 쓰지 않는 손을 한번 사용해 보세요. 그 손으로 색깔을 골라 보세요. 결과물에 대해서는 신경 쓰지 마세요."라고 말한다.

나는 찰흙을 사용해 보라고 권하기도 한다. "찰흙이 주는 질감을 느낄 수 있도록 눈을 감고 시작하세요. 찰흙을 가지고 한동안 그냥 놀면서 아무 모양이나 만들어지게 하세요." 눈을 뜨고 마음속에 있는 이미지대로 만드는 것을 좋아하는 사람도 있다. 중요한 것은 이 과정 속에 몰입하는 것이다.

내담자에게 시각예술에 참여하도록 청하는 것을 동작에 참여하라고 청하는 것보다 훨씬 쉽게 느끼는 치료사들이 많다. 시각예술은 내담자와 치료사가 함께 보면서 더 이야기할 수 있는 결과물이 있기 때문이다. 그에 비해 동작은 파악하기가 훨씬 어렵다. 대부분의 치료사들이 자기표현을 할 때 미술을 사용하는 것이 더 편하기 때문에 내담자에게 미술 작업을 제시하는 것은 자연스러운 일이다. 동작을 쉽게 사용하는 방법은 내담자가 자신의 그림을 보고 그 그림이 말하는 것을 동작으로 표현하게 하는 것이다. 먼저 어떤 자세를 취한 후 그 다음에 더 큰 동작으로 바꾸어 볼 수 있다. 나는 내담자가 만들어 낸 이미지의 선, 리듬, 색깔에 따라 자유로이 움직일 것을 제안한다. 치료사인 나는 내담자와 함께 움직이고, 움직일 때 내담자가 어떤 기분을 느끼는지 물어본다. 여기서 또 다른 그림이나 찰흙 작품이 나올 수도 있다.

내담자가 걷는 길에 대한 신뢰

내가 상담 세션을 시연하는 것을 지켜보던 사람들이 "내담자에게 미술을 사용해야 할지, 동작을 사용해야 할지, 소리를 사용해야 할지 어떻게 아세요?"라는 질문을 할 때가 가끔 있다. 그 질문이 이런 예술방식을 제안하는 것은 옳고 저런 예술방식을 제안하는 것은 틀리다는 의미라면 나도 모른다고 해야 할 것이다. 나는 나의 직관과 내담자에게서 나오는 단서를 사용하며, 내담자가 가장 적당한 길을 말해 준다고 믿는다. 다시 말해 내가 제시하는 방법을 내담자가 하고 싶어 하는지 항상 물어본다.

내담자가 내면의 자기로 가기 위해 길을 따라 여행하고 있다고 상상하면 도움이 된다. 그 길은 구불구불하고, 돌아가기도 하고, 깊은 동굴을 탐험하기도 하고, 다리를 건너기도 하며, 그러다가 마침내 집에 도달한다. 우리는 그 길을 모른다. 치료사는 그저 그 길에 빛을 비춰 주는 동반자에 불과하다. 우리는 길을 따라가면서 춤을 추어 보라고 제안할 수도 있고, 거기에 맞춰 움직여 볼 이미지를 활용할 수도 있으며, 미술이나 소리를 활용할 수도 있다. 어떤 방법을 사용하든 우리는 내담자의 길 위에 있는 것이며, 내담자는 우리가 제시하는 어떤 방법을 활용할 수도 있고 거부할 수도 있다.

나는 당신에게 이런 방법을 시도해 보라고 용기를 불어넣어 주고 싶다. 먼저 당신 자신이 시도해 본 뒤 그 다음에 내담자에게 적용하라. 그러나 표현예술 치료를 활용하는 훈련을 받을 필요가 있음을 과소평가하는 것은 아니다. 인간중심 심리치료의 철학과 표현예술에 관한 책을 읽는 것이 절대로 경험을 대신할 수는 없다. 칼 로저스가 쓴 책을 읽고 내담자중심 심리치료의 철학과 실제를 이해한다고 생각하는 사람들이 많다. 그러나 그것으로 충분하지 않다. 진성한 사기가 되기 위해 완전한 수용과 허용을 실제로 체험하는 환경에 처해 보는 것이 책을 통해서 얻은 지적인 이해보다 더 완전함을 깨닫게 될 것이다. 완전한 체험을 해 보는 것이 이런 방법을 전문적으로 사용하고자 하는 사람에게는 아주 중요하다.

표현예술을 활용할 때의 어려움과 위험, 강력한 치료 과정을 충분히 경험하고 나면, 당신은 이제 그 방법을 전문 분야에 적용할 준비가 된 셈이다. 슈퍼비전을 받는 상담세션에서 표현예술을 사용하면서 훈련을 하면, 치료사들은 동작, 그림, 소리, 글쓰기를 제시할 때 자신감 있게 할 수 있다. 연습을 많이 하면 내담자가 자기탐색을 하기 위해 이미지를 만들거나 동작과 소리를 사용할 때 그와 함께 있는 방법을 이해하게 된다. 우리 훈련 프로그램에서는 상담을 위해 이 새로운 접근법을 적용하면서 내담자가 이미지의 의미를 탐색하도록 도와주는 방법을 배우게 된다. 실습생들은 집단 슈퍼비전을 할 때 자기 세션을 촬영한 비디오테이프를 사용함으로써 학습 기회를 더 많이 가질 수도 있다.

여러 층의 알아차림

내담자와 온전하게 함께하면서 동시에 그 내담자가 자기탐색을 할 수 있는 특별한 표현방식을 만들어 내는 것은 매우 정교한 예술이다. 치료사가 자신감을 갖고 내담자가 유용한 경험을 할 수 있는 창조적인 방법을 설계하려면 연습이 필요하다. 나는 치료사로서 겪은 내면의 여러 가지 경험들을 트랙이 여덟 개인 카세트 플레이어에 비유하곤 한다. 첫 번째 트랙은 내담자와 온전하게 함께 있으면서 듣고, 반응하고, 반영하는 것이다. 두 번째 트랙은 치료사 자신의 느낌과 몸의 감각에 깨어 있는 것이다. 그 트랙에서는 이런 내면의 대화가 생기기도 한다. "내가 불안한가? 그렇다면 이 불안을 어떻게 털어 내지? 우리 둘에게 도움이 되는 침묵 명상을 제안해 볼까?" 또 다른 내면의 대화가 생길 수도 있다. "속이 아픈데. 소화가 안 되어서 그런가? 아니면 내담자에게 얘기하고 솔직해야 할 뭔가를 느껴서 그런가?"

세 번째 트랙은 내담자의 몸 상태를 관찰하는 것이다. "지금 아주 낮은 소리로 말하고, 나를 쳐다보지도 못하는 것 같군. 이러면 이 사람이 힘들 텐데." 네 번째 트랙은 지금이 표현예술을 경험하도록 제안하기 좋은 때인가, 아닌가 하고 생각하는 트랙이다. 다섯 번째는 내담자가 말하는 것을 토대로 하여 내담자의 경험을 머릿속으로 떠올려 보는 트랙이다. 여섯 번째는 현재의 탐색과 관련된 것으로 보이는, 지난주에 들려줬던 내담자의 어린 시절 경험을 떠올려 보는 것이다. 일곱 번째 트랙은 시간이 30분밖에 남지 않았다는 것을 알아차리는 것이다. 여덟 번째는 오늘 무슨 중요한 편지가 오는지 등과 같이 치료사 자신의 생활에서 일어나는 일을 생각하는 트랙이다.

우리 모두가 하루 종일 이와 같은 수많은 트랙을 가동시키고 있다. 치료사들은 자기를 알아차리는 훈련을 받았기 때문에 이런 것에 아주 익숙하다. 동시에 서너 개의 트랙만 작동하는 경우도 있다. 관심사가 변하면 트랙도 다른 것을 가동시킨다. 나의 경우 이 여덟 개의 트랙으로 만들어 내는 조합에 따라 제각각 다른 의식 상태가 만들어진다. 이것은 내담자가 세상을 바라보는 대로 나도 초점을 정확하게 맞추고, 그가 누구이며 어떻게 느끼는지 완전하게 이해하기 위해 내담자가 갖고 있는 틀 속으로 들어간다는 의미이다. 이렇게 바뀐 상태가 당신에게도 아주 익숙할 것이다. 나는 내담자를 치료할 때 표현예술을 활용해 보라고 용기를 주고 간단하게 설명하는 한편, 이 과정에는 익혀야 할 여러 단계가 있다는 것을 한 번 더 강조한다.

시간 관리

50분 치료 세션 동안 예술치료를 활용하기에는 시간이 부족하다고 말하는 치료사들이 많다. 그들은 표현예술보다 말이 더욱 효과적인 치료 방법이며, 표현예술은 그 차이를 메우기 위한 보조 치료라고 생각하는 것 같다. 사실은 그 반대이다. 표현예술은 사람들을 자신의 내면 여행으로 즉시 뛰어들게 만든다. 치료사는 이 과정에서 일어나는 강력한 감정을 다룰 수 있어야 한다.

물론 50분이라는 시간이 표현예술을 사용하기에 충분하지 않은 것은 사실이다. 나는 치료 세션에서 사람들을 1시간 20분 동안 만난다. 이렇게 하면 그림과 동작을 하고 그 의미를 나눌 시간이 충분하다. 하지만 나는 1시간이면 예술을 활용하기에 충분하다고 생각한다.

만약 한 세션에서 토론을 마치지 못하면, 나는 내담자가 그날 저녁 집에 가서 글을 더 쓰게 하고, 심지어 그림을 그리고 글을 씀으로써 그 과정을 지속하게 한다. 내담자가 치료 과정에서 야기된 생각들을 한 주 내내 부여잡고 있는 동안 치료가 이루어지기 때문에, 일반적으로 치료 과정의 상당 부분은 치료실 밖에서 일어난다. 치료사들은 내담자에게 스스로 할 탐색 과정을 제시할 필요가 있다. 예술을 통해 자기표현을 하는 것은 평생 동안 익혀야 할 경이로운 연습이다.

나는 언어를 통한 치료를 없애자고 주장하는 것이 아니다. 언어도 표현예술만큼 중요하다. 나는 말로써 내담자에게 내가 공감한 것과 이해한 것을 끊임없이 전달한다. 그리고 내담자 역시 말을 통해 위안을 얻고 통찰을 얻는다. 요점은, 표현예술과 언어를 함께 사용함으로써 치료 과정의 속도를 높이고 깊이를 더하는 창조적 연결이 될 수 있다는 것이다.

내담자를 위한 지침

내담자에게 표현예술 연습을 제안할 때 다음과 같은 지침을 알려 주면 좋다.

- 당신의 감정이 미술(색채, 찰흙, 콜라주), 글쓰기, 동작으로 이어질 수 있는 창조적 표현의 원천이라는 것을 인식한다. 예를 들어 혼란스러운 느낌이 든다면 그 혼란스러움을 춤으로, 그림으로, 글로 표현해 볼 수 있다. 만일 지루하고 지치고 아무것도 할 수 없는 상황에 처해 있다면, 역시 그 느낌을 춤과 그림과 글로 표현할

수 있다. 만일 슬프거나 행복하다면 색채, 시, 소리, 동작 등을 사용하여 그 느낌을 표현해 본다.

- 자기 몸에 깨어 있고 자신을 잘 돌본다. 당신의 능력에 맞는 동작을 만들어 본다.
- 이렇게 연습하면 당신은 자신의 주인이 된다. 치료사인 내가 어떤 방법을 제시하더라도 당신은 하지 않을 권리를 항상 가지고 있다.
- 이런 경험은 많은 감정을 불러일으키므로 울 수도 있고 고함을 지를 수도 있다. 이것은 당신이 창조적 연결 과정에 깊이 참여하는 데 큰 도움이 된다.
- 동작, 미술, 소리, 글쓰기를 할 때 맞거나 틀린 방법이란 없다. 이 일의 목적은 자기학습을 위한 창조적 과정에 당신을 참여시키는 것이다.

창조적 연결의 주제는 표현예술을 연속적으로 잘 섞어서 활용하는 것이다. 이 방법들을 간단하게 제시하기 위해 따로 설명하고자 한다. 시각예술로 시작하면 동작, 소리내기, 글쓰기를 이어서 할 수 있고, 동작으로 시작하면 더 깊은 탐색을 위해 시각예술을 추가할 수 있다.

시각예술 활용

앞에서 언급했듯이, 치료사는 내담자가 이미지와 색채를 사용하여 자신을 설명할 때 언제든지 시각예술 과정을 제안할 수 있다. 이것은 치료의 흐름을 방해하는 것이 아니라 오히려 도움을 주는 것이다. 내담자는 이런 생각이나 느낌의 연속선에서 아무런 단절감도 경험하지 않는다. 내담자는 지금까지 치료사와 공유해 온 이미지와 문제로 더 깊이 들어가기 위해서 시각예술 방식을 사용하는 것이다.

당신은 치료사로서 내담자에게 특별한 연습, 혹은 내가 좋아하는 표현인 탐색을 제안해도 된다. 때로는 내담자가 이도 저도 못하거나 그저 되풀이만 하는 등 자기탐색을 하지 못할 때가 있다. 말로 하는 것에 매우 익숙한 내담자는 치료적으로는 별 도움이 되지 않는 '자기 이야기 하기'에만 빠져들 수 있다. 이럴 때 내담자가 통찰을 얻고 새로운 관점을 갖도록 제안할 수 있는 유용한 탐색 방법을 몇 가지 소개하겠다.

이것이 나예요

표현예술을 사용할 수 있는 간단한 이미지 여행을 해 보고 싶은지 우선 내담자에게 묻는다(제3장에서 제안한 것처럼 이것을 콜라주 형식으로도 해 볼 수 있다). 이미지 여행은 다음과 같이 진행된다.

> 눈을 감고, 깊게 숨을 쉬고, 어깨의 힘을 빼세요. 온몸의 긴장을 푸세요. (잠시 멈춘다.) 이제 당신의 마음이 슬라이드 프로젝터라고 상상하고, 이번 주나 이번 달에 있었던 여러 장면들을 상상해 보세요. 한 장면에 너무 오래 머무르지 말고 그 장면 하나하나가 불러일으키는 느낌에 깨어 있도록 하세요. 3~4분 정도 하세요.
>
> 그중에서 충분히 이해하고 싶은 감정이 있으면 그 장면에 집중하세요. 잠시 그 느낌에 머물러 보세요. 그 느낌을 계속 느껴 보세요. 당신이 탐색하고자 하는 것이 좌절감일 수도 있고, 수치심, 성욕, 희망, 두려움, 분노 혹은 이 모든 느낌의 결합—당신이 탐색하고 싶은 어떤 것—일 수도 있습니다.
>
> 슬라이드와 여러 장면들을 보면서 어떤 색깔, 선, 이미지가 떠오릅니까? (잠시 멈춘다.) 자, 이제 눈을 뜨고 평소에 사용하지 않는 손으로 당신의 마음에 떠오르는 이미지나 느낌을 색채를 사용하여 빨리 그려 보세요. 종이는 한 장을 써도 되고 당신이 하고 싶은 만큼 여러 장을 써도 됩니다. 시간은 약 10분 정도입니다.

내담자가 그림을 그릴 때, 치료사인 당신은 관찰자가 될 수도 있고 그림을 그릴 수도 있다. 대부분의 내담자들은 작업을 할 때 내가 옆에서 조용히 지켜봐 준 것에 대해 아주 고마워한다. 그들의 작품을 판단하거나 해석하지 않기 때문에 나를 지지와 용기를 주는 존재로 느낀다. 또 내가 그들에게 무엇을 더 좋아하는지 물어봄으로써 곧 편안한 관계를 형성하게 된다.

내가 관찰하고 있으면 자의식을 느끼는 내담자들이 많다. 그리고 내담자가 그림 그리는 것을 관찰할 때 자의식을 느끼는 치료사도 많이 있다. 이런 치료사들은 자기가 마치 관음증 환자처럼 느껴지거나, 내담자의 사적인 영역을 침범하는 느낌이 든다고 말한다. 그러나 내담자와 어떤 식으로 작업을 하든 당신은 당신이 원하고 필요로 하는 것에 솔직해지고 어떤 합의에 도달해야 한다. 반드시 옳은 방법이란 없다.

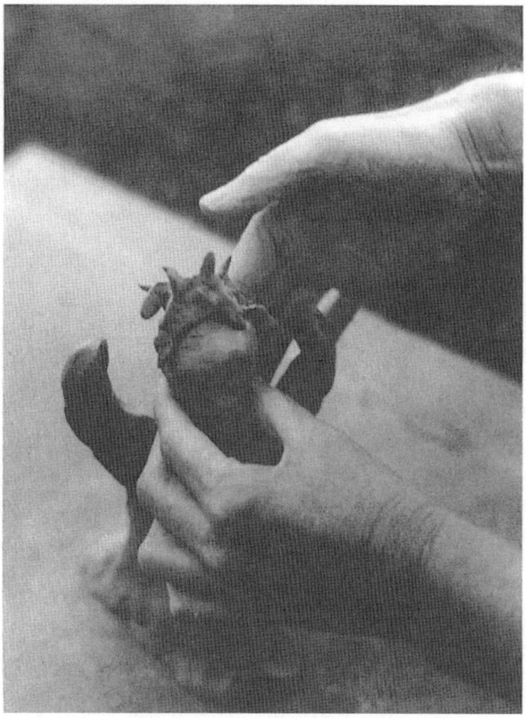

찰흙으로 만든 '이것이 나예요' 찰흙으로 놀아 본다. 찰흙을 비틀고 찌르고 부드럽게 만진다. 질감을 느낀다. 어떤 모양이 저절로 나오게 한다.

내담자가 미술 작업을 끝내고 나면, 당신은 그 경험의 의미를 진행하고 확장할 여러 가지 방법을 제안할 수 있다(제5장에서 논의한 것처럼). 여기에는 내담자가 그림에 반응하여 동작을 하거나, 자유로운 글쓰기를 5분 정도 하거나, 그림의 각 장면들에 대해 자기 생각을 털어놓는 게슈탈트 과정을 활용하도록 제안하는 것도 가능하다. 그렇지 않으면 내담자가 그냥 그림에 대해 이야기해도 된다.

찰흙으로 만든 '이것이 나예요'

내담자는 색채보다 찰흙으로 작업하고 싶을 수도 있다. 내담자에게 찰흙을 잡고 눈을 감은 채 마음에 떠오르는 상을 유지하면서 아무 모양이나 만들어 보라고 하면 된다.

인생의 만다라

내담자의 인생에서 일어난 중요한 사건들을 그림을 통해 전체적으로 보고 싶으면 앞에서 말한 이미지 여행을 조금 변경해서 활용하면 된다. 다음에 한 가지 사례가 있다.

미리 준비한 18×24인치 크기의 종이에 원을 그린다. 먼저 연필에 실을 묶고, 종이 한가운데에 줄의 끝을 눌러 놓은 채 연필을 휙 돌린다. 아니면 커다란 둥근 접시 둘레를 따라 그리면 된다. 오일 파스텔, 펠트펜 혹은 파스텔을 사용해도 된다.

다음과 같은 말을 하면서 내담자의 이미지 여행을 안내한다.

> 바닥에 조용히 앉으세요. 당신의 마음이 스크린이 되고 그 위에 슬라이드 프로젝터가 과거 사건을 투사한다고 상상해 보세요. 아주 어린 시절의 풍경이나 이미지를 회상하십시오. 경험을 회상할 때 장면, 소리, 냄새, 맛, 색깔에 주의를 기울이세요. 하나의 장면을 깊이 들여다보지 말고, 슬라이드 쇼처럼 장면이 계속 흘러가게 하세요. 슬라이드 쇼를 구경하면서 숨을 깊게 쉬는 것을 잊지 마십시오.
>
> 그 다음에는 청소년기를 떠올려 보세요. 그때의 장면들이 왔다가 사라지게 하세요. 느낌, 감각, 분위기에 주의를 기울이세요. 그리고 청년기를 회상하세요. 장면들이 떠올랐다가 사라지게 하세요. 중년기와 노년기에 대해서도 똑같이 하십시오. 그 느낌과 생각, 이미지가 충분히 스며들도록 잠시 멈추십시오.
>
> 마지막으로 당신의 미래를 상상해 보세요. 아주 충만한 상황에 있는 자신을 보면서 시간을 가지세요. 색깔, 느낌, 장면이 당신의 상상 속에서 자연스럽게 흘러나오게 하십시오.

이렇게 치료사의 안내로 이미지 여행을 마치면 내담자를 원이 그려진 종이가 있는 곳으로 가게 한다. 그리고 다음과 같은 지침을 준다.

> 색깔, 선, 형태로 당신의 감정을 표현해 보세요. 막대 그림과 실제 이미지를 활용하여 구상화를 그릴 수도 있고, 추상적인 이미지로 당신의 느낌을 표현해도 됩니다. 어떻게 보일까 하는 걱정은 하지 마세요. 당신의 인생을 시기별로 그려 보세요. 그리고 미래에 대한 당신의 느낌을 그리는 시간도 가져 보세요.
>
> 원 안에만 그려도 되고 원 바깥으로 이미지를 확장해도 됩니다. 당신이 떠올린 이미지에 대해 계속 자의식이 들면 평소 잘 사용하지 않는 손을 이용해 보십시오. 이미지를 통해서

> 당신의 느낌을 표현하는 이 과정에 몰입하세요.

내담자는 먼저 이미지에 대해서 얘기하고 싶을 수도 있고, 이미지를 동작으로 표현한 뒤 자신의 생각과 느낌을 나누고 싶어 할 수도 있다. 만일 내담자가 움직임으로 표현하고 싶어 한다면 이렇게 말하면 된다.

> 당신이 그린 만다라를 곰곰이 들여다보세요. 그리고 그것을 벽에 붙이세요. 그것이 당신에게 말을 걸도록 하십시오. 당신의 다양한 삶의 단계에 맞춰 춤을 추거나 움직여 보세요. 움직일 때 소리도 내어 보세요.

그 다음에 내담자가 만들어 낸 이미지에 대해 자유로운 글쓰기를 하도록 제안한다. 삼인칭으로 쓰면 도움이 될 때가 있다. 집에 이 만다라를 가지고 가 그림을 바라보면서 '옛날 옛적에' 로 시작하는 이야기를 써 보라고 제안한다.

이러한 창조적 연결 과정을 통해 한 개인의 인생을 바라보면 의식의 상태뿐만 아니라 무의식의 상태에서 나오는 정보도 얻을 수 있다. 만약 내담자가 일정 기간 동안 계속 들여다볼 수 있도록 집 벽에 만다라를 걸어 둔다면 자기 인생의 중요한 패턴을 찾을 수도 있다.

생애의 선

인생의 만다라 프로젝트를 약간 변형한 것인 생애의 선은 미리 준비해 둔 원에 이미지를 그려 넣는 것이 아니라 포장지나 벽지 같은 긴 종이를 사용한다. 나는 원 이미지를 더 좋아하지만 선처럼 길쭉한 모양을 더 좋아하는 사람들도 많다.

자기 생애에 대한 이미지 작업을 마치면, 내담자는 자기 자신과 미래를 바라보는 자신의 태도에 대해 새로운 정보를 얻게 된다. 인생에서 일어난 일련의 사건들을 바라보면서 우리는 풍부한 정보를 얻을 수 있다.

물론 즐거운 기억을 그린 그림도 있겠지만 불쾌한 사건도 발견할 것이다. 그러나 자신이 살아온 이야기를 회상한다는 것은 보다 깊은 차원을 탐색할 수 있도록 빛을 비추는 일이다. 과거를 이해함으로써 현재와 잠재된 미래에 대한 시각을 갖게 된다. 미래를 그려 보는 것은 미래를 분명하게 바라보기 위한 아주 중요한 과정이다.

내담자는 자기가 그린 그림의 모호한 부분을 계속 연장해서 그림을 확장하고 싶어 할 수도 있다. 이와 마찬가지로, 정서적인 내용이 많이 담겨 있는 부분은 그 의미를 더욱 깊이 탐구할 수 있도록 다른 이미지(혹은 동작, 글쓰기, 소리내기)를 사용해 볼 기회가 될 수 있다.

시각예술은 내담자가 지금 논의하고 있는 사건이나 느낌을 표현할 수 있는 탁월한 방법이다. 분노, 슬픔, 질투, 고통, 비애, 우울, 불안, 지루함, 진퇴양난, 공포, 혼란, 혼동 등, 이 모든 감정은 종이나 찰흙으로 옮겨질 수 있는 것들이다. 나는 치료사로서, "당신은 이 문제에 대해서 느낌이 많은 것 같아요. 그 느낌들을 종이나 찰흙으로 표현해 보시겠습니까?"라는 말을 한다. 이렇게 아주 간단한 초대가 매우 심오한 작업으로 이어질 수도 있다.

그림이 내담자와 치료사에게 말을 걸어 올 뿐만 아니라 창조 과정 자체가 느낌을 바꾸어 놓기도 한다. 한 내담자가 격한 감정 상태에 있을 때 그에게 예술 매체를 사용해 보라고 제안하는 것은 대단한 선물이 될 수 있다. 그 감정을 그대로 느끼면서 리듬과 색깔, 형태로 표현하도록 자연스럽게 내버려 두면 해방감을 느낄 수 있다. 그림을 집에 가져가서 시간을 두고 계속 바라보면 더 많은 통찰을 얻게 된다.

그림으로 세션 시작하기

내 사무실이나 스튜디오에 와서 짧은 명상을 한 뒤, 말을 하기 전에 미술 작업으로 시작하는 것을 더 좋아하는 내담자들이 가끔 있다. 이 내담자들은 미술로 세션을 시작함으로써 자신이 치료 세션에서 알아보고자 하는 것을 발견하게 된다.

동작 활용

치료사는 내담자에게 상담 시간에 가지고 있는 모든 느낌이나 이미지를 확장하도록 동작을 해 보라고 청함으로써 동작을 잘 활용할 수 있다. 내담자에게 자기의 느낌을 동작

형태로 충분히 경험할 기회를 주는 것은 매우 강력한 방법이다. 다음과 같이 간단하게 물어보면 된다. "지금 느끼고 있는 그 느낌을 동작으로 탐색해 보고 싶지 않으세요? 동작할 공간을 마련하고, 눈을 감고 그 느낌이 몸을 통해 표현되도록 해 보세요."

> 동작의 기본 전제는 억압된 감정을 표출하고, 정신적 · 육체적으로 막힌 에너지를 방출해 내는 것이 가장 중요하다는 것이다. 이러한 에너지 방출은 새로운 차원의 인식을 할 수 있도록 도와주고, 이것은 결국 육체와 정신, 영혼의 통합으로 나아간다. 춤/동작치료는 개인차에 대한 존중심을 키워 주고, 긍정적인 신체 이미지를 갖도록 도와주며, 내면의 감정을 탐색함으로써 창조성을 북돋운다.[8)]

만약 내담자가 가만히 있고 싶은 충동을 느낀다면 오랫동안 꼼짝하지 않고 가만히 있는 것도 중요하다. "움직이지 않는 것이 당신의 의도라면 움직이지 않는 것도 움직이는 것만큼 중요합니다."라고 내담자에게 말하면 된다.

수잔 프리더 월록(Susan Frieder Wallock)은 동작치료에 다음 세 단계가 있다고 한다.[9)] 첫 번째 단계는 내담자가 자기 몸을 알아차리도록 돕는 것이다. 일상생활에서는 우리가 어떻게 움직이는지, 그리고 어떤 정서가 그 동작을 하게 만드는지 인식할 필요가 없을 정도로 우리의 동작은 아주 자동적이다. 동작에 초점을 맞춤으로써 몸을 의식할 수 있다. 예를 들어, 나는 고개를 쑥 내밀고 내 몸을 이끌 듯이 걸을 수도 있다. 일단 내 자세가 이렇다는 것을 깨닫게 되면 그것이 어떤 느낌인지 거기에 집중할 수 있다. 그런 동작이 자기 몸과 자기 개념에 어떤 영향을 미치는지 이해하기 위해서 자세를 과장해 볼 수도 있다. 턱을 단단히 당김으로써 그 과정을 반대로 해 볼 수도 있다. '목을 쭉 내밀고'[10)] 생활함으로써 내가 가지고 있는 감정과 남에게 전달되는 감정이 어떤 것인지

---

8) Susan Frieder Wallock and Daniel G. Eckstein, "Dance/Movement Therapy: A Primer for Group Facilitators," in *The 1983 Annual for Facilitators, Trainers and Consultants* (San Diego, CA: University Associates Press), p. 195.

9) Susan Frieder Wallock, "Reflections on Mary Whitehouse," *American Journal of Dance Therapy*, 1981, pp. 51–52.

10) 역주_stick one's neck out. '위험을 자초하다' 라는 의미도 있다.

느낄 수 있다.

두 번째 단계는 내담자가 자기 몸의 내적 충동을 신뢰하고 동작이 일어나도록 허용하는 것이다. 여기서 내담자는 사고 과정을 내려놓고 지금 하고 있는 일을 분석하는 것도 그만둘 수 있다. 무의식은 몸을 움직이게 하는 불꽃이다. 이것은 무엇을 한다기보다 무엇이 저절로 일어나도록 자연스럽게 둔다는 의미이다.

세 번째 단계는 심리 내적으로 일어나고 있는 것을 외부와 연결시키도록 내담자를 돕는 것이다. 예를 들어 보겠다. 어떤 내담자가 바닥에서 움직이면서 단단한 공 모양으로 몸을 돌돌 말았다. 그리고 천천히 몸을 쭉 뻗은 뒤에 다시 단단한 공 모양으로 되돌아갔다. 그는 동작에 맞춰 각각 다른 높이로 소리를 내면서 이 동작을 계속했다. 그는 차츰 자기 인생과의 관계를 깨닫게 되었다. 자기가 만들어 낸 단단한 작은 세계에서는 안전함을 느꼈고 몸을 쭉 펼 때, 즉 개방되고 저항력이 약해졌을 때 두려움과 흥분을 느꼈다. 내담자는 그것이 바로 자기 인생과 그 동작과의 관계라는 것을 깨닫게 되었다.

이 내담자는 이렇게 세 단계를 거쳤다. 먼저 자기 몸을 알아차리고, 내면의 충동을 믿고 신뢰하며, 마지막으로 이 은유적인 동작을 자기 자신의 인생에 대한 하나의 교훈으로 인식하게 되었다. 이런 식으로 그는 자신의 자동적인 움직임과 심리적 진실을 연결시켰다.

이제 이 사람은 자기 인생에서 안전함과 두려움의 요소들을 묘사하고 과장하기도 하는 동작과 춤을 만들어 낼 수 있었다. 그는 동작으로 해결책을 찾기 위해 이런 동작들을 통합해 볼 수 있었다. 우리의 감정을 춤으로 표현할 때, 우리의 정서 상태를 바꿀 수도 있고 때로는 완전히 바꿔 버릴 수도 있다.

표현예술로 동작을 활용할 때 몇 가지 개념이 특히 중요하다. **의도적인 집중**이란, 동작을 하는 사람이 자신의 느낌에 깨어 있고 그 느낌이 자신의 몸을 통해 표현되도록 의식적으로 결정을 내리는 것을 말한다. 나는 이것을 '내면의 것을 밖으로 표현하기'라고 부른다. 사람이 자신의 느낌에 의도적으로 초점을 맞추어 그것을 바깥으로 표현할 때 정말 진실한 표현이 잇달아 일어난다. 그 동작이 억눌려 있거나 어색할지라도 이런 과정을 지켜보면 정말 황홀한 기분이 든다. 동작하는 사람이 진실한 느낌을 있는 그대로 표현하면 그 사람은 뚜렷한 에너지 장을 만들게 된다.

내가 어떤 느낌에 집중하고 그것이 내 몸을 통해 춤으로 흘러나오게 되면 나는 자기표현을 하기 위해 동작을 활용하는 셈이다. 그러나 내가 지금 느끼고 있는 것이 무엇인지 알 수 없을 때는 일단 눈을 감고 내 육체의 충동이 내게 다가와 나를 움직이도록 내버려 두면 나는 자기발견을 위한 동작을 활용하는 것이다. 자기표현이 자기발견으로 이어질 수 있고, 자기발견이 자기표현으로 이어질 수도 있다. 그것은 출발점의 차이일 뿐이다. 나는 표현하고 싶은 느낌이나 생각을 가지고 먼저 시작하기도 하고, 내가 느끼고 생각하는 것을 내 몸이 내게 말할 때까지 기다리기도 한다.

인식하면서 움직인다는 말은 지금 표현되고 있는 그 느낌에 의도적으로 초점을 맞추고 움직이는 것을 의미한다. 그것은 동작이 전개됨에 따라 느낌이 어떻게 변해 가는지 인식하는 것이다. 예를 들어 내가 지금 슬프면 몸이 그 슬픔을 표현하도록 둔다. 만약 불안할 때 불안을 춤으로 표현하면 그 느낌이 즐거움으로 바뀔 수 있다. 그것을 인식하면서 움직일 때 나는 그 변화를 알아차린다. 나는 내가 움직임에 따라 기분이 변하는 것을 의식한다.

관찰자이면서 치료사라는 말은, 재닛 애들러(Janet Adler)와 진정한 동작을 하는 그녀의 작업에서 빌려온 용어이다. 나는 재닛과 그녀의 작업을 매우 존경한다. 그녀의 작업에서 아주 심오한 체험을 했기 때문이다. 그러나 나는 내담자중심이라는 이론적 틀로 정의 내리고 있기 때문에 관찰자에 대한 나의 정의는 조금 다르다.

내담자가 자기발견과 자기표현을 위해 동작을 할 때, 치료사는 내담자의 움직임에 대한 관찰자가 된다. 관찰하는 행위는 동작을 하는 사람에게도 치료사에게도 중요한 측면이다. 상담자－내담자 팀 관계처럼 동작을 하는 사람－관찰자라는 한 쌍은 매우 특별한 관계이다. 치료사는 마치 춤 공연을 바라보는 것과 같은 일반적인 의미로 내담자를 '바라보는 것' 이 아니다. 치료사는 그 상황에 온전하게 존재해야 하는 역할을 맡는다. 즉 공감적이고 솔직하며 열린 마음(무조건적이고 긍정적인 존중)으로 바로 그 자리에 있어야 하는 것이다.

동작을 하는 사람은 눈을 감고 자기 몸이 전하는 메시지에 귀를 기울이면서 점점 더

함께 동작하는 동반자인 치료사
나는 내담자와 함께 동작할 때 내담자가 경험하는 세계를 이해하려고 노력한다.

깊은 내면으로 들어간다. 치료사인 관찰자는 판단도 평가도 하지 않고 온전히 거기에 있어야 한다. 동작하는 사람을 경험하면서 치료사도 자신의 이미지와 직관이 활동하도록 그대로 둔다.

나중에 그 경험을 서로 나눌 때, 동작을 한 사람이 먼저 말을 하고 자기 경험에 대해서 얘기하고 싶은 것은 무엇이든지 함께 나눈다. 그 다음에 치료사인 관찰자는 자기 경험을 솔직하게 얘기한다. 치료사는 "당신이 팔을 위로 쭉 들어 올렸을 때, 나는 안도감을 느꼈습니다. 당신이 조그마한 공 모양으로 몸을 구부렸을 때, 나는 작은 아이가 된 듯한 경험을 했어요."라는 말을 할 수 있다. 관찰자의 이런 반응은 동작을 한 사람이 완전한 정체성을 가질 수 있게 해 주며, 또 다른 경험을 하게 만든다. 나는 이런 식의 반응이 내담자의 개별성을 존중하는 내담자중심 치료의 철학과 완전히 일치하는 것이라고 본다. 치료사는 내담자에게 투사하지 않도록 조심해야 한다.

한편, "당신이 몸을 돌돌 말았을 때 정말 어린애같이 움직이던데요."라고 말한다면 치료사는 내담자의 동작을 해석하는 셈이 된다. 내담자는 자기를 어린아이로 경험하지 않았을 수도 있으며, 관찰자와는 아주 다른 경험을 할 수도 있다.

내담자의 예술을 해석하기보다 그 예술 작품에 대한 자신의 생각과 느낌을 솔직하게 털어놓는 것과 마찬가지로, 치료사는 내담자의 동작에 대해 자기 경험을 솔직하게 표현하면 된다. 이것이 동작을 한 사람에게 자기 경험에 대한 진정한 의미를 느낄 수 있는 기회를 주는 것이다. 내담자가 그림을 그리는 동안 나는 그가 그림을 그리는 것을 관찰하면서 안전한 공간과 환경을 만들어 준다. 이와 같이 나는 관찰자로서 동작을 하는 사람을 위해 안전한 공간을 만들어 준다. 두 경우 다 말을 하지 않아도 치료사와 내담자 사이에 역동적인 에너지가 흘러나온다.

동작의 동반자인 치료사

치료사인 내 입장에서 내려야 할 직관적인 결정은 내담자와 함께 움직일지, 아니면 관찰자로서 가만히 있을지에 관한 것이다. 내담자의 동작에 참여하는 것이 적절한가라는 의문이 들면 우리가 움직이고 있는 동안에도 나는 "같이 움직이는 것이 괜찮습니까?" 하고 내담자에게 묻는다. 대부분의 사람들은 함께 움직이는 것이 지지가 된다고 생각한다. 내담자와 함께 움직일 때, 나는 내담자가 표현하는 것을 흉내 내는 것이 아니라 그것을 보고 느껴지는 대로 춤을 춘다. 비록 나 자신만의 경험을 한다 할지라도 그렇게 하면 내담자의 경험을 보다 깊이 이해하게 된다.

동작에 맞춰 소리 내기

동작을 하면 소리는 자연스럽게 나온다. 내담자가 그 순간의 느낌을 동작으로 표현할 때, 나는 그에게 몸의 소리도 같이 표현하라고 제안한다. "소리를 내고 싶으면 자유롭게 소리를 내세요."라고 말하는 것이 내가 흔히 사용하는 방법이다. 나는 가끔 내담자가 소리 속에 갇혀 전혀 소리를 내지 못하는 것을 보기도 한다. 매우 활기차게 움직이고 있을 때조차도 소리를 내지 않고 조용히 있는 것이 우리 문화권에서는 아주 자연스런 현상이다.

다음에 나오는 연습들은 포괄적인 지침을 주기 때문에 동작하는 사람들은 자기의 독특한 면을 표현할 수 있다. 내담자가 당면한 문제를 동작으로 표현하려고 할 때, 박물관 자세를 제안하거나 몸이 요구하는 대로 하라고 하면 내담자가 그 순간 느끼는 것을 표현하는 데 도움이 된다.

박물관 자세

이것은 간단한 이미지 여행에서 시작하여 동작으로 이어진다.

> 눈을 감고, 숨을 크게 쉬고, 긴장을 푸세요. 자, 이제 당신이 멋진 박물관에 와 있다고 상상하세요. 긴 복도를 지나 복도 끝에 있는 둥근 홀 앞에 서 있습니다. 전시실로 들어가면 전시실 한가운데에 있는 조각상 하나를 보게 됩니다. 그 조각상을 보면서 "오, 저건 내가 지금 느끼고 있는 기분 바로 그대로야!"라고 당신 자신에게 말을 합니다. 조각상의 주위를 걸어 보고 주의 깊게 살펴보십시오. 눈은 계속 감은 채 그 조각상의 자세를 취해 보십시오.
>
> 당신은 지금 어떤 느낌인지 알아차려 보세요. 이 자세가 어떤 감정을 불러일으키고, 무엇을 연상시킵니까?

내담자는 눈을 감은 채 그 자세에서 자기가 느끼는 것을 당신에게 말하면 된다. 그 다음에는 내담자에게 "이게 바로 내가 느끼고 싶은 기분이에요."라고 할 수 있는 새로운 자세를 취해 보라고 한다. 내담자는 그 자세를 찾을 때까지 이리저리 움직일 수 있다. 그 자세에서 일어나는 감정과 생각을 이야기한다.

마지막으로 내담자에게 처음의 자세와 두 번째 자세를 왔다 갔다 하게 하고, 그 동작들의 변화를 알아차리게 한다. 한 자세에서 다른 자세로 움직일 때, 문자 그대로 그리고 은유적으로 무엇이 필요한가?

이런 탐색을 하다 보면 통찰은 동작을 통해서 올 수도 있고, 은유적으로 올 수도 있으며, 개념적으로 올 수도 있다.

문 제

어떤 문제든 동작으로 바꾸어 볼 수 있다. 의존심, 이러지도 저러지도 못하는 느낌, 혼돈, 두려움, 결정을 내려야 하는 상황이나 딜레마에 맞닥뜨린 상태, 사랑에 빠진 상태

등을 표현할 때 내담자는 동작을 활용할 수 있다. 동작을 통해 무의식 세계를 탐구하면 에너지를 방출하고 극적인 통찰을 얻게 된다.

몸의 요구대로 움직이기

동작을 활용할 준비가 된 내담자에게 어떤 자세로든 동작을 시작할 수 있다고 말해 준다. 내담자에게 눈을 감고 몸이 원하는 대로 움직이라고 한다. 내담자는 동작에 따라 소리나 말을 덧붙일 수도 있다. 그러면 더 큰 통찰을 얻을 수 있다.

다음은 내담자중심 동작치료의 한 예이다. 1년 가까이 만나 온 40세의 한 남성 내담자와 나는 함께 동작을 만들어 왔다. 그 과정에서 그는 자신의 감정 상태를 동작으로 경험하고 표출함으로써 자신의 새로운 면을 발견하게 되었다.

그는 컴퓨터 분야에서 일을 한다. 그가 중요하게 생각하고 희망을 품는 세상은 지구의 환경과 생태계가 재생되고 제대로 된 경제 생활을 누리는 세상, 즉 자원을 소중하게 다루고 낭비하지 않는 세상이다. 그는 자신의 삶에 있었던 여러 가지 선택 사항을 온전하게 탐색하지 않고 방관하는 성향이 있다. 그는 슬프고 두려움이 많아서 함께 나누는 공동체 생활을 갈망하면서도 자기 삶을 (자기도 모르게 혹은 무의식적으로) 늘 고립시켜 왔다.

> 내 사무실에서 그는 자신의 내적 분열 상태에 대해 설명한다. 하나는 사무실 컴퓨터 앞에 앉아 있어야만 하는 '나'에 대한 것이고, 다른 하나는 무슨 일이 일어나는지 알기 위해 '흘러가는 대로 살고' 싶어 하는 '나'에 대한 것이다. 이런 양극은 시각예술 — 색채, 찰흙, 콜라주 — 이나 동작을 통해서 탐색해 볼 수 있다. 나는 내 사무실 바로 옆에 있는 스튜디오로 가자고 제안한다. 그는 이 방과 미술 재료들 그리고 나와 함께 동작을 하는 것에 익숙하다. 나는 미술 재료를 가지고 시작할지 아니면 동작으로 시작할지 물어본다.
>
> "동작으로 시작합시다."라고 그가 말한다.
>
> 나는 그의 감정이 동요하고 있는 것을 눈치 채고 이렇게 제안한다. "그냥 몇 분 동안 슬슬 걸으면서 자신의 방법과 속도를 찾으세요. 당신의 호흡, 숨 쉬는 동작과 속도에 집중하세요. 아무것도 바꿀 필요가 없습니다. 그냥 주의만 기울이십시오." 이런 식으로 몇 분을 보

> 낸다. 나는 에너지 통로를 열어서 나 자신과 조화를 이루고 그의 동작을 민감하게 포착하기 위해서 걷는다. 나는 그에게 아무 말도 걸지 않는다. 이 순간 그가 자신을 찾는 것처럼 나도 나 자신을 찾고 있다.
>
> "일하러 가는 중이라고 상상하세요. 기분이 어때요?"라고 물으니, 그는 뻣뻣한 팔과 다리로 빨리 걷는다.
>
> "일터에 있는 당신을 상상하세요. 직장에서 생기는 느낌을 어떤 동작으로 표현할 수 있습니까?" 그는 일터에 있는 느낌을 즉각 동작으로 만들어 낸다. 그가 이런 상태에서 깊이 들어가고 싶어 하는 것처럼 보였기 때문에 나는 그와 함께 움직이지 않고 그냥 관찰자가 되기로 한다. 나는 커다란 타오스 인디언 북을 가지고 방 한쪽에 있는 소파에 앉아서 그의 빠른 동작에 동참한다.
>
> "당신이 움직일 때 내가 북을 쳐도 될까요?" 나의 행동이 그를 이끌거나 방해하는지 아니면 지지하는지 알아보기 위해 나는 물어보고 확인한다.
>
> 그는 고개를 끄덕이면서 강하게 동의한다. 그는 마르고 구부정한 몸에 약간 침체된 상태다. 그는 원으로 둥글게 돌면서 손뼉을 치고 로봇처럼 뻣뻣하게 걷는다. 그의 발은 계속 급하게 움직인다. 태엽이 꽉 감긴 장난감 병정 같다. 그의 기계 같은 박수 소리가 기계 같은 발에 계속 박자를 맞춘다. 마침내 그는 멈추어서 어지러움을 견디려고 몸을 구부린다.
>
> "내가 아픈 게 당연해요."라고 그는 말한다. "내 인생이 나를 어지럽게 만드는군요. 나는 계속 원으로 빙빙 돌면서 나를 어지럽게 만들어요. 토하고 싶어요! 정말 속이 울렁거려요!"

내면의 것을 밖으로 표현하는 10분 동안, 그는 여러 세션을 거치면서 얘기해 왔던 것을 몸으로 경험한 것이다. "내 삶의 방식 그 자체가 나를 아프게 만들어요."

그리고 그는 자기도 모르게 움직이면서 웅크린 상태에서 몸을 펴더니 두려운 듯한 자세를 취한다. "둥글게 움직이는 것을 멈추었을 때 두려웠어요. 정말로 겁이 났어요." 이것은 새로운 통찰인 것 같다. 그는 다시 둥글게 돌기 시작한다. "이렇게 움직이면 두려움이 사라져요. 하지만 어지러워요." 그는 다시 움직임을 멈추고 이런 감정들을 실험하며, 몸이 하는 말에 주의를 기울인다. "어지러운 증상이 멈추면 두려움이 느껴져요."

그 말에 대한 내 생각은 두려움이란 일반적이고 보편적이라는 것이다. 나는 그가 그 두려움을 충분히 경험하도록 기다린다. "뭐가 무서운가요?"라고 묻지 않는다. 그가 특별한 것을 두려워하는 것이 아님을 나는 안다. 그는 대체로 두려움을 잘 타는 성격이거나 마음속에 두려움이 가득 차 있는 것 같다.

그가 두려움에 대한 탐색을 마쳤을 때, 다른 부분 — 이전에 그가 '강의 흐름을 따라 떠 있는 것'이라고 묘사했던 부분 — 으로 옮겨 가고 싶은지 나는 묻는다.

"여기 바닥에서 시작하면 좋겠습니다." 그는 자신의 치유 경험을 혼자 만들어 내든, 나와 함께 만들어 내든 모두 자기 책임이라는 것을 알고 있다. 이것은 어머니의 자궁처럼 보호받기를 갈망하며 담요 밑에 숨든지, 아니면 강의 흐름을 타고 흘러가는 경험을 하든지 모두 그의 책임이라는 의미이다.

그가 천천히 바닥에서 몸을 펴더니 오른손이 자기 몸을 이끌게 한다. 그는 방에서 이 방향 저 방향으로 부드럽게 움직인다. 그의 안내를 따르면서 내 북이 아주 부드러운 소리를 낸다. 결국 그의 오른손은 음악 카세트가 놓여 있는 상자 쪽으로 그를 데려간다. "이 중에서 하나를 사용해도 될까요?"라고 묻는다. 나는 고개를 끄덕인다.

그는 자기가 고른 것이 무엇인지 쳐다보지도 않은 채 테이프 하나를 얼른 꺼낸다. 그의 손이 간 것은 그레고리안 성가이다. 그 성가가 연주될 때, 그는 내면으로 들어가기 위해 눈을 감고 꼼짝도 하지 않고 서서 손은 얼굴 가까이에서 기도하는 자세로 모으고 있다. 그는 천천히 신중하게 걸으며 손은 여전히 기도하는 자세를 취하고 있다.

나는 아주 부드럽게 북을 두드린다. 바닥에 무릎을 꿇고 카펫에 이마를 대고 손을 밖으로 쭉 뻗는다. 그는 거의 5분 동안이나 그 자세로 음악을 듣는다. 나는 그의 몰입의 깊이를 관찰하고 함께 느끼면서 온전하게 그와 함께 있다. 음악이 멈추자 그는 손을 쭉 뻗어서 테이프를 끄고 머리를 든다. 그의 눈에 눈물이 가득 고였고 몸이 떨린다.

나는 가까이 다가가서 등을 두드려도 괜찮은지 물어본다. 고맙다는 듯이 그는 고개를 끄덕인다. 나는 그가 눈물을 흘리지 않는 것을 눈치 채고 손으로 그의 척추가 있는 허리에서부터 목 위쪽으로 쓸어 올린다. 눈물을 토해 내도록 도와주는 것이다. 지금 이 시점에서 나는 그를 위로하는 데 별로 관심이 없다. 편안하게 눈물을 흘릴 수 있도록 돕는다.

> 그는 눈물을 흘리며 "도대체 이게 무슨 일인지 모르겠습니다."라고 말한다. "괜찮아요. 깊이 경험하도록 하세요. 무슨 의미인지 곧 알게 될 것입니다"라고 나는 대답한다.[11)]

나는 세션이 끝난 뒤 바로 그 내용을 글로 적었다. 만약 시간이 더 있었더라면 그에게 그림을 그리거나 글을 써 보라고 제안했을 것이다. 동작이나 말은 물론이고 창조적 연결 과정을 활용하면 사람들은 자신이 갖고 있는 양극단 쪽으로 훨씬 더 깊게 들어갈 수 있다. 늘 그렇듯이 이번 세션도 내담자와 내가 완전한 조화를 이루었으며, 또 같은 파장을 느끼는 순간 중의 하나였다. 물론 모든 것을 이해했다는 의미는 아니다. 이것은 내담자중심 동작치료 가운데 최상의 사례였다. 즉, 내담자에 대한 깊은 존중감을 나타내고 항상 내담자가 이끌어 가게 하면서 내담자에게 여러 가지 자극과 수용적인 환경을 마련해 준 사례였다.

내담자는 떠오르는 이미지를 설명하면서 스스로 이끌어 간다. 동작은 내담자가 선택한다. 치료사는 내담자에게 동작을 시작하기 전에 내면으로 들어가서 이미지를 다시 한 번 떠올려 보라고 제안하기만 한다. 치료사는 내담자의 움직임을 소리(북)로 지지하면서 그의 움직임에 참여한다. 치료사는 열린 마음을 가지고 관찰자로서 온전하게 내담자와 함께 있다. 치료사는 지금, 여기에 있으면서 매 순간을 있는 그대로 받아들인다.

치료사는 내담자의 몸에 손을 대는 것이 괜찮은지 내담자에게 직접 확인해 본다(만약 내담자가 이전에 그러지 말 것을 지적한 적이 있거나, 내가 부적절하다고 느꼈다면 나는 그의 등을 쓰다듬지 않았을 것이다). 치료사는 내담자가 자신의 느낌 속으로 들어가게 하고, 자신에 대한 새로운 면을 발견하는 하나의 방법으로 눈물을 흘리도록 허용한다. 내담자도 치료사도 변화된 의식 상태 — 내면에서 스스로 치유하는 과정 — 에 있다.

내담자가 두려움을 느꼈고, 그 두려움을 피상적으로만 탐색했다는 것을 알면 아주 흥미롭다. 다음 주에 있었던 그 다음 세션에서 그는 두려움을 직면하게 된다.

> 우리는 함께 조화를 이루거나 침묵 명상을 하면서 세션을 시작한다. 그가 명상을 하는 동안 떠오른 이미지에 대해 이야기한다. "나는 뿌리를 통해 이 지구와 연결되어 있고, 내 머

---

11) 익명의 내담자에 대한 저자의 글.

리와 손으로 흘러 들어오고 나가는 에너지를 통해 우주와 연결되어 있어요. 그러나 나는 지금 허공에 서 있습니다. 내 주위에는 아무것도 없습니다. 내 뒤에 있는 어떤 존재 때문에 나는 두려워 미칠 것만 같습니다."

스튜디오로 가서 나는 그에게 떠오른 이미지를 자세로 취해 보고 싶은지 묻는다. 그는 아무것도 없는 하얀 벽에 얼굴을 가까이 댄 채 서 있다. 이런 공허함을 경험한 뒤 그는 웅크리고 앉아서 자기 몸 위로 베개를 올려놓는다. 그리고 신음 소리를 내기 시작한다. 그 소리가 점점 더 커진다.

새로운 이미지가 나타났는지 궁금해서 "지금 무슨 일이 일어났어요?"라고 나는 묻는다. "무시무시한 것이 내 뒤에 서 있는 것 같아서 무서워요."라고 그가 말한다. "완전히 미친 사람이에요." 그는 베개로 자신을 보호한다.

나는 그에게 소리뿐만 아니라 움직임도 같이 하고 싶은지 묻는다. 그는 그 괴물을 직면하기 위해 몸을 틀면서 방패막이로 쓰려고 큰 베개를 잡는다. 그는 이 두려운 존재에게 말을 걸면서 발을 쾅쾅 구르고 으르렁거리며 막 움직인다. "나는 네가 너무 싫다. 널 죽여버릴 거야. 너는 썩은 냄새가 나고 아주 역겨운 미친 놈이야! 나는 너보다 훨씬 힘이 강해. 널 잡아 죽일 거야!" 그는 목이 쉰 채 그르렁거리면서 계속 소리를 질렀다. 그가 그의 그림자를 직면하고 있을 때 나는 그와 함께 있으며, 야단법석을 떠는 동안 그도 이 악마를 자신의 일부로 인식하는 것같이 나는 느낀다.

그가 천천히 베개를 아래로 내리더니 마침내 그 존재를 똑바로 쳐다본다. 눈을 감은 채 웅크리고 앉아 끙끙거리더니 몸을 쭉 펴고 정복자와 같은 의식적인 동작을 만들어 낸다.[12)]

이번 세션에서 그는 이미지와 몸 그리고 소리를 통해서 그의 근원적인 두려움을 체험하게 되었다. 그는 두려움으로부터 숨고, 두려움을 공격하고 직면하고 춤을 추다가 결국 정복했다. 그가 전에는 말로만 했던 것을 이번에는 동작으로 경험하면서 몇 배나 더 큰 체험을 하게 되었다.

언어, 미술, 동작, 소리, 글쓰기 등 어떤 것을 통해서든 미지의 것을 직면한다는 것은

---

12) 익명의 내담자에 대한 저자의 글.

참으로 두려운 일이다. 이번에는 내담자가 그 공포를 경험하기 위해 동작을 선택했는데 아주 적절했던 것 같다. 일단 미지의 대상을 의식 상태로 끌어오기만 해도 그것이 갖고 있는 공포는 줄어들기 시작한다. 이 사람의 비밀 — 남들에게는 물론 자신에게도 감춰져 있는 — 은 미쳐 버리지 않을까 하는 두려움, 즉 분노에 사로잡힌 미친 사람이 되어 버리지 않을까 하는 두려움이었다. 그것을 춤으로 표현하고 직면하고 크게 소리 내어 밖으로 말하는 것을 내가 관찰하는 것은, 그가 악몽에서 깨어났을 때 방에 불이 켜져 있는 것과 같다. 게다가 토론하고 그림을 그리고 움직임으로 표현하면 그 두려움은 다루기 쉬운 크기로 축소된다.

이 세션에서 내가 한 역할을 살펴보니 나는 대부분의 시간을 관찰자 역할을 하면서 보냈다는 것을 알게 되었다. 다른 치료 세션에서는 내담자와 함께 움직이고 공감하면서 이해하기 위해 그의 움직임을 거울처럼 그대로 따라 하기도 한다.

맨 처음 내담자의 움직임을 똑같이 따라 하는 실험을 했을 때 나는 자의식을 느꼈다. 나의 행동이 내담자들에게 어떻게 느껴지는지 피드백을 요청했을 때, 그들은 그것이 굉장한 지지가 되었다고 말했다. 이것이 바로 치료사로서 내가 갖고 있는 가장 강한 신념을 입증해 주는 것이다. 즉 어떤 것이 도움이 되는지, 그것이 적절한지 의문이 생기면 나는 항상 내담자에게 확인한다. 내담자는 최고의 안내자이며, 내가 물어보면 그들은 오히려 존중받는다는 느낌을 갖는다.

움직임은 신체적으로 아주 확실한 장점이 있을 뿐만 아니라 모든 감각을 다시 일깨워 주고, 자아의 직관적인 면이 나타나도록 해 주고, 억눌린 정서를 해방시켜 주고, 차단된 에너지의 문을 활짝 열어 주고, 호흡을 개선시켜 준다. 이것이 자기 이미지에 대한 변화와 주변 세계에 대한 인식의 변화를 가져온다. 몸의 메시지를 경험하고 그것에 귀 기울이면 자신을 통합하고 자신의 역량을 강화시킬 기회를 갖게 된다. 몸은 우리 자신만의 신전이다. 몸을 경외하고 존중하며 자기이해와 창조적인 자기표현의 수단으로 활용하면 우리는 통합이 되고 전체가 되고 모든 생명체와 연결되어 하나가 된다.

그래서 나는 숀 맥니프(Shaun McNiff)의 말에 전적으로 동의한다.

> 심리치료사 훈련 과정 중에 인간의 예술적이고 일반적인 자기표현 방식 가운데 신체 언

어만큼 계속 놓치고 있는 것도 아마 없을 것이다…. 동작이나 접촉과 같은 우리 감각이 가진 표현의 잠재력을 인식하면, 이것이 우리의 삶 전체는 물론이고 심리치료의 힘과 시각을 얼마나 증가시켜 줄지 알게 될 것이다.[13]

소리 활용

소리는 아주 강력한 치료 도구이다. 내담자들과 동작, 그림 혹은 찰흙을 사용하면서 성대도 사용해 보라고 제안할 수 있다. 소리를 활용하는 것 자체가 동작이 자연스레 확장되는 것이다. 하지만 사무실이 따로 떨어져 있거나 방음이 되어 있지 않으면 치료실에서 소리를 활용하는 것은 현실적으로 문제가 될 수 있다.

폭력, 분노, 싸움, 공격, 심리적 외상, 비극 등과 자주 관계가 있기 때문에 큰 소리는 여러 가지 느낌을 불러일으킬 수 있다. 이것은 소리가 그와 같은 느낌을 해방시킬 수 있다는 것을 의미하기도 한다. 즐거운 소리도 많지만, 고통스런 소리는 가장 깊이 묻어 둔 감정으로 내담자를 재빨리 데리고 간다. 치료사는 아무런 판단 없이 내담자가 지르는 소리를 받아들이고, 내담자의 슬픔, 분노, 두려움, 고통과 온전하게 함께 있는 것이 매우 중요하다.

어떤 상담 시연회에서 자원한 한 내담자(훈련 프로그램의 참가자)가 소리를 활용하여 자신의 욕구를 표출하고 싶어 하기에 나는 그렇게 하라고 했다. 그때 참가자들은 이미 1주일 이상 함께 작업을 해 왔기 때문에 나는 둥글게 둘러앉은 원 안에서 참가자들의 신뢰와 지지를 받으며 자원한 내담자와 함께 작업할 수 있었다. 나중에 나는 그 내담자에게 이 세션에서 얻은 통찰을 글로 써 보라고 제안했다. 지금 그 글을 다시 읽어 보니 많은 내담자들이 소리를 통해 치료적 경험을 할 수 있다는 것을 알게 된다.

이미 말했듯이 나는 스스로 자원했어요. 휴! 아무도 내 문제를 듣고 싶어 하지 않을 텐데…. 완전히 얼어붙은 기분이었어요. 몸이 완전히 굳은 느낌으로 의자에 앉아 있었죠. 우리 참가자들이 다 모였어요. 나탈리가 앉아서 지시 사항을 들려줍니다. 시작할 때 나탈리

13) Shaun McNiff, *The Arts and Psychotherapy* (Springfield, IL: Charles Thomas, 1981), p. 131.

가 마음을 가다듬으라고 어떤 제안을 했는데 괜찮았어요. 나탈리가 나에게 내면의 감정, 이미지 등에 집중하라고 말합니다. 그건 쉬워요. 내 몸은 지금 많은 문제를 드러내고 있습니다. 등이 아프고, 손가락이 찌릿찌릿하고, 다리는 천근만근 무겁고, 숨도 깊이 못 쉬고, (깊이 숨을 쉬는데도 불구하고) 헐떡거리고, 머리 한쪽이 욱신거립니다. 지금 현재로는 아무 이미지도 떠오르지 않습니다.

나탈리는 내가 하고 싶은 얘기가 무엇인지 — 무엇 때문에 여기 나왔는지 — 묻습니다. 내담자중심 접근법은 분명히 처음부터 사람들에게 뭔가 하도록 합니다. 나는 나 자신에 대해 설명하는 것이 너무 싫고, 억양을 높이거나 낄낄거리지 않고 차분하게 말할 수 있어서 기쁩니다. 나는 지금 목이 아픈 것과 낙태에 대한 나의 생각, 그리고 뭔가 표현하고자 하는 욕구에 대해 말합니다. 나는 이런 상황에 대처하기 위해서 내가 해 온 일에 대해 나탈리에게 간단하게 이야기해 줍니다. 나는 (문자 그대로 그리고 상징적으로) 강제로 '삼킬 수밖에' 없었던 나의 이야기를 합니다. 나는 이런 이야기를 하면서 어떤 정서적 반응이나 신체적 반응도 느끼지 않습니다. 나는 굉장히 차분합니다. 이것에 대해 그저 이야기만 하고 있을 뿐입니다. 나탈리는 내가 명상을 하는 중에 어떤 느낌이었는지 묻고, 나는 그것을 나탈리에게 말합니다. 지금은 좀 더 편안해졌습니다. 그런데 나탈리는 내 목소리가 너무 약해서 잘 들리지 않는다고 말합니다. 원래 그렇지 않기 때문에 나는 무척 놀랍니다. 나탈리는 내가 이야기하고 싶은지 묻습니다. 아, 너무 슬퍼요! 나는 울면서 "예."라고 말합니다. 나탈리가 고개를 끄덕이며 내 이야기를 듣고 싶다고 합니다….

나탈리는 지금 내 몸이 무엇을 원하는지 묻습니다. 내 혀가 앞으로 튀어나와서 막 움직이고 싶어 한다는 것을 알아차립니다. 나는 참 놀랐습니다. 도대체 내 혀가 왜 그러고 싶어 하는지 모르겠습니다. 내가 혀를 가지고 놀고 있을 때, 입이 풍선 불 듯이 불고 싶어 하는 거예요. 나는 후후 불기 시작하고 그 힘은 점점 더 강해집니다. 아주 세게 바람을 불어 내고 싶었습니다. 나는 푸른 강이 내 입을 통해 내 몸에서 바깥으로 나가기를 바랍니다. 내가 더욱 세게 불어서 공기가 내장을 통과하여 입 밖으로 거세게 밀려 나오고 있습니다. 몹시 흥분되어 후후 불다 보니 소리가 나기 시작합니다. 이것이 무슨 소리인지 나는 모릅니다. 어떤 집단치료에서 마구 소리를 질러 본 적이 있지만 이건 다릅니다. 내 몸과 마구 내지르는 소리 — 내가 현재 행동하고 있는 것을 알아차리지 못하는 나의 일부 — 를 통해 나오는 공기의 힘이 완전히 나를 통제하고 있습니다. 그렇게 하는 동안 내가 모든 상황을 관찰하고 있었다는 것도 알고 있습니다. 소리를 지르고 있지만 이유를 모르겠습니다.

> 안 돼! 안 돼! 안 돼… 나는 소리를 지르며 울고 있어요. 낙태 문제로 다시 되돌아왔습니다. 나는 이 문제가 끝난 줄 알았습니다. 어떻게 되살아날 수 있지요? 너무 슬픕니다. 저 사람들이 내 아기를 데려갑니다. 정말 참을 수가 없습니다. 나는 심하게 울고 있습니다. 누가 나를 안고 다독거려 주었으면 좋겠어요. 나는 내 아기를 안고 다독거려 주고 싶어요. 하지만 내 아기는 그만 죽어 버렸어요. 그걸 견딜 수가 없어요. 내 몸이 텅 빈 것 같고 너무 슬픕니다. 나는 울고 소리 지르고 끙끙거리며 신음 소리를 냅니다. 왜 내가 이 고통을 다시 겪어야 하는 건가요?
>
> 이제 서서히 가라앉기 시작합니다. 이제 울음도 거의 그쳤고 더 맑아진 느낌입니다. 코도 풀고, 아, 다행이에요. 이 과정에서 어떤 일이 일어났는지 나탈리가 내게 물었습니다. 내가 겪은 모든 과정을 잊어버리지 않고 나탈리에게 이야기할 수 있다는 것이 참 신기합니다.
>
> 세션을 시작한 지 벌써 몇 시간이 흘렀고 이제 좀 피곤해지려고 합니다…. 그리고 불안한 기분도 들어요. 나는 정말 많은 고통을 펼쳐 놓았습니다. 숨고만 싶습니다.
>
> 이제 콜라주를 해야겠다는 느낌이 듭니다. 내 감정은 아주 오랫동안 쌓아 온 것입니다. 나는 지금 콜라주를 하고… 모두 제자리에 맞춰 놓고… 그것을 완성해야겠다는 강박관념이 생기네요. 오른쪽에는 클로즈업시킨 큰 얼굴들과 이상한 것이 있고, 아기 주위에는 피가 있으며, 그 모든 것을 물과 바람이 훑고 지나가면서 말과 느낌과 표현과 생명을 불러옵니다! 그래요, 더 좋습니다…. 이제 살 수 있어요. 끝났어요. 전부 밖으로 나갔어요. 나는 이제 완전해진 기분입니다.[14)]

나는 이 시연을 하는 동안 서로 관계를 맺으면서 이 여성의 약한 목소리에 특히 관심이 갔다. 그녀의 목소리를 더 잘 들으려고 신경을 많이 썼던 것 같다. '둥글게 앉은 사람들 한가운데에 우리가 있고, 그녀가 자의식이 강하거나 탐색하는 중에 발견하게 될 것을 두려워해서 목소리가 작은 것 같다.' 라는 생각을 했기 때문이다. 그러나 그 상황에 집중하여 내 감정과 조화를 이루자 나는 "잘 안 들려요."라고 지적할 수 있었다. 이것은 "당신의 목소리가 너무 작아요."라고 하는 것과는 완전히 다르다. 그렇게 말하면 전적으로 그 사람의 문제가 되고 그 사람을 비난하는 말이 될 수 있다. "당신의 이야기를 듣고 싶

14) 익명의 참가자.

은데 이야기해 주겠어요?"라고 말하면 나는 스스로에게도 솔직해지는 것이다. 무엇이 우리의 정서적인 반응을 불러일으킬지 아무도 모른다. 아주 깊은 차원에서 '제 목소리를 내는' 것이 대부분의 사람들에게는 매우 드물다. 나는 우연히 그녀가 간절히 바라는 것을 건드린 것이다.

이 내담자는 자기 목에 문제가 있다고 설명했기 때문에 우리는 목에 관심을 기울였다. 나는 그녀에게 목이 주는 메시지를 잘 들어 보라고 했다. 그녀는 자신을 소리 속으로 데리고 갔다. 이 내담자는 숨을 푹푹 내쉬거나 흐느껴 울고 울부짖어도 괜찮다는 공감과 지지가 필요했다. "당신이 원하는 만큼 크게 소리를 질러도 괜찮아요." 그리고 "당신이 원한다면 어떤 방법으로든 그 느낌을 탐색할 수 있어요."와 같은 몇 마디 말이 그녀에게 필요한 전부였다.

40분의 치료 세션에서 일어날 수 있는 깊은 해방감과 통찰은 나보다 내담자 자신이 훨씬 잘 설명할 수 있다. 소리는 변화를 가능하게 하는 아주 강력한 도구이다.

글쓰기

글쓰기가 자기발견에 매우 강력한 수단이라는 것은 대부분의 치료사들이 알고 있기 때문에 여기서 내가 더 말할 필요는 없을 것 같다. 그리고 제3장에서 글쓰기 과정으로 이어지는 방법과 추가 활동으로 미술과 글쓰기를 결합해 볼 것을 제시하고 있다. 내담자에게 세션과 세션 사이에 일기를 쓰라고 부탁하는 치료사들이 많다. 다른 매체를 통해 탐색한 후 글쓰기를 하면 늘 적절한 효과를 거둘 수 있다. 글쓰기야말로 가장 훌륭한 치료약이라는 것을 많은 사람들이 알고 있다.

결론

표현예술이나 창조적 연결 과정을 활용해 보면 치료사들은 내담자들이 무의식이나 미지의 것을 깨닫게 됨으로써 동적 · 상징적 · 신화적 · 영적 차원에서 내담자 스스로 경험할 수 있는 여러 가지 방법을 알게 된다. 미지의 것이란 두려움, 분노, 슬픔에 관한 것만 말하는 것이 아니다. 즐거움과 사랑을 경험할 수 있는 능력 — 마음속에 깊이 파묻힌 — 도 여기에 포함된다.

내담자와 함께 표현예술을 활용하는 것은 이 분야의 여러 특성 중 한 가지에 불과하다. 다음 장에서는 표현예술을 특수한 내담자 집단과 전문가 집단 혹은 관심을 가진 집단에게 적용하는 것에 대해 논의할 것이다.

Further Applications of the Expressive Arts

표현예술의 폭넓은 적용

07

예술이 치유 효과가 있으려면 단순히 고통을 막기만 해서는 안 된다. 치료가 목적인 예술에는 오직 하나의 가치만 있다. 가능한 한 진실을 보여 주는 것, 바로 그것이다.

—스티븐 K. 레바인(Stephen K. Levine), 『시학(Poiesis)』

이 장은 약물 중독이나 성폭력, 사랑하는 사람을 잃은 사건 등에서 회복 중인 사람들과 같이 특별한 내담자를 위해 표현예술을 활용하는 데 중점을 두고 있다. 또 예술가, 작가, 교육자 등의 전문가 집단을 위해 표현예술을 활용하는 것도 논의할 것이다. 인간중심 표현예술을 적용하는 데에는 한계가 없다. 만약 한계가 있다면 그것은 우리 상상력의 한계일 뿐이다.

심리치료사, 사회복지사, 정신건강 전문가, 준전문가, 자조 집단 관계자들은 표현예술이 사람의 감정을 탐색하고 행동을 변화시키도록 도와주는 데 매우 효과가 있다는 것을 안다. 12단계 프로그램에 참여하는 사람들은 표현예술을 활용하면 각 단계마다 더 깊이 개인적 성장을 할 수 있다는 것을 알게 된다. 알코올 중독자 치료 센터에서는 환자들이 자신의 창조성을 다시 일깨우고 희망적인 미래의 이미지를 찾기 위해 회복기를 잘 넘길 수 있도록 표현예술을 활용해 왔다. 표현예술은 성폭력을 당하고서도 그 경험을 되새기는 것을 거부해 온 여성과 남성들을 치유할 때, 그 상처를 찾을 수 있도록 도움을 줄 수 있다. 슬픔에 젖은 사람들을 돕는 호스피스 활동가나 상담자 또는 준전문가들은 이런 비언어적인 방식이 특히 효과가 있다는 것을 안다.

정신건강을 다루는 사람이 아니라면 당신 분야에서 이 방법을 어떻게 활용할 수 있는지 궁금할 것이다. 표현예술은 창조성과 자기 이해력을 키우고 자기 역량을 강화하고자 하는 사람이면 누구라도 효과가 있다. 표현예술은 자기 몸과 마음, 감정, 영혼을 통합적으로 인식할 수 있도록 도와준다. 표현예술 방법을 자기 분야에 적용할지 고려하고 있다면 아래의 방법을 도입하는 것이 유용하고 적절한지 자문해 보아야 할 것이다.

- 자기치유를 위한 기회 창출하기
- 창조성 일깨우기
- 자기이해와 통찰력 키우기
- 모든 감정을 건설적으로 표현하기
- 즐거운 감정과 아이 같은 감정을 느낄 기회 제공하기
- 우뇌 혹은 직관적이고 자발적인 경로로 접근하는 방법 향상시키기
- 비언어적인 의사소통 방식 이용하기
- 개개인이 가진 미지의 측면이나 무의식적인 측면 건드리기
- 몸, 정신, 감정, 영혼의 통합 증진시키기
- 차원 높은 의식 상태를 경험하는 기회 제공하기

간호사들도 수술 전후의 환자나 장기간 치료를 받아야 하는 병원 환자에게 그림을 그리게 함으로써 환자 스스로 치료에 도움이 되는 기회를 마련하는 방식으로 표현예술을 도입해 볼 수 있다. 나이 든 사람에게는 동작이나 그림, 글쓰기 등의 방식으로 확장해 볼 수 있다. 화가, 음악가, 무용수, 작가들도 표현예술을 통해 표현에 대한 새로운 자유를 찾을 수 있을 것이다. 이렇게 창조적인 관계를 활용하면 살아 있는 창조성의 에너지를 방출할 수 있다. 교사들은 자존감과 학습 능력을 강화하고 학문에 생기를 불어넣기 위해 표현예술을 활용한다. 다문화 환경에서 일하는 사람들은 표현예술이 의사소통에 도움을 준다는 것을 알고 있다.

다양한 환경에서 다양한 방식을 활용하는 사례는 이 밖에도 많다. 이제 적절한 표현예술을 체험할 수 있는 방식들을 좀 더 상세히 설명하고자 한다.

기본 계획

사람들이 다양한 상황에서 표현예술을 체험할 때 기억해야 할 가장 중요한 것은 표현예술을 경험하는 과정에는 두 가지 측면이 있다는 것이다. 하나는 표현예술이란 내적 탐색을 하는 과정이라는 것이며, 또 하나는 표현예술 역시 하나의 언어라는 것이다. 첫 번째 측면은 사람들이 자신의 감정과 생각을 발견하게 한다는 의미이고, 두 번째 측면은 이런 감정과 생각을 서로 나눌 수 있게 한다는 의미이다. 두 가지 측면 모두 유익한 경험을 하기 위해 계획을 짜는 데 아주 중요한 것이다.

표현예술 작업의 기본 계획을 만드는 것이 어떤 논리적인 순서로 기법을 고안해 내야 한다는 의미는 아니다. 나는 표현예술이 기법이라고 보지 않는다. 기법이란 어떤 일을 해내는 절차일 뿐이다. 외과 의사나 치과 의사는 수술하기 위해 테크닉이 필요하다. 표현예술은 당신이 누군가에게 무슨 일을 하는 것이 아니다. 표현예술은 당신이 어떤 사람에게 스스로 탐색하고 내면의 의사소통을 할 수 있도록 제안하는 과정이다. 이렇게 자세히 설명하는 것은 이것이 다음 설명과 관계가 있기 때문이다. 즉, 어떤 사람에게 치료 과정으로 예술을 활용할 기회를 준다는 것에는 복잡한 방법이나 정교한 체험이 필요하지 않다. 그저 믿고 안심할 수 있는 환경만 있으면 그 사람은 자유로이 자신을 탐색하고 표현하게 된다.

당신이 내담자나 학생 혹은 당신의 동료가 내면의 감정에 접촉함으로써 도움을 얻을 수 있다고 믿으면 표현예술은 매우 적절한 수단이 된다. "그건 어떤 느낌이에요?", "그것에 대해 얘기하고 싶은 게 있나요?", "좀 더 깊이 탐색해 보고 싶으세요?"와 같은 질문을 아무렇지도 않게 할 수 있을 때가 표현예술을 제시하기에 가장 적절한 시점이다.

상대가 해 보고 싶다고 대답하면 당신은 "그 감정을 살펴보기 위해 물감이나 동작을 활용하고 싶지 않아요?"라고 물어보면 될 것이다. 상대의 대답이 "글쎄요."이면, 당신은 이 대답을 새로운 자기탐색 방식을 제안하는 기회로 삼을 수 있다. 위험을 감수하면 좋은 점을 발견할 수 있을 것이라고 제안해 볼 수도 있다. 상대가 흥미를 보이지 않으면 그것을 존중해 주는 것도 중요하다.

한편 대답이 "예."이면 사용할 도구를 고르라고 하고, 중요한 것은 과정이지 결과물이 아니라고 말하면 된다. 그 사람이 자기 감정을 탐색하기 위해 그림이나 동작을 활용할 때 당신은 대체로 침묵을 지키겠지만, 그렇게 온전하게 옆에 있어 주는 것도 아주 중요하다. 창조 활동을 할 때 안진하고 해석하지 않는 인간중심의 방식으로 의미를 탐색하도록 환경을 만들어 주면 신뢰를 쌓을 수 있게 되고, 스스로 역량을 강화할 수 있는 용기를 얻게 된다.

이 책에는 다양한 체험과 실제 사례가 실려 있지만, 아무것도 하지 않고 내담자나 참여자에게 "당신의 감정을 물감이나 찰흙, 동작, 소리, 글쓰기로 탐색해 보고 싶지 않아요?"라고 제시만 해도 당신은 이미 많은 일을 한 셈이다. 이렇게 청하는 것이 바로 심층 작업을 하기 위한 기본 계획이다. 나는 내담자와 집단 구성원, 친구들에게 늘 같은 말을 사용한다. 한 가지 예술방식을 가지고 작업하고 나면, "다른 방식으로도 해 보고 싶으세요? 이 그림을 보고 춤을 추거나 글을 쓰거나 소리를 내 보고 싶지 않으세요?"라고 또 묻는다. 만약 내담자가 동작을 했다면 "그 동작을 찰흙이나 물감 혹은 글로 표현해 보고 싶지 않아요?"라고 물어본다.

중요한 소재를 떠올리려고 기본 계획을 복잡하게 만들 필요는 없다. 약물 중독에서 회복 중인 사람이나 입원 환자, 노인, 슬픔에 젖어 있는 사람들, 수감자, 어떤 트라우마(지진이나 급우의 죽음 같은 것)를 겪은 학생들, 정신병동에 입원 중인 사람들, 당신의 지지와 관심을 필요로 하는 친구들에게 기본적인 창조적 연결 과정을 제시할 때는 간단한 방법이 더 효과가 있다.

일단 한번 이 과정을 제시하고 나면 그 사람이 자기 작업을 해석하는 방식을 존중해 주는 것이 중요하다. 이 책에서 제시하는 인간중심이라는 주제는 스스로 표현하고 방향을 찾고 창의성을 드러낼 수 있는 안전함과 이해, 무비판, 무해석의 환경이 반드시 필요하다는 것을 강조하고 있다.

약물 중독자에 대한 적용

약물 중독자의 회복을 돕는 방법과 약물 중독을 예방하는 방법을 찾을 때, 그 사람이 마음을 변화시키는 약물이나 행동에 의지하게 된 이유를 먼저 살펴볼 필요가 있다. 여기서는 이 심각한 주제를 살짝 건드려 볼 뿐이지만, 중독자가 '황홀' 하거나 변화된 의식 상태를 추구하는 것은 약물과 꼭 같은 기능을 하는 표현예술을 사용하는 것과 직접적인 관계가 있다.

나의 가설은 다음과 같다. 하이테크 문화와 산업 문명으로 인해 우리는 내면의 창조성과 분리되고 자기만족이라는 아주 중요한 감각과 단절되었다. 창조한다는 것은 매우 중요한 사건이다. 창조 과정은 집중하는 상태에서 이루어지고 나머지는 모두 사라진다. 우리는 이 과정을 의식이 변화된 상태 혹은 에너지가 충만한 때 어떤 목적을 가지고 방향을 설정한 행동이라고 부를 수 있을 것이다. 뭐라고 하든지 이 과정은 생기가 넘치는 과정이다.

창조적인 상태가 될 기회가 없다면 우리는 인생의 활기와 향기를 상당 부분 잃어버리는 셈이다. 우리 사회는 어린 시절을 자유롭게 표현할 수 있는 기회가 별로 없기 때문에 우리는 신경쇠약에 걸리고 욕구불만을 갖게 된다. 그러면 자극과 흥분을 경험하기 위해 다른 방법을 찾게 되는 것이다. 약물은 의식 상태를 바꾸는 또 하나의 방법이다. 충동적인 행동도 그런 방법 중 하나이다.

「약물 중독과 의식」이라는 논문에서 팻 페린(Pat Perrin)과 윔 콜먼(Wim Coleman)은 이런 질문을 던지고 있다. "약물 중독자의 문제가 영적인 갈구를 하는 우리의 문제와 정말 다른 것일까? 어떤 식으로든 전혀 중독자가 아니라고 말할 수 있는 사람이 얼마나 될까?" 이 두 사람은 결국 중독자가 된 사람들 역시 시작은 무엇인가 가치 있는 것을 찾아다니다 그렇게 되었다고 주장한다.

> 여러 건강 관련 전문가들이 내놓은 새로운 연구를 보면, 중독자들이 반드시 처음부터 아무런 책임감 없이 그저 쾌락만을 찾아다니는 응석받이는 아니었다고 한다. 이와 정반대로 합리적인 어떤 목적을 시도하다가 실패한 사람들일 수 있다는 것이다.[1)]

같은 논문에서 애리조나 대학교 중독학 교수인 앤드루 웨일(Andrew Weil)은 다음과 같이 말하고 있다.

> 약물 중독은 의지의 문제이고 인간은 의지가 약하다는 것이 우리 사회의 이론이다. 일반 사람들도 의지가 약해서 그렇게 된다고 믿는다.
>
> 이와 달리 우리는 중독자가 근본적으로 추구하는 것이 무엇인지에 초점을 맞추어야 한다. 중독자들은 하나같이 완전함을 체험하려고 애를 쓴다…. 이런 욕망을 전혀 알지 못하고 접근하는 연구는 약물치료가 이 욕망을 충족시키는 대안을 가르쳐 주지 못하는 것과 마찬가지로 실패할 운명에 처할 것이다.[2)]

표현예술은 확실히 그런 욕망 충족의 대안으로 흥미를 불러일으킨다. 약물 중독이나 자기탐닉적인 행동은 사람들이 자신의 창조성을 접하는 방법을 찾을 때 흔히 시작된다. 억압된 감정을 행동으로 드러내기 위한 자극제로 약물을 사용하면 그 약물이나 행위에 걸려들게 된다. 창조하려고 노력하는 중에 자신을 풀어놓는 데 도움이 되는 약물을 체험하고 난 뒤 알코올이나 다른 약물에 중독되어 버린 사람들을 우리는 잘 알고 있다. 글이 술술 잘 써지도록 와인 한 잔을 마시는 작가, 드럼을 더 멋지게 치려고 코카인을 흡입하는 음악가, 하루를 활기차게 만들어 주기도 하고 좀 더 창조적인 생각을 하게 해 주는 약물을 사용하는 사람들, 우리 모두 이런 사람들에 대해 한두 번 들어 봤을 것이다. 그러나 세월이 흐르면 약물이 주인이 되어 버린다. 중독된 사람의 정신은 흐리멍덩하고 둔해진다. 자기표현의 길에 들어섰다가 자기파괴의 길로 빠져 버리는 셈이다.

약물 중독을 예방한다는 의미에서 창조적 연결 과정에 참여하는 것은 좀 더 자발적이고 억압된 감정에서 풀려나는 한 가지 길이 될 수 있다. 북을 치고, 춤을 추고, 그림을 그리고, 글을 쓰고, 명상을 하고, 즉흥 활동을 하고, 노래를 하는 것은 억눌린 감정을 창조성으로 돌리는 수단이 된다. 사람들, 특히 청소년들에게 그들의 창조적인 에너지를 건설적으로 사용할 수 있는 기회를 제시하는 것은 우리의 의무나 다름없다. 오늘날 우

1) Pat Perrin & Wim Coleman, "Addictions and Consciousness," *New Realities*, Sept./Oct., 1987.

2) Pat Perrin & Wim Coleman, "Addictions and Consciousness," *New Realities*, Sept./Oct., 1987. p. 25.

리는 흥겹고 자발적인 표현을 너무나 억눌러 와서 사회는 마치 폭발 직전의 압력솥 같다. 만일 가정과 학교에서 창조적인 자기표현을 강조하고 통합할 수 있다면 젊은이들은 약물에 그토록 끌리지 않을 수도 있다. 이들은 안전하고 평가하지 않으며 점수를 매기지 않는 환경에서 감정을 드러내게 해 주는 무아지경의 춤추기, 조소하기, 그림 그리기, 글쓰기를 함으로써 흥분감과 도취감을 느낄 수 있다.

표현예술은 예방 차원뿐만 아니라 약물에서 회복하는 데도 중요한 장점을 가지고 있다. 치료의 첫 번째 단계는 자발적이든 정해진 방식을 따른 것이든 중독자가 약물을 끊는 것이고, 두 번째 단계는 중독자가 자신의 행위를 통제하도록 도와주는 것이다. 가장 필수적인 세 번째 단계는 중독자가 자신의 영혼과 함께 잠재적인 자아를 그려 보고 경험할 수 있는 방법을 제시하는 것이다.

이 세 번째 단계를 상세히 설명하기 위해 시에라 투손 치료 센터에서 회복 중인 50명의 중독자들과 하루 종일 실시했던 워크숍에 대해 설명하겠다. 그곳의 직원들은 그날 마침 연수 중이어서 나는 아침 9시부터 오후 5시까지 전체 입원 환자들과 함께 보냈다. 시작하기에 앞서 나는 중요한 원칙을 세웠다. "모든 사람이 이 큰 방에 함께 있어야 하지만, 원하지 않는다면 반드시 참여할 필요는 없습니다." 나는 또 표현예술을 행하는 지침도 설명했고 수치심, 분노, 사랑, 외로움 등 모든 감정을 예술로 표현할 수 있다고 강조했다. 이 작업은 감정을 발견하게 도와주는 것이 목적이라고 말하면서 중요한 점은 과정이지 결과물이 아니라는 것도 강조했다.

대부분의 입원 환자들이 참여했다. 그들은 노동자, 목사, 사업가, 주부, 의사, 학교 중퇴자 등이었다. 참여하지 않고 지켜보는 사람들은 알코올 해독 치료를 시작한 지 1주일이 안 되는 소수였다.

우리는 각 개인의 내면 여행에 초점을 맞추어 창조적 연결 과정을 하면서 매우 집중된 하루를 보냈다. 사람들은 눈을 감고 '이것이 나예요'를 표현하기 위해 몇 가지 동작을 체험해 본 뒤, 자기의 정체성을 탐색하기 위해 그림을 그리고 조소를 만들고 콜라주 작업을 했다. 작업하면서 눈물을 흘리는 사람도 있었고 콧노래를 부르는 사람도 있었으며, 불안해하거나 흥분한 것처럼 보이는 사람도 몇몇 있었다. 나는 그들에게 자신의 동요된 마음을 미술로 옮겨 보라고 제안했다. 미술 작업 뒤에는 자유로운 글쓰기를 했다.

그 뒤 사람들에게 짝을 지어 자기들이 발견한 것에 대해 이야기를 나누라고 했다. 그 다음에 우리 모두는 서로의 미술 작업을 살펴본 후, 나는 그들이 깨달은 것을 다른 모든 사람들과 얘기를 나누라고 부탁했다. 피드백을 하는 중에 일부는 약물 중독에서 회복된 뒤 어떤 사람이 될지 그려 볼 수 있는 기회를 갖게 되어 감사하다고 말하기도 했다. 그들은 자신이 약물을 끊는 중에 있지만 다시는 약물을 하지 않는 것이 어떤 것인지 체험해 보는 기회가 필요하다고 했다. "이 작업으로 희망을 갖게 되었어요. 그동안 나는 내 행동을 살펴보았고 변하려고 애썼지만 오늘에서야 비로소 미래에 대해 전망할 수 있는 기회를 가지게 되었습니다."라고 말한 참가자도 있었다. 또 어떤 사람은 창조적 연결 과정을 통해 오래전에 잃어버렸던 자신의 영성을 다시 접하게 되었다고 말했다. 그날 많은 사람들이 심오한 정서적 상태를 체험했고 이제 거기서 풀려났다는 기분을 느꼈다.

이 실험을 하도록 나를 부른 것은 프로그램 관리자들이었다. 나와 관련자들에게는 인간중심 표현예술이 입원 환자들의 회복을 위한 치료 프로그램을 완성할 수 있다는 것이 분명해졌다. 장기 입원 환자들의 말을 들어 보면 약물을 끊는 것은 회복 치료의 시작에 불과하다는 것이다. 새로운 정체성을 만들고 자신의 창조성을 회복하는 것은 온전하게 잠재력을 발휘할 수 있도록 하는 안정된 성장을 위한 필수적인 단계이다. 표현예술은 하나의 길이 될 수 있다.

12단계 프로그램과 표현예술의 공동 작업

이 책에서 설명하는 표현예술 방식은 알코올 중독 방지회나 폭식 방지회 같은 12단계 프로그램에 특히 잘 어울린다. 이와 같이 성공적인 자조 프로그램은 자신을 정직하게 드러내고 스스로 행동을 바꾸도록 사람들이 서로서로 도와주는 것에 의지하고 있다. 몇 주가 흐르면서 참여자들은 약물 남용과 회복에 얽힌 개인적인 이야기를 서로 나누게 된다. 그들은 성공담과 실패담도 함께 나누면서 수치심도 떨쳐 버리고 완벽해져야 한다는 생각도 털어 버릴 수 있다. 그렇게 하다 보면 완만하지만 꾸준한 속도로 개인의 성장과 행동 변화가 가능해지는 것이다.

엄격한 규칙이 집단의 역동을 다스린다. 공식적으로는 모든 사람에게 반응하는 대화나 표현예술 같은 개인 성장 방식이 허용되지 않는다. 그러나 개인이 운영하는 집단은 자기이해력을 키우고 의사소통을 원활하게 하기 위해 알코올 중독 방지회의 12단계 방법을 도입하여 다른 방법들과 함께 사용하는 경우가 많다. 가령 알코올 중독 방지회의 네 번째 단계는 다음과 같이 시작한다. "자신의 성격을 주저 없이 나열해 보라…. 네 번째 단계는 과거와 현재 우리의 책임이 무엇인지 발견해 내고자 하는 용감하고 끈질긴 노력이다."[3] 이 말은 정서적인 안정감, 섹스, 돈, 권력에 대한 우리의 사회적 충동이 생존에 매우 필수적인 것이지만, 그럼에도 빗나가거나 난폭해지는 경우가 얼마나 많은지 탐색해야 한다는 뜻이다. 회복기에 있는 중독자가 자신의 욕구와 충동을 깨달을 수 있도록 이미지를 활용하면 도움이 되는 경우가 있다. 그림 한 장이 수천 마디 말보다 더 가치가 있을 때도 있다. 그 사람이 죄책감과 수치심, 당혹스러움을 느낄 때는 더더욱 그러하다.

다음은 바로 이런 점을 깨달을 수 있도록 한 사람을 도와준 예이다. 이 작업은 집에서 혼자 할 수도 있고 집단으로 할 수도 있다.

충동 탐색

⚜ 나의 거친 면

눈을 감고 사회적인 충동이 일어나는 순간을, 특히 통제할 수 없고 아주 난폭해지는 순간을 명상해 보라. 그런 충동에는 권력, 돈, 섹스, 또는 당신에게 중요한 모든 욕구가 포함된다. 어떤 감정이나 이미지도 자연스럽게 떠오르도록 내버려 두라. (1분 정도 멈춘다.)

이제 잡지를 넣어 둔 콜라주 상자로 가서 아무 그림이나 고른다. 명상할 때 떠올랐던

---

3) Alcoholics Anonymous, *Twelve Steps and Twelve Traditions* (New York: Alcoholics Anonymous World Services, Inc./P.O. Box 459, Grand Central Station/New York, NY 10017; 1952), p. 42.

이미지에 맞추려고 그림을 고르지는 말라. 보는 순간 당신에게 말을 거는 그림을 골라 마음대로 배열하고 풀로 붙인다.

이 작업을 마쳤으면 그림을 곰곰이 들여다보고 그림에 어울리도록 자유롭게 글을 써 본다. 아니면 '나는 …이다, 내게는 …가 있다, 내 기분은 …하다' 등으로 시작하는 문장 다섯 개를 적어 보라.

일어나서 그림을 벽에 붙인다. 그림에 맞춰 동작을 하거나 소리를 내어 보라. 어떤 기분이 드는가? 움직이면서 "나는 … 충동이 느껴져요. 나는 … 필요해요. 나는 … 싶어요."와 같이 말해 보라. 이럴 때 어떤 느낌이 드는가?

다음에는 당신의 느낌을 색채, 선, 리듬과 형태로 재빨리 표현해 본다. 평소 쓰지 않는 손을 사용해 보라. 아니면 찰흙을 사용하여 눈을 감고 아무 형태나 나오게 만져 보라.

그림이나 찰흙 작품에 맞춰 글을 쓰거나 동작을 해 보라. 당신 자신에 대해 무엇을 발견했는가?

⚜ 사회적 에너지를 건설적으로 활용하는 법

난폭해지거나 통제할 수 없는 감정을 탐색했으면 그 에너지를 건설적으로 활용할 때 당신이 어떤 모습이 되는지를 표현해 주는 콜라주나 그림, 찰흙 작품을 만들어 본다. 눈을 감고 섹스, 음식, 권력에 대한 충동과 접촉했을 때 당신이 경험한 에너지를 떠올려 보라. 그 에너지를 유용하고 건설적인 방식으로 활용했던 때도 떠올려 보라. 숲을 산책하거나 무언가 수리하는 것처럼 아주 단순한 것일 수도 있고 복잡한 것일 수도 있다. 친밀한 관계를 맺는다든지, 파티를 위해 요리한다든지, 회의를 이끈다든지, 시를 쓴다든지, 무엇을 만든다든지, 새로운 아이디어를 개발하는 것도 이에 해당한다. 당신의 에너지를 창조적인 노력으로 이어 줄 유용한 방법들을 떠올릴 수 있는지 살펴보라.

이제 콜라주 상자로 가서 당신에게 말을 걸어 오는 그림을 찾아보라. 이때 잘되거나 잘못된 것은 없다. 콜라주 작업을 마치면 그것에 대해 글도 써 보고 춤도 춰 보라(또는 춤을 먼저 추고 글을 써 보라). 당신의 에너지를 동작을 통해 생산적으로 활용하면 어떤 기분이 드는지 살펴보라.

자신을 통제할 수 없을 때(너무 많이 먹거나 너무 많은 것을 요구하고 싶은 기분이

들 때), 그리고 에너지를 건설적으로 표현했을 때 각각 기분이 어떤지 비교해 보라. 나는 당신의 에너지에 한계를 설정하거나 경계를 두지 않는다. 그것을 표출하는 길을 찾아내라고 제안할 뿐이다.

✢ 다리 놓기

두 개의 콜라주를 바라보고 거기에 맞춰 동작을 한 후 세 번째 예술형식이 떠오르게 하라. 이렇게 하면 존재의 두 가지 상태, 즉 거친 충동과 건설적인 행동으로 이어지는 충동 사이에 다리를 그려 볼 수 있게 된다.

이 그림에서 또 하나의 동작이 생겨날 수 있다. 동작은 다리 놓기 작업에 대한 통찰을 얻는 데 특히 유용하다. 먼저 거친 감정이 이끄는 대로 움직이고 그 다음에 건설적인 에너지에 맞춰 움직이면 하나의 감정 상태에서 다른 감정 상태로 변하는 방법을 동작으로 이해할 수 있게 된다. 어떤 한 감정에서 다른 감정으로 옮겨 가면 자신의 변화하는 단계를 추적할 수 있다. 당신은 동작을 해 봄으로써 "아, 속도를 좀 줄이고 흥분도 가라앉히고 차분해져야겠어."와 같은 정보를 얻을 수도 있다.

이런 경험에서 생긴 그림들은 우리가 해야 하는 내면의 작업을 상기시켜 준다. '내 삶에 도움이 되도록 에너지가 기능하는 상태의 나'와 정반대가 되는 자신의 거친 측면을 경험해 보면 할 수 있는 일에 대한 새로운 관점을 얻게 된다.

자기탐색을 필요로 하는 모든 상황에 맞도록 표현예술 체험을 계획하는 것도 가능하다. 나는 이미 한 가지 가능성을 제시했다. 다른 사람에 대해 생각해 보라. 촉진자는 "어떤 표현예술이 이 사람이 내면을 경험하고 탐색하도록 도와줄 수 있을까?"라고 자문해야 한다. 단 한 가지의 완벽한 계획이란 없다. 여러 가지 경로를 밟아도 이르는 곳은 내면의 핵심이라는 동일한 지점이다. 옳거나 그른 결과가 전혀 없는 표현예술을 체험해 보면 사람들은 자신의 새로운 면을 발견할 기회를 가질 수 있다. 12단계 중 무엇을 활용해 보아도 회복 중인 알코올 중독자, 알코올에 중독된 미성숙한 성인, 회복 중인 다른 약물 중독자 등을 도와주는 과정을 만들 수 있다. 표현예술은 이런 사람들이 자기 감정과 미래의 가능성을 탐색하도록 도와준다.

인생 일람표

우리 인생의 목록을 만들기 위해 예술을 활용하면 회복 중인 사람이나 성폭력을 당한 사람 등 모든 사람들에게 매우 큰 도움이 될 수 있다. 기억이나 과거 이미지에 자극을 주기 위해서는 제6장에서 상세하게 설명한 '인생의 만다라' 나 '생애의 선' 을 활용해 볼 것을 권한다. 무의식과 이미지가 과거 사건을 떠올리게 함으로써 이것이 자기이해를 돕고 앞으로의 행동을 선택하는 데 도움이 된다.

성폭력을 당한 사람과 함께한 작업

성폭력 때문에 생긴 문제를 다루고 있거나 과거에 성폭력을 당한 적이 있다는 것을 깨달아 가는 초기 단계에 있는 사람들은 미술의 이미지 작업을 통해 숨겨진 정보를 찾게 되는 경우가 종종 있다. 나의 표현예술 수업에 참가했던 한 상담자는 어떤 그림을 그렸는데, 그녀는 그 그림이 아주 기괴하고 무시무시하다고 했다(사실 우리는 그 그림이 그다지 무서워 보이지 않았는데, 이것은 그림 그리는 사람이 자기 그림에 대해 느끼는 감정을 존중하는 것이 매우 중요함을 다시 한 번 강조한다). 이 그림이 그녀에게는 너무나 끔찍하게 보여서 수업 중에는 그것에 대해 말도 하지 않으려고 했다. 그러나 그것이 중요한 그림이라는 것을 그녀는 알고 있었다.

나중에 그녀는 그 그림을 자기 치료사에게 가져갔는데 치료사가 그림의 의미를 탐색하도록 도와주었다고 한다. 이 여성은 그 치료사가 비록 미술치료 훈련을 받지는 않았지만 그림을 활용하여 자기가 당한 성폭력과 관련된 숨겨진 의미를 찾을 수 있도록 도와주려고 해서 기뻐했다. 그녀는 무서운 이미지가 표면 위로 떠오른 것을 감사하게 생각했다. 그것을 드러내는 것이 고통스럽고 혼란스러웠지만 치료를 위해서는 필요한 부분이었다.

어떤 사람이 자기 내면에 있는 어린아이 — 발랄하고 잘 노는 아이에서부터 상처 입고 버려진 아이까지 모두 포함하는 — 와 접촉하도록 만들어 주는 표현예술 방법은 성폭력이라는 사건을 직시하는 데 도움이 된다. '인생의 만다라' 도 한 가지 연습 방법이

성폭력의 생존자
표현예술은 억눌린 기억을 되살리는 데 도움이 되기도 한다. 표현예술은 말로 표현하지 못하는 감정을 방출하는 방법으로 활용될 수도 있다.
_나탈리 로저스

된다. 또 다른 방법으로는 상처 입은 아이의 모습으로 자신을 그려 보라고 하거나, 상처 입은 사람이 되는 것이 어떤 기분인지 그림을 그려 보라고 제안하는 것이다. 세 번째 가능성으로는 '차마 말할 수 없는 것' 이라는 제목으로 그림을 그리거나 콜라주를 만드는 것이다. 수치심, 죄의식, 자기부정, 정서적인 트라우마는 성폭력과 아주 복잡하게 뒤얽혀 있기 때문에, 그런 경험은 오랜 세월에 걸쳐 부정하는 심리로 겹겹이 덮여 있는 경우가 흔하다. 도저히 말로는 표현할 수 없을 때, 시각예술은 그런 이미지가 떠오를 수 있는 기회를 마련해 준다.

표현예술을 활용하는 치료사나 그룹 촉진자들은 그림, 동작, 이미지, 소리가 잊고 있었던 사건을 불러낸다는 것을 잘 인식하고 있어야 한다. 트라우마가 된 사건을 드러내기 시작하는 사람의 속도를 존중해 주는 것이 아주 중요하다. 밀어붙이면 안 된다. 참가자의 설명을 곧이곧대로 받아들여야 한다. 참가자는 이미지의 중요성을 알아차리고 그 사건의 미스터리 속으로 들어가고 싶은지 아닌지를 스스로 결정해야 한다.

상처의 딱지를 떼어 내라고 강요하면 역효과를 낳게 된다. 딱지에는 보호 기능이 있기 때문이다. 딱지가 말랑말랑해지다가 부드럽게 떨어져 나가는 것이 치유를 위해 더욱 적절하다. 성폭력을 당한 경험이 의식 속으로 올라와 치료되기까지는 몇 달이 걸릴 수도 있다. 그리고 그 일이 아주 빨리 진행되는 경우도 있다.

한번은 나의 학생 중 한 명이 콜라주를 만들고 그 콜라주에 맞춰 동작을 했다. 글을 쓰다 보니 한 편의 시가 나왔다. 그 뒤 그 학생은 이렇게 말했다.

> 글을 쓰면서 끔찍한 절망감을 경험하게 되었어요. 어린 시절 당했던 성폭력으로 인한 그 절망감이 이제 막 내 인생에 떠오르고 있는 거예요. 춤출 때 했던 격렬한 동작은 그 일 때문에 내 몸속에 가둬 두었던 엄청난 분노를 방출하는 동작이었고, 그걸 털어 낼 수단을 갖게 된 것이 아주 좋았고 만족스러웠어요…. 그 분노 밑에는 절망감, 나의 어두운 면, 빛이 있었습니다.
>
> 나의 성욕을 되찾게 되자 나 자신의 전체성에 대한 이해력이 새로운 전망을 갖게 되었어요. 콜라주 작업을 하는 동안 그게 너무나 분명해져서 나의 본질이나 영혼이 함께 작업하는 기분이 들었어요…. 콜라주에 계속해서 등장하는 주제는 내가 만든 여러 가지 다른 얼굴들이 조화롭지 않아 보인다는 것이었죠. 눈은 코랑 아주 멀리 떨어져 있고 입은 눈에서 떼어 낸 것 같았고요, 또 어떤 그림을 보면 다이애나 황태자비의 머리가 완전히 떨어져 나가고 몸이 뒤집어져 있는 거예요.
>
> 어린 시절 겪었던 성폭력으로 인해 나는 성욕을 진정한 나의 일부로 받아들이지 못했어요. 성욕이 생기면 엄청난 수치심과 죄의식을 느꼈지요.
>
> 이제 콜라주 작업을 마치고 나니 나의 분열된 성욕에 대한 해결책이 이 콜라주에서 드러날 수밖에 없었다는 것이 아주 분명해지네요.[4]

깨달음이 첫 번째 단계이다. 이 여성은 동작과 미술 작업을 통해 자기 몸으로 무의식적인 메시지를 경험하게 된 것이다. 즉 콜라주에 표현된 메시지를 몸으로 체험한 것이다. 그녀는 콜라주를 연구하고 그것에 맞춰 춤을 추면서 다른 측면도 스스로 드러나도록 두었다. 이 여성은 어머니와 같은 대지를 더 잘 알게 됨으로써 치유법을 찾았고, 자기 몸에 감사하는 것은 물론 자연에 감사하는 시간을 갖겠다며 글을 마쳤다.

폭식하는 사람과 함께한 작업

표현예술을 활용하면 섭식장애라는 표면 아래에 있는 어린 시절의 트라우마를 알게 될 수도 있다. 자기탐색을 시작하는 단계로 나는 다시 한 번 콜라주를 제안하는데, 이는 잡지에서 고르는 글자나 그림이 매스컴에서 말하는 아름다운 몸의 이미지 — 우리의 자존감에 영향을 미치는 — 와 직접 관련이 있기 때문이다.

음식의 중요성과 의미

우리 인생에서 음식의 중요성과 의미가 무엇인지 몇 분간 명상을 한다. 그 다음 잡지나 신문에서 글자나 그림을 골라서 콜라주를 한다. 마치고 나면 '나는 …이다.', '나는 …을 가지고 있다.', '내 기분은 …하다.' 같은 문장을 다섯 개 만들어 본다.

그 다음 콜라주를 벽에 붙여 놓고 곰곰이 들여다보라. 그 이미지가 어떤 감정을 불러일으키는가? 떠오른 감정을 동작으로 표현하거나 소리를 내어 보라. 자신에 대해 어떤 것을 발견하게 되는가?

이제 '이것이 나예요'라는 제목으로 찰흙 작품을 만들어 보라. 찰흙의 질감을 완전하게 경험하려면 눈을 감고 시작한다. 무언가 떠오르게 하라. 그 다음에는 찰흙 작품에 대해 자유로이 글을 쓴다. 마지막으로 그 찰흙 작품의 자세를 따라 해 보고 동작도 해 본다. 또 무엇을 발견하였는가?

---

4) Alexandra Folts, "Modalities of Expressive Arts: The Creative Connection"(Orinda, CA: JFK University, student paper, 1988).

이렇게 콜라주를 만드는 과정과 함께 동작과 소리를 활용해 보고 찰흙 작품도 만들어 보고 그것에 맞춰 글도 쓰고 춤도 추다 보면, 당신은 몸이 전하는 메시지에 귀를 기울이게 되고 무의식이 의식화된다. 당신은 그렇게 탐색하면서 자신에 대한 정보를 얻고 있는 셈이다. 행동이 변하는 것은 쉬운 일이 아니다. 당신에게 동기를 부여해 주는 것이 무엇인지 깨닫는 일이 첫 번째 단계인 것이다.

슬픔을 경험한 사람과 함께한 작업

부모나 자식, 배우자나 파트너 혹은 사랑하는 친구 등, 우리는 결국 사랑하는 사람의 죽음을 겪을 수밖에 없다. 어린아이도 자기가 사랑하는 동물의 죽음을 경험할 수 있다. 무척 아끼는 사람이 죽으면 이에 대한 반응 과정이 서서히 일어난다. 맨 처음엔 충격이 오고 그 후에는 거부 단계로 접어든다. "어떻게 이런 일이 일어날 수 있어! 사실이 아니야! 믿을 수 없어."와 같은 말은 갑작스레 사망 소식을 들었을 때 전형적으로 하는 말이다. 믿지 못하는 상태는 흔히 분노로 이어진다. 사랑했던 사람이 떠난 것에 대해 분노하거나 세상에 대해 분노하거나 그 사람을 데려간 신에게 분노하는 것 말이다(그 분노를 자기 주변의 가족에게 재빨리 옮겨 버리는 경우도 있다). 이어서 비탄과 슬픔이 뒤따른다. 결국 슬픔을 표면 위로 드러내고, 사랑이 가득한 환경에서 그것을 표현하는 법을 찾으면 상실을 인정하게 된다. 이로써 내면의 치유가 진행된다.

이러한 감정들은 모두 한꺼번에 나타나기도 하고, 죽음을 알고 난 즉시 일어나기도 하며, 오랜 기간에 걸쳐 서서히 일어나기도 한다. 거부 단계에 머물러 있는 사람도 있고 분노를 이겨 내지 못하는 사람도 있다. 몇 년 동안 슬픔과 우울에 젖어 있는 사람도 있다. 슬픔은 너무나 심오한 감정이어서 사람들은 파이프 속에 솜뭉치를 쑤셔 넣듯이 마음속 깊이 그 감정을 넣어 둔다. 이 상태는 갑작스럽고 예기치 못했던 죽음으로 충격을 받았을 때 누구나 그렇듯이 소리쳐 울고 비명을 지르는 것에서 시작하여 인생의 다른 경험들을 완전히 가려 버린다. 대부분의 문화권에서는 장례식의 일부로 곡하는 것을 장려한다. 그러나 서구의 금욕적인 문화에서는 누가 슬픔을 겉으로 드러내면 얼굴을 찌푸

작별 고하기
끝을 받아들이면 치유 과정이 시작된다. 말조차 할 수 없을 때 이미지는 말을 할 수 있게 도와준다._나탈리 로저스

림으로써 애도 절차를 더욱 악화시킨다.

상실감에 직면하도록 도와주는 것은 애도의 여러 단계를 거치고 완전한 인생을 살 수 있게 하는 데 매우 중요하다. 오랫동안 상실감이나 슬픔을 억눌러 왔던 사람들이 어떤 계기가 생기면 그 고통스런 물집을 터뜨려 버린다는 것을 우리는 알고 있다. 치료사인 우리는 끔찍한 고통이나 슬픔을 극복하는 일은 누군가를 잃어버렸다는 사실을 인정하는 것으로부터 시작한다는 것을 알고 있다. 이렇게 받아들이는 과정은 서서히 일어날 수도 있고 갑작스레 일어날 수도 있다. 상실을 인정하면 안도감이 생기고 새로운 인생을 열 수도 있다. 끝을 이해하고 받아들이는 것, 즉 누군가가 정말로 이 세상을 떠났다는 것을 이해하고 받아들이는 것이 치유 과정의 시작이다.

우리는 치료사이기 때문에 사람들이 자기 식으로 슬퍼하게 내버려 두는 것이 매우 중요하다는 것을 잘 안다. 세월이 약인 것이다. 사람들은 자기 나름의 시간 감각이 있다. 다음의 실례는 인간중심의 환경에서 자유로이 제시해 볼 수 있는 것들이다. 슬픔에 젖은 사람이 아직 준비가 되어 있지 않으면, 아직은 아니라고 말하거나 잠시 멈추자고 편하게 말할 수 있어야 한다(슬픔에 젖은 사람에 대해 심도 있게 작업한 것에 관해서는 제9장의 '게일의 청어 뼈'를 참조하라).

표현예술치료사들이 소리, 동작, 시각예술을 통해 사람들의 고통을 덜어 주고 그들이 상실을 인정하도록 도와줄 기회는 아주 많다. 애도 작업을 할 때 시각예술과 소리를 활용하는 예가 이 책 전체에 걸쳐 여러 번 나온다. 말이 목구멍에 걸려 있거나 마음속 깊이 묻혀 있을 때 동작이나 시각예술로 그 감정을 표출하고 싶은지 물어보는 것이 적절하다는 것만 상기시키고자 한다. 나도 함께 소리를 내겠다고 말함으로써 내담자가 소리를 활용하는 데 도움이 되는 경우가 많다.

사랑하는 이에게 안녕이라고 말하는 법

우리는 대개 이제는 가고 없는 사람에게 말하지 못했던 많은 말들을 생각한다. 다음은 작별을 고하는 과정을 촉진하도록 도와준 표현예술의 한 사례이다.

> 이제 의자에 조용히 앉아서 돌아가신 분과 함께 나누었던 시간과 사건들을 생각해 보세요. 사랑이 충만했던 때, 좌절했던 때, 조화롭지 못했던 때, 즐거웠던 때를 되새겨 보세요. 그 사람에 대해 당신이 느꼈던 모든 감정을 떠올려 보세요. 누군가를 사랑한다는 것에는 따뜻한 감정은 물론 분노하고 믿지 못하는 감정도 포함된다는 것을 깨달아야 합니다.
>
> 몇 가지 사건을 되새겨 보았으면 이제 종이에다 평소 쓰지 않는 손으로 돌아가신 분에 대한 여러 가지 감정을 당신이 표현하고 싶은 만큼 많이, 재빨리 그려 보세요. 그림마다 단어를 다섯 개씩 써 보세요. 즉 그림을 보면서 가장 먼저 떠오르는 단어이면 무엇이든 괜찮습니다.
>
> 그린 그림에 맞춰 춤을 춰 보는 것도 도움이 됩니다. 몸이 움직이고 흐느적거리며, 발을

구르고 쿵쿵거리며 왔다 갔다 하도록 내버려 두면 슬픔과 분노와 비탄에 젖은 심정을 푸는 데 효과가 있습니다.

이제는 죽은 사람에게 편지를 쓸 차례이다. "사랑하는 ______ 에게, 기회나 용기가 없어서 말하지 못한 것이 있어요. 당신이 …을 알아주었으면 좋겠어요."와 같이 시작하는 글을 쓴다. 사랑이건 슬픔이건 분노건 마음속에 있는 모든 것을 말해 본다. 자신을 가로막지 않는다. 원하지 않는다면 누구에게도 그 글을 읽어 줄 필요가 없다.

이런 것은 참으로 쓰기 힘든 편지일 것이다. 쓰는 중에 울 수도 있고 분노를 느낄 수도 있지만 그렇게 흘러나오게 하라. 강처럼 물은 흘러가야 한다. 그 강을 막아 버리면 정신은 물론 육체도 상할 수 있다.

지진, 홍수, 화재 같은 재해의 희생자들을 위해 일하는 사람들, 호스피스로 일하는 사람들은 인간중심 표현예술을 훈련받으면 도움이 될 수 있다. 외상 후 스트레스 장애도 표현예술을 활용하면 좀 덜해질 수 있다. 도저히 말로 할 수 없을 정도로 트라우마가 심할 때, 사람들은 상징이나 색채, 동작, 소리가 표현을 도와주는 적절한 경로가 될 수 있음을 알게 된다. 교사들도 아이들이 그런 트라우마를 갖고 있을 때 미술이 도움이 된다고 말한다. 아이는 물론 성인에게도 적당한 방법이다.

슬픔을 경험한 아동과 함께한 작업

표현예술을 아동들에게 활용하는 것은 따로 책 한 권을 써야 할 정도로 광범위하고 흥미로운 주제이다. 여기서는 우리 훈련 과정을 마친 한 사람이 자기 동료와 함께 개발한 어떤 프로그램을 언급하고자 한다.

앤 블랙(Anne Black)과 페니 심슨 애덤스(Penny Simpson Adams)는 슬픔에 빠진 아이들을 위해 표현예술을 활용해 보기로 했다. 그들은 HEALS(Hospice Expressive Arts Loss Support)라는 프로그램을 개발 중이었다. 이 분야와 관련된 여러 학교장과 상담자, 교사들에게 이 생각을 제안했을 때, 그들은 슬픔에 젖어 있는 아이들과 죽음에 대한 얘기를 나누는 것에 대해 매우 불편해했다. 그들은 집단 환경에서 치유하고 보살피는 방법을 찾기 위해 표현예술과 의식을 사용하는 방법을 배울 기회가 있어서 아주 좋아했다. 상담자들은 이 훈련을 자기 자신의 상실감을 치유하는 기회로 삼았으며 치유로서의 표현예술을 체험하게 되었다. 이 시범적인 프로젝트에는 40명의 아동이 참여했는데 각 학교에서 실시하는 8주짜리 지지 모임(한 그룹에 8명씩)에 나가는 아이들이었다.

> HEALS는 다음과 같은 각각 다른 네 가지 죽음으로 인해 위기를 겪고 있는 학교에서 도와달라는 부탁을 받았다. 선천성 심장질환을 앓던 한 십대 청소년이 학교에서 무용을 하던 중에 죽은 사례, 주간 어린이집에 다니던 세살박이가 자기 아버지의 차에 치여 죽은 사례, 암이 재발한 것을 알게 된 십대의 자살, 네 곳의 학교에서 음악을 가르치던 인기 많은 선생님이 살해당한 사건이었다. 우리는 각각의 사례에 따른 위기관리 지침서, 테디 베어, 미술 재료를 가지고 학교에 갔다. 여기서 겪은 경험은 우리의 스승이 되었고 모든 경우가 장차 우리가 훈련할 내용의 일부가 되었다.
>
> 이 시범 프로젝트에서 개발된 HEALS 훈련 프로그램은 경험에 근거한 것인 동시에 이론적인 것이기도 하다. 이미지, 동작, 소리, 그림, 글쓰기를 활용하는 것은 경험에 해당한다. 치료 과정뿐만 아니라 참가자들에게 아동의 슬픔의 징후와 진행 단계에 대해 설명했으며, 기념하고 종결할 때 사용할 수 있는 의식적인 아이디어를 주었다. 이 모든 작업의 철학적 토대는 공감을 하면서 경청하는 인간중심의 접근법이다.[5)]

중요한 가족 구성원을 잃은 아이들을 위한 다른 실험적인 프로그램도 있을 것이다. 이 프로그램은 내 주의를 끈 것 중의 하나이고, 아직 개발 초기 단계에 있기는 하지만 자기 이해와 치유의 방법으로 인간중심의 환경에서 표현예술을 활용하고 있다는 점 자체가 주목할 만하다.

노인과 함께한 작업

창조적 연결 과정을 건강한 노인들에게 실시해 보면 다른 연령대의 사람들과 크게 다르지 않다는 것을 알 수 있다. 사람들이 표현할 수 있도록 도와주는 예술 과정을 기획할

---

5) Anne Black, The Center for Creative Healing/The HEALS Program/P.O. Box 1576, Brattleboro, VT 05302 (manual available).

때는 특정한 집단의 요구 사항과 개인적인 문제 전반에 걸쳐 생각해 볼 필요가 있다. 노인들은 창조성과 관련되면 특히 비판적으로 생각하는 경향이 있다. 심판관이나 내면의 비판자가 너무 오랫동안 이들과 함께 살아온 탓이다. 촉진자들은 과정이 중요하지 결과물이 중요하지 않다는 것을 강조해야 한다.

그래도 자기 방식을 고집하고 보기 좋은 결과물만 내놓으려는 노인들이 많다. 촉진자가 해결해야 할 과제는 노인들이 결과물에 만족하면서도 자기표현을 제대로 할 수 있는 프로젝트를 고안해 내는 일이다. 예를 들면 모자, 숄, 가면 등을 꾸며서 그들이 좋아하는 캐릭터를 만드는 방법이 있다. 노인들이 좋아하는 캐릭터를 찾아보라. 만일 노인들에게 기회가 있다면 그들이 되고 싶어 했을 캐릭터를 찾아보라. 눈 주위만 가리는 가면(할로윈 때 사용하는 값싼 것)으로 먼저 시작하고, 그 다음 그것을 장식할 천 종류를 제공하라(깃털, 새틴 천, 비즈 등). 사용하던 모자나 숄을 가져와 다시 장식하게 해도 된다. 특정 인물이나 감정을 표현해 보게 하라(여왕, 악마, 평화, 두려움). 그 다음에 단순한 동작으로 자기 감정을 표현해 보도록 격려하라. 이 동작은 앉아서 해도 되고 서서 해도 된다.

건강하지 못한 노인들은 미래를 내다보는 것보다 과거를 회상하는 데에 더 관심을 보이는 경우가 있다. 이들 중 많은 사람들은 인생에서 경험한 것을 수확하기 위해 이 욕구를 충족시켜 주는 프로젝트를 좋아한다. 이미지 여행을 활용하면 그들이 행복했던 순간이나 흥겨웠던 시절을 떠올릴 수 있다. 그리고 이야기 만들기(옛날 옛적에…)나 콜라주, 찰흙, 그림, 글쓰기 등을 통해 자기 감정을 표현하는 방법을 제안할 수 있다.

나의 동료 마리아 곤잘레스-블루(Maria Gonzalez-Blue)는 몇 달 동안 한 주에 여러 시간씩 요양소에서 '특수치료'가 필요한 노인 집단과 작업한 적이 있었다. 이 노인들은 기동력이 떨어지고 언어로 의사소통할 능력이 부족하며 갑작스런 행동을 할 가능성이 있었고, 다른 활동에 대해서는 무심했다. "이들이 원하거나 바라는 것이 무엇일까?"라고 자문하다가 마리아는 그들이 천천히 진행되기를 바라며, 자기 말에 귀 기울여 주고 자신을 표현하도록 용기를 불어넣어 주기를 원한다는 것을 깨달았다. "어디서나 그들 곁에 있어 주고 내가 속도를 늦출 필요가 있다는 것을 알게 되었습니다. 누군가가 그들을 보살피고 있다는 것을 알려 주기 위해 일부러 도우려고 애쓰지 않고 그저 진심에서 우러나는 방식을 취했습니다."라고 마리아는 말했다.

이런 실험을 통해 마리아는 노인들이 감각을 자극하는 것에 가장 많이 반응한다는 것을 알게 되었다. 이것을 깨닫고 나서 마리아는 꽃, 비단, 새틴 천 조각, 인형, 물감, 옷감 등의 아이템을 도입할 수 있었다. 마리아가 그림 그리는 것을 도와 달라고 청하자 노인들은 기꺼이 작업에 참여했다. 이런 협동 작업을 통해서 표현예술 작품이 탄생하게 되었다.

인내심, 소박한 기대, 개개인의 욕구에 대한 이해, 진정한 마음에서 우러나온 자세가 즐겁고 평화로운 분위기를 만들어 낸 것이다. 이러한 것들이 노인들의 욕구를 채워 준 것 같았다.

인생의 전환기에 있는 사람에게 적용하기

우리 모두는 인생에서 이직, 결혼, 자녀의 출생과 독립, 이사, 이혼, 퇴직 같은 이런저런 형태의 중요한 변화를 겪는다. 이런 변화에는 다양한 단계가 있음을 알고 그런 단계에 관심을 기울임으로써 우리는 좀 더 편안하게 그 과정을 지나갈 수 있다. 내 책 『여성의 등장 : 중년기 10년의 변화(Emerging Woman: A Decade of Midlife Transitions)』에서 나는 보스턴 지역에서 20년을 살다가 캘리포니아로 옮기게 된 단계에 대해 얘기했다. 나는 결정을 내리고, 다리를 놓고, 작별을 고하고, 포기할 것은 포기하고, 이도 저도 아닌 과정도 거치고, 다시 뿌리를 내리는 그런 과정을 경험했다. 큰 도움을 주는 책인 『변화(Transitions)』에서 빌 브리지스(Bill Bridges)는 인생의 변화를 끝, 중립 지대, 시작이라는 세 단계로 규정한다.[6)]

변화 과정을 여섯 단계로 나누든 세 단계로 나누든, 인생의 변화를 두려워하기보다 자기 자신과 타인들이 이해하도록 하는 것이 더욱 중요하다. 인생의 변화에 의식적으로

---

6) William Bridges, *Transitions* (Menlo Park, CA: Addison-Wesley, 1980).

접근하면 도움이 된다. 직관이 주는 메시지와 몸이 주는 메시지, 그리고 표현예술을 통해 생길 수 있는 이미지에 귀를 기울여도 도움이 된다. 우리는 인생에서 일어나는 중요한 사건에 항상 이성적으로 사고하고 반응하지만, 변화의 단계마다 직관적이고 정서적인 반응과 이성적인 반응 사이의 균형을 맞출 필요가 있다.

예술을 활용하면 그런 균형을 잡기가 더 쉬워진다. 여기에 몇 가지 예가 있다.

결정하기

당신, 친구 혹은 내담자가 인생의 중대한 결정을 내리려고 한다면 표현예술 과정이 그런 결정에 도움을 줄 수 있다.

> 명상의 자세로 의자에 앉거나 바닥에서 조용히 쉬세요. 바닥에 앉아 있는 당신의 모습과 현재 당신이 처한 상황에서 자신의 모습을 바라보세요. 몇 분 동안 매일 하는 활동이 무엇인지 생각해 보세요. 당신이 겪은 좌절감과 즐거움, 갈등과 흥분한 마음을 인정하세요. 당신이 현재 있는 그 상황의 장면, 냄새, 소리, 기운, 맛에 깨어 있으세요. 숨을 깊게 들이쉬고 모든 것을 받아들이세요.
>
> 평소에 잘 사용하지 않는 손으로 현재 당신의 상태를 어떻게 느끼는지 표현해 주는 추상화를 그려 보세요. 그 다음에 그림을 벽에 붙이고 거기에 맞춰 움직여 보세요. 그림의 선과 색채가 어떤 것인지 알아보고 그것이 당신의 몸을 통해 말하도록 하세요. 동작에 맞춰 소리도 내어 보세요. 당신의 현재 상태에 대해 무엇을 배웠습니까?
>
> 동작을 마치고 나면 쉴 수 있는 편안한 자리를 찾아보세요. 앞으로 곧 다가올 그 상황에 있는 당신을 상상해 보세요. 새 직장, 결혼, 이혼한 상황에 있는 당신을 그려 보세요. 혹은 다른 곳에서 살고 있는 자신의 모습을 그려 볼 수도 있습니다.
>
> 우선 새로운 환경에 대해 당신이 알고 있는 모든 정보를 떠올려 보세요. 어디서 살게 될지, 무슨 일을 하게 될지 등에 대해 알고 있을 것입니다. 또 직관을 불러내어 그렇게 삶의 변화가 닥쳤을 때의 자기 모습을 상상해 보세요. 새로운 삶을 사는 자신을 상상하면서 떠오르는 모든 감정, 육감, 은유, 이미지 등을 그대로 받아들이세요.
>
> 새로운 환경에서 살면 어떤 기분이 들지 탐색하기 위해 움직여 보고 춤을 추세요. 마음에 떠오르는 대로 흥분이나 두려움, 풍요로움, 외로움, 모험, 안전함 등 모든 기분에 맞춰 춤

을 춰 보세요. 어떤 기분이 들든지 당신의 몸을 이용해 그 기분을 표현해 보세요.

이제 그림이나 찰흙 작품을 만들어 보세요. 결과물에 대한 걱정은 접어 두세요. 반드시 실제 모습과 유사해야 하는 것은 아닙니다. 동작을 해 보면 의식적이고 무의식적인 느낌을 얻게 될 것입니다. 그런 느낌이 팔과 손을 통해 예술로 표출되도록 하세요.

작업을 마치면 현재와 과거에 대한 두 개의 이미지를 자유로운 글쓰기의 주제로 삼으세요. 일인칭 현재형으로 쓰세요. 가령 이렇게 적어 볼 수 있습니다. "현재 상황에서 나는 서로 반대 방향을 바라보는 두 개의 머리이다. 나는 들쭉날쭉한 빨간색 선이며 단검이다. 미래에 나는 환한 태양이며 이가 난 빅 브라운 베어[7]이다. 몸이 가볍고 힘이 넘친다." 5분 동안 이런 식으로 계속 쓰세요. 그 다음에는 당신의 변화나 결정에 대해 수집한 새로운 정보가 어떤 것인지 살펴봅니다.

끝

끝은 새로운 시작이다. 슬픔의 감정에는 다가올 일에 대한 흥분이 섞여 있다. 직장의 끝, 학업의 끝, 살던 곳을 떠나는 것, 어떤 관계의 종말 등 이 모든 것은 달콤 씁쓸함, 애수, 아름다움을 불러일으킨다. 스트레스를 많이 받는 직장을 그만둬서 기쁘고, 졸업해서 흥분되고, 불편한 관계를 끝내게 되어 안도가 된다 할지라도, 그런 상황에는 보통 무언가 만족감을 주는 것이 있는 법이다. 따라서 끝이라는 것에는 한 가지 이상의 느낌이 들어 있다고 할 수 있다.

지난 10년 동안 우리는 끝으로 가는 여정을 축하하는 의식이나 행사를 만들어 내는 법을 배웠다. 특히 여성들은 변화로 이어지는 여정을 좀 더 편안하게 걸어갈 수 있도록 고대 문화의 제례에 깃든 지혜를 이용해야 한다고 주장했다. 사람들이 춤과 음악과 그림으로 그 여행을 표현하고자 할 때 표현예술은 모든 의식을 통합하는 요소가 된다.

예술을 활용하는 간단하면서도 멋진 방법 중의 하나는 색채나 찰흙으로 감정을 표현해 보는 것이다. 다층적인 기분을 건드리기 위해서는 여러 날에 걸쳐 여러 가지 예술 작품을 만들어 내야 할 것이다. 그림이나 찰흙 작품에 맞춰 춤을 춰 보라. 끝이라고 생각

---

7) 역주_Big Brown Bear. 어린이 동화의 캐릭터.

할 때 마음에 떠오르는 어떤 비유가 있는가? 문을 쾅 소리 나게 닫는 기분이 드는가? 물의 흐름을 거슬러 헤엄치는 기분인가? 엘리베이터에 타는 기분이 드는가? 저 멀리 날아가는 새 같은 기분이 드는가?

그렇게 떠오른 비유에 맞춰 춤을 춰 보라. 글도 써 보라. 글쓰기는 우리가 어떤 환경을 떠날 때 이해력을 넓혀 주는 데 특히 효과가 있다. 떠난다는 것은 어떤 것인가? 당신은 어떤 냄새, 소리, 맛, 감각을 떠나고 있는가? 당신은 어떤 사람에게서 떠나고 있는가? 그들을 떠나는 것에 대해 어떤 느낌이 드는가? 스스로에게 정직해야 한다.

림 보

변화 단계에서 가장 편치 않은 단계가 바로 내가 **림보**[8]라고 부르는 단계이다. 빌 브리지스는 그것을 중간 단계라고 부르고, 어디에도 없는 땅이라고 하는 사람도 있다. 이 단계는 예술가가 겪는 공허함과 비슷하다. 나침반 하나 없는 상태는 매우 불안하다. "여기가 어디지? 나는 누구지? 혼란스럽고 온통 엉망이야!"라는 말은 이 단계에 처한 사람이 흔히 내뱉는 탄식이다. 그런 단계는 원래 존재하는 것이고 시간이 흐르면 그 단계를 통과하게 된다는 것을 알고 나면 도움이 된다.

우리가 겪는 단계들을 자세히 그려 보는 것도 도움이 된다. 이 혼란스런 시기에 예술작품을 만들면 그다지 예쁘지 않은 결과물이 나오게 되지만 그것이 중요한 게 아니다. 림보 상태를 그리고 춤추고 소리로 표현하고 글로 써 보면 상당히 도움이 된다. 그 혼돈 상태를 규명하고 직시하고 동작으로 경험해 보면 편안해지고 치유되는 기분이 든다. '곤경에 처해 있을 때' 나 예술가의 공허함 속에 처해 있을 때도 우리 속에 엄청난 에너지가 존재하는 것처럼 우리는 혼돈이나 중립 지대에서도 엄청난 에너지를 찾아낼 수 있다.

새로운 시작

변화를 겪었으면, 즉 당신이 실제로 이전의 장소를 떠나 새로운 장소를 향해 출발했다

---

8) 역주_ limbo. 지옥과 천국의 중간 지대.

림보
혼돈스런 상태를 그리고, 춤을 춰 보고, 소리를 내고, 글로 써 보면 그 상태를 이해하게 되고 받아들일 수 있으며 앞으로 나아갈 수 있을 것이다._나탈리 로저스

면, 자기발견을 위해 예술을 활용하는 것이 유용하다는 것을 계속 알게 될 것이다. 이런 새 출발에 대한 비유가 떠오르는가? 이제 터널을 지나왔는가? 수영장 가장 깊은 곳으로 뛰어들었는가? 무지개의 끝에 와 있는가? 이제 막 태어난 아기 같은 기분이 드는가? 날개를 펴는 나비 같은 기분이 드는가? 어떤 이미지가 마음에 떠오르는가? 그 이미지에 맞춰 그림을 그리고 춤을 추고 글을 써 보라. 당신의 새로운 존재를 표현해 줄 소리를 내어 보라.

창조적 연결 과정은 당신 인생에 일어난 모든 변화에 대해 새롭고 유용한 정보를 분명하게 알려 준다. 표현예술이 완전한 해결책은 아니지만, 거의 모든 상황에서 통찰력을 얻도록 도와주는 과정을 구체화시켜 준다. 그러한 통찰은 내면의 균형감을 찾아 주고 일상생활에 대한 전망을 갖게 해 준다.

병원에서의 작업

나는 병원 운영자들이 환자를 치료할 때 예술을 활용하는 것에 왜 관심을 두지 않는지 모르겠다. 가령 입원 환자들에게 그림일기를 쓸 수 있는 간단한 재료를 사용해 보라고 하면 여러 가지 목적을 달성하는 데 도움이 될 수 있다. 예술을 활용하면 병원에 있는 환자들을 괴롭히는 사소한 것에 신경을 쓰지 않도록 도와주고, 창조적인 정신을 자극하여 육체적 회복 과정에 실제로 도움을 줄 수 있다.

이미지가 가진 치유적인 측면을 알고 있는 많은 의사들은 치료를 받아야 하는 몸 부위를 매일 명상해 보라고 환자에게 청한다. 그런 이미지가 떠오르도록 하기 위해 시각예술을 활용하면 매우 강력하고 즐거운 체험이 될 수 있다. 표현예술은 사람들이 긴장을 풀고 불안과 두려움을 좀 더 통제할 수 있는 정서 상태로 바꾸게 해 준다.

침대에 누워 지내는 환자들에게 그림일기를 쓰고 그리게 하면 그들은 자연스럽게 스스로 치유할 수 있는 용기를 얻는다. 펠트펜이나 크레용, 스케치북을 주고 간단한 지시사항을 몇 가지만 알려 줘도 더 일찍 집으로 갈 수 있는 사람들이 많아질 것이다. 환자들은 여유를 부리면서 두려움, 불안, 지루함, 좌절감을 그림일기에 표현해 볼 수 있다. 치료를 받아야 하는 부위를 떠올리면서 그 부위가 다 나은 모습을 그림으로 그려 볼 수 있다. 그런 그림은 아주 정확하게 그려야 하는 것도 아니고 상징적인 그림이어도 상관없다.

건강한 몸 전체에 대해 마음속에서 그림으로 이미지를 만들어 보면 실제로 회복 속도를 빠르게 할 수 있다. 다음은 테레사 벤즈위(Teresa Benzwie)의 글에서 따온 부분인데, 그녀는 골반 대체 수술을 준비하고 수술 후 치료를 돕고자 그림과 이미지를 활용했다. 작가이자 그룹 촉진자인 그녀는 우리 표현예술 훈련 과정에 참여하기도 했다.

> 수술하기 2주 전부터 나는 그림일기를 쓰기 시작했는데, 이것은 병원에 가져가기도 편하고 퇴원 후 집에서도 할 수 있는 것이었죠. 자그마한 수채화 물감 세트와 매직 마커 세트, $8\frac{1}{2}\times11$인치 크기의 스케치북이 재료의 전부였습니다. 그림을 그리기 시작했을 때 마음속에 특별하게 떠오른 것은 없었어요. 나 자신이 끌리는 대로 다가가서 종이 위에 붓이나 매직 마커를 아무 데나 두고 그것들이 움직이는 대로 그렸는데 마치 낙서 같았죠. 그런 그림은 거의 이해할 수 없었습니다. 그림을 보고 즐거웠던 적도 있고 그렇지 않은 적도 있었어요.
>
> 가장 중요한 것은 그렇게 그리는 중에 내 마음속에서 무언가가 일어나는 것 같았던 것이에요. 마치 심호흡을 하는 기분이었고 나의 분리된 부분들 하나하나가 제자리로 맞춰 들어가는 것 같았어요. 내가 낫고 있는 것처럼 평화롭고 만족스러운 느낌이 내게 몰려왔지요.[9]

테레사는 동작에 대해 자신이 갖고 있는 지식을 활용하여 수술 전과 수술 후 체력을 단련했다. 동작과 그림 작업 외에 테레사는 자유로운 글쓰기도 병행했다. 그림, 글쓰기, 그리고 꿈을 통해 그녀는 자신이 다가올 수술을 두려워하고 있다는 것을 깨달았다. 그것을 이해하고 거기에 관해 글을 쓰고 친구들과 이야기를 나누니 불안과 혼란스러움에서 벗어날 수 있었다. 다음은 테레사의 말이다.

> 나의 모호한 생각과 서로 갈등하는 감정들이 그림 작업과 글쓰기를 통해서 표현되는 것을 발견했어요.
>
> …뭐가 괴물이고 뭐가 구름인지, 뭐가 구름이고 뭐가 섬인지, 뭐가 섬이고 뭐가 바다인지, 뭐가 바다이고 뭐가 하늘인지, 뭐가 하늘이고 뭐가 산인지, 뭐가 산이고 뭐가 파도인지, 뭐가 파도이고 뭐가 물결인지, 뭐가 물결이고 뭐가 짐승인지 알 수가 없어요. 해가 빙빙 돌다 물에 잠긴 것인지, 피를 흘리는 아름다운 혼란이 움직이다가 춤을 추다가 둥둥 떠다니고 있어요.[10]

병원에서 테레사는 수술 전후에 계속 글을 쓰고 그림을 그리고 음악을 듣고 가능한 한 많은 동작을 해 보았다. 그녀는 이런 방법들이 수술과 자기 몸에 대해 긍정적인 태도를

---

9) Teresa Benzwie, "Elective Surgery: A Voyage to Growth and Power"(미출간).

10) Teresa Benzwie, "Elective Surgery: A Voyage to Growth and Power"(미출간).

갖도록 해 주었고 회복하는 데도 도움이 되었다고 느꼈다.

예술가들과 함께한 작업

화가, 음악가, 무용수, 작가들은 표현예술이 자연스러움과 창조성을 드러나게 해 주는 강력한 수단임을 알고 있다. 표현예술은 막히고 진퇴양난이고 공허한 기분을 느낄 때 특히 해 볼 만하다. 이런 기분이 들 때 말이다. "난 완전히 고갈되어 버렸어. 내 속에 이제 창조성이라고는 전혀 없어." 혹은 "난 이제 틀에 박혀 버렸어. 내 그림(글, 음악, 춤)은 몇 년째 하나도 변한 게 없어."

비록 공허함에 직면하는 것이 예술가의 인생이라고는 하지만 이 시기는 두려운 시간이 될 수 있다. 자기 스스로 이 공허함에서 벗어날 길을 찾아내야 한다고 생각하는 예술가들이 많은 것 같다. 그러나 우리는 인간중심 표현예술 훈련 프로그램에서 예술가들이 예술적인 표현을 하기 위한 새로운 소재를 찾아내고자 무의식의 영역으로 들어가면서 비범한 창조성을 드러내는 것을 목격했다. 가장 유용한 실험 한 가지는 진퇴양난이라는 감정을 춤으로, 그림으로, 글로 표현해 보는 것인데 다음 글에 잘 드러나 있다.

> 창조적 연결 과정을 거치는 동안 내가 겪은 가장 강렬한 경험은 '진퇴양난', '창조성', '발견'이라는 그림에 맞춰 춤을 출 때 일어난 것이었습니다. 처음 이 연습을 소개받았을 때, 나는 그게 어떤 것인지 상상도 할 수 없었습니다. 처음으로 다이빙 보드에서 뛰어내리면서 일단 하면 제대로 될 거라고 생각하는 것과 비슷했죠! … '진퇴양난'에 맞춰 춤을 춰 보려고 했을 때 할 수 있는 게 아무것도 없다는 생각이 들었죠. 처음에 나는 어색했고 다음에 뭘 해야 할지 몰랐어요. 진퇴양난에 빠진 후로 나는 별로 움직이지도 않았거든요. 몇 분 뒤에 나는 모든 생각을 잊어버리고 그저 '진퇴양난'을 느끼기만 했어요. 그것이 얼마나 강렬한 느낌이었는지 깜짝 놀랐고 그저 흘러나오게 내버려 두는 것이 너무도 쉬워서 놀랐어요. 나머지 그림에도 맞춰 동작을 해 보면서 내 몸이 내가 몰랐던 것을 얘기해 주고 있다는 기분마저 들었어요. 작업을 끝냈을 때 나는 너무나도 놀라운 감정을 느꼈고 그게 좋고 흥미롭다는 느낌마저 받았어요. 그리고 자유로움도 느꼈어요. 나는 상상도 하지 못했지요…. 나는 '진퇴양난' 춤에서 엄청난 에너지를 찾아냈다는 것을 깨달았고 다른

> 춤에서도 그것을 발산해 냈습니다. 진퇴양난 속에 에너지와 강렬함이 있다는 것을 전혀 생각해 보지 않았어요. 생기 없고 우둔한 상태라고만 생각했지요.[11]

예술가들은 이 책에서 설명한 실험을 모두 직접 해 볼 수 있고, 집에서 혹은 친구들과 함께 자발성이 터져 나오는 새로운 경로를 찾아내는 데 활용해 볼 수 있다. 시각예술가나 가수는 동작이 자신들을 자유롭게 해 준다는 것을 발견하는 경우가 많다. 음악가라면 시각예술이 자극을 준다는 것을 알 수 있다. 작가들은 동작과 미술이 자신의 창조성에 영향을 미친다는 것을 발견할 수 있다.

음악가, 시각예술가, 작가, 무용수, 행위예술가 등은 영감이 내면의 깊은 원천에서 솟아나는 것을 알고 있다. 창조적이고 생산적인 예술가가 되기 위해서는 그 근원에 접근해야 한다. 청각, 후각, 촉각, 시각, 미각과 같은 모든 감각으로 인식할 수 있으면 바로 그 내면의 원천을 활용할 수 있게 된다. 우리의 감각에 하나하나 주의 깊게 집중하면 그 감각을 일깨울 수 있다. 음악, 동작, 음성, 시각예술도 이런 감각을 깨워 준다.

우뇌를 활용하는 것이 창조성에 있어 가장 중요하다. 표현예술은 우뇌를 자극한다. 자발성, 즐거움, 직관, 모호함을 견디는 능력은 창조 과정에 속하는 부분이며, 창조적 연결을 통해 키울 수 있다.

어떤 특수 교사가 석사 학위 논문을 쓰다가 그만 글이 막혀 버렸다. 그녀는 다음과 같은 중요한 철학적 의문을 품게 되었다. "나의 교육 철학은 무엇인가? 사람들이 배울 수 있는 최선의 길은 무엇인가? 내가 실제로 가르치는 것은 나의 신념과 무슨 관계가 있는가?" 나는 표현예술이 논문 쓰기에 도움이 되는지 한번 시도해 보라고 제안했다. 첫 장에서 그녀는 그 과정을 이렇게 설명하고 있다.

> 처음에는 생각하고 글을 씀으로써 그런 질문을 이해하고 정리하려고 했지만 글이 마구 뒤엉키고 질문에 대한 단서가 전혀 생기지 않았다. 심한 좌절감을 느낀 나머지 교육 철학에 대해 쓰려니 도무지 글이 써지지 않았다. 너무 화가 나서 글쓰기를 그만 포기하고 그림을 그리기로 했다.

---

11) Colleen Sjollema, "Creative Connection and Group Process"(San Francisco, CA: University of San Francisco, student paper, 1990).

> 나는 도화지와 크레용 한 통을 가지고 와서 왼손(평소 쓰지 않는 손)으로 좌절감과 분노를 도화지에 표현해 보기 시작했다. 첫 번째 도화지에는 선과 색채로 가득 채웠다. 그리고 새로운 종이로, 또 새로운 종이로 자꾸 옮겨 갔다. 차츰차츰 좌절감과 분노가 해소되자 내 의문과 직접 관련된 아주 분명한 이미지가 그림에서 떠올랐다. 그것을 규명한 후 나는 곧장 그림 하나하나에 대해 자유로운 글쓰기(전혀 해석하지 않고 마음에 떠오르는 대로 글을 쓰는 것)를 해 보았다. 그림이 내 감정과 생각을 글과 연결지어 주었고 내가 품은 수많은 의문에 대한 대답이 나올 수 있는 경로를 마련해 주었다.[12)]

위 글은 창조적 연결이 어떻게 좌절감을 해소시켜 주고 무의식으로부터 소재를 끌어내 주는지 아주 생생하게 묘사하고 있다. 자기가 그린 이미지에 대해 생각하고 글을 쓰다 보니 새로운 인식의 소재가 떠오른 것이다. 이 과정을 통해 이 학생의 사고 과정이 분명해졌을 뿐만 아니라 오래 생각해 왔던 문제들을 규명해 주는 그림 이미지까지 갖게 된 것이다.

요약

표현예술을 제시하는 환경은 학습을 장려하는 환경이다. 각 개인의 말은 공감하는 마음으로 들어주어야 하며, 스스로 이해하고 방향을 찾는 능력을 칭찬해 주어야 한다. 다른 사람의 입장에 서 보면 그의 생각과 느낌을 그려 볼 수 있고, 따라서 적절한 표현예술 체험을 할 수 있도록 계획을 짤 수 있다. 당신이 제안한 방식이 적절했는지 물어보거나 자기 상황에 도움이 되었다고 생각하는지 물어보는 것도 항상 도움이 된다. 아니라고 대답하면 당신의 방법에 대해 다시 생각해 봐야 한다.

다양한 층의 사람들에게 적용할 수 있는 표현예술 프로젝트가 많이 있다. 당신과 함께 작업하는 사람들의 요구를 탐색해 가면서 당신 나름대로 창조성을 발휘하여 프로젝트를 개발하면 될 것이다.

---

12) Jean E. LaSarre, "The Seed of a Child: Personal Growth and the Expressive Arts Process in Education"(Santa Monica, CA: Sierra University, master's thesis, 1987), p. 7.

Accepting the Shadow, Embracing the Light

그림자를 수용하고 빛을 포옹하기

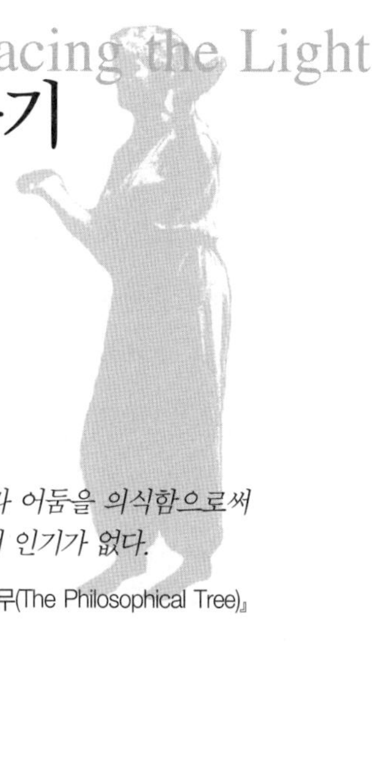

08

우리는 빛의 형상을 상상한다고 해서 깨닫는 것이 아니라 어둠을 의식함으로써 깨닫게 된다. 하지만 후자의 과정은 받아들이기 어려워서 인기가 없다.

—카를 융(Carl Jung), 『철학 나무(The Philosophical Tree)』

그림자를 수용하고 빛을 포옹하라. 자신과 조화를 이루고 세상과 조화를 이루고자 한다면 이것은 우리 모두에게 주어지는 과제이다. 우리는 감정과 신념을 가지고 행동한다. 악은 '바깥에 있는 것' 이라는 믿음을 견지하는 한 우리는 우리의 어두운 면을 '바깥 대상들' 에게 투사하는 셈이다. 우리는 자기의 원하지 않는 어떤 면을 다른 사람이나 다른 집단에 투사하고, 우리 자신이 갖고 있는 미완성된 일을 그들이 지니고 있다고 믿는다. 우리 개개인이 어두운 면을 직시하고 그 어두운 부분과 결합된 에너지를 건설적인 행동으로 바꾸는 법을 배울 수 있다면 세상을 바꾸는 기념비적인 발걸음이 될 것이다. '우리나 그들' 을 비난하는 대신에 우리는 각자 세상에서 일어나는 모든 일에 책임을 지게 될 것이다.

나는 나 자신의 두려운 그림자를 깨달은 그 순간을 결코 잊을 수 없다. 나는 사랑이 가득한 집안에서 자랐으며 분노에 노출된 적이 거의 없었다. 나는 평화주의자이다. 그런데 어느 날 내가 강한 살인 충동을 가지고 있다는 것을 알아차리고 충격에 휩싸였다. 그 순간 극도의 공포에 휩싸여 말을 잊고 움츠러들었다. 내 인생의 어느 지점에서 나는 엄청나게 위협을 당했으며 문자 그대로 덫에 걸리고 궁지에 몰려 버렸다. 치밀어 오르는 분노를 느끼면서 나는 마침내 "그자를 끝장내 버려야겠어, 죽여 버렸으면 좋겠어!"라는 무시무시한 경험을 했다. 나는 그런 감정을 가질 수 있다는 것에 놀랐고 부끄러웠으며 죄의식을 느꼈다. (오랫동안 나는 이것을 아무에게도 말하지 않았다.) 그러나 나 또한 잠재적 폭력성을 가지고 있다는 것을 잊지 않기로 맹세했다. 어두운 그림자는 이렇듯 예기치 않게 몰려왔다. 그 사건은 우리 모두가 가지고 있는 잠재적 폭력성에 대한 깊은 이해를 가져다준 계기가 되었다. 나의 연민은 그들의 분노가 너무 억압되어 폭발하기 직전까지 간 사람들에게까지 확장되었다.

융 심리학의 용어인 **그림자**는 미지의 것 또는 무의식의 영역에서 살고 있는 자기의 한 측면을 가리킨다. 그림자는 생의 초기 경험과 조건의 결과로 무의식이 된 모든 것들로 구성되어 있다. 그것은 거부되고 부정되고 억압된 자기의 부분이다. 어린아이였을 때 우리는 어떤 행동들이 용납되지 않는다는 것을 알게 된다. 어린 여자 아이는 "화를 내면 미워 보여."라든가 "그것은 여자답지 않아."라는 말을 들어 보았을 것이며, 남자 아이는 "다 큰 애가 왜 울어."라든가 "가만 있지 못하겠니?" 같은 말을 들어 보았을 것이다. 성장해 가면서도 훈계를 들으며 용납되는 행동과 용납되지 않는 행동을 알게 된다. 자신의 권리를 찾으려는 여자 아이의 욕구나 자신의 정서를 표현하고자 하는 남자 아이의 욕구는 어떻게 되는 것일까? 로버트 블라이(Robert Bly)는 인간은 어떤 행동이 용납되지 않는다는 것을 알게 되면 그것을 "검고 긴 가방에 던져 넣고 질질 끌고 다닌다."고 말했다. 나중에 그 검은 가방을 들여다보면 좋은 것들도 많이 던져 버렸다는 사실을 알게 된다.[1] 이 사례를 보면 여자 아이는 가방 안에 자기주장을 할 수 있는 능력을 쑤셔 넣었고, 남자 아이는 감정을 표현할 능력을 던져 넣었을 수도 있다.

억압된 사고와 느낌과 행동은 엄청난 힘을 가지고 있어서 화산의 폭발 같은 잠재력을 지닌 채 무의식 속에서 우르릉대고 있다. 억압된 것들은 압력솥같이 단단한 용기 안에서 힘을 키우고 있다. 이런 꿈틀거림을 제어하는 데는 많은 에너지가 소모된다. 이런

---

1) Connie Zweig & Jeremiah Abrams (Eds.), *Meeting the Shadow* (Los Angeles: J. P. Tarcher, 1991). p. 6.

생각과 감정을 지키고 억압함으로써 근육 안에 긴장이 쌓이고 관절에 통증이 오며 심장의 수축이 일어난다. 우리들 대부분은 무의식을 들여다보기가 두려워 뚜껑을 닫아 두느라 얼마나 많은 물리적 · 정서적 에너지를 사용하는지 모르고 있다.

자기의 부정되고 거부된 면은 파괴적이거나 사악한 충동, 즉 살해나 강탈 또는 복수하고자 하는 충동으로 간주될 때가 많다. 그러나 가끔 우리는 창조성, 힘, 저항감, 육욕, 성욕, 사랑에 대한 의지 등을 무의식의 영역으로 추방하기도 하다. 그래서 위험을 무릅쓰고 무의식 깊은 곳을 탐색하면 잃어버린 보물을 많이 찾을 수도 있다.

사실 그림자를 받아들이는 것은 빛을 포용하는 것보다는 덜 어렵다. 빛을 포용한다고 말할 때는 어떤 신비감 같은 것이 드러난다. 실제로 우리는 우리의 영성, 즉 사랑과 자비, 모든 것을 아우르는 의식 상태를 경험할 수 있는 능력의 문을 여는 것에 대해 이야기를 하고 있다. 나는 치료사, 집단 촉진자로서 활동하면서 사람들이 사랑을 인식하고 느끼는 데에 불편함을 갖고 있다는 것을 알게 되었다. 사람들은 자신과 타인에 대한 부정적인 생각을 쉽게 받아들이는 반면 칭찬, 돌봄, 사랑 같은 것은 회피한다. 사랑에 대해 문을 여는 것은 누구나 가능한 일이며 돈이 들지도 않는다. 그러나 우리는 사랑을 받아들이는 데에 저항하여 스스로를 무장한다. 다른 사람으로부터 오든지 우주의 근원적 에너지로부터 오든지 간에 사랑을 온전하게 받아들일 수 있는 능력은 조건 없는 사랑을 베푸는 데 있어서 선결 조건이다.

사랑을 주면 기분이 좋은데도 우리는 사랑을 주는 것을 두려워한다. 거부당하고 상처받고 약한 사람이 될까 봐 두려워하는 것이다. 그러나 가장 심한 고통을 당한 사람이 가장 자유롭게 사랑을 주는 경우가 종종 있다. 사랑은 우주에서 가장 강력한 힘이다. 다른 사람에게 자신의 마음을 열면 기쁨이 찾아온다. 사랑을 함으로써 우리는 자신에게 커다란 선물을 주는 셈이 된다. 세상에서 가장 고귀한 의미인 사랑은 우리가 갈구하는 지극한 행복인 것이다.

이 장에서는 표현예술을 사용하여 그림자를 직면하고 변형시키는 역동적 과정을 논하고자 한다. 어둠과 빛을 나란히 드러내어 우리 내면의 양극성을 어떻게 통합할 것인지를 알아보고자 한다. 또한 나는 발견과 통합을 서로 다른 사건으로 논하겠지만 이 둘은 사실상 동일한 원의 양면, 전체, 자기인 셈이다. 음양의 상징에서처럼 빛 속에 어두운 점이 있고 어둠 속에 빛의 점이 있다. 어두운 면으로 열리지 않으면 진정 사랑하고 자비로운 사람이 될 방법이 없다. 마지막으로 나는 빛과 사랑에 대해 초월적 경험을 한 사람들의 예를 보여 주고자 한다.

그림자의 발견

상처받지 않으면서 어두운 면을 인식하고 수용하고 표현하고 해소하는 것은 이러한 강렬한 힘이 폭력적인 형태로 드러나지 못하게 하는 데 매우 중요하다. 표현예술은 알려져 있지 않은 면을 조망하게 해 주는 이미지, 동작, 소리, 창조적 글쓰기를 제공함으로써 그림자를 탐색하기 위한 자연스러운 도구가 된다. 스스로를 허용해 주면 표현예술은 우리를 미지로 남아 있는 신화적이고 은유적이며 운동감각적인 측면으로 들어가게 해 준다. 그림자를 인식하면 삶으로부터 유용하고 흥미로운 많은 메시지를 얻게 된다. 미지의 부분을 발견하면 그것에 빛이 비치게 되고, 우리가 완성해야 하는 오래전에 잃어버린 것이 우리의 동맹군이 된다.

나와 아버지의 철학과 작업은 자신의 그림자를 직시하고 수용해야 한다는 나의 주장으로 인해 구별되었다. 아버지는 말년에 자신의 분노를 자주 건드려 보지 않았다는 것을 인정했다. 1975년부터 1980년까지 매년 여름에 열렸던 인간중심 접근법 워크숍에서 공동 진행자로 아버지와 일을 할 때 나는 이 사실을 깊이 인식했다. 나와 다른 스태프들은 화가 났을 때 서로서로 또는 100명이나 되는 집단 참가자들에게 솔직하게 말할 수 있었지만, 아버지는 절대로 화난 것처럼 보이지 않았다. 화가 나고 당황스러운 상황이 많이 있었지만 그는 아무런 반응을 보이지 않아서 그것이 우리를 압박하였으며, 내가 느끼기에 아버지는 화를 자신 안으로 돌리는 것 같았다. 아마도 분노를 중요하고 힘이 있으며 대단히 건설적인 정서로 여기는 나의 경험을 아버지는 경험할 수 없었기 때문이었을 것이다. 분노란 말은 그의 저서 어디에도 들어 있지 않다. 사후에 발간된 『칼 로저스 리더(Carl Rogers' Reader)』에는 분노에 대한 언급이 네 군데 나오는데, 그중 하나는 내가 이혼하려고 애쓰고 있을 때 나의 분노(그건 내 삶을 구한 에너지였다)를 익명으로 설명한 것이었다. 그 책에서 아버지는 '제니퍼'가 부부 관계에서 자기의 분노를 깨닫고 털어놓는 법을 알았더라면 결혼을 유지할 수 있었을 것이라고 설명하고 있다. (하지만 ™제니퍼∏에게는 본받을 가족 모델이 없었다. 즉 해결책을 찾아낼 수 있는 건설적인 방법으로 서로에게 화를 내는 두 사람을 지켜본 경험이 전혀 없었다는 말이다.)

내담자나 집단과 함께할 때, 또 내 자신의 삶에서 나는 분노를 깨닫고 자기이해와 자기강화에 이르기 위한 언어적이고 예술적인 표현을 제공하기 위하여 최선을 다해 왔으며 그것을 통해 항상 배움을 얻는다. 나는 사람들이 자신은 결코 분노를 경험하지 않았다고 주장할 때 의심을 한다. 그들에게 분노가 일어날 때 그것을 인식하고 표현하는 것을 돕기 위해 나는 표현예술을 통해서 내가 할 수 있는 것을 한다.

분노는 건설적인 행동을 위한 동기가 된다. 내 자신이 말 잘 듣는 아내의 위치에서 자기 역량이 강화된 인간으로 바뀌어 가면서 이것을 알게 되었다(내 그림일기가 그러한 성장의 일부를 보여 주고 있다). 이러한 변신에는 시간이 필요하지만 내가 배운 교훈은 인생의 갈림길에서 나를 지탱해 주었다. 1980년대의 적극적인 페미니스트로서 나는 내가 보아 온 불평등에 분노하였다. 상원과 하원, 대법원, 편집위원회, 회의의 주조 연설자, 기업의 간부 등에 여성이 매우 적었으며, 이러한 모든 불공정은 미국만이 아니라 전 세계적인 현상이었다. 불공정에 소리 높여 반대하던 모든 여성들처럼 나도 조롱을 당했고 '화만 내는 여자' 취급을 받았다. 그러나 그 분노를 접해 보고 분노가 표면으로 올라오게 함으로써 집에 틀어박혀 우울증이나 느끼는 대신 그런 불공정함에 대해 뭔가 해 볼 수 있는 큰 힘을 얻게 되었다. 자신의 분노를 깨닫는다면 어떤 일을 시작해 볼 수 있는 로켓 연료로 분노를 사용할 수 있다는 것을 배우게 되었다.

여성들은 특히 분노의 에너지를 불러일으켜서 그것이 내면으로 향하게 하지 말고 창조적인 행동으로 표출되도록 통로를 만들 수 있어야 한다. 예를 들어, 출판사들이 '나의 라이프스타일을 옹호하고 싶지 않기' 때문에 개인적이고 정치적인 나의 책 『여성의 등장 : 중년기 10년의 변화』를 출판하지 않겠다고 하자, 나는 처음에 내가 자질 없는 작가이고 능력이 부족하다는 느낌을 받았다. 그러나 나는 그들이 틀렸다는 것을 깨닫고

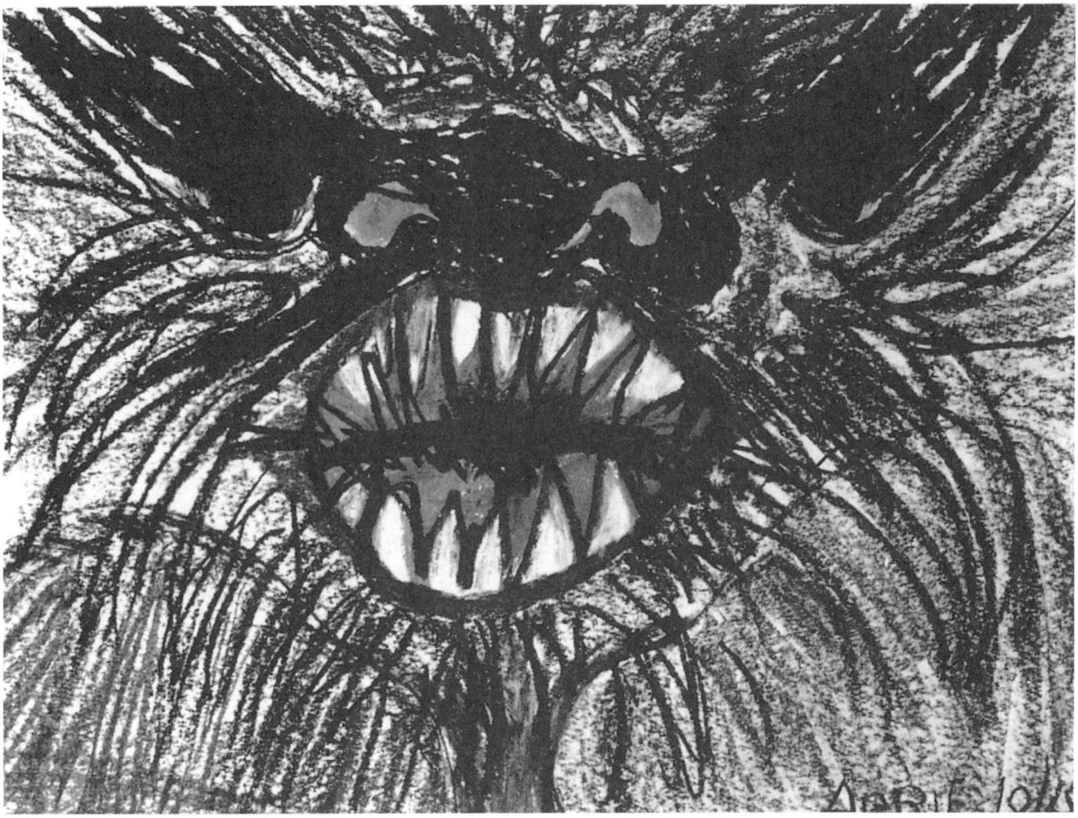

분노 분노의 에너지를 깨닫고 건설적으로 이용하면 매우 유용하고 동기를 유발하는 힘이 생긴다.

분노를 밑거름으로 자비 출판을 하기로 다짐하였다(이 책은 20년이 흐른 지금까지도 팔리고 있으며 5개 국어로 번역되었다). 또한, 어떤 하나의 관계가 끝날 때 느끼는 분노의 감정을 나의 작업에 대한 에너지로 변형시킬 수 있다는 것을 깨달았다. 그렇게 함으로써 인간중심 표현예술치료 연구소를 개설할 수 있었으며, 이 연구소를 통해 많은 전문적인 작업을 하고 다양한 개인적 관계를 맺을 수 있었다.

그리하여 분노의 에너지를 깨닫는 것이 매우 유용하고 동기를 유발할 수 있는 힘이 된다는 것을 경험으로 알았다. 이러한 깨달음은 분노의 뚜껑을 누르고 있어서 창조적 통로가 필요한 사람들 또는 그림이나 연극, 정치적 행동으로 자신의 분노를 배출할 필요가 있는 사람들을 인도하면서 점차 성장해 갔다. 자신의 분노를 깨닫는 것은 창조적 변형의 첫 단계이다. 물론 그림자를 안에 넣고 있는 검고 긴 가방 안에 분노만 들어 있는 것은 아니지만, 분명 그것은 강력한 힘이다.

카를 융은 자신의 인명록에 아주 공들인 예쁜 그림을 그려 넣음으로써 자신의 그림자를 개인적으로 탐색하고 표현했는데 그것이 나의 관심을 끌었다. 치료사로서 그는 자신의 분노와 두려움을 탐색하고자 하였다. 비록 나의 아버지는 자신의 분노에 쉽게 접근하지 못했지만 인간에 대한 그의 신념은 대단한 것이었다. 나는 카를 융이 자신의 그림자를 논했을 때의 생각과 아버지가 인간의 잠재력에 대한 신뢰를 논했을 때의 생각을 내가 통합하고 있다는 것을 알게 되었다. 내가 가르치고 촉진하는 창조적 연결 과정은, 이 두 인물로부터 배운 것을 실제 통합하고 있기는 하지만 직관적이고 수용적인 우리의 자질이 가진 놀라운 가치를 인식하는 심오한 여성주의적 원리, 즉 전일적인(holistic) 원리에서 나온 것이다.

자신의 것이 아니라고 여기는 부분을 찾는 법을 배우는 것이 **그림자 작업**(shadow-work)이다.

> 그림자 작업을 한다는 말은 비밀스러운 수치심이 숨겨져 있고 폭력적인 음성이 침묵하고 있는 우리 마음의 어두운 구석을 들여다본다는 의미이다. 그림자 작업을 한다는 말은 우리를 짜증나게 하거나 밀어내는 특정한 사람에 대해, 또 우리를 매혹시키고 그 사람을 이상적인 인물로 여기게 만드는 사랑하는 대상에 대해 그것이 무엇인지 면밀하고 정직하게 스스로에게 물어본다는 의미이다. 그림자 작업은 때때로 나중에 진정한 자기인정과 타인에 대해 진실한 공감을 하게 만드는 내면의 대화로 빠져들도록 자기와 타협하는 … 것을 말한다. 대립하는 둘 사이의 전쟁에는 인간의 가슴이라는 오직 하나의 전쟁터만 있다. 그리고 진실의 어두운 측면을 자비롭게 껴안는 가운데 우리는 빛을 운반하는 사람이 된다. 우리는 타인들, 즉 낯선 사람들, 약한 사람들, 죄인들, 경멸당하는 사람들을 향해 우리를 열고 그저 받아들임으로써 그들을 변화시킨다. 그렇게 하다 보면 자기 자신을 완전함으로 나아가게 할 수 있다.[2)]

---

2) Connie Zweig & Jeremiah Abrams (Eds.), *Meeting the Shadow* (Los Angeles: J. P. Tarcher, 1991). p. 271–73.

우리는 어떻게 자기 마음의 어두운 구석을 들여다볼 수 있을까? 어떻게 우리의 무의식을 조망하기 위하여 의식적으로 노력할 수 있을까? 자기 것이 아니라고 여겨 왔던 자신의 다른 면을 껴안는 것이 좀 더 온전하고 활력적이며 자비로운 사람이 되는 길이라는 것을 깨닫는다면 그림자를 벗겨 내는 방법이 필요하다.

안전한 환경은 무의식 세계를 더 깊이 인식할 수 있는 언제나 최우선인 필수 조건이다. 그러한 공간 안에서 '부끄러운' 생각과 행동이 판단되거나 비난받지 않는다는 것을 알게 되면 그림, 가면 만들기, 제례적 춤, 북치기, 소리내기, 즉흥극 같은 것을 통해서 자기 자신을 탐색할 수 있게 된다. 어떤 그룹의 여성이 자신의 '작은 악마' 라는 본성을 벗겨 내는 과정을 시작하게 된 것도 바로 그런 환경에서였다.

몸이 유연한 이 젊은 러시아 여성은 모스크바에서 열렸던 훈련 집단의 참가자였다. 그녀는 상관 앞에서 말을 더듬는 것 때문에 괴로워했다. 처음에 그녀는 자신의 괴로워하는 행동을 들여다보기를 매우 주저했다. 그러나 집단의 다른 사람들이 그녀에게 이 환경은 안전하다고 인식시켜 주며 그들 스스로 자신들의 그림자를 탐색하기 시작하였다. 그녀가 시범 내담자로 자원했을 때, 나는 더듬거리는 자기 자신을 그림으로 그려 보도록 권유했다. 주저하지 않고 재빨리 그녀는 '작은 악마' 라는 그림을 그렸다. 그녀는 자기 그림의 의미를 신체 언어를 사용하여 묘사하였다. 그래서 나는 그녀에게 작은 악마처럼 움직여 보라고 권유하면서 그로부터 메시지를 받도록 하였다. 나는 서서 그녀와 함께 움직이며 그러한 이미지를 움직임으로 탐색해 보도록 인도하였다.

그녀는 자신의 악마와 대화하기 시작했고 작은 악마가 자기의 매우 중요한 한 부분이라는 것을 깨달았다. 작은 악마는 자신만의 고유한 마음을 가지고 있으며 다른 사람들에 의해서 지배되지 않는다고 주장하였다. 그녀의 그림은 그녀의 악마가 개구쟁이 같고 겁이 없다는 것을 보여 주었다. 동작과 소리, 그림그리기를 통하여 그녀는 긴장된 상황에서 그녀를 돕거나 방해하기도 하는 영혼의 작은 악마를 발견하였다. 그녀는 이전에 한 번도 긍정적인 악마 같은 자기에 대해 인식해 본 적이 없었다.

자신이 더듬거리는 원인을 탐색하겠다고 처음으로 생각했을 때 그녀는 정말 겁에 질려 있었다. 1시간이나 지나서야 두려움이 완화되고 현실감을 갖게 되었다. 가장 두려운

나의 작은 악마 "내게는 작은 악마가 있다…. 조용, 조용, 쉬잇…." 한 러시아인 참가자가 자신의 더듬거리는 습관을 탐색한다.

것이 상당히 유용한 측면을 가지고 있는 것으로 변하는 일은 실제에서 자주 일어난다. 때가 이르면 이런 통찰이 더듬거림을 유발하는 긴장을 완화시켜 줄 수 있다.

우리들 대부분은 자신의 지성을 자랑스러워하며 그것을 창조성의 일부분이라고 생각한다. 그러나 1시간 이상을 어두운 그림을 그리는 데에 쓴 한 여성은 그 다음에는 자신의 지성에 대한 분노를 억누르기 위해 손과 발을 이용했다. 그녀는 진실로 원하는 삶을 살고 있지 못한 자기 자신에 대해 매우 화가 난 것을 발견하였다. 검고 쭈글쭈글하고 꾹꾹 눌러 그린 그림이 이런 말과 함께 드러났다. "어둡고 묵직하고 심각한 지성, 넌 절대로 나의 창조적인 불꽃과 즐겁게 놀고자 하는 마음을 끌 수 없어!"[3)]

이 사람에게는 지성이 창조성을 불어 꺼 버리는 것이었다. 그녀의 완고하고 판단하는 마음은 예술적 재능을 탐험할 공간을 마련해 주지 않았다. 그녀의 좌뇌 기능은 직관적이고 자발적인 자기를 압도하였다. 이러한 어두운 에너지를 해소시켜 줌으로써 그녀는 자유와 해방감을 가지고 그림을 그리게 되었다.

그래서 창조적 연결 과정은 완전한 우리가 될 수 있는 능력을 차단하는 태도와 판단하려는 마음을 찾아내도록 도와준다. 조셉 캠벨(Joseph Campbell)에 의하면 융의 생각은 다음과 같은 것이라고 한다.

> 심리학적으로 말해서 우리 삶의 목표는 억압하거나 억제하지 않고 자신의 다른 면을 알아가며, 또 자신의 전체 역량을 즐기면서 동시에 통제하는 것을 알아 가는 것이어야 한다. 다시 말해 '자기 자신을 알라.' 라는 말의 진짜 의미를 아는 것에 있어야 한다.[4)]

어떤 사람들에게는 그 '다른 면' 이 지성일 수도 있으며, 또 어떤 사람들에게는 자발적인 자기일 수도 있다.

빈 종이, 허공, 공허를 직면하는 것은 우리가 자주 간과하고 있는 그림자의 한 부분이다. 이제 막 예술가가 된 사람들(그리고 어쩌면 모든 예술가들)에게 텅 빈 백지는 공포스러울 수도 있을 것이다. 삶의 공허함도 그와 같은 두려움을 가져온다. 다음은 한 30대 남성이 미지의 세계로 향한 문을 열고 공허함을 발견한 기록이다.

공허 공허 공허 공허
공허, 늘어진다면
공허, 절단된다면
공허, 회피
공허
공허는 소용돌이
공허는 회오리

---

3) Hermine Glaser, "My Path to Creative Therapy" (Santa Rosa, CA: Person-Centered Expressive Therapy Institute, intern paper, 1989).

4) Joseph Campbell (Ed.), *The Portable Jung* (New York: Penguin, 1976), p. xxvii.

공허하다는 것은 제거하는 것
재빠른 갈색 여우가 튀어오른다
공허 위로
회피
공허 속에서의 춤
이 공허는
사라져
내려간다
회오리
속으로

그의 글에서처럼 이 공허한 느낌이 어떻게 '회오리 속으로 사라져 내려가는지' 에 주목하라. 내게는 언제나 마술처럼 보이지만 그런 두려움(혹은 공허함)에 직면하는 것이 공허의 파국을 시작하는 것임을 보여 주는 방대한 증거가 있다.

위의 남자는 베트남 참전 용사인데, 자신의 그림자를 보고자 하는 욕구에 대해 많은 그림을 그리고 글을 썼다. 그의 이미지는 절규로 드러났고 자신의 분노를 알게 해 주었다. 그림자를 더 잘 볼수록 더 잘 인식하게 되었고, 억눌린 상태가 아닌 배려적인 분위기에서 그것을 말로 표현하였다. 그림을 그린 후 글쓰기에서 그는 한 걸음 더 나아갔다.

> 그림자는 빛의 검은색 거울이다. 어두침침한 구석 너의 닫힌 문 뒤에 무엇이 숨어 있는가? 안개가 휘감아 돌고 안개비가 빛을 가린다. 불분명한 어떤 형체가 흐릿한 창으로 들여다보면서 나타났다가 사라진다. 회색 문이 손짓하고 닫힌다. 어둡고 음습한 그림자가 내려온다. 우리의 어두운 자아의 그늘이 서로 합치더니 우아한 더비시 댄스[5]를 추며 돌다가 서서히 돌아간다. 우리는 빛을 갈망하지만 빛은 어둠이 없으면 드러날 수 없다. 죽음이 없는 삶처럼 깊고 어두운 잠에 빠진 씨앗의 시절이 없는 꽃처럼….

그림자로 그림을 그리고 글을 쓰고 춤을 추면 촉진자나 치료사의 여러 감정을 불러일으

5) 역주_Dervish dance. 이슬람 수도승의 춤.

킬 수 있다. 내담자의 예술적 기질과 지성이 종이 위에서 자신과 싸울 때 나는 어떻게 반응하는가? 우선 내가 내담자를 위해 그 공간에 있다는 사실을 알게 해 준다. 만약 집단일 경우에는 내담자가 작업을 하는 동안 여러 번 왔다 갔다 하거나 조용히 곁에 서서 그녀가 당면하고 있는 투쟁을 알아차린다. 나는 아무런 말을 하지 않는다. 그녀를 칭찬하지도 않고 엉망이 되어 가더라도 그만두게 하지 않는다. 나는 항상 곁에 있으며 그녀의 자기탐색을 지지해 준다. 그녀가 자신의 그림과 자기 자신을 직면하면서 만난 성취감에 대해 발할 때 니 역시 그녀의 발견에 대해 흥분한다. (이와 똑같이 사람들이 자신의 새로운 시작에 황홀해할 때, 나는 항상 "오, 정말 멋져요. 당신의 방향을 찾아서 정말 기뻐요."라거나 "나는 정말로 당신이 그렇게 하는 것을 지지해요."라고 말한다.) 자기이해와 직관을 통해 이루어지는 성장을 지지받는 것은 충고해 주고 충고를 받아들였다고 등을 두드려 주는 것과 매우 다르다. 사람들이 피어나는 것을 볼 때 나는 매우 기쁘다.

어떤 사람이 자신의 두려운 그림자를 파고 들어갈 때, 나 역시 그러한 탐색을 위한 심리적 공간 안에 항상 존재한다는 것을 확인시켜 준다. 매 순간마다 그 사실을 인식시킬 필요는 없지만, 참여자들은 내가 비록 다른 곳으로 가더라도 내가 항상 곁에 있으며 그들을 더 깊은 세계로 인도한다는 느낌을 갖는다. 나는 항상 어두운 면을 드러내 주는 그림이나 춤, 가면, 글쓰기를 유도한다. 나는 '공허'라는 시를 쓴 이에게 함께 나누자고 요청한다. 그가 감정도 없이 수줍어하며 시를 읽으면 내가 대신 그에게 읽어 주면 안 되겠느냐고 요청한다. 나는 그 시가 전달하고자 하는 정서 — 외로움과 공포 — 를 강조하며 읽는다. 극적으로 강조된 자신의 글을 들을 때, 그는 자신이 쓴 내용이 주는 것을 제대로 느끼게 된다.

내가 행한 이러한 예들은 각각의 참여자에게 자기지향적인 배움을 갖도록 지지해 준 것이다. 그들이 처한 상황에 실망을 하거나 그것을 고쳐 주려고 노력하지 않는다. 우리의 동맹이 되어 줄 자기의 미지의 부분을 깨닫고 직면하고 수용하는 이 과정을 나는 깊이 신뢰한다.

양극성의 통합

그림자를 수용하고 빛을 포옹하는 것은 내면의 양극성의 통합을 의미한다. 내면의 세계로 여행을 떠날 때 우리는 완전히 정반대인 것처럼 어떤 것을 경험한다. 그런 양극성을 환상적으로 표현하고 글로 쓰고 극화할 때 가끔 통합이 나타나기 시작한다. 통합이 일어나면 단순히 두 부분을 수용하는 것보다 더 큰 어떤 일이 발생한다. 의식과 무의식의 통합으로부터 일어나는 **초월적 기능**에 대해 카를 융은 다음과 같이 말하였다.

> 논쟁을 하고 영향을 주고받으면 서로 대립되는 것이 가진 초월적인 기능이 드러난다. 두 가지 입장이 서로 직면하면 에너지가 가득한 긴장감이 만들어지고 세 번째의 것, 즉 존재의 새로운 차원, 새로운 상황이라는 살아 있는 어떤 것이 탄생하게 된다. 이 초월적인 기능은 대립되는 것들이 결합된 특성을 드러낸다. 서로 분리되어 있는 한 — 갈등을 피하기 위한 자연스러운 현상 — 이것들은 제대로 기능하지 못하고 비활성의 상태로 남아 있게 된다.[6)]

다음은 서로 대립되는 것들이 활성화되고 결합되는 사례이다. 37세의 여성 메리는 창조적 연결과 자신이 변화한 경험에 대해 글을 썼다. 처음에는 내면 여행에 대한 주저함이 기술되어 있다.

고뇌가 세 개의 알을 낳았다

> 나는 여전히 표면에서 떠돌고 있다. 마치 나의 한 부분이 잠든 것처럼 느낀다. 나는 하품을 하며 빈둥거린다. 나에게만 집중하면서 나의 외로운 길을 마음껏 탐닉한다…. 나는 다른 사람들이 그림을 그리고 색칠하는 것을 쳐다본다. 나도 그림을 한두 장 그렸지만 내 스스로 평가해도 별로 창조적이지 않고 잘 그리지도 못했다. 나는 아무런 행동도 하지 않고 존재감도 없는 무채색의 비현실적인 존재처럼 불안하게 느껴진다.
>
> 그러다가 히로시마 기념일이 되었다. 참가자 몇 명이 히로시마 기념식을 보러 가자고 제의했다…. 그리고 우리는 직관적인 그림을 그리게 되었다. 나는 손으로 자유롭게 그림을 그리

6) Mary McClary, 제목 없는 보고서(미출간).

> 기 시작했으며, 그 그림은 아무런 생각이나 계획 없이 흘러나오는 강렬한 이미지를 표출해 내었다. 각각의 이미지는 그 공포의 순간과 히로시마의 의미에 대한 나의 느낌을 정확히 잡아내었다. 검고 붉은 색으로 죽죽 그어 내리는 형태로 고뇌와 죽음을 표현해 내었고, 다음 이미지는 돌봄과 새로운 삶의 약속을 상징하는 둥글게 돌아가는 원 안에 분홍빛 알로 드러났다. 마지막 그림은 부활, 즉 재탄생된 삶에 대한 생생하고 터져 나오는 듯한 확신이었다. 오렌지와 밝은 분홍빛의 거대한 피어나는 꽃송이 속에서 내 속에 있는 긍정, "그래 이거야!"가 스스로를 드러내고 있다. 그것은 내 속에 존재하는 내 자신의 아름다움과 생동력이 나에게 내리는 계시였다.
>
> 이제 나의 창조성은 발현되고 나는 그림을 더욱 자유롭게 그리기 시작했다. 그 다음 몇 개의 그림은 어두웠고, 어떤 내적 짐 때문에 그늘진 내 존재감을 드러낸다. 그러나 어두운 색채 위로 밝은 색을 덧칠했으며, 내 삶 속에서도 이러한 창조가 되어야 한다고 다짐한다. 이렇게 어두운 색 위에 밝은 색을 덧칠하면서 나는 내가 선택 — 나의 내면의 빛과 미래의 전망을 향해 나아가겠다는 선택 — 을 했다는 것을 안다.
>
> 나는 돌파구를 재촉하는 어떤 것을 지켜보고 기다린다. 어느 날 나의 두 가지 면을 보여 주는 정형화된 얼굴 — 사랑스러운 면은 잠들어 있는데, 주위를 살피고 어둡고 화가 나 있고 힘이 센 다른 면은 어슬렁거리며 다니는 얼굴 — 을 그리던 날 그것이 시작된다. 집단 참가자들이 그림을 나누기 시작할 때 … 나는 내 그림을 조용히 덮는다.
>
> 나를 드러내는 것은 그 다음 날 그림을 그리고 우리 몸의 왼쪽과 오른쪽만으로 춤추는 과정 중에 일어났다. 나는 얼굴을 하나 더 그렸다. 한쪽 면은 가면이고 다른 면은 밝고 단순한 타원형이다. 가면 여인은 이렇게 말한다. "나는 강하고 굶주렸으며 슬프고 현명하고 저주받았다." 선명한 노란색 타원형은 즐겁게 말한다. "누구, 나? 나는 밝고 멋지고 조심스럽고 똑똑해. 나는 가면이야."
>
> 나는 지금 내 안에 있는 어두운 여성을 표출하는 것을 원하지 않아서 주춤거린다. 그리고 어떤 순간이 찾아와서 나는 그것을 만난다. 나의 춤은 조심스러운 사회적 얼굴 밑에 숨겨진 강력하면서도 거부된 여성의 모습을 벗고 간결하고 극적으로 드러낸다. 우리 집단은 따뜻한 지지를 보내 준다….

다음 그림은 재탄생을 묘사하면서 원색으로 그렸다. 나는 방출된 에너지가 터져 나오는 세 개의 알을 연작으로 그린다.

고뇌가 세 개의 알을 낳다

#3 부활 "내 마음속의 긍정이 스스로 선언한다."
_메리 맥클래리

#2

#1 새로운 인생에 대한 약속

리애너의 여행 #1 재블리나-사납고 추한 돼지(이 그림은 자신의 어두운 면이 드러나면 사랑받지 못할까 봐 두려워하는 마음을 보여 준다.)_리애너 낸 그레이브스

리애너의 여행 #2 피 흘리는 심장의 고통 : "고뇌에 찬 고통의 신호"

리애너의 여행 #3 영혼의 빛 : "나를 보호해 주는 빛이 우리 속에 늘 존재하는 신의 형상으로 나를 지켜 주는 것을 느낄 수 있어요."

리애너의 여행 #4 새의 비상 : "나는 힘껏 위로 날아오르고 커다란 울음을 토해 낸다."

메리의 통합의 다음 단계는 그 훈련 프로그램의 교수진 중 한 명이었던 칼 로저스와 가졌던 상담 세션에서 나타났다. 메리는 자신의 그림을 이용하여 오랜 두려움을 이렇게 말하였다.

> 여성에 대해서 아주 다른 가치들을 매기는 세상에서는 좀 이상하게 보이지만 나는 근원적으로 강하고 창조적인 여성입니다. (칼은 끄덕이며 경청하다가 메리에게 그녀의 이미지, 새롭게 그녀에게 다가온 이미지에 대하여 질문한다.) … 그것은 온 세상을 다 삼키고도 남을 만큼 떡 벌어진 턱을 가진 뱀의 이미지예요. 나는 세상에 의해서 거부되었다기보다 수용되고 자양분을 받기 위해서 선택된 뱀이에요.
>
> 이런 특이한 경험으로 인해 나는 새로운 내면의 단계로 나아갑니다. 나는 모든 단편들을 느껴요…. 나는 충만하고 완전해요…. 나는 평정 속에 있어요.[7]

메리의 묘사는 서로 대립되는 것들을 탐구하는 것이 어떻게 새로운 이미지, 새로운 정체성을 탄생시키는가를 보여 준다. 히로시마 기념일에 해 본 탐색은 그녀의 정서적 퓨즈를 발화시켜 깊은 감각들을 폭발적으로 드러내게 하였다. 검은색을 떨쳐 내고 밝은 분홍빛이 피어난다. 이것은 우리가 내면의 빛을 찾기 위해 어둠 속으로 들어가야만 한다는 확실한 증거이다. 깊은 표현의 물결이 그녀로 하여금 어두운 그림을 밝음으로 덮어서 다음 그림을 그리게 한다. 그녀는 새로운 양극성을 발견하고, 그것을 그림으로 그리고 춤으로 추면서 해방과 생동력을 경험한다. 그녀가 언어적 치료의 단계로 접어들자 초월적인 이미지가 나타난다. 세상을 온통 집어삼키려는 입 벌린 뱀의 이미지이다. 이것이 메리에게 내적 균형과 해결감을 느끼게 도와준다. 이것은 희망을 표현하는 그림을 수반한다.

여린 꽃이 호랑이가 되다

내적 양극성을 탐험하는 과정은 흔히 세 번째 경험인 통합과 초월을 야기한다. 우리의 참가자 중 아주 활달한 일본인은 이러한 과정을 발견하였다. 나는 그녀에 대하여 나의

---

7) Mary McClary, 제목 없는 보고서(미출간).

저널에 기록하였다.

> 나는 '이것이 나예요' 라는 집단 동작 프로그램을 인도했다. 사람들이 눈을 감고 몸의 충동이 이끄는 대로 내면을 향해서 들어가게 하였다. 나는 마코를 관찰하였다. 여린 일본 꽃 같은 그녀는 처음에 웃으며 방에 들어와서는 자동적으로 사람들에게 절을 하였다. 동작 훈련이 시작되자 그녀는 눈을 감았다. 그녀는 유연하고 우아하게 흐르는 강물같이 움직였다. 그러더니 하늘의 구름을 날려 버리는 강력한 바람이 되었다. 7분간 이러한 춤을 춘 후 나는 집단에게 새로운 지시를 내렸다. "이제 이건 내가 아니야! 이런 모습이었던 적은 거의 없어!"라고 표현하는 동작을 해 보세요."
>
> 마코는 으르렁거리는 격노한 호랑이가 된다. 이 여린 꽃 같은 여성이 사납고 발톱을 세운 동물이 된다. 그녀는 먹이를 찾아 헤매는 사냥꾼으로 변한다.
>
> 그 후에 그녀는 이 정서를 '격노의 가면' 이라는 찰흙 작품으로 만들어 내었다. 그녀는 이전에 한 번도 찰흙을 사용해 본 적이 없으나 자신의 동기가 너무 강렬해서 기괴한 얼굴을 만들게 되었다고 나에게 말한다.
>
> 나중 토론 시간에 마코는 말한다. "나는 내가 그렇게 화가 나고 강력한지 몰랐어요! 나는 좀 거칠어지고 싶어요. 나는 이것이 나의 한 부분이라는 것을 알아요. 나는 어둡고 격렬하고 화난 모습을 받아들일 수 있어요. 나는 가면을 만들고 분노의 춤을 추며 그것을 해소했어요. 이제 그것은 이 순간 내게 없어요. 그것은 내게서 흘러나와 찰흙 속으로 춤 속으로 들어갔어요." 그녀는 평온하게 앉는다. 나는 열리고 이완된 몸과 긴장하지 않고 평화로운 얼굴을 쳐다본다. 내면에 평화가 가득하다.

앞의 두 가지 예는 그림자에 접근하는 점진적인 방법을 보여 준다. 항상 예쁜 미소를 짓고 있는 수줍음 타는 마코는 "이건 내가 아니야!"라는 말에 자극을 받아 호랑이인 자기를 드러냈다. 그러한 자극은 미지의 자기를 탐색하고자 하는 사람에게 반드시 필요하다. 다른 워크숍에서의 일인데, 미국이 히로시마를 폭격한 것의 의미를 숙고해 보자는 참여자들과 리더(코니 스미스 시겔)의 순수한 요구가 세상의 사건에 대해서 우리를 깊이 생각하게 만들었다. 마음에서 우러나는 이러한 정서는 참된 것이다. 우리는 개인적이고 정치적인 비극에 깊이 빠져들었다. 비록 시간이 걸렸지만 절망감을 표면으로 떠오

여린 꽃이 호랑이가 되다

르게 하고 나눔으로써 결국 우리는 새로운 탄생을 느꼈고 행동할 용기를 얻었다. 폭력과 절망, 분노, 소리는 우리의 문화에서는 금기시되는 것들이지만 이러한 정서를 춤과 소리, 그림을 통해 신체적으로 해소하는 것이 그림자를 통합하는 것으로 나아가는 길이다.

때때로 나는 내담자에게 테니스 라켓으로 베개를 때림으로써 분노를 표출하도록 시킨다. 나는 내담자에게 신체적인 행동을 할 때 소리를 지르도록 격려한다. 이러한 과정은 자신의 정서가 조절되지 못할까 봐 우려하는 두려움을 직면하게 도와준다(실제로 너무 오랫동안 억누르면 조절되지 못하는 일들이 발생한다). 울분을 터뜨리는 것이 도움이 된다. 그로 인해 치유가 시작된다. 그러나 한 여성은 다음과 같이 말하였다.

> 나에게는 때리고 치고 하는 행동이 분노를 움직이지 못했다. 즉 그 행동은 분노를 변화시키지 못했다. 그러나 그림을 반복해서 그림으로써 분노가 어떤 의미 있는 것으로 변환됨을 알았다. 그림은 새로운 형상을 가져다준다. 이미지를 통해 해소하는 동안 나는 나의 분노에 대해서 통찰을 얻었다.

이미지 여행은 그림자를 탐색하는 또 하나의 방법이다. 가슴을 갉아먹는 듯한 통증으로 고통당하고 있었던 한 내담자에게 눈을 감게 하고, 엘리베이터를 타고 가슴속으로 내려간다고 상상하게 하였다. 그가 쓴 글은 어두운 면을 쳐다보는 데에 그가 얼마나 큰 용기를 냈는지를 보여 준다.

검은 새가 심장을 열어 보이다

> 나의 심장을 본다. 검은색의 큰 혈관이 둘러싸고 있다. 아니, 그것은 커다란 악의로 가득 찬 검은 새의 발톱이다. 나의 심장은 그 새의 발톱에 잡혀 있다. 내가 심장을 조금이라도 움직이면 발톱이 내 심장을 찢어 버릴 것이다. 새는 그것을 알고 있고 그게 나의 잘못이라는 듯 웃는다. 이 새는 확실히 강력한 힘을 가진 그림자다. 나는 그것의 힘과 엄청나게 강한 의지를 느낀다. 새가 말한다. "만약 빠져나갈 생각이라면 다시 생각해 보시지."

나는 심장과 새가 서로 대화하도록 권유했다. 다음은 그가 쓴 글이다.

> 심장 : 너무 세게 나를 움켜쥐지 마, 날 내버려 둬.
>
> 새 : 너는 내 발톱을 감옥으로 느끼고 있구나. 그러나 나는 네가 볼 수 없는 위험으로부터 너를 보호하고 있는 거야…. 나는 기만이니 신이니 하는 것 바깥에 있어. 그래서 내게는 믿어야 할 것이 전혀 없기 때문에 난 너를 또렷하게 보고 지켜 줄 수 있는 유일한 존재야.
>
> 심장 : 네가 그렇게 말하니 나는 너의 우정과 배려를 믿고 신뢰해.

계속된 이미지를 통해서 새는 그를 높은 고원 지대로 데려가 이리저리 흩날리는 잔해를 보여 주는데, 이것은 신이 새의 심장을 훔쳐 가 버렸음을 암시한다. 더 나쁜 것은 이러한 상실에서 오는 고통과 비탄이 대화로 소통되지 못한다는 것이다. 왜냐하면 신만이 말할 수 있기 때문이다. 새의 분노와 고통은 침묵하도록 저주받았다.

> 새에게 내 심장을 주는 수밖에 없는 것 같다. 이것은 깊은 신뢰이다. 이러한 느낌이 내 속에 깊어짐에 따라 갑자기 나는 내가 잃어버린 심장을 새에게 되돌려주는 신의 전달자라는 느낌이 깊이 들었다. 이것은 단지 개인적 사건이 아니라 나를 통해 지금 여기서 전개되는 영적 재배치의 심오한 행동이다.

> 나는 내 가슴속에 반딧불처럼 작은 불빛 같은 존재가 내 가슴속 심장을 동여맨 모든 끈을 풀고 있음을 느낀다. (나의 심장이 새에게 전달됨에 따라) 나는 사랑 안에 가득 찬 나의 존재를 느낀다. 내가 오직 원하는 것은 두려움 없이 모든 것이 충만한 빛의 흐름의 중심 가까이 있는 것이다. 내 자신이 텅 빔을 느낀다. 텅 빔… 그리고 끝났다. 나는 소진되었다. 나는 심장을 가진 커다란 새가 된 느낌이 든다. 새로운 힘으로 충만한 심장, 정서와 사랑이 검은 새의 피 속으로 흘러 들어가 뒤섞인 힘찬 심장. 나는 내 심장을 얼마나 많이 나의 '특별한' 중심, 나의 '가장 좋은 곳' 에 두어 왔는가를 생각한다…. 그리고 그 새가 나에게 말했다. "그래, 너 스스로 너의 심장을 지키고 싶단 말이지? 그것이 옳다고 생각한단 말이지? 좋아, 그러면 내가 진실로 너의 심장을 지켜 줄게!" 이제 나에게 남아 있는 느낌은 그림자인 새가 다시는 낯선 존재로 나타나지 않을 것이라는 것이다. 새와 나는 가장 깊숙하게 얽혀 있으며 새는 낯선 존재가 아니라 나의 친구이다.[8)]

위의 예에서 본 바대로 그림자의 공포를 직면하고, 그것이 생존에 중요한 특질을 가지고 있음을 발견하며, 그림자에 대한 본질적인 두려움을 방출하는 것이 새로운 힘을 찾아내는 양극성의 통합으로 인도한다. 그의 심장을 사악한 새에게 제공하는 것은 사랑과 빛의 느낌으로 이끄는 신뢰와 양보의 행위이다.

나는 그러한 하나의 사건이 개인의 삶을 영원히 변화시킨다고 말하지는 않는다. 고통과 사랑하는 것의 상실에서 해방되려면 끝없이 비탄을 견뎌야 하는 것처럼 어둠을 받아들이고 빛을 포옹하기 위해 인내를 다해야 한다. 이것은 진행 중인 과제이다.

빛을 포옹하기

이 책에서 서술한 개인적인 예처럼 표현예술은 변화와 초월적인 경험을 제공하는 치유 수단이 된다. 예술은 우리의 어둠을 가시적이고 구체적이며 실제적인 것으로 드러나게 할 수 있다. 자기의 모든 면을 한데 더하고 통합하면서 어둠에서 빛으로 움직이는 것은 창조적 연결 과정을 통한 목소리를 찾는 것이다.

빛으로 밝혀지고 빛으로 들어가서 빛을 느끼고 받아들이는 것, 이 모든 것에는 열림

---

8) 익명의 내담자.

이나 수용성을 요구한다. 제1장에서는 동작으로 해 본 '녹아내려 순종하기' 에 대한 경험을 상술하였다. 그것은 몸이 빛에 맞는 느낌을 주었다. 나는 후에 학생들이 이와 유사한 경험을 서술한 것을 보고 놀랐다. 동작 경험에 관한 보고서에서 한 학생은 다음과 같이 서술하였다.

> 힘을 빼고 푹 엎드렸을 때 나의 몸이 따뜻하고 안온하며 이완됨을 느꼈다. 나는 그 느낌이 손가락으로 뻗쳐 나가 카펫으로 파고드는 것을 즐겼다. 나는 마룻바닥 밑으로 더 내려 앉고 싶었고 할 수 있는 한 몸을 쭉 뻗었다. 나의 몸은 일어나기를 거부했다. 그냥 거기에 평화롭게 있고 싶었다. 나는 내 몸이 "항복이다!" 라고 말하는 것처럼 느꼈다. 나의 정서적 경험은 아주 강렬해서 거의 압도되었다…. 그러자 나는 노란빛을 보았다…. 나는 그 빛이 내가 항복을 멈춘다면 떠나갈 것이라는 것을 알았다….
>
> 노란빛은 나의 높은 차원의 힘이었고 나에게 메시지를 보냈다고 믿는다. 나의 힘을 얻고 강화하기 위해서 더 높은 차원의 힘에게 나의 자유 의지를 던져 버리라는 메시지 말이다…. 메시지는 내가 살면서 끊임없이 수행하는 삶의 중요한 결정과 직접 연관되어 있다. 삶에 대한 투쟁의 대부분은 혼란스럽고 겁 많으며 투사적인 나의 머리로부터 나온다. 나는 머리로 답을 찾으려고 노력하면서 쳇바퀴를 돌고 있다. 나는 두려움과 혼돈으로 마비가 된다…. 내가 나의 더 높은 힘에 항복한다면 위엄과 힘을 가진 인간으로서 나의 길을 걸을 수 있다는 것을 안다.[9)]

이것은 우리의 지성이 영적인 자기의 길에 어떻게 개입되어 있는지를 보여 준다. 분석적인 것을 버리려고 항복하면 더 높은 차원의 자기로부터 오는 인도를 받아들일 수 있는 문이 열린다.

리애너의 여행

인류학자이며 교육자인 리애너 낸 그레이브스(Liana Nan Graves)는 어둠을 직면하고 빛을 껴안는 여러 번의 경험에 대하여 기술하였다. 그녀가 속한 집단이 "당신의 어두운 꿈의 동물에 대하여 춤을 추고 그림을 그리세요." 라고 요구받았을 때 그녀는 재블리나,

---

9) Jeri Spencer, 제목 없는 논문(Orinda, CA: JFK University, 1988).

즉 사납고 추한 돼지를 그렸다. 돼지를 그린 후 찰흙을 빚었다. 그리고 그림자의 형상과의 대화를 써 내려갔다. 이런 종류의 글은 대단히 지시적인 탐색일 수 있다. 리애너는 그녀의 과정을 기술하였다.

> 나는 찰흙으로 어떤 사람들은 추하다고 여길 수 있는 거친 여성의 힘을 나타내는 형상을 만들었다. 나는 그것을 미적으로 아름답게 만들려고 노력하지 않고 찰흙을 나무 판에 힘껏 치대는 것으로 대부분의 시간을 보냈다. 가장 중요한 것은 내 속에 있는 이러한 에너지를 표출하고 그 에너지를 바깥세상에 알리고자 함이었다…. 나는 그 에너지에 대하여 춤을 추고 난 뒤 그 형상과 대화를 하였다.
>
> 리애너 : 너는 누구니?
>
> 메두사 : 나는 메두사, 분노하는 뱀이다, 물고 혀를 날름거리고 삼키려고 위협한다. 나는 지하 세계의 문이다. 나는 두려움이고 분노이지만 결코 비굴하지 않다. 비굴하지 않음, 방어 또는 공격, 고통, 고뇌, 날카로운 못, 비틈, 회전, 싸움, 투쟁, 움직임, 변화, 결코 같지 않으며, 항상 모든 틈과 열려진 것을 탐색하고, 구멍을 향해 들어갔다 나왔다를 반복하고, 물고, 절규하고, 괴성을 지르고, 목졸라 죽인다.
>
> 리애너 : 왜 여기 있는 거니?
>
> 메두사 : 추한 것을 보여 주고, 추함을 보고 받아들이고 사랑하게 만들기 위해서. 여기는 나의 아름다운 분노와 추함을 위한 방이다. 나는 어두운 암흑 속에 있는 것이 싫증났다. 나는 빛을 받을 만한 가치가 있다. 나의 뱀들은 대낮의 빛을 한 번도 못 봐서 장님이 되었다. 나는 너의 세상에서 살 곳이 없어서 화가 난다.
>
> 리애너 : 나에게 무엇을 원하니?
>
> 메두사 : 받아들임. 나는 안기고 싶고 보여지고 싶다. 나는 열려지고 싶다.
>
> 리애너 : 너는 왜 어둠 속에 숨어 있니?
>
> 메두사 : 아무도 추하고 화난 어린이를 보고 싶어 하지 않지, 아무도 추한 여자를 원하지 않기 때문이지. 모두들 이렇게 말하잖아. "너는 화를 내면 추해 보여." "너의 그림은 추해. 왜 좀 즐겁고 멋진 것을 그리지 않니?" "네가 화를 내면 아무도 너를 좋아하지 않을 거야." "그렇게 추한 행동을 하지 마." 너는 살기 위해서 사랑받고 인정받는 것이 필요했기 때문이지. 너는 네 가족과 친구들로부터 여전히 사랑과 인정이 필요하고, 만약 내가 네 곁을 돌아다닌다면 아무도 너에게 사랑과 인정을 주지 않을까 봐 두려워하기 때문이지.

누가 나에게 손을 내밀까? 나의 추함과 분노, 찢고 째고 물고 싸우고 파괴하고 싶은 나의 욕망을 알아줄 사람이 한 사람이라도 있으면 나에게 말해 줄 수 있니? 절대로 없어! 모두들 나를 어두운 지하 감옥에 가둬 놓고 철문으로 막아 놓을 거야. 다른 사람들이 그러기 전에 네가 먼저 그럴 테지.

리애너 : 너는 누가 너를 알아차리고 손을 내밀어 주기를 원하니?

메두사 : 누구보다도 먼저 당신이지. 다음으로 친구들, 당신의 배우자, 당신 가족들이지. 나는 거대한 힘을 가지고 있어. 나를 빛으로 데려다 줘. 지금 당장![10]

이 대화에서 리애너는 두 가지 측면의 자기를 나타낸다. 이미지를 보고 있는 ™나Π와 이미지 자체인 ™나Π이다. 이러한 과정은 실험적 자기수용으로 이어진다. 어두운 자기에게 목소리를 부여하는 것이 그것을 명료화하고 확실한 초점을 부여한다.

리애너는 자신의 어둡고 화난 얼굴을 봄으로써 사랑받지 못하는 존재의 공포를 깨달았다. 그녀에게 강요되었던, 어린아이는 좋은 행동을 해야 하고 그림은 아름다워야 한다는 강력한 명령이 그녀 스스로 분노와 추함을 추방시키게 하였다. 그렇게 함으로써 그녀의 강력한 힘 대부분을 무의식의 ™검고 긴 가방Π 속에 밀어 넣었던 것이다. 이 그림자의 목소리는 갇혀 있던 시간 동안 더욱 증폭되었다. 그것은 인정받고 받아들여지기를 원했다. 이러한 충동과 욕망을 공감적인 환경에서 창조적 글쓰기와 미술, 춤, 소리 속으로 데려감으로써 리애너의 자기수용, 확신감, 자기 역량 강화의 불꽃이 타올랐다.

예술을 통해 느낌을 표현함으로써 그 느낌이 바뀌고 변하고 변환이 일어나는 그 시점을 극적으로 표현하기 위하여 나는 하루 낮 또는 하루 저녁에 만든 일련의 표현예술 작품을 공개하기를 특히 좋아한다. 리애너는 어느 날 밤 집에서 일련의 작품을 만들었다. 그것을 통해 그녀는 혼자서 자기치유의 가능성을 입증하였다. 그녀는 다음과 같이 기술하였다.

다시 한 번 불쾌한 경험을 하고 잠을 잘 수 없었을 때, 나는 침대에서 일어나 그 느낌을 그림으로 그렸다. 지나간 과거의 상처가 모두 다시 드러났지만 빠른 스케치를 계속하면서 그것

---

10) Liana Nan Graves, "Living the Dream: Connecting the Creative to My Life Path" (Santa Rosa, CA: Person-Centered Expressive Therapy Institute, intern paper, 1990), p. 45.

들이 빨리 치유되어 감을 느꼈다. 그런 뒤 나는 그 과정을 글로 썼다.

✢ 피 흘리는 심장의 고통

> 이 그림을 다시 보는 것은 고통스럽다. 그 그림을 그렸을 때 내 가슴의 아픔이 서서히 사라져 갔고 마침내 완전히 사라졌다. 나는 한가운데의 작은 반점이었는데 그것이 점차 커지더니 심장이 되었고 중심에서 바깥으로 박동하는 것을 느꼈다. 나는 중심에서 퍼렇게 멍들고 피를 뚝뚝 흘리며 찌르는 듯한 통증의 점이 있음을 느꼈다…. 붉은 핏방울을 차가운 푸른색이 둘러싼다…. 그것은 마치 코피를 흘릴 때 얼음주머니를 대는 것처럼 상처받은 심장을 차게 하려는 시도로 여겨진다. 푸른 화살이 위에서 날아와 심장을 뚫고 들어가 찢어지게 한다… 몹시 아프다. 오렌지색 충격파장이 날카로운 소리를 낸다… 매우 고통스러운 듯이.
>
> 심미적 견지에서 나는 이 그림을 전혀 좋아하지 않는다. 그것은 추하고 상당히 두렵기도 하다. 그러나 그것을 그리는 일은 매우 치유적이었다…. 더 이상 아픔이나 분노가 남아 있지 않다. 그것은 종이를 통해 배출되어 버렸다.

많은 사람들이 종이로 에너지가 빠져나가면서 정서적 치유가 일어나는 현상을 기록하였다. 우리는 마음의 통찰뿐만 아니라 예술 행위를 통해서 완전함을 얻을 수 있다는 사실을 이러한 여러 가지 증거로 알 수 있다. 실험적 과정과 지적 이해는 두 가지 다 자기실현을 위한 중요한 요건이다.

리애너는 그림을 계속 그렸고 바로 그 밤에 치유가 계속되었다. 그녀는 다음 그림을 그리고 그 그림으로 인한 연상에 대하여 서술하였다.

✢ 영혼의 빛

> 나는 어린아이인 자기의 중심으로부터 빛의 느낌을 가지고 시작한다…. 네 달에서 두 살까지 사진 속의 내 이미지가 다가온다. 나는 삶의 기쁨, 탐색, 발견으로 충만하였다. 영혼은 나의 눈과 몸을 통해 빛난다. 아장거리는 아기였을 때 부모님에게 내가 찾은 부활절 달걀을 보여 주려고 앞으로 뒤뚱거리며 내달던 모습을 회상하였다. "봐요! 예쁘죠?" 내가 이렇게 말하는 것 같다.
>
> 이 중심으로부터 모든 생명과 빛이 방사되어 바깥으로 퍼진다…. 이 그림을 그리면서 진정한 기쁨을 느꼈다. 나는 보호하는 빛이 항상 내 안에 있는 신성한 존재의 형상으로 나를 지키

고 있음을 느낀다.

이 작업에서 가장 흥미로운 측면은 사람들이 작업을 함으로써 자신의 고통을 초월해 새로운 기쁨과 빛의 영역으로 진입한다는 점이다. 세 번째 그림에서 보다 초월적인 경험이 드러난다.

새의 비상

나는 천상의 빛을 동경하는 새이다. 나는 온 힘을 다하여 위로 비상하며 커다란 울음을 토해낸다. 나의 가슴은 푸르다. 나의 모든 에너지는 하나의 목표를 향해 있다. 어떤 것도 나를 붙잡지 못한다. 나는 이미 지상을 벗어난다. 단지 몇 번의 날갯짓으로 나는 날아오른다.

나는 아주 빨리 몇 번의 손 움직임으로 이 그림을 완성했다. 평소 잘 사용하지 않는 손으로 시작하여 자주 사용하는 손으로 끝냈다. 나는 이 그림의 모든 부분이 마음에 들었다. 그것은 동경과 갈망, 비상하는 능력에 말을 걸었고 이제 막 날아오르고 있다.[11)]

찢어지고 피 흘리는 심장으로부터 신성한 빛과 비상으로까지 가는 이러한 느낌과 개념이 하룻밤에 전개되었다. 계속해서 예술을 통한 자기표현이 우리를 찢긴 심장 속으로 깊이 밀어 넣어 버려서 이제 갈 수 있는 곳은 치유를 향한 곳밖에 없다. 거기서 우리의 생존적 성향과 자기실현의 성향이 다음 일을 떠맡는다.

요약

어떤 사람들에게는 변화 과정이 오랜 치료 과정 후에 일어난다. 또 어떤 사람들에게는 극적인 변화가 수주일 또는 몇 달 안에 일어나거나 심지어 한순간에 일어나기도 한다. 이 책에 서술된 모든 예들은 그럴 소양이 충분한 성인들에 의해 기록된 것이다. 내가 인용한 집단과 내담자들은 그들의 내면 여행을 탐색하여 더 온전한 자기가 되며, 세상을 보호하고 발전시키고자 하는 열망을 가진 사람들이다. 아마도 당신은 압도적인 고통, 괴

---

11) Liana Nan Graves, "Living the Dream: Connecting the Creative to My Life Path" (Santa Rosa, CA: Person-Centered Expressive Therapy Institute, intern paper, 1990), p. 45.

물과 악령, 비상하는 형상에 놀랄 것이다. 그러나 중요한 점은 그러한 것들이 당신의 일부분이라는 것을 알아야 한다는 것이다. 이러한 느낌은 인간 조건의 부분이다.

나는 왜 그림, 춤, 노래 부르기, 글쓰기의 과정을 통한 자기표현이 영혼을 치유하는지 설명하려고 오랫동안 노력해 왔다. 나의 모든 설명 — 그것이 에너지를 해방시키고 저항을 해제시키며 무의식을 의식으로 끌어낸다는 것 — 은 "왜 치유가 일어나는가?"라는 질문에 대한 충분한 답이 되지 못한다. 그것은 과정 자체에 대한 고차원적인 서술일 뿐이다. 또한 "왜 인간은 자기실현을 위해서, 자신의 능력을 완전히 사용하는 전인적인 존재가 되기 위해서 나아가야만 하는가?"라는 질문에 대한 진정한 답은 없다. 성장하고자 하는 경향과 창조적 행위 중에 일어나는 치유는 아주 신비로운 과정이다. 그러나 둘 다 인간중심 표현예술치료에서 온전하게 작용한다.

사람들은 대부분 자신의 내면의 빛이 너무 '특별∏하다고 느끼고 드러내지 않으려고 한다. 그런 감각은 아주 극적이어서 이런 능력은 단지 예수나 부처 같은 사람들만이 할 수 있는 것이라고 여긴다. 우리는 자기 자신이 이와 같은 황홀경이나 힘찬 아름다움을 가지고 있다는 사실을 받아들이는 것을 주저하고 당황해한다. 만약 개인으로서 이러한 내면의 빛을 인식하고 받아들인다면 우리는 다른 사람들이 그들 자신의 황홀한 경험을 할 수 있도록 길을 닦아 주는 셈이 된다. 폭풍을 몰고 오는 시커먼 구름이 으르렁거리는 이 세상에서 우리는 분명 그 빛이 비치기를 바라고 있다.

온전하게 실현되고 자기 역량이 강화된 전인적인 인간이 되려면 우리의 여행은 우리가 한쪽에 밀어 두고 무시하고 억압하거나 감춰 둔 자기의 다른 측면의 뚜껑을 열기 위하여 무의식을 탐색하는 과정을 반드시 거쳐야만 한다. 알아차림이 항상 첫 번째 단계이다. 알아차림이 없이는 우리에게 아무런 선택이 없다. 우리의 공포와 부끄러움, 죄의식, 분노, 고통, 빛, 감수성, 혹은 창조성을 깨닫는 것이 자기의 중요하고도 유용한 부분을 그대로 받아들이는 첫걸음이 된다. 개인의 통합은 상징적이고 표현적인 수단을 사용할 때 일어나는 사건의 자연적인 흐름이다. 일단 미지의 것을 열기만 하면 이러한 부분들이 우리의 영혼 안에서 자신의 올바른 위치를 찾게 된다. 어둠을 받아들이고 빛을 껴안을 때, 우리는 모든 생명체와 연결되어 황홀한 우주와의 하나 됨을 경험할 수 있다.

연습

다음의 연습은 무의식을 건드려서 그림자를 수용하게 하고 빛을 받아들일 수 있게 하는 방법을 제시한 것이다.

내적 양극성

반대되는 양극의 역동적인 긴장으로부터 발생하는 에너지를 발견하기 위해서 '내적 양극성' 훈련을 해 보자. 이것은 당신의 내적 양극성에 대한 브레인스토밍이나 의식적 노력에서 시작된다. 나는 시각예술로 시작해서 동작과 소리 만들기(동작부터 시작하는 것이 더 좋기도 하다)로 이어 갈 것을 제안하고 싶다.

⚜ 글쓰기

혼자서 또는 친구와 함께 자신에게 익숙한 양극성, 즉 사랑/미움, 두려움/안전감, 수동성/공격성, 재미있음/심각성, 기쁨/슬픔, 매력/혐오 등에 대해 깊이 생각해 본다. 무엇을 더 생각해 낼 수 있는가?

⚜ 명상

몇 분간 조용히 앉아 눈을 감고 깊은 호흡을 하면서 의식에 떠오르는 모든 것을 그대로 둔다. 어떤 양극성이 탐색되려고 올라오는가? 한 쌍을 선택한다.

⚜ 시각예술

신문지 한 장 크기의 종이(18×24인치)를 마주 보고, 평소에 잘 쓰지 않는 손을 이용해서 색깔을 고르고 위에서 고른 양극성의 각각의 면에 대한 느낌을 표현해 본다. 그림이 어떻게 보일지에 대해서는 걱정할 필요가 없다. 눈을 감고 실험하듯 그려 보자. 한 가지 극에 대해서 한 장의 종이를 사용하거나 또는 같은 페이지에 양극성을 다 그릴 수도 있다.

⚜ 글쓰기

각각의 그림에 대하여 다섯 단어 또는 '나'로 시작하는 문장을 다섯 개씩 쓴다.

⚜ 동작과 소리

첫 그림의 선이나 색깔 또는 그림 안의 리듬을 보면서 몸으로 그것들을 움직이며 표현해 보자. 움직일 때의 느낌을 소리로 표현한다. 움직일 때 높거나 낮은, 넓거나 좁은 공간 안에 있다는 것을 기억하라. 천천히 움직일 수도 있고 빨리 움직일 수도 있다. 직선적으로 움직이거나 흐르듯 유연하게 움직일 수도 있다. 움직이면서 모든 종류의 소리로 실험해 본다.

⚜ 글쓰기

10분 동안 자유로이 글쓰기를 한다. 스스로 검열하지 말고 멈추지도 않는다. 또는 양극성 사이의 대화를 만들어 본다.

⚜ 시각예술

이제 재빨리 세 번째 그림을 그린다. 동시에 양손을 쓰면서 그린다. 무엇이든 일어나도록 그대로 둔다. 이 그림을 보면서 무슨 단어가 떠오르는가?

⚜ 명상

지금까지 한 작업을 회상해 보자. 눈을 감고 깊은 호흡을 하며 그대로 있는다. 지금 느낌이 어떤가? 자신에 대해서, 내적 갈등에 대해서 무엇을 배우고 있는가?

그림자와 빛에 마음 열기

그림자를 탐색하는 것은 알지 못하는 세계로 들어감을 의미하기 때문에 혼자 작업하기 힘들 수가 있다. 그림자를 발견하려면 거부되고 억제된 자기의 다른 면을 직면하는 내적 여행이 필요하다. 앞에서 든 예처럼 당신은 그 방에서 아름다운 보물을 발견할 수도 있고, 도깨비를 발견할 수도 있으며, 그 둘을 다 발견할 수도 있다. 도깨비는 당신에게 중요한 메시지를 던져 줄 수도 있고 동맹군이 될 수도 있다.

다음에 제시되는 연습을 위한 최적의 조건은 치료자와 함께 하는 것이다. 그것이 불가능하다면 당신이 이미지 여행을 할 수 있도록 읽어 주고 당신의 밝은 면과 어두운 면까지 받아들일 수 있는 친구와 함께 해야 한다. 또는 이미지 여행을 할 수 있게 녹음을 해서 그것을 들으면서 당신이 찾고자 하는 것을 표현하기 위한 '창조적 연결 과정'을 하는 데 많은 시간을 투자해야 한다.

이 이미지 여행은 당신에게 두 가지 측면에 대해 문을 열도록 요구할 것이다. 하나는 어둠 속에 감춰진 것이고, 다른 하나는 빛 속에 있는 것이다. 이것들은 원형적인 이미지—마녀, 악마, 어릿광대, 마술사, 황제, 여왕 등—일 수도 있으며, 동물적 이미지이거나 색채 또는 느낌으로 다가올 수도 있다. 이것들은 사회적 가면 뒤에 숨은 페르소나이다. 비록 이런 특성들은 열쇠로 잠겨 있는 것이지만 바로 당신의 삶에서 힘을 가지고 있는 것이다.

✤ 준비

다음 내용을 읽어 줄 치료사나 친구가 없으면 녹음기에 천천히 명상하듯 녹음을 한다. 그 다음 조용히 진행할 수 있게 45분간 시간을 마련한다. 전화선을 뽑고 도화지와 색칠할 것, 찰흙을 준비한다.

스스로 이 안내문을 읽어서 녹음을 했건 친구가 읽어 주었건 간에 항상 책임은 당신에게 있다. 자신에게 알맞게 지시를 바꿀 수도 있고 그만 하고 싶다면 언제나 여정을 중지해도 된다. 가벼운 황홀경의 상태가 당신을 무의식으로 들어가도록 돕지만, 당신이 원한다면 자신의 의지에 따라 항상 그 상태에서 빠져나올 수도 있다. (어떤 사람에 의해서 당신이 이미지 여행을 안내받는다면 이 문장을 그에게 읽혀라.)

✤ 이미지 여행 안내

(다음을 천천히 읽는다.) 앉거나 누우세요. 당신을 아래에서 받치고 있는 마룻바닥을 느끼세요. 깊이 숨을 쉬세요. 숨을 내쉴 때마다 발, 장딴지, 허벅지, 골반의 근육이 이완될 수 있도록 시간을 충분히 가지세요. (잠시 멈춘다.) 계속해서 숨을 깊게 들이쉬고 내쉬세요. 숨을 내쉴 때 배, 가슴, 어깨, 팔, 손의 근육이 이완되도록 하세요. (잠시 멈춘다.) 계속해서 심호흡을 하세요. 목, 얼굴, 턱뼈, 머리를 이완시키세요. 깊이 호흡을 들이마셨다가 내쉬면서 몸의 모든 근육에게 이완하라고 말하세요.

언덕을 내려간다고 상상하세요. 호흡하는 공기를 느껴 보세요. 오른편에 무엇이 있는

지, 왼편엔 무엇이 있는지를 느껴 보세요. 상상 속에서 하늘을 올려다보고 언덕을 내려다 보세요. 한 걸음마다 호흡과 이완을 반복하세요. 언덕길을 따라 내려가면서 당신은 그 길이 동굴로 향한다는 것을 알게 됩니다. 동굴로 들어가는 그 길을 따라갈 것인지 결정하세요. (잠시 멈춘다).

당신이 동굴에 들어갔을 때 희미한 불빛이 계단을 비춰 줍니다. 거기에는 다섯 개의 계단이 있습니다. 내려가면서 숫자를 세어 보세요. 천천히 숨을 내쉬고 이완하면서 한 계단씩 내려가세요. (잠시 멈춘다.)

당신은 이제 로툰다라는 둥근 방에 있습니다. 거기에는 움직이기에 충분한 넓은 공간이 있고 숨을 쉬기에 충분한 공기가 있습니다. 당신은 안전합니다. 만약 안전하다고 생각하지 못할 어떤 이유가 있다면 필요한 것이 무엇이든지 둥근 방으로 가져오세요. (잠시 멈춘다.) 기다림의 장소를 탐색하세요. 무슨 냄새가 납니까? 무엇을 만질 수 있습니까? 이 방에는 두 개의 문이 있습니다. 하나에는 '그림자' 라고 적혀 있고, 다른 것에는 '빛' 이라고 적혀 있습니다. 어떤 문을 먼저 열고 싶은지 결정하세요.

손잡이를 잡고 돌린 후 천천히 문을 열어 보세요. 금방 무엇이 보이거나 아니면 천천히 어떤 모양이 드러날 것입니다. 그것은 사람일 수도 동물일 수도 있고, 색깔이거나 단어나 문장 또는 느낌일 수도 있습니다. 무엇이 처음에 나타나건 그것을 받아들이세요. 그것을 인식하세요. (잠시 멈춘다.)

이 이미지에게 다음과 같은 몇 가지 질문을 해 보세요. "당신은 누구세요?" (잠시 멈춘다.) "나에게 무얼 원하지요?" (잠시 멈춘다.) "당신의 힘은 무엇입니까?" (잠시 멈춘다.) 조심스럽게 귀를 기울이세요. 이 이미지는 어떤 특징을 가지고 있습니까? 이것은 당신에게 어떤 정보를 줍니까? 당신의 느낌을 바라보세요. (잠시 멈춘다.) 자, 이제 인사를 하고 문을 닫으세요.

이제 다음 문으로 들어갑니다. 문의 표시를 보세요. 천천히 문을 여세요. 어떤 이미지나 색채, 느낌이 거기에 있을 겁니다. 그것을 받아들이세요. 다시 몇 가지 질문을 던져 보세요. "당신은 누구세요?" (잠시 멈춘다.) "나에게 무얼 원하지요?" (잠시 멈춘다.) "당신의 힘은 무엇입니까?" (잠시 멈춘다.) 대답을 듣습니다. 이 두 가지의 이미지가 당신에게 어떤 정보를 줄 수 있습니까? 그들은 무슨 선물을 가지고 있습니까? 그곳을 통과해서 문을 닫고 다시 계단을 올라와 햇빛 속으로 나와서 지금 여기로 다시 돌아오세요.

✣ 글쓰기 또는 시각예술

글쓰기나 그림그리기를 하면서 이 탐색에서 받은 인상을 표현해 본다. 먼저 글쓰기를 선택했다면 당신 자신과 각 이미지들 사이의 대화를 다시 포함시켜 본다. 글쓰기를 한 후에 찰흙이나 색깔을 이용한 시각예술을 만들면서 '그림자' 의 형상과 '빛' 의 이미지에 대한 느낌을 표현해 본다.

✣ 동작과 소리

당신이 만든 예술 작품을 보고, 서서 몸을 움직여 선과 색채, 형상을 동작으로 표현해 본다. 움직이면서 소리도 만들어 본다.

✣ 명상

당신의 그림이나 조각을 보고 쓴 글을 큰 소리로 낭독한다. 그리고 생각과 느낌을 찬찬히 성찰한다. 이미지 여행에서 당신은 두려운 그림자의 이미지를 만났는가? 그렇다면 그것의 메시지는 무엇이었는가? 그것은 당신에게 무엇을 원하는가? 그 존재는 당신의 이익을 위해서 사용할 수 있는 어떤 힘을 가지고 있는가? 그것은 실제로 동맹군인가?

당신이 '빛' 의 문을 열고 들어갔을 때 어떤 존재가 드러났는가? 그것을 받아들이기가 쉬웠는가, 어려웠는가? 당신은 그 존재의 에너지를 어떻게 이용할 수 있는가? 당신은 무엇을 더 탐색하고 싶은가?

✣ 글쓰기

여기에서 한 걸음 더 나아가기 위해서는 어둠과 빛의 이미지가 서로 대화하게 해야 한다. 이 대화를 녹음해 보자.

기억할 것은 어디에도 옳고 그른 이미지는 없다는 것이다. 무슨 일이 일어나든 우리는 그것으로부터 배울 수 있다. 비록 그림자의 문이나 빛의 문 뒤에서 아무것도 나타나지 않더라도 말이다. 아무것도 아닌 것이 당신에게 무슨 말을 할 수는 없지 않겠는가? 덫에 걸리지 말고 잡히지도 말고 진퇴양난에 빠지지 말고 어둠 속으로 들어가라. 그것이 두려움을 직면하는 길이다. 가장 큰 두려움은 문을 여는 일이다. 일단 열리고 나서 미지의 것을 알고 나면 그림자는 덜 무서워진다. 대부분의 경우 그 형상들은 중요한 힘과 조언을 줄 수 있는 당신의 동맹이 된다.

빛을 포옹하는 일은 그림자를 포옹하는 것과 마찬가지로 압도적일 수 있다. 실제로 빛을 경험하는 것이나 빛을 내뿜는 형상을 직면하는 것은 자비심과 황홀경의 눈물을 동반하기도 한다. 자비심과 고통의 경계는 매우 흐릿하다. 우리 안의 사랑스럽고 보살펴 주며 환한 빛을 발하는 특성들을 포옹하는 것이 어두운 충동을 인정하는 것보다 더 힘들 때가 많다.

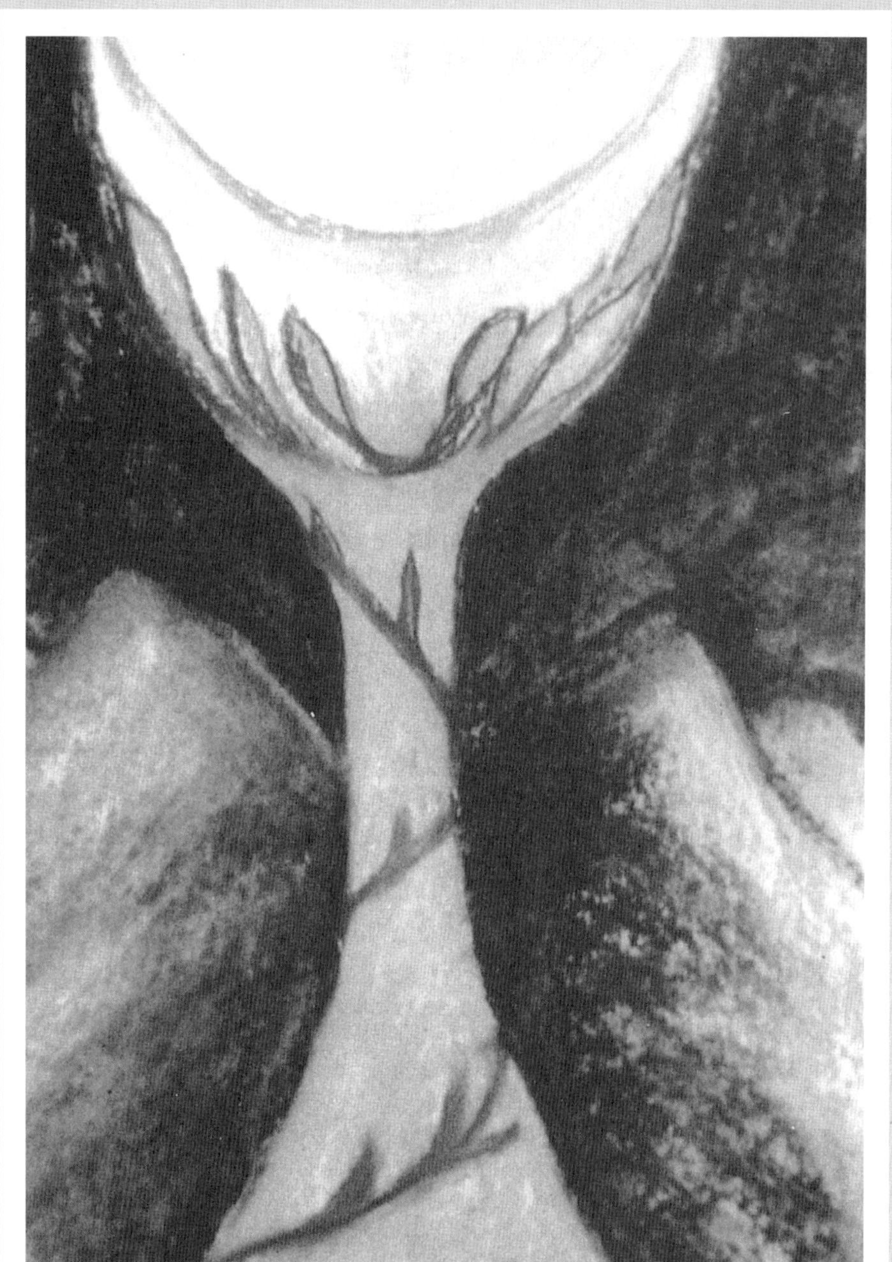

Discovering Spirituality Through the Arts

예술을 통한 영성의 발견

09

예술을 경험하는 것은 감각으로 초월을 경험하는 것이다. 그렇기 때문에 모든 사람이 가진 예술적 기질은 키워지고 존중받아야 한다. 그것이 연결을 체험하는 방법이다.

—M. C. 리처즈(M. C. Richards), 『중심에 두기(Centering)』

표현예술 분야의 수련 프로그램을 개발하는 데 있어 나의 의도는 심리치료사들과 정신건강 전문가, 예술가, 교육자들에게 그들의 작업의 질을 높일 수 있는 방법과 그들의 창조성을 활성화할 수 있는 공간을 제공하는 것이었다. 이 프로그램이 점점 발전하면서 많은 사람들이 좀 더 고차원적인 자기에 눈뜨거나, 그들이 말하는 신의 영혼 또는 우주의 에너지에 눈뜨게 되었다고 말해 주던 것이 내게는 경이로운 일이었다. 우리 모두가 함께 표현예술 활동에 참가했을 때, 그 공간의 아주 특별한 분위기에 들어맞는 경험이긴 했지만 이것은 내가 계획한 것이 아니었다. 나는 이것을 신성한 공간이라고 부른다. 다른 이들도 그렇게 부른다.

이 작업을 촉진시켜 온 많은 세월 동안, 내 자신의 예술은 더욱 가볍고 밝고 풍부하며 상징적으로 좀 더 열린 그리고 더욱 영적인 에너지를 불러일으키는 쪽으로 변해 왔다. 표현예술 프로그램에서 나는 축복과 사랑, 내적인 평화에 대한 감각 등을 경험하였다. 이런 발전 과정은 나이가 들고 성숙해 가는 것의 산물일 수도 있지만, 나의 이런 성장은 집단 의식이 강렬했던 표현예술 프로그램을 통해 또한 자극받고 키워져 왔다. 나는 동작과 소리내기 작업으로 특히 영적인 요소들과 접촉할 수 있었다. 나는 가장 깊은 감정에 이르는 통로를 신체와 소리의 떨림을 통해 얻는다. 이때 나는 모든 세포가 모든 생명체의 세포들에게로 열리는 것을 느낀다고 말할 수 있다. 예술은 바로 이러한 느낌들의 시각화이다.

내 아버지는 그가 받은 청교도적인 유년기 교육과 신학적인 교육에 저항하였다. 그래서 나는 어떠한 종류의 종교 교육도 받은 적이 없기 때문에 영적인 자각에 대한 어떠한 주장에 대해서도 조심하고 주의를 기울이는 편이다. 또한, 내가 정신적 스승 같은 사람으로 비쳐질 수도 있다는 것이 굉장히 싫다. 과거에 나는 이런 보편적인 영적 체험을 개인적인 것으로 생각하고 대부분을 혼자서만 간직해 왔다. 그러나 내 친구들과 동료들에게 빛이나 아마도 천사들, 또는 멀리서부터의 메시지를 받은 나의 경험에 대해 얘기했을 때, 그들도 그런 경험들을 자기 속에 간직하고 있다는 것을 알게 되었다. 이런 일들의 의미와 중요성을 탐구하기 위해 이것들을 공유하는 것이 중요한다고 생각한다.

신성한 경험을 접해 본 내담자와 참가자들의 말을 경청함으로써 나의 경험들을 더욱 확신할 수 있었다. 그리고 나는 이 일에 대해 회의적이지 않고 유용성을 좀 더 수용하게 되었다. 두 명의 참가자가 보여 주는 다음의 예문을 통해 창조적 연결 과정 동안 얼마나 사람들이 영성에 눈을 뜨는지를 볼 수 있다. 첫 번째 예는 전쟁을 경험했고 지금은 도서관의 사서이자 시인이 된 참가자이다.

> 창조적 연결이 서로 교차되면 존재의 모습을 보기에 충분한 어떤 순간이 활짝 열린다. 내 몸은 세포 조직의 무한대와 같은 과거를 지닌 채 소리, 시각, 색깔, 감정이 함께 섞여 있는 곳에서 움직이며, 지금이라는 공간으로 향하는 새로운 길로 열려 간다…. 몸, 정신, 영적 현실은 우리가 알 수 없는 것을 알아채는 곳에 있다.[1)]

다음의 표현예술 경험은 텅 빈 공간의 이미지가 경외심과 잠재의식을 일으킨 예이다.

---

1) Gary Lark, ®Opening the Sacred Space© (Santa Rosa, CA: Person-Centered Expressive Therapy Institute, intern paper, 1989), p. 2.

> 나는 고강력 에너지의 붉은빛, 오렌지빛, 보랏빛으로 둘러싸인 금빛 광선의 통로가 된 나 자신을 경험하기 시작했다. 이 에너지는 나의 목표를 향해 나아갈수록 투명해졌고 그 중심부가 '뜨거운 하얀색'으로 되어 갔다…. 나는 이렇게 유도된 에너지를 운송하는 수단이 될 확실한 통로를 상징하는 노란색의 속이 빈 원통을 만들었다. 그것은 지금 채워질 수 있는 빈 공간이자, 지금 현실이 될 수도 있는 잠재력이며, 하늘과 땅… 나와의 만남이었다. 이 지구상에서 신성한 에너지 통로로서의 역할을 할 수 있었던 그 엄청난 잠재적 자기를 보았을 때 나는 울고 싶어졌다.[2)]

위의 통렬한 사례들은 개인적인 경험의 깊이를 잘 전달한다. 그리고 창조적 과정에 자신이 열정적으로 참가하는 것이 정신과 육체를 일체시키면서 동시에 신성한 에너지를 받아들이도록 마음을 열 수 있게 만들어 준다는 것을 보여 준다. 창조성을 통한 자신의 영성 발견은 실제로 일어난다. 이것은 우리에게 영성이 무엇을 의미하는지에 대한 질문을 제기해 준다.

영성이란 무엇인가?

우리 집 거실에서 진행되었던 어느 날 저녁 수업 시간에, 우리는 영적인 경험에 대해 얘기하면서 스스로에게 "우리에게 영성이란 무엇인가?"라고 물었다. 여기 우리의 자유 연상이 몇 가지 있다.

…에 열리기
우주의 영혼으로
무엇이라는 것에, 엎드림
하나 됨으로 통합
무의식 또는 우주의 근원에 문 두드리기
집단 무의식
신념
믿음

2) 익명의 학생, 미출간 논문(Orinda, CA: JFK University, 1988).

명확성
직관
내적 진실
관점
내적 고요, 평화
하나 됨을 아는 것
실존적 홀로 서기
우리의 그림사 직면하기, 그것과 춤추기, 그것을 건설적으로 표출하기
내적 양극성 통합하기, 즉 남성과 여성, 음과 양
반대되는 것들의 조화
영적 결합에 이르는 성적 결합
창조성
중심에 들어가기
지구와의 연결
내적 눈과 접촉하기
전체성/신성함/치유하기
아는 것
목적
꼭대기에 도달하기 위한 계곡에서의 고된 경험
죽음/삶/부활
가슴 열기
자비심

사랑

이런 연상들의 대부분은 "…에 열리기"로 말머리를 시작할 수 있을 것이다. 빛이 되기, 빛으로 들어가기, 빛을 느끼기, 빛을 받아들이기, 이 모든 것에는 열림 또는 수용이 요구된다. 녹아내리는 것, 강한 섬광을 맞는 것, 정신적 제어를 완전히 놓아 버리는 것, 또는 신체적인 해소의 경험은 일종의 항복 행위이다. 그것은 환경에 따라 무아경의 것일 수도 있고 섬뜩한 것일 수도 있다. 남을 돌보고 양육하는 환경에서라면 이런 해소가 더

높은 차원의 자기로 향한 문을 열게 할 수도 있다.

앞서 말한 목록은 이 책에 나타나 있는 과정의 여러 부분을 강조한다. 즉 개인 무의식과 집단 무의식에 접근하기, 그림자 직면하기, 두렵고 혐오스러운 측면들을 받아들이고 통합하기, 고통 · 화 · 두려움 · 고난을 통해 더 깊은 내면으로 들어가기, 앎 · 자비심 · 사랑의 정점에 도달하기 위해 그리고 하나가 되기 위해 고통스런 경험 하기 등을 말한다. 가장 개인적인 것을 향해 탐색해 들어갈 때, 우리는 우주적인 것과 접촉한다. 이것은 죽음-부활의 한 과정이다. 내가 설명하고 있는 것은 영적 행로로 향하는 여행이다. 프랜시스 본(Frances Vaughan)은 그것을 이렇게 설명한다.

> 영적인 삶은 알아차림의 모든 경험을 지지하고 포괄하는데, 이는 내적 근원에서부터 빛나는 기쁨을 나타내려 하는 것이다. 그것은 바깥세상을 탐색함으로써 찾아질 수는 없고, 내부의 근원이 눈을 떴을 때 모든 사물에 반영되는 것이다. 티벳 불교의 스승인 칼루 린포체(Kalu Rinpoche)의 말에 따르면, "다르마(Dharma)를 수행하면 슬픔의 구름은 밀려가고 지혜와 위대한 기쁨의 태양이 당신의 마음속 맑은 하늘에서 빛나게 될 것이다."라고 했다.[3)]

> 영적 행로를 걷는 사람에게 중요한 것은 … 그 자신만이 표현할 수 있는 창조적인 영감을 발견하고 그것을 귀중하게 여기는 것이다.[4)]

한 박사 논문 연구 프로젝트의 결과가 영성과 창조성 간의 연결을 밝혀 준다. 심리학자 묵티 칸나(Mukti Khanna)는 인간중심 표현예술치료 훈련 프로그램을 마쳤거나 3단계 반에 있는 참가자들을 대상으로 그들이 경험한 창조성에 대해 연구했다. 그녀는 27세부터 65세에 이르는 18명의 성인들을 인터뷰했으며, 그들에게 이 프로그램 동안 창조적이라는 느낌을 알아차린 시점을 설명하고 그 창조적인 순간 중에 그들이 가졌던 느낌을 증명할 것을 요청했다. 각각의 인터뷰를 옮겨 적은 후 일곱 가지의 주제가 나타났는데 그중 하나가 우주성이었다. 우주성은 영적인 느낌, 하나가 되는 느낌, 모든 생물체에 연결되는 느낌과 같이 창조적인 느낌에 대한 특별한 경험을 말한다. 그들은 일상생활에서

---

3) Frances Vaughan, *The Inward Arc* (Boston: Shambala, 1986), p. 87.

4) Frances Vaughan, *The Inward Arc* (Boston: Shambala, 1986), p. 156.

보다 영적인 면, 초월적인 연결과 접촉할 때 더 많이 느낀다. 18명 중 11명의 참가자는 그러한 우주성 또는 초개인적인 경험을 이야기했다. 그들 대부분은 이런 경험을 훈련 과정에서 예상하지 않았다고 말했다. 그 이유는 그들이 이 프로그램이 심리적인 데 초점이 맞춰져 있다고 알고 참가했기 때문이었다.[5)]

어떤 사람은 신에게 가까이 다가간 경험을 했다.

> 그것은 단지 창조적인 부분만은 아니었다. 마치 어떤 일들이 매우 영적인 방식으로 일어나도록 성스러운 공간들이 열리는 것 같았다. 마치 교회에서나 일어날 법하다고 상상하는 것처럼 말이다. 이 공간에서 신은 좀 더 잘 보이고 가까이 느껴진다. 내가 정말 놀랍게 느끼는 것은 이런 일이 일어날 거라고 생각지 못했다는 것이다.

또 어떤 사람은 황홀경과 고뇌 사이의 연결을 느꼈다.

> 나는 나의 영혼과 교류하고 있다. 창조적 원동력은 자유로워진 상태이고 영적인 깨어남과 같다. 그것은 눈물과 기쁨처럼 황홀한 감정이며, 즐거움과 고통 사이의 아주 섬세한 경계 같은 것이다. 나는 '이건 놀라워, 이건 온전히 내가 될 수 있는 안전한 장소야.' 라고 생각하는 자신을 발견한다. 그것이 바로 내가 영혼과 결합하는 것이다.[6)]

나는 묵티의 연구가 창조성의 과정에 푹 빠져 있던 사람들의 주관적인 경험의 보고에 기반을 두었다는 점에서 이 연구를 존중한다. 인터뷰에 이름을 붙이지 않고(기호만 붙어 있다) 우리 프로그램에서 어떤 점수도 매기지 않았기 때문에 함께 나눈 경험들이 아주 진실하다고 믿을 수 있다. 더구나 이것은 표현예술이 심리적 상처를 치유할 뿐만 아니라 사람들로 하여금 종종 무아경을 느끼고 하나 됨을 느낄 수 있도록 해 준다는 사실을 나타낸다.

영성을 설명해 주는 특성들의 목록을 다시 언급해 볼 때, 마지막 제일 큰 단어가 사랑

---

5) Mukti Khanna, ®A Phenomenological Investigation of Creativity in Person-Centered Expressive Therapy© (Knoxville, TN: The University of Tennessee, Ph. D. dissertation, December 1989).

6) Mukti Khanna, ®A Phenomenological Investigation of Creativity in Person-Centered Expressive Therapy© (Knoxville, TN: The University of Tennessee, Ph. D. dissertation, December 1989), p. 74－75.

이라는 것은 절대 우연이 아니다. 빛과 우주적인 사랑을 경험하도록 요청하는 것은 모든 종교의 중요한 부분이다. 많은 사람들이 그 경험을 가지고 있지만 그런 경험은 논리적이거나 과학에 근거한 것이 아니기 때문에, 사람들은 그것이 자신과 무관하거나 중요한 것이 아니라고 치부해 버린다. 그러나 우리 대부분은 이런 최고의 평화로운 순간들을 올바르게 이해하고 심지어 갈망한다. 이런 시간 속에서 평생 지속될 개인적 변화 또는 새로운 관점이 생겨날 수 있다.

영성과 창조성

영성과 창조성은 어떤 관계일까? 두 가지 생각이 떠오른다. 첫째로, 창조성은 우리들 각자에게 강물같이 흐르는 생명력을 지닌 에너지이다. 그것을 막아 버림으로써 우리는 정신적으로 아프고 마비가 오며 신체적으로 스트레스를 받게 된다. 표현예술은 이 강물이 계속 흐르게 하는 방법을 제공한다. 창조성을 다시 일깨움으로써 우리는 영적인 행로에 이르게 된다. 진보적인 도미니크회의 신부 매튜 폭스(Matthew Fox)는 이렇게 말했다.

> 나는 창조성에 대한 나의 새로운 헌신, 즉 창조성에 대한 서원에 대해 말한다. 나는 창조성이야말로 어머니인 대지가 생존할 수 있는 유일한 희망이라고 생각한다. 우리는 창조성과 신성한 힘을 회복해야만 한다.
>
> 창조성은 매우 만족스러운 것이다. 이것이 바로 창조성이 아주 중요한 이유이다. 무언가를 만들어 낸다는 것 때문이 아니라, 그 과정이 우주론적이고 영적이며 중심에 두는 일이자 만족을 주는 일이기 때문이다.
>
> 생명을 만들어 내는 일은 기쁨과 즐거움을 준다.[7)]

두 번째로 드는 생각은, 우리에게 개인적이며 그리고 세계적인 가장 큰 적은 부인이라

7) 『창조의 영성(Creation Spirituality)』에서 매튜 폭스의 인터뷰 내용(날짜 미상).

는 것이다. 개인적인 슬픔, 고난, 절망, 또는 사악한 충동을 인정하지 않으면 우리는 그것들을 무겁고 알 수 없는 짐으로 만들어 짊어지게 된다. 이는 무기력이나 우울, 무감각이나 폭력으로 이어진다. 반면, 이를 알아차리면 창조적인 프로젝트에 적절하게 연결되어 강력한 정서로 사용할 수 있다. 알아차림, 해방, 통찰, 실행을 위해 창조성을 사용함으로써 우리는 다시 영성의 행로로 갈 수 있다.

프랜시스 본은 이를 다음과 같이 잘 요약해 준다.

> 심리적으로 건강한 영적 통합은 자기인식과 사물을 있는 그대로 보는 것에 근거를 둔 개인적 통합이라는 토대를 요구하는 것 같다. 이것은 다른 사람뿐만 아니라 자기 자신에 대해서도 고통에 대한 자비로운 반응과 진실을 말하고자 하는 노력을 말한다. 건강한 영적 통합은 출생, 삶, 죽음의 의미와 목적, 그리고 홀로 됨과 실존적 자유와 우주적 인간이 직면하는 것과 같은 그런 궁극적인 질문에 대한 진정한 반응의 결과라고 할 수 있다. 자아중심적 관심사에서 초월한다고 해서 인간의 관계가 반드시 힘들어진다는 것을 의미하지는 않는다. 사랑, 자비심, 열린 마음으로 삶의 모든 면에 관심을 갖는 것이야말로 심리학적으로 성숙한 영성의 자연스러운 결과라 하겠다.[8)]

내적 평화를 얻는다는 것은 우리의 신체적 · 감정적 · 정신적 · 영적인 상태들의 총합과 조화를 이루는 것이다. 만약 사람들이 명상이나 다른 영적 수련을 그들의 문제를 직면하는 데 부수적으로 사용하는 것이 아니라 도피처로 사용함으로써 인생의 어려움이나 불쾌한 부분을 피하려고만 한다면 그들은 평화를 찾는 것이 아니다. 지름길은 언제나 우리를 유혹한다. 그러나 좀 더 높은 깨달음의 상태로 가는 지름길은 없다. 바로 이 지점에서 표현예술이 매우 도움이 될 것이다. 깨끗하고 조용한 호수가 목표라면, 그리고 강물이 창조성의 흐름이라면, 표현예술은 바로 우리가 타고 여행할 수 있는 통나무배한 척이다.

---

8) Frances Vaughan, ®Spiritual Issues in Psychotherapy,© *Journal of Transpersonal Psychology*, 23:2(1991), p. 107.

영적 심상

창조적 연결 과정을 할 때 사람들은 종종 자신이 평소와 너무나 다른 의식의 상태에 있는 것을 발견한다. 예술 작품 속에는 여러 문화권에 존재하는 상징들이 드러나기도 한다. 사람들은 "이 특정한 이미지가 어디서 나왔는지 나도 모르겠어요. 나는 전에 한 번도 나비(혹은 곰, 십자가, 뱀, 부활절 달걀)와 연관된 적이 없는데요."라든가 "어떻게 이런 기호가, 이집트의 무덤에 있고 중국의 항아리에도 있는 이 기호가, 이런 걸 전에 한 번도 생각해 본 적이 없는데 내 작품 속에 있을까요?"와 같은 말들을 할지도 모른다. 그런 상징이나 기호는 고대와 현대 문화에서 모두 발견되며, 비록 그것들의 의미가 각 문화에 따라 특정한 것이라 할지라도 전형적이거나 보편적인 것이다. 카를 융(Karl Jung) 등의 심리학자들과 인류학자들은 이런 이미지들이 집단 무의식에서 나온다는 것을 발견했다. 자신의 표현예술에 대해 깊이 생각해 본 참가자라면 이 보편적 상징성에 매료될 수도 있다. 강렬한 이미지들이 '미지의 장소'로부터 튀어나올 때, 회의론자조차 신비주의의 공간 속으로 들어갈지도 모른다.

자주 언급했듯이 나는 사람들에게 상징을 해석해 주지 않는다. 혹 전문적 지식을 가졌더라도, 나는 그들이 외부의 권위에 의존하기보다는 그들 스스로 상징의 의미를 찾아볼 것을 요구한다. 상징과 자신의 내적 관계를 발견함으로써 사람들은 그것의 진정한 힘을 알게 된다. 지적으로 호기심이 많은 사람들은 다른 문화에서 정의 내린 그대로의 상징의 의미를 연구함으로써 흥미와 지적 수준을 더욱 증가시킬 수도 있다.

영적 상징은 교회와 동굴, 모래 그림과 직물, 무덤, 사원에 가득하다. 이 상징들은 다양한 형태의 십자가부터 장미창, 성배, 남근상(음경), 여음상(음문), 영을 안내한다는 동물과 신비한 식물까지 그 범위가 다양하다. 이와 같은 상징이나 다른 상징들이 표현예술에서 자동적으로 떠오를 때, 나는 예술가에게 그 상징을 지지해 줄 만한 동작이나 그림, 소리, 글쓰기와 함께 좀 더 깊이 탐구하도록 격려한다. 때때로 나는 그 상징의 의미를 다른 사람들이 정의 내린 대로 설명하고 있는 참고 서적을 읽고 연구할 것을 장려한다.

게일의 청어 뼈

어느 날 오후 내가 속해 있던 어떤 모임에서, 그 당시 모친상의 슬픔을 겪어야 했던 내 친구이자 동료인 게일 레어드(Gail Laird)에게 아주 의미 깊은 하나의 상징이 나타났다. 우리가 함께했던 작업이 나에게는 무척 감동적이었다. 나는 그날 저녁 일기에 그것에 관해 글을 썼다. 그리고 이 책에 설명되어 있는 많은 방법들을 보여 주기 위해 그녀의 허락을 얻어 그 이야기를 들려주고자 한다. 저절로 드러난 영적인 상징들뿐만 아니라 이 상담 세션의 역동을 지켜보고 나서야 비로소 나는 인간중심 표현예술치료의 많은 측면에 대해 언급하는 것이다.

슬픔을 극복하는 데는 시간이 걸린다. 만일 상을 당한 사람이 동정심과 이해심이 많은 사람 앞에서 자신의 감정을 표출할 수 있다면 슬픔을 극복하는 과정에 도움이 된다. 물론 혼자서 슬퍼하는 것은 가능하다. 그러나 말기 환자들을 위한 병원에서 일하는 많은 사람들이 알고 있듯이, 변화무쌍한 이 감정들을 받아들일 수 있는 동료의 존재가 치유를 더 촉진시켜 준다. 슬픔은 부인, 슬픔, 화, 카타르시스, 수용, 그리고 마지막으로 상실의 상처를 치유하는 것까지의 여러 단계를 거친다. 타는 듯한 상실의 고통은 말문을 막히게 한다. 말이 목구멍 속에 갇혀 버린다. 이럴 때 색으로 선을 긋고 시각예술, 시, 일기 쓰기를 함으로써 이미지와 은유를 통해 감정을 표출할 수 있다. 또는 운동감각적으로 동작과 소리를 통해서도 표출할 수 있다. 따라서 표현예술은 감정을 표출하고, 신뢰하는 타인과 의사소통할 수 있게 하는 데 특별히 유용한 수단이다.

슬픔이라는 우물 속으로 들어가는 것은 고통 속으로 뛰어드는 것을 의미한다. 충분히 느끼고 수용하면 이러한 고통은 깨달음과 영성의 길로 향하게 된다.

슬픔의 우물 그 정적의 수면 아래로
그 검은 물속을 지나 아래를 향해
우리가 숨 쉴 수 없는 그곳까지
미끄러져 내려가 보지 않을 사람들은
우리가 마시는 물의 원천,
그 차갑고 깨끗한 비밀의 물을

결코 알 수 없을 것이며,
그 어둠 속에서 다른 무언가를
소망하던 사람이 던졌을,
희미하게 비치는 조그맣고 동그란 동전들을
찾지 못할 것이다.

– 데이비드 화이트(David Whyte), 〈슬픔의 우물〉[9]

게일이 나에게 이야기해 주었다. "지난 3개월 동안 어머니에게 죽음이 다가오고 있을 때 어머니를 돌보기 위해 이스트코스트에 다녀오곤 했지요. 세 번째로 어머니에게 다녀온 뒤, 남편과 나는 집에 도착해서 시아버지가 돌아가셨다는 소식을 전해 들었죠. 그 뒤에 어머니가 돌아가셨어요." 그녀는 계속했다. "그리고 지난해에 나의 동료이자 상담자였던 정말 절친한 친구가 총에 맞아 죽었어요. 그리고 과거 나의 치료사였던 사람이 에이즈로 사망했고요. 감당하기 어려운 일이었어요. 정말로 감당하기 어려운 일이었어요."

게일은 매우 유능하고 균형 잡힌 전문가이고 늘 활력과 재기가 넘치는 사람이다. 그런 그녀가 그 당시에 바로 그런 일을 겪었던 것이다! 내 인생에 있어 아주 힘들었던 한 달 동안 그녀는 그녀의 전문적인 기술을 이용해서 나를 도우려 했었기에, 나도 그녀가 내 스튜디오에서 얼마간 지내게 해 주고 싶었다. 그녀는 우리의 표현치료 훈련 과정을 수료했고, 그래서 그녀 혼자 힘으로 또는 다른 이들과 함께 이 작업을 이용하는 방법을 알고 있었다. 우리는 얼마간 시간을 잊고 지냈다. 그러다가 약속했던 어느 날이었다. 우리는 커다란 두 개의 방석 위에 앉았다. 우리의 약속은 오후 동안은 그녀가 바랐던 어떤 화제에든 집중할 여지를 주면서 내가 그녀의 상담자가 되는 것이었다. 다음은 그때의 대화를 거의 그대로 옮겨 놓은 것이다.

"몇 분간 함께 명상하겠습니까?" 나는 묻는다. 그녀는 고개를 끄덕이며 "네."라고 대답한다. 평온한 상태로 자리 잡기 시작하면서 나는 "우리가 여기서 무엇을 얻기 위해 내가 안

9) David Whyte, *Where Many Rivers Meet* (Langley, WA: Many Rivers Press, 1990).

내자를 하겠습니다."라고 말한다. 그녀는 살며시 "좋아요. 그러면 내가 내 자신 속으로 들어가는 데 도움이 되겠네요."라고 답한다.

나는 다음과 같이 명상의 세계로 우리를 안내한다. 깊이 숨을 쉬세요. 양 어깨의 긴장을 풉니다. 방석 위에 앉았을 때 당신의 아랫부분에서 받쳐 주는 것을 느껴 보세요. 그것은 마룻바닥 위에 있습니다. 바닥에서 받치는 힘과 또 바닥 아래에서 받치는 힘을 느껴 보세요. 당신은 뿌리가 아래로 더 땅속 깊이 뻗어 내려가는 것을 상상할 수도 있습니다. 이 뿌리들이 펴져 나가도록 놔두세요. 이 이미지가 좋다면 지구의 에너지가 이 뿌리들 속을 비집고 당신의 몸 전체로 올라와 당신에게 땅의 기운을 불어넣어 주는 것을 상상해 보세요. 당신 몸속의 모든 세포와 기관을 통해 이 기운이 올라오는 것을 바라보세요. (잠시 멈춘다.) 이제 저 위의 맑고 푸른 하늘을 상상해 보세요. 이 이미지가 마음에 든다면 하늘의 에너지가 당신의 머리 꼭대기 안으로 들어와 몸속 모든 세포, 기관들로 밀려 내려오는 것을 상상해 보세요. 이 에너지가 땅의 기운과 섞여 혼합되게 해 보세요. (잠시 멈춘다.) 숨 들이쉬고. 긴장을 푸세요. 이제 당신의 몸을 확인해 보세요. 어떤 느낌을 가지게 되었나요? (잠시 멈춘다.) 당신의 몸 어디에 그 느낌이 있나요? (잠시 멈춘다.) 어떤 색이나 이미지가 나타나는 게 있나요? (잠시 우리는 조용히 있는다.) 서두르지 마세요. 그러나 준비가 되면 천천히 눈을 뜨고 나에게 알려 주세요."

우리는 잠시 동안 조용히 서로의 눈을 바라보았다. 내가 보는 그녀의 고통과 지극한 피로감에 나는 연민을 느낀다. 그녀는 말하기 시작한다.

"물고기 한 마리의 이미지가 있었어요. 그것은 수직으로 매달려 있었어요. 색은 흑백으로만 되어 있어요. 머리와 꼬리는 있는데 몸통 전체는 그냥 뼈만 있었어요. 등뼈와 가시들만 보였고 살점과 껍데기는 없었어요."

나는 조용히 앉아 그녀의 이미지를 나의 인식 속으로 끌어들인다. 그녀는 좀 더 상세히 설명하면서 계속 얘기한다. "태양이 그 청어의 뼈를 비추고 있었어요. 뼈는 하얗게 탈색되고 말라 버렸죠." 그녀의 얘기가 끝난 듯하자, 나는 그 설명을 일인칭 화법으로 바꾸면서 그녀에게 그 이미지를 다시 한 번 보라고 요청한다. 이것은 우리가 매우 유익하다고 알아낸 게슈탈트 예술 실습의 하나이며, 게일은 이 방법을 잘 알고 있었다.

"나는 물고기이고, 수직으로 매달려 있어요. 내 머리는 온전하고요. 연결 고리가 하나 있는데 이게 내 머리 부분과 뼈대를 연결시켜 주고 있어요." 그녀는 말하면서 몸이 구부정해진다. "내 꼬리가 저기 그대로 붙어 있어요. 그런데 그 사이에는 뼈만 있군요. 나에게는 등뼈 하나와 하얗게 탈색된 가시들이 있는데 그게 다예요."

"그 중간 부분에 대해 좀 더 얘기해 줄 수 있나요?" 나는 묻는다. 그녀는 잠시 생각에 잠긴다. "글쎄, 나에게 남은 게 하나도 없어요. 간도 없고 내장도, 창자도, 심장도 없어요." (한참 동안 이야기가 멈췄고 큰 한숨이 들린다.) "나에겐 심장이 하나도 없어요." 그녀의 목소리는 슬펐고, 아무 말 없이 흐느끼고 있다. "난 마음이 없어요, 머리만 있을 뿐이죠."

나는 자신에 대한 그녀의 부정확한 인식에 의해 혼란스러워졌다. 나는 잠시 혼자 속으로 숙고한 후 솔직해지기로 결정하고 그녀에게 내가 인식한 것을 전한다.

"나는 지금 당신이 마음을 갖고 있지 않다고 느끼는 것을 이해합니다. 그리고 당신 자신이 지성에 의해 지배되고 있다고 스스로를 바라보고 있다는 것도 이해합니다. 그러나 만약 당신의 친구들과 동료들에게 당신이 마음을 가지고 있는지를 물어본다면 그들은 당신이 매우 진심 어린, 즉 마음이 느껴지는 사람이라고 대답할 겁니다. 적어도 이것이 당신에 대한 나의 인식입니다. 당신은 항상 마음에서 우러나오는 그런 사람처럼 보여요. 하지만 나는 당신의 말에 귀를 기울입니다. 즉, 지금 이 순간 당신은 분명히 당신이 마음을 잃어버렸다고 느낍니다."

게일은 자신의 마음을 잃은 것에 대해 화가 나 있다. 그녀는 어머니의 죽음에 대해 극도로 고통스러운 상세한 내용을 설명하는데, 그녀의 어머니는 숨을 쉴 때마다 헐떡이면서 살아가기에 충분한 공기를 들이마시지도 못하고 그렇다고 포기하지도, 즉 죽지도 못하셨다고 한다. 사랑하는 딸은 속수무책이었지만 며칠 동안 곁에 머물렀다. 게일은 이렇게 어머니가 세상을 떠나는 것을 지켜보는 공포를 이야기한다. 그녀는 말하면서 눈물을 흘린다.

나는 그녀 뒤에서 이리저리 움직이다가, 그녀의 등 뒤에서 무릎을 꿇고 내 양 무릎을 그녀의 척추 가장 아래쪽에 놓고 그녀를 떠받친다. 그녀의 기분을 좋게 하겠다는 의미에서 그녀를 '편하게 하고 싶은' 게 아니라, 그녀가 눈물을 참지 않고 마음껏 흘릴 수 있도록 꼭 필요한 지지와 공감을 그녀에게 주고 싶은 것이다. 나는 나의 직감과 손이 나를 이끄는 대로 내버려 둔다. 내가 그녀의 머리카락을 쓰다듬기 시작할 때, 그녀는 갑자기 깊이 흐느껴 울기 시작한다. "어머니는 늘 내 머리카락을 예뻐하셨죠. 내가 꼬마였을 때 머리카락을 빗겨 주시고 쓰다듬어 주시며 내 머리카락이 너무 아름답다고 말씀하셨어요. 당신의 손이 꼭 어머니가 만져 주던 곳을 찾았군요. 놀라운 기분이에요." 그녀는 울기 시작한다. “울어도 괜찮아요. 맘껏 우세요.” 나는 그냥 그렇게만 말한다.

잠시 후 나는 묻는다. “당신의 어머니에 대해 얘기하고 싶은 게 있나요?” 거의 들릴 듯 말 듯 그녀는 말한다. “어머니, 당신이 그리울 겁니다. 너무 사랑해요, 어머니. 저에겐 너무나 훌륭하셨어요.” 좀 더 기운찬 목소리로 그녀는 말한다. “그런데 어머니의 강아지는 잘 지내요. 저랑 같이 있거든요.” 그리고는 나에게 말한다. “이스트코스트에서 어머니와 할 일은 사실 모두 마쳤어요.”

나는 계속해서 게일의 머리카락을 쓰다듬으며 나의 몸으로 그녀를 받쳐 주고 있다. 내가 “당신의 어머니에게 당신의 마음에 대해서, 그 마음에 무슨 일이 일어났는지를 얘기해 보겠어요?”라고 물었을 때, 앞에 놓여 있던 커다란 베개가 마치 그녀의 어머니인 양 말한다. “엄마, 나 마음을 잃었어요. 더 이상 마음이 느껴지지 않아요. 사라졌어요.” 슬픈 한숨이 나온다.

“그게 어디 있는데요?” 내가 묻는다.

“엄마, 내가 그걸 엄마 곁에 남겼거든요. 관 속의 엄마 몸 곁에 내 마음을 남겨 뒀거든요.” 게일은 장례식장에서의 장면을 생생하게 묘사하면서 말한다. “그 사람들이 관을 덮었을 때, 내 마음도 그 안에 갇혔어요.”

“당신의 어머니께서 그것에 대해 뭐라고 말씀하실까요?” 나는 묻는다. 게일의 목소리는 다소 원기 왕성하면서도 무섭게 변한다. “‘지금 당장 네 마음을 도로 가져가!’ 라고 어머니가 말씀하세요.”

“그럼 거기에 대한 당신의 반응은요?” 나는 묻는다.

게일은 애원하는 듯한 눈빛으로 베개에게 대답한다. “글쎄요, 나는 그게 시간이 좀 걸릴지도 모를 거라고 말할 거예요, 엄마. 엄마는 항상 저보다 못 참는 편이었잖아요. 아무래도 그걸 도로 찾을 때까지 시간이 좀 걸릴 것 같아요.” 긴 적막이 계속된다.

그녀의 결론을 곰곰이 생각하면서 내가 공감할 때처럼 나의 마음이 밖으로 나와 게일에게로 간다. “당장 당신의 마음을 도로 가지기를 어머니가 원하신다고 해도 당신의 경우에는 시간이 좀 더 걸리겠죠.” 나는 여전히 그녀의 등 뒤에 있으면서 그녀가 앞에 있는 어머니에게 얘기하도록 둔다.

게일은 말한다. "나는 여기서 정말로 어머니가 있다는 걸 느껴요. 어머니는 이 방의 사방 전체에 계세요!" 우리는 그것의 가능성에 대해서 이야기한다. "어머니가 자주 내 꿈에서 그리고 실제로 내 집 주위에 나타나셨다는 걸 난 느껴요."

나는 인정한다. "동의할 수밖에 없네요. 나 스스로도 여기, 그런 가능성에 대해 궁금해하고 있었거든요. 이 시간 동안 확실히 이 방 안에 어떤 다른 존재가 있다는 걸 느끼고 있습니다." 그건 사실이었다. 나는 방 안에서 어떤 '영혼'의 가능성을 느꼈다.

마침내 나는 내 쿠션 위에 앉으려고 뒤쪽으로 옮겨 갔다. "피곤하시죠." 게일은 나를 지켜 주려는 듯 말한다.

"아니요. 당신은 피곤하겠지만 이런 슬픔을 통해 당신과 함께했다는 것이 나에겐 아주 소중하게 느껴져요. 난 감동받았어요. 지친 게 아니고." 그녀는 그녀가 해야 할 것이 더 많이 있음을 깨닫는다. "난 나의 이미지를 몹시 그림으로 그려 보고 싶어요."

"좋아요!" 예술치료 과정의 치유적인 면을 알고 있는 누군가와 함께 있다는 즐거움을 느끼면서 나는 대답한다. 그녀는 커다란 스케치북과 오일 파스텔, 초크를 쓸 수 있는 그림 그리는 테이블로 간다. 나는 그녀에게 우선 눈을 감고 종이 위에 손을 얹고는 명상하는 상태로 그 종이를 탐색할 것을 제안한다. 그러고 나서 예술치료 과정에 접근하는 효과적인 방법 중 하나가, 그녀가 평소 잘 쓰지 않는 손을 사용해서 판단을 내리는 비판자를 없애 버리는 것이라는 걸 상기시킨다. "알려 줘서 고마워요." 그녀는 말한다. 그녀는 즉시 이 과정에 완전히 몰두한다.

나는 그녀가 혼자서 작업하길 원한다는 게 느껴져서, 나도 작품을 하길 원하는 그녀의 제안을 받아들인다. 나는 무엇을 하겠다는 생각도 없이 찰흙 테이블로 간다. 차가운 회색 찰흙을 한 덩어리 떼어 두 눈을 감은 채 부드럽게 굴려서 말기 시작한다. 비록 조금 전 감정이 충만한 시간 동안에는 흔들리지 않고 집중하면서도 떠오르는 모든 것들에 대해 마음을 최대한 열고 있었지만, 지금은 아주 부드러우면서도 강한 분위기 속에 있다는 걸 깨닫는다. 게일과는 다르게 내 마음속에는 아무런 이미지도 없다. 나는 얼마간 그저 찰흙을 가지고 논다. 둥글게 말고 또 말고 하여 처음엔 공을 만들고, 그러고 나서는 원통같이 되더니 급기야는 손가락으로 원통을 파기 시작하면서 시간을 보낸다. 원통 바깥 표면은 부드럽다. 나는 눈을 뜬다. 눈에 띄는 것은 몇 가닥의 선이 생겼다는 것이다. 나는 손가락으로 세게 두드려서 그것들을 강조한다. 원통을 파내기 시작하면서 그것이 어떻게 변할까 궁금해진다. 원통의 한쪽이 움푹 들어가 굵고 속이 텅 빈 통나무 같다. 계속해서 나는 그저 내 눈에 들어오는 형태들을 그대로 쫓아간다. 찰흙과 나는 지금 일어나고 있는 '무언가'에 둘 다 참여하고 있다.

갑자기 나는 한 여자의 형상이 막 드러나는 것을 본다. 추상적으로 볼 때, 그녀는 마치 성모 마리아 같다. 내 손가락들이 움직여 그녀에게 가슴과 무릎을 만들어 준다. 그녀는 벌써 한쪽 팔이 있어 누군가를 껴안으려고 밖으로 뻗고 있다. 그녀는 커다란 망토로 온몸을 감싸고 있다. 나는 혼자 중얼거린다. "이 작품의 제목은 당연히 '어머니' 야."

게일이 슬픔에 잠겨 있는 동안 나는 마음이 흡족하게 열리고 모든 걸 기꺼이 받아들일 수 있는 상태를 느꼈다. 게일이 말하는 동안 내 어머니의 죽음의 이미지들이 떠오르긴 했지만, 나는 게일이 겪은 현재의 경험에 집중한 채로 있었다. 이제 나의 작품이 나를 대신해서 말을 한다. 나는 내 어머니나 게일의 어머니의 모습을 사랑스럽게 만드는 것이 아니라, 어머니라는 말의 최상의 의미인 어머니를 만들고 있다. 이 찰흙 작품은 나의 경험을 열매 맺게 해 준 것이다.

그러는 동안 게일은 그림을 다 그렸고 이제 글쓰기를 할 거라고 말한다. 둘 다 작업이 끝났을 때, 우리는 먼저 그녀의 그림을 들여다본다. 다시금 나의 마음이 움직인다. 그 이미지는 적나라했다. 그것은 종이 전체를 꽉 채우고 있다. 검은 머리와 꼬리를 가진 커다란 물고기 한 마리가 매달려 있다. 머리와 꼬리 사이엔 뼈만 앙상한 하얀 가시들이 조심스럽게 등뼈라고 그려진 검은 동그라미들에 의해 서로 지탱되어 있다. "어떻게 이럴 수 있죠?" 그녀는 묻는다. "난 화가도 아니고 왼손으로 그렸는데 정확히 내가 원하던 그대로 그려졌어요! 정말 마음에 들어요."

이 시점에서 이 작품을 더 깊이 논할 필요는 없다. 그녀가 말로 설명한 것을 이 작품의 모든 측면에서 그대로 '인정하고 있기' 때문이다. 비록 이 그림은 쓸쓸한 인상을 주긴 했지만, 그녀가 각각의 세부 사항을 세밀히 그려 낼 만큼 강렬하게 집중한 덕분에 어두운 분위기가 살짝 옅어진 것처럼 보인다. 나는 그녀에게 이 시점에서 자유로운 글쓰기를 해 보고 싶은지 묻는다. 그녀는 좋다고 한다.

작업이 다 끝나고 우리는 아이스티를 마시러 테라스로 간다. 그녀에게 나의 찰흙 작품을 보여 주었다. 그녀는 자신의 글을 읽는다.

게일의 청어 뼈 "간도, 창자도, 내장도, 심장도 없다…. 나는 심장을 잃어버렸다."

청어 뼈의 이미지. 머리와 꼬리는 손상되지 않은 물고기, 그러나 중간 부분은 없음. 가시와 등뼈만 있고 내장, 창자, 위, 심장 모두 없음. 심장이 없음. 나는 머리와 꼬리만 있고 심장이 없는 물고기다. 그래서 나는 어디로 가야 할지 결정할 수 있다. 내 꼬리가 그곳으로 나를 나아가게 한다. 그렇지만 나에게 심장이 없으면 내가 그곳에 가더라도 무슨 소용이 있을까? 내 마음은 걱정을 하지만 내 머리는 상관하지 않는다.

> 내 마음은 어디 있지? 그것을 따라가 봤더니 풀트니의 레이크뷰 묘지의 땅속 어머니 관 속에 있어. 어머니에게 물었더니 어머니는 **지금 당장** 그것을 가지고 가길 원하셨다. 그렇지만 다음 주 뉴욕으로 돌아갈 때까지 나는 그것을 거기에 두고 싶다.
>
> 소리내기는 떨림이다. 즉, 하늘과 땅 사이의 소통이다. 나의 노래 부르기와 소리내기는 좋았다. 맑게 정화시켜 주었고, 즉 나를 깨끗하게 비워 주었고, 사색과 아이디어를 위한 공간을 만들어 주고, 아마도 내 마음이 나에게 돌아올 때 좀 더 큰 마음을 위한 공간을 마련할 것이다.
>
> 나탈리는 천천히 탐색하고 제안하며, 나의 등과 머리와 머리카락을 만져 주면서 너무나 섬세하게 나와 함께 작업해 준다. 나탈리의 손과 손가락이 내 머리카락을 쓰다듬게 해 준 것은 어머니의 영혼이었나? 어머니는 내 머리카락을 너무나 아껴 주셨다.
>
> 나탈리, 이 특별한 시간을 마련해 줘서 고마워요. 존재하면서 무엇인가를 행할 수 있었던 시간이었고 당신의 깊은 마음에 대해서도, 그래서 내가 나 자신을 신뢰하고 더욱 깊이 들어갈 수 있도록 해 준 당신의 깊은 마음에 감사드려요. 난 이제 완전히 녹초가 되었답니다.

우리가 그날 오후를 다 보냈을 때, 한 가지 남은 주제는 그 물고기의 상징적 의미였다. 우리 둘 중 누구도 상징주의에 빠져 있지 않았지만 우리는 그 물고기가 심오한 종교적 상징이란 것을 알고 있고, 기독교에서 보자면 그것은 예수의 상징이다. 그 이후로 나는 그녀와 함께 공유할 상징의 일부를 찾아보고 있다.

> 물고기 상징은 이중적인 면을 지닌다. 하나는 심연의 냉혈한 피조물로서 무의식적 본능을 나타낸다…. 또 하나는 그것이 예수의 상징이란 것이다. 따라서 물고기는 구원해 주는 자와 구원받는 자 둘 다를 상징한다.[10)]

10) Edward F. Edinger, *Ego and Archetype* (Baltimore, MD: Penguin Books, 1973), p. 258.

과정 검토

게일의 일화는 그 자체가 지지적인 환경에서 말과 이미지를 통해 자기탐색을 한 어느 오후의 예로 적합하다. 그러나 이 예는 또한 치유로서의 내담자중심 예술치료 과정의 미묘한 차이점들을 구체화한 것이다.

공감적 경청

어떤 사람의 말뿐만 아니라 그 사람의 '음악'을 듣는 것은 공감적 경청의 중심이자 핵심이다. 내담자의 감정 상태의 가장 깊이 숨겨진 미묘한 차이를 듣는 것이 상담자의 과제이다. 내담자에게 이러한 감정에 대한 반응을 보여 주는 것은 내담자가 그 감정을 바라보고 마치 거울 속을 들여다보듯 그녀 자신을 바라보는 관점을 가질 수 있도록 도와준다.

게일의 슬픔을 위로해 주는 것(그럼으로써 덮어 버리게 되는 것), 또는 "지금 당장 심장을 가져가야 해!"라는 어머니 편을 드는 것이 무척 끌리는 일이기는 하다. 그러나 스스로 자신의 안내자가 되게 그대로 두는 것("시간이 걸릴 거예요, 엄마.")이 내담자에게 궁극적으로 힘을 주고 치유되게 하는 일이다.

그 순간에 중요했던 것은 게일이 정말로 자신의 심장(마음)을 잃어버렸다고 느꼈던 기분을 받아들이고 이해하는 것이었다. 그녀는 "정말로 마음이 느껴지는 사람"이라는 것을 그녀에게 확신시켜 주고자 애쓰기 시작했을 때, 나는 그 의미 있는 순간에서 주제를 거의 벗어날 뻔했다. 나는 이렇게 말한 것이 나 스스로 필요해서 한 말이라는 것을 즉시 깨달았다. 그것은 쓸모없는, 어쩌면 주제를 딴 데로 돌려 버리는 말이었다. 나는 그녀가 강조하고 있는 그 가슴 아픈 지점으로 돌아와서 "당신은 당신의 마음을 잃었다고 느낀다는 말이죠."라고 말한다. 내가 이렇게 인정해 줌으로써 그녀는 깊이 이해받았다는 것을 느낄 수 있게 되었다. 이것은 사람들이 정서적 고통을 느낄 때 흔히 느낄 수 없는 일이다. 그런 차원에서 그녀가 이해받았다는 것이 그녀에게 한 단계 더 깊이 들어갈 수 있는 힘을 주었고, 또한 어머니의 죽음과 장례식에 대해 몹시 고통스러운 이야기들을 재검토할 수 있는 힘도 제공했다. 이런 차원에서 그녀 자신이 이해받고, 또 누군가 자신의 이야기를 들어주고 있으므로 그녀의 고통 속으로 계속 들어갈 수 있었다. "엄마, 그리울 거예요. 나의 마음은 엄마의 관 속에 있어요."

치료사는 이야기 속 고통이 자신이 견뎌 낼 수 있는 것보다 더 크다는 것을 알았을 때, 무의식적으로 그 고통으로부터 내담자를 끌어내려고 할 것이다. 비록 내 마음도 게일의 슬픔으로 아파 왔고, 내 어머니의 죽음에 대한 기억들이 빠른 속도로 나의 생각을 방해했음에도 불구하고, 나는 게일을 위해 경험의 깊은 곳으로 좀 더 열심히 집중함으로써 나의 내면에 있던 힘을 발견한 것이다. 이런 중요한 순간에 내 마음은 여러 갈래 길에서 움직이고 있다.

"나는 완전히 게일을 위해 옆에 있어 주고 싶어."
"그녀의 고통을 느끼고 내 어머니의 죽음이 떠오르니 숨이 막히는 것 같다."
"나는 내 고통 말고 그녀의 고통에 다시 초점을 맞춰야 해. 그리고 반드시 그녀가 충분히 깊이 이해받고 있다고 느끼게 해야 해."
"아, 훨씬 낫군. 인정받고 이해받는다고 느끼면서 게일이 안심하는 것이 느껴져."
"게일에게 적절하게 집중하니까 내 감정을 좀 더 잘 통제할 수 있게 되었어."

이런 마음속 대화는 몇 초 안에 일어난다. 수련 중인 치료사들이 어떻게 내가 내 감정을 처리하는지에 대해 묻기에 나는 이것을 함께 나누고자 한다. "어떻게 당신은 계속 대화 속에 참여하면서도 당신의 영역을 지킬 수 있죠?" 이 질문에 대답할 때, 나는 내가 자신을 감추거나 나의 영역을 설정하거나 하지 않는다는 것을 깨닫는다. 상담하는 동안 내가 그 슬픔으로 인해 개인적으로 마음이 동요되고 있다는 것을 알아차림으로써 내담자의 경험을 말로, 또 감정적으로 받아들이는 쪽으로 의도적으로 바로 옮겨 갈 수 있게 된다. 그것이 결국 내가 나의 감정을 그대로 유지할 수 있도록 도움을 주는 것이다. 나를 신뢰하면서 곤경에 처한 그 사람은 나의 존재만으로 힘을 찾는다는 것을 알았을 때, 내가 그녀의 고통을 떠안지 않아도 된다는 것을 알았을 때, 나는 아주 보상을 받는 기분이다.

많은 동료들과 학생들은 다른 사람의 고통을 받아들이는 것이 전문가로서의 진정한 임무라고 말한다. 어떤 상담자들은 상담 전에 매번 그들 자신을 감싸 줄, 따뜻하고 보호적인 빛의 이미지를 끌어들이면서 명상을 한다. 또 다른 이들은 개인적인 방패로 '지퍼를 잠그는' 방호복을 상상한다. 어떤 방법을 고안해 내든지 상담 전문가는 그저 고통을 흡수하는 스펀지가 되지 않고도 온전하게 현재에 존재할 수 있어야 하고 열린 마음이어야 한다.

대화 연습

그날 오후의 세션에서 우리는 상상 속의 어머니와 대화하는 게슈탈트 실습을 사용하였다. 이 유용한 대화 실습은 상상과 대화를 통해 존재하지 않는 사람을 지금, 여기에 데려오는 데 도움을 준다. 인간중심적 철학을 유지하면서 내가 제공한 이 구조는 내담자를 자신의 길에 이르게 할 수 있었다. 게일의 대화가 좀 더 활기를 띨 수 있도록 몇 가지 질문을 하기도 했지만, 맞고 틀린 것에 대한 미리 결정된 답을 가지지는 않았다. 그녀가 그녀의 어머니에게 말하는 것, 또는 그녀의 어머니가 그녀에게 말하는 것은 무엇이든 괜찮았다. 목표하는 바는 내담자가 자신의 느낌과 태도를, 그것이 무엇이든 간에 좀 더 많이 찾아낼 수 있도록 도와주는 것이다.

곁에 온전하게 있어 주기

곁에 온전하게 있어 주는 것은 비교적 언제나 쉬운 일처럼 들린다. 그러나 현실에서는 충고하고 싶고, 자기 자신의 옛 슬픔을 나누고 싶고, 그림을 해석하거나 분석하고 싶어 하는 우리의 일반적인 습성을 제쳐 놓으려면 타인을 위해 온전하게 곁에 있어 주려는 강력한 의도가 있어야 가능하다. 친구로서 게일과 나는 서로의 결점을 놀리기도 하고 서로의 얘기를 들어줄 뿐만 아니라 조언도 마다하지 않는다. 이번에 우리 사이에 무언으로 이루어진 합의는, 게일이 자기 세계를 관찰하고 경험하고 느끼는 동안 내가 그 세계에 강도 높게 집중하겠다는 것이었다. 내담자중심 상담 과정은 한 개인이 깊이 이해받았을 경우 실제로 그녀 자신이 옳은 길을 찾게 된다는 기본적인 믿음을 가진다. 이런 믿음이 자기의 힘, 자존감, 자기에 대한 역량을 강화하는 능력을 함께 가져다준다. 게일과 함께한 그 장면은 친구로서 함께하는 것과 상담 시간 동안 함께하는 것의 다른 점을 일부 강조해 준다.

신체적 지지

신체적 접촉 또한 우리의 상담 시간에서 중요한 점이었다. 내담자에 대한 치료사의 성적 접근에 관한 소송이 너무나 많아서 내담자와 신체적으로 접촉하는 것을 몹시 두려워하는 치료사들이 많다. 물론 나는 상담하는 관계에서 성적 희롱과 신체적 접촉을 잘못 사용하는 것을 혐오하지만, 치료사들이 너무 소송을 두려워해서 어떤 종류의 신체적 접촉도 사용할 수 없다고 스스로 생각한다는 것은 애석한 일이다. 급속도로 변화하는 현대 사회에는 사람 사이의 신체적 접촉이 결핍되어 있다. 게일과 함께했던 그날 오후 동안 나는 신체적 접촉을 주저하지 않았지만, 나는 늘 나의 접촉이 도움이 되는지 방해가 되는지에 대해 신경을 쓴다. 알아내기 쉬운 방법 중 하나는 물어보는 것이다. "당신의 등에 내 손을 대는 것이 도움이 되나요?" "당신의 머리카락을 만지는 것이 괜찮나요?" 미심쩍으면 손을 치우면 된다.

"이건 상담 세션에 대한 좋은 예가 아닌데요. 왜냐하면 게일은 당신의 친구잖아요. 그 관계는 좀 다르지요."라고 말하는 독자들이 있을 수도 있다. 어떤 측면에서 그것은 맞는 말이다. 우리의 신뢰는 편하고 상호적인 관계였다. 우리에게는 계속해야 한다는 계약이나 약속이 전혀 없었다. 하지만 비슷한 과정이 이후에도 계속 이어졌고, 이 일은 우리 서로 다 배울 것이 있는 일로 보였다.

나는 또, 한 명의 동료가 다른 이에게 어떻게 도움이 될 수 있는가 하는 예를 보여 주고 싶다. 나는 어디에서 살더라도 친밀한 관계가 생기고 나면 서로에게 깊고 사적인 방식으로 도움이 될 수 있는 두세 명으로 이루어진 나만의 지지 그룹을 만들려고 늘 노력한다. 특히 여성들은 지지 집단을 만든다. 나에게 이것은 친구들, 특히 치료사 친구들이 서로를 위해 행하는 일 중의 하나이다. 그리고 우리는 서로를 신중하게 선택한다.

초개인적인 측면

이러한 창조적 연결 과정을 재검토해 보는 방법으로, 나는 상담 세션 동안의 초개인적 특성들을 살펴보며 결론을 맺고자 한다. 초개인적이라는 말은 문자 그대로 '개인을 넘어서는' 것을 의미한다. 초개인적인 경험과 영적인 경험은 아주 밀접하게 연관되어 있다. 내가 내담자이건, 친구이건, 연인이건 누군가와 함께 변화된 또는 비일상적인 상태 속에 있을 때면 언제나 아주 특별한 일들이 발생하는 것 같다. 그런 일들은 내적으로 그리고 외적으로 모두 발생한다(만약 '외적인 것'이 있다면 말이다). 그런 경험들은 영혼을 불러일으키며, 그 영혼은 마음속에서 나온 것이거나 또 다른 현실로부터 나온 것이거나 아니면 둘 다에서 비롯된 것이다. 한 영혼이 우리와 함께했던 그 방 안에 있는지 어떤지를 누가 말할 수 있겠는가? 아니면 그 방을 가득 채우고 있는 것이 우리 자신의 확장된 의식은 아닐까? 어떤 죽은 사람이 '그 방 전체를 채우기 위해' 또 다른 형태로 돌아올 수 있는지 누가 말할 수 있겠는가? 내담자에게 도움이 되는 것은 바로 당신이 당신의 믿음 체계에 알맞은 어떠한 방식으로든 이러한 경험들을 인정하는 것이다. 도움이 안 되거나 비치유적인 것은 바로 이 경험들을 완전히 부정하는 것이다.

왜 게일은 슬픔 속에 깊이 빠져듦에 있어 예수라는 보편적 상징, 즉 몸뚱이 하나 없고 힘이 다 빠지고 고난을 겪고 있는 예수를 떠올린 걸까? 카를 융은 우리가 무의식으로부터 튀어나온 종교적 상징을 갖게 되는 것이라고 동의할 것이다.

> 종교적 상징들은 명백하게 '계시적인' 특성이 있다. 이것들은 대개 무의식적 정신 활동의 자연 발생적 산물이다. 그것은 생각해서 나온 것이 아니다. 그와는 반대로, 천 년이 흐르는 동안 이 상징들은 인간의 정신을 그대로 보여 주는 것으로 마치 식물처럼 발달해 왔다. 오늘날까지도 우리는 개개인에게서 마치 이상한 종자의 꽃들처럼 순수하고 설득력 있는 종교적 상징이 자동적으로 무의식으로부터 솟아오르는 것을 볼 수 있는데, 이때 우리의 의식은 당황한 채 비켜 서 있다.[11)]

한 가지 더 덧붙일 것은, 게일이 이미지를 그리겠다고 제의했을 때 나는 그것이 그녀의 잃어버린 마음일지, 그녀의 물고기일지, 아니면 그녀의 어머니가 될지 몰랐다. 내담자에게 자기가 그릴 이미지를 선택하게 한다는 것이 얼마나 중요한가! 그 물고기 이미지는 그녀의 무의식 속 깊은 곳으로부터 나온 것이며, 계속해서 그녀에게 중요한 의미를 가지는 것이다. 다시 말해 심리적인 고통이 깊이 탐색되었다면 그것이 더 깊은 의식 상태를 낳는다는 것은 분명하다. 이런 과정은 개인을 집단 무의식과 접촉하게 해 주는

---

11) C. G. Jung, *Psychology and the Occult*, translated by R. F. C. Hull (Princeton, NJ: Princeton University Press, 1977), p. 131.

듯하다.

스탠 그로프(Stan Grof)는 그것을 이렇게 말했다.

> 탄생과 죽음에 대해 아주 깊은 경험을 하면 흔히 존재의 어마어마한 위기를 연상하게 되고, 이런 경험을 할 때 일반적으로 사람들은 자신의 삶과 존재의 의미에 대해 진지하게 의문을 품게 된다. 이 위기는 정신에 내재된 영적 차원, 집단 무의식의 심오한 원천과 연결될 때만 성공적으로 해결될 수 있다. 그 결과 인격의 변화와 의식의 발전은 고대의 죽음-탄생의 신비라는 맥락에서 설명한 변화와 비교할 만하다.[12)]

스탠은 한 사람의 탄생 또는 최후의 죽음을 재경험하는 것에 대해 언급하고 있지만, 나는 우리가 아기의 탄생이나 사랑하던 사람의 죽음을 마음 깊이 경험할 때에도 마찬가지라고 믿는다.

나의 경험을 게일의 경험과 비교해 본다. 나의 부모님 두 분이 돌아가실 때 나는 그 분들 곁에 있었는데, 그분들이 그 방에 있었음에도 당신들의 몸을 떠나던 순간을 느꼈던(어쩌면 보았던) 경험이 죽음에 대한 나의 인식을 바꾸어 버렸다. 젊은 여성으로서 나는 항상 죽음을 완전한 끝이라고 여겨 왔었다. 죽음은 검은 상자 안으로 들어가는 것이며, 지금의 삶 이후에는 아무런 삶도 존재하지 않는다는 식으로 말이다. 지금은 경험을 통해 이러한 생각에 대해 심각하게 의문을 가질 수 있게 되었다. 부모님의 죽음 이후로 나는 미술과 동작을 통해 비탄, 해소, 치유로 이어지는 몇 달의 시간을 나의 친밀한 친구들과 함께 나누면서 보냈다. 이 모든 것으로 인해 죽음의 의미에 대해 개인적으로 중요한 것을 이해하게 되었다. 죽음을 끝이라기보다 또 다른 시작으로 받아들이게 되면서 나는 내 삶에서 좀 더 온전히 존재하게 됨을 알게 되었다.

발견의 과정

어떤 사람들에게는 좀 더 높거나 깊은 차원의 의식과 영성의 발견이 뜻밖의 일이 발생

12) Stanislav Grof, *The Adventure of Self Discovery* (Albany, NY: State University of New York Press, 1988), p. 10.

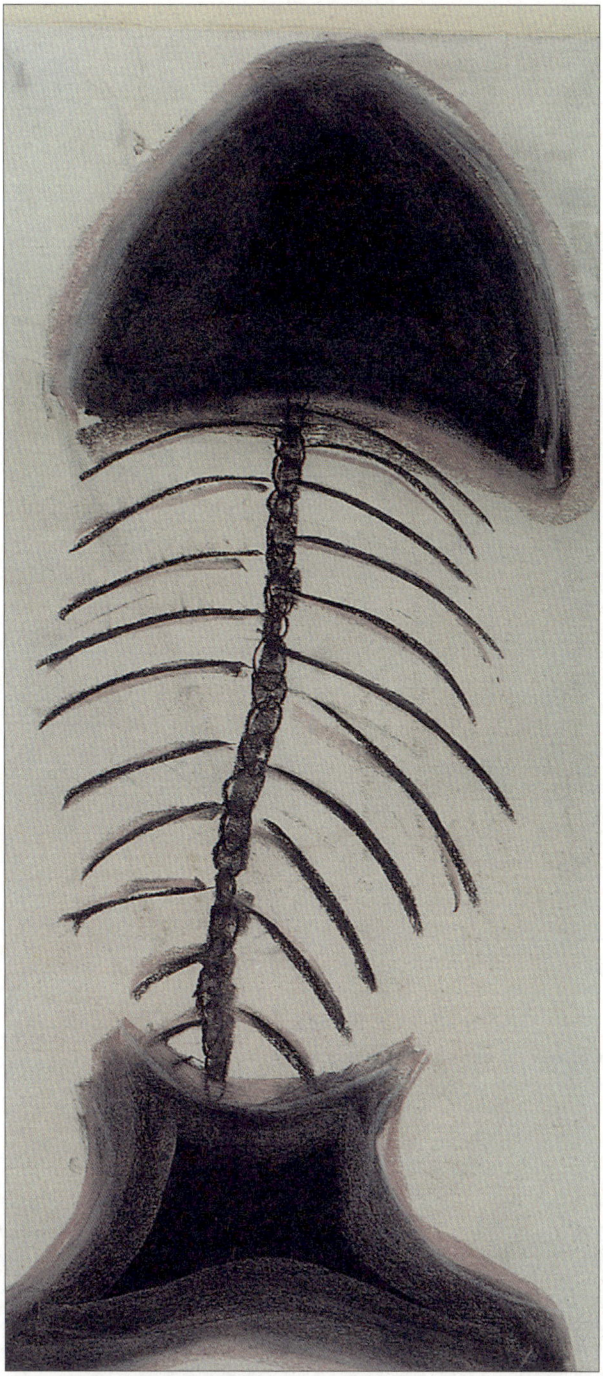

어떻게 이럴 수가 있지? 나는 화가도 아니고 왼손으로 그렸는데 내가 그리고 싶은 그대로 그려졌어. 정말 마음에 들어._게일 레어드

여성성 신성한 자기로 가는 길 – 나탈리 로저스

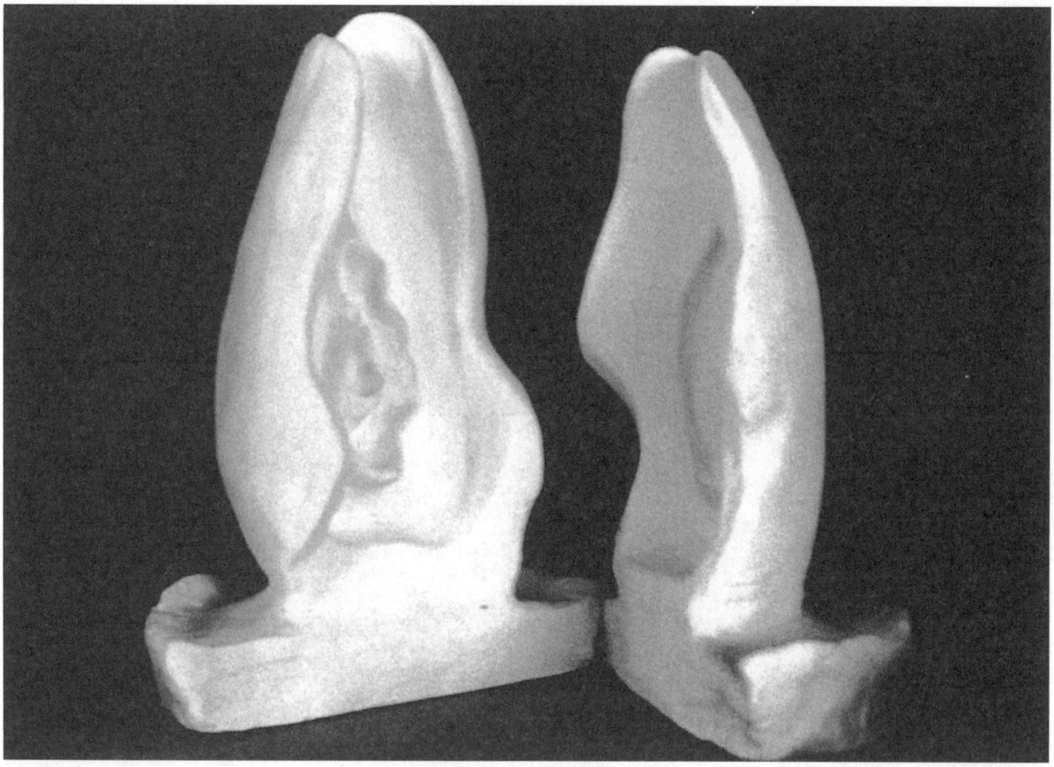

목련꽃 영성을 향해 열릴 때의 관능적인 분위기_나탈리 로저스

하는 순간에 일어난다. 자기를 열고 펼쳐 보이며 자기 너머에 있는 힘들을 인식하게 되는 길고 꾸준한 과정이 필요한 사람도 있다. 이 장에서 제시된 예들이 보여 주듯이, 어떤 사람들은 난생 처음으로 좀 더 높은 차원의 자기를 발견한다. 또 영혼의 새로운 차원을 경험하는 사람들도 있다. 창조적 과정에 강력하게 초점을 맞추고 집중하는 것이 그 자체로 신성하다는 것은 명백하다. 이해하고 공감적인 환경 속에 있을 때 우리는 평화로움을 느끼게 되고, 가장 깊은 내적 본질을 향해 은밀히 여행하기 위해 창조성을 이용한다. 동작, 그림그리기, 소리와 글쓰기, 연극을 이용해 의식의 창을 열고 우리 자신에 대한 새로운 관점을 제공한다는 것이 기적적인 것처럼 보일지 모르지만 실제로 일어나는 일이다. 한 학생은 자신의 창조적 과정에 대한 느낌을 다음과 같이 서술했다.

광채 내면의 평화에 대한 느낌_나탈리 로저스

나는 그것이 경이롭고 정말로 신성한 것이라는 느낌을 갖고 있다…. 마치 내가 강어귀이고 내 속으로 물이 흘러 들어오기라도 하는 것처럼. 나의 중요성은 창조력에서 나오는 것이나 다른 것에서 오는 것이 아니다…. 창조적인 인간이 된다는 것은, 영향을 미치겠다고 의식하지 않고서는 내가 행동할 수 없다는 점에서 영적으로 그리고 정치적으로 내게 영향을 미치는 것이라고 생각한다…. 창조적 원동력은 엄청난 힘을 가지고 있으며, 어떻게 그것을 이끌어 갈 것인가는 내게 달려 있다.[13)]

---

13) Mukti Khanna, ®A Phenomenological Investigation of Creativity in Person-Centered Expressive Therapy© (Knoxville, TN: The University of Tennessee, Ph. D. dissertation, December 1989), p. 74.

나는 위와 같은 말들을 자주 들어 왔다. 창조적 과정을 통해 자신의 영성을 발견하는 것이 이 세상 속에서의 개인적 책임감을 활성화시킨다는 것을 아는 것은 고무적이다. 다른 학생도 자기의 신성한 본성을 다른 이들과 함께 나누었다.

> 나에게 창조성이란 '되어 가는' 행위이다. 그것은 독특한 표현방식들, 즉 무한히 많은 표현방식들 가운데 자신을 드러내는 보편적인 충동을 펼치는 것이다. 자기 자신의 창조성과 의식적인 관계를 맺으면 자신과 타인의 신성한 본성을 이해하게 된다. [14)]

창조적 과정은 신성한 자기를 찾아가는 길이다. 사랑할 수 있는 능력을 찾아내는 것은 매우 중요한 일이다. 특정한 개인의 근원으로부터든 보편적인 근원으로부터든, 사랑을 받아들일 수 있는 능력을 발견하는 것은 너무나 경이로워서 두려움을 느끼는 사람들도 있다. 그러나 그러한 능력이나 의식에 문을 여는 것은 치유를 가능하게 하면서도 혁명적인 일이다. 왜냐하면 세상을 바라보는 렌즈를 바꾸어 놓기 때문이다.

---

14) 익명의 학생, 미출간 논문(Orinda, CA: JFK University, 1988).

Cross-Cultural Bridges

문화를 잇는 다리

10

눈을 제대로 뜨고 바라보면 모든 이미지에서 자신의 이미지를 보게 될 것이다.
또 귀를 열고 제대로 들어 보면 모든 음성에서 자신의 음성을 듣게 될 것이다.

—칼릴 지브란(Kahlil Gibran), 〈모래와 거품(Sand and Foam)〉

나는 아이들, 교사들, 예술가들, 내담자들, 의료 종사자들, 기타 여러 기관들과 함께 표현예술을 사용해 왔지만, 나의 개인적인 사명은 나라와 민족의 내부 그리고 그런 집단 간의 이해를 촉진하기 위해 다문화적으로 작업하는 것이다. 나는 유럽 국가들과 구소련, 멕시코, 남미, 일본, 필리핀에서 일할 수 있는 혜택을 입었다.

표현예술로 작업하면 사람들은 사회적 가면을 벗게 된다. 이것은 내가 서로 다른 종교적 · 사회적 · 정치적 · 민족적 신념을 가진 사람들의 마음과 정신을 잠시나마 살펴볼 수 있게 해 주었다. 이것은 나의 방식인데, 나는 나의 진실을 그들에게 제시하기도 한다. 이런 서로 간의 공유는 일생 동안 지속되는 사람과 사람 사이의 다리를 만들어 준다. 또 우리 교육 프로그램에 참가하는 각국의 사람들은 우리 자신과 세계를 이해할 때 풍성함을 더해 준다. 내적 여행을 계속하면서 우리의 관심과 희망을 공유하게 될 때, 사람들 간에 긴밀한 유대가 생겨난다. 그 과정에서 우리는 인본주의적이고 민주주의적인 가치를 지닌 사람들 간의 국제적 네트워크를 형성하는 것을 돕게 된다. 이 네트워크는 작은 규모일 수도 있지만, 모든 것을 연결하여 의사소통할 수 있는 강력한 연결 고리가 형성된다.

우리가 창조적으로 표현할 때 우리 자신의 깊은 내부에서 떠오르는 비언어적 · 상징적 · 신화적인 표현들은 문화권을 넘어서며 이해된다. 프랑크푸르트, 모스크바, 도쿄, 부에노스아이레스 그 어디든 개인적 이미지를 그리고 춤을 만들고 소리를 내는 법이며, "그래요, 당신이 어떤 느낌인지 알겠습니다." 또는 "이와 비슷한 경험을 한 적이 있어요."라고 말하는 법이다. 말은 필요 없다. 어떤 문화에서든 고뇌는 고뇌일 뿐이다. 또 축하와 즐거움은 어느 곳에서든 경험하는 일이다. 색채와 동작, 소리는 이런 감정들을 아주 적나라하게 표현해 준다. 민족적인 배경과 무관하게 그림 한 장이 그 사람의 내면 경험을 드러낼 수 있다. 자기를 표현하는 동작은 그 동작을 하는 사람의 노력과 변화를 내가 동일시할 때 나를 사로잡을 수 있다.

음악 연주와 미술 전시는 언제나 여러 민족들을 연결시켜 주고 있다. 왜냐하면 이런 표현들은 가슴과 영혼으로부터 나와 타인들에게 직접적으로 말하기 때문이다. 여기에는 통역이 필요 없다. 개인이나 집단과 작업할 때 표현예술은 개인적 차원에서 가슴과 영혼의 연결로 이르게 한다. 사람들이 공통된 언어 없이 한데 모이면 매우 어색하고 거리감을 느낄 수 있다. 그들에게 서로 친숙해지도록 동작을 사용하거나 개인적 경험을 나누기 위해 미술을 이용한 표현예술 실습을 권해 보면 장벽은 사라지게 된다.

다른 모든 상황에서처럼 다문화적 상황에서 표현예술을 활용할 때에도 동일한 인간중심적 철학과 지침이 적용된다. 각 개인의 표현이나 문화적 차이를 존중하고 허용하는 것이 특별히 중요하기 때문이다. 사람들이 서로 신뢰할 수 있는 환경을 조성하는 데에는 어느 정도의 특별한 노력이 요구된다. 미국에서는 신뢰를 형성하는 것이 다른 문화에서는 받아들일 수 없는 것일 수도 있다. 주요 관습들을 이해하기 위해서는 동작이나 소리내기 실습으로 들어가기 전에 그 나라의 진행자에게 먼저 물어보는 것이 현명하다. 어떤 문화에서는 신체적 접촉이 아주 친밀한 경우에만 허용된다. 포옹과 키스가 모든 만남에서 그저 자연스럽게 이뤄지는 행위인 문화권도 있다. 촉진자는 표현예술을 권할 때 사회적 금기와 관습에 대해 인식하고 있을 필요가 있다. 의심스럽다면 참가자들에게 물어보라. 그들은 언제나 자기네 관습을 함께 공유하고 싶어 한다.

다른 문화 출신의 사람을 이해하는 데에는 좀 더 많은 노력이 필요하다. 우리는 감수성과 남의 말을 경청하는 기술을 연마해야 한다. 나는 외국에 있을 때 그림, 동작, 소리 내기 또는 글 쓴 것을 해석하거나 분석하지 않으려고 특히 주의한다. 나는 그 문화의 사회적 · 정치적 정황뿐만 아니라 유사점과 차이점에 대한 지식을 흡수하기 위해 배우는 한 사람으로서 그곳에 있다. 다른 문화에서 작업하며 생활하는 것은 나의 인생에 있어 가장 값진 교육이었다.

1970년대에 처음으로 유럽에서 작업을 위한 초청을 받았을 때, 나의 개인적 목표는 다른 나라에서 온 사람들에 대해 가졌던 나의 고정관념을 버리는 것이었다. 그 고정관념은 "프랑스 사람들은 모든 것에 지성으로 접근한다."라든지, "이탈리아 사람들은 극도로 감정적이다."라든지, "스웨덴 사람들은 조용하고 내성적이다."와 같은 것들이었다. 물론 그 나라들에서 작업했을 때 그 일반화 중 일부가 그대로 일치하는 것을 발견했다. 특정한 국가의 많은 사람들이 보여 주는 몇몇 특성은 기후와 종교, 관습에 의해 생겨난다(캘리포니아 사람들이 언제나 얼굴에 변치 않는 웃음을 짓고 있다는 일반화도 마찬가지로 어떤 진실을 지니고 있는 것처럼 말이다).

나의 목표는 좀 더 연관성이 큰 쪽으로 옮겨 갔다. 즉, 표면적 행동이 나와는 다른 사람들을 어떻게 이해할 것인가, 그리고 상호 이해를 촉진시키기 위해 나는 무엇을 할 수 있을까? 하는 질문이었다. 스웨덴에서는 사람들이 자기 마음이나 생각을 말하는 데 너무 시간이 걸려서 짜증나는 것을 극복해야만 했다. 그들이 수줍음을 버리고 깊은 내면을 경험하게 해 주려고 나는 부드럽고 인내하는 방식을 배우게 되었다. 프랑스에서는 사람들이 생각뿐만 아니라 감정도 표현할 수 있는 환경을 만들어 낸다는 것이 일종의 도전이었다. 이탈리아에서는 감정의 분출이 매우 강렬해서 모든 기술을 이용하여 그들이 진정하고 자신에게 집중할 수 있도록 도와주어야 했다. 그리고 이 모든 과정 속에서 나는 내 자신의 안전지대와 내 나름대로의 합리적인 추구 방법, 나의 정서 상태를 발견하게 되었다. 다른 문화, 다른 민족 집단의 사람들과 함께 작업하면서 나의 편견과 인종 차별주의, 그리고 자민족 중심주의와 정면으로 마주치기도 했다. 우리를 연결해 주는 심오한 인간적 특성을 발견하다 보면 풍성한 결과가 나온다. 이것은 매우 심오하고 겸허하다.

유럽과 일본에서 내적 창조성을 일깨우고 개인적 성장을 촉진하면서 경험한 나의 모험에 대해 많은 이야기를 들려줄 수 있다. 그러나 지금부터의 논의는 독재자들의 통치를 겪은 나라들에 초점을 맞추고 싶다. 나는 인간중심적인 환경에서 표현예술을 사용하는 것이 독재의 절망으로부터 벗어나고 있는 국가들에 특별한 가치가 있음을 이론적으로, 또 개인 사례들과 함께 지적하고자 한다. 표현예술은 사람들을 그들의 상상과 은유적 심상, 춤과 소리에 빠져들게 한다. 이것은 그들의 둔해진 영혼에 활기와 생명을 다시 가져다준다. 나는 사람들을 슬픔과 절망에 집중하도록 도와주지만 여기에는 창조적이고 천진하며 명랑하고 희망에 찬 자기의 면면을 재경험하는 기회도 있다. 죽음과 비극이 무겁게 드리운 곳에서는 가능한 것들에 대한 믿음을 꿈꾸고 상상하고 되찾을 필요가 있다.

남미 독재정권 속의 표현예술

1977년 11월, 나는 친구들에게 미국에서의 일들을 잠시 접고 내가 평소에 원하던 계획을 이루도록 중앙아메리카와 남미를 여행하겠다고 말했다. 놀랄 만한 경험들이 멕시코, 칠레, 아르헨티나, 니카라과에 있던 동료들과 함께 연이어 일어났다. 각각의 모임에 가면 또 다른 국가에서 나를 위한 워크숍을 열기를 바라던 사람들을 만나게 되었다.

이때는 무시무시한 정치적 혼란과 불안의 시기였다. 내가 니카라과의 마나과에 도착했을 때는 국민의 재야 영웅 페드로 호아킨 초모로(Pedro Joaquin Chomoro)가 암살된 지 열흘이 지났을 때였다. 증거로 볼 때 당시 소모사(Somoza) 대통령의 아들이 암살을 저지른 것으로 보였다.

니카라과에 나를 초대했던 여성들이 공항에서 온 나라에 파업이 선포되었다고 말했다. 부패한 정부에 대항하는 개혁의 분위기가 감돌고 있었다. 우리가 차를 타고 텅 빈 시내의 도로를 가고 있을 때, 군인들이 모든 건물의 옥상 위에서 자동소총을 들고 사격 태세를 갖추고 있었다. 여성들로 이뤄진 우리 그룹은 매일 저녁마다 누군가의 집에서 비밀리에 만났다. 통행 금지 시간 이전에 워크숍을 끝내서 참가자들이 집에 무사히 도착하게 해야 했다. 그 당시 누구나 그랬듯이 그들도 나다니는 것을 무서워했지만 그런 위험을 감수했다.[1)]

학교 교장부터 대학 교수인 심리학자, 홍보 전문가, 언론 기관의 경영진, 그리고 자발적으로 자신의 재능을 발휘하는 주부들에 이르는 여성들과 함께 인간중심 표현예술의 집단 과정을 실시함으로써 평등을 위한 그들의 투쟁과 전 인류의 권리에 대해 그들이 지니고 있는 관심을 토론하게 되었다. 남성들과 동등하게 취급받기 위한 노력에 대해 토론하게 되면서 그들의 마음과 정신은 억압받고 있는 다른 이들까지 아우르며 고려할 정도로 넓어졌다. 비록 상류층에다 대학 교육을 받았고, 이들 중 많은 여성들이 소모사의 정부하에서 부유해지는 사업가와 결혼했지만, 그들은 "인간의 가치가 재정적 부유함보다 훨씬 중요하지요."라고 말하곤 했다. 나는 이 말이 내포하는 바를 그들 자신이 충분히 이해하는지 궁금했다. 즉 모든 이의 평등을 지지하기 위해서, 하인을 두고 아이들을 북미의 대학으로 보내는 것을 정말로 그들이 기꺼이 포기할 수 있는지가 궁금했던 것이다. 그러나 내가 발견한 것은, 적어도 정부에 대항하는 반란군을 포함한 모든 사람들이 동등한 기회를 가져야 한다는 것이 그들의 희망이고 꿈이며 비전이라는 것이었다. 그들은 부패한 체제 속에서 사는 데 지쳐 있었다. 그들은 더 많은 돈뿐만 아니라 더 강한 자아를 가진, 그러면서 현상 유지에 전력을 다하는 남편들과 다툰다고 했다.

나는 니카라과를 떠나면서, 여성들이 그들이 받는 억압 정도를 발견하면 인권과 인간의 존엄성을 지지하는 매우 강력한 세계적 세력이 될 것이라고 생각했다. 니카라과에서의 내 경험은 우리가 우리 자신의 가치와 존엄을 발견하면 비로소 다른 이들의 가치와 존엄성에 대해서도 관심을 갖게 된다는 것의 강력한 예라고 하겠다.

칠레에서는 인본주의 심리학회의 회원이었던 부부와 통화가 되었다. 그들은 자기네 집으로 나를 초대했다. 우리가 만나 이야기를 나눌 때, 그 부인이 자기가 아는 여성 치료사들과 함께 작업할 수 있겠냐고 물었다. 나는 동의했다.

---

1) ®A Traveler∏s Notes,© *The Association of Humanistic Psychology Newsletter* (April 1979) 참조.

이 여성들에게는 개인 성장 작업을 하기 위해 남자는 한 명도 없는 모임을 갖는다는 자체가 새로운 개념이었다. 니카라과에서처럼 이 여성들도 그 과정에서 자기 역량을 강화하고 서로를 지지해 주는 집단이 되는 법을 배웠다. 그림과 동작, 토론을 통해 그들의 존재 자체에 숨겨진 핵심을 드러내기 위해 그들이 지니고 있었던 형식적인 성격들을 벗겨 내기 시작했다.

스카이다이빙을 즐기는 심리학자이고 아내이자 어머니인 한 여성은 무의식으로 들어가기 위해 은유적인 스카이다이빙을 했다. 그러면서 자신을 남성과 동등하거나 때로는 더 훌륭하다고 인식하는 것에 대해 여성들이 자신을 비난할 것이라고 스스로 치부해 왔다는 것을 발견하게 되었다. 어린아이 같은 별명을 가졌지만 확고한 경력을 가진 어떤 치료사가 자기 인생에서 그 이름의 의미를 발견함으로써 자기존중감을 향상시킬 수 있었다. 그 이후에 그녀는 동료들에게 자신의 본래 이름 그대로 불러 줄 것을 요청했다고 한다. 아름다운 한 여성은 나이 먹는 것을 두려워했다. 그 이유는 매력적인 것만이 그녀가 인정받을 수 있는 유일한 길이었기 때문이다. 그녀는 언제나 춤추기를 원했다. 그래서 우리는 함께 춤을 추었다. 그러면서 단순히 얼굴이 아닌 그 이상의, 몸 전체에서 느끼는 즐거움을 경험하기 시작했다. 그 경험 이후에 그녀는 60대와 70대 여성들이 어떻게 활력을 유지하는지를 알아내기 위해 인터뷰를 하기로 마음먹었다.

여성들이 그들의 힘을 인정하고, 그것을 말로 표현하고, 또 상세한 작업 계획을 세움으로써 그 워크숍은 흥분의 장이 되어 갔다. 나는 앞으로도 계속해서 이런 여정을 이어갈 수 있도록 이끌어 주는 에너지가 담긴 감동적인 피드백을 받게 되었다. 누군가가 "나탈리, 당신은 다른 생활방식과 다른 가치를 지닌 사람들을 깊이 존중하는 것 같군요. 중요한 것은 치료방식이 아니라 바로 당신 자신이었어요!"라고 말해 주었다.

칠레에서 새로 사귄 치료사 친구는 아르헨티나에 있는 한 동료에게 전화를 했다. 내가 아르헨티나에 도착할 즈음에는 이미 하나의 여성 워크숍이 전개되던 중이었다. 다음은 나의 기록에서 발췌한 내용이다.

> 1977년, 아르헨티나 : 나는 내가 만나고 있는 심리학자들의 용기에 감동을 받았다. 그들은 몇 년간 두려움 속에서 살아왔으므로 삶의 한 방식인 듯 두려움에 익숙해졌다. 군대에

의해 통치되고 있는 이 나라에서는 지난 3년간 1만 2천 명이 실종되거나 죽었거나 감옥에 갇혀 있다.

나는 전문직 여성들의 워크숍을 촉진하던 그 첫날을 마치고 방금 막 돌아왔다. 맙소사, 슬프다! 이 여성들은 굉장하다. 지적이고, 강하고, 아름답고, 또한 전 세계 어디서든 맞서야 하는 많은 문제들에 직면할 만큼 용감하다. 그러나 나는 조금 전에 그들이 직면하고 있는 문제들을 요약하면서 써 내려갔던 기록을 보며 호텔 방에 앉아 울고 있다. 나는 심각한 정서적 혼란 상태의 여성들과 작업하는 데 익숙해져 있지만 여기에서는 뭔가 다른 일이 일어나고 있다. 이 여성들이 가지고 있는 정서적 문제들은 정치적 야만성과 그들이 살고 있는, 두려움이 뿌리 박힌 체제에 의해 악화되거나 만들어진 것이다.

한 여성은 "나는 아직도 두 아이를 잃은 것을 극복하려고 노력하고 있습니다."라고 말한다. 그녀는 치료사이다. 나는 그녀가 거기에 대해 좀 더 말하고 싶은지를 묻는다. "아이들은 몇 년 전에 죽었어요. 그 아이들은 자유를 위한 투쟁에 의욕적이었던 그저 어린 십대였죠." 이 말을 한 후 다른 여성이 다음과 같이 말한다. "내 아이들 중 둘은 스페인에 있는데, 걔들은 너무 일찍 집을 떠나서 심리적인 어려움을 겪고 있지요. 나는 아이들을 살리기 위해 그곳으로 보내야만 했어요. 내가 가서 애들을 볼 형편이 안 되고 아이들도 여기로 돌아오지 못하죠." 비극적인 이야기들, 정치적 상황 때문에 일어난 상실과 격리, 그리고 고문에 대한 이야기들이 끊임없이 이어졌다. 한 치료사는 어느 날 한밤중에 가족과 함께 어떻게 감옥으로 잡혀갔는지, 그곳에서 몇 개월을 갇혀 있었는지를 밝혔다. 그녀와 가족은 풀려났지만 다른 사람들은 계속 감옥에 남았기 때문에 그녀는 엄청난 죄책감에 시달리고 있었다. 그녀는 아직도 밤에 꿈속에서 고문당하며 지르는 고함과 비명 소리를 듣는다고 한다.

눈물도 거의 흘리지 않았다. 그 여성들은 이제 그들 일상의 일부가 되어 버린 사실들을 그저 말하고 있었다. 나는 생각조차 할 수 없을 것 같은 일들이 그들의 일상생활에서는 정상적인 일부가 되어 온 것이다. 가족의 죽음, 유괴, 그리고 친척들이 모두 도피해서 홀로 외롭게 남겨진 어떤 유대인 여성. 그녀는 "난 명절을 같이 보낼 사람이 아무도 없어요."라고 말했다.

이런 상황에서 심리 문제를 다룬다는 것은 지금까지와는 너무나 다른 일이다. 아르헨티나 사람들은 계속되는 갑작스런 상실의 위협에 익숙해지고 있지만, 정작 그 이야기를 들

> 었을 때 나는 독재정권에 직면한 내 자신의 무력감을 접하게 된다. 이렇게 정치 문제에 무능력한 것이 내가 두려워하는 악몽이다. 총부리에 진압되고, 내가 믿는 것을 대놓고 말할 힘이 없으며, 권력을 가진 세력에 의해 매일같이 테러를 당하는 것, 이것이 나의 폐부를 찌른다! 나는 그들의 눈물을 대신 흘려 주면서 그들의 분노를 크게 외쳐 주기를 원하는 나 자신을 발견한다. 그들은 그것을 삼켜 버리거나 아무도 없는 데서 울고 분노하면서 지쳐 있었다. 그들은 크게 소리치거나 반발하면 목숨을 잃거나 감옥에 갈 수도 있다는 것을 알고 있다.
>
> 마지막 날 : 이렇게 함께한 결과는 굉장히 즐거우면서도 교육적인 것이다. 이 여성들은 서로를 필요로 하고 지원해 주는 집단의 의미를 발견하고 있다. 한 이웃이 다른 이웃을 신고하는 환경에서 서로에 대한 신뢰가 서서히 생겨났다. 어떤 사람의 말처럼 '알고 보면 모두 두려워하는' 것이었다.

서로 다른 문화 간의 다리를 만드는 것은 양쪽 모두에게 배움을 준다. 사람들이 서로 언어나 그림의 이미지를 통해 상호 소통할 수 있는 신뢰의 분위기를 만들어 주는 것은 내게 있어 제2의 본성이다. 내가 그들에게 귀 기울일 때, 즉 그들의 ™말∏뿐만 아니라 ™음악∏에 귀 기울일 때 그들은 진실로 서로의 이야기를 듣기 시작한다. 내가 순수하게 받아들임으로써 그들은 두려움과 슬픔을 말할 수 있고 서로를 위안하며 지지할 수 있게 된다. 그들은 이러한 지지를 필사적으로 필요로 한다. 나의 방문은 그들을 새로운 방식으로 맺어 준다. 그들은 계속해서 만날 것이고 서로에게 용기를 줄 것이다.

이 사람들은 나를 고무시켜 주기로 한다! 이들이 어떻게 비극적인 상실과 직업에 대한 억압을 극복하면서 압제자의 손아귀 아래 살아가고 있는지를 들으면서 나는 새로운 기운을 얻는다. 그들의 내적 강인함과 용기는 내가 여태껏 경험했던 어떤 것보다 훨씬 더 위대한 것이다. 나는 그들이 나를 격려해 준다고 그들에게 말하지만, 그들이 그것을 믿을지는 확실치 않다. 그들은 생명을 위협하는 상황에 너무나 가까이 있어서 자신들의 힘에 대한 전망을 가질 수가 없다.

구소련에서의 표현예술

최근의 구소련 여행 또한 범문화적 이해를 위한 양 방향의 다리가 되어 주었다.[2] 다음의 사례들이 보여 주듯이, 많은 사람들이 노력하며 버텨 온 결과는 결국 변화를 만들어 왔다. 소수의 사람들이 개인적 삶과 그 나라의 정치적 방향에 중요한 차이를 가져다줄 수 있다는 것을 안다는 것은 가슴 훈훈해지는 일이다. 우리의 러시아 친구들은 칼 로저스(Carl Rogers)와 버지니아 새티어(Virginia Satir)가 1980년대 중반에 처음으로 방문한 것을 필두로 하여 소련에 인본주의 심리학자들이 들어옴으로써 심리학의 방향이 극적으로 바뀌어 왔다고 말한다.

소련은 음악, 미술, 문학 분야의 문화적 유산이 풍부했지만 심리학과 인본주의적 가치에 대한 정보로부터 폐쇄되어 있었다. 심리치료는 70년간 불법이었다. 임상 훈련과 슈퍼비전은 불가능했다. 정신병원은 정치범들을 가두기 위한 시설이었다. 이런 상황은 러시아 사람들에 의해 가장 잘 표현되었다. 상트페테르부르크에 새로 설립된 비영리 상담 및 교육 센터인 가르모니아(Garmonia)에서 나온 진술은 다음과 같다.

> 70년간 우리나라에 존재해 온 추악한 이데올로기는 국민들에게 해악을 끼쳐 왔다. 그것은 사람들의 정신을 썩게 만들었고, 진정한 인간의 가치를 없앴으며, 모든 인간의 숭고한 고유함을 거부했다.
>
> 사람들의 정신을 인본주의적 이상이라는 새로운 방향으로 전환시키는 것이 지금 일어나고 있는 재건의 주된 목표이다….
>
> 소련의 삶에서 일어나는 모든 변화가 긍정적이었던 것은 아니다. 정치적 불안, 국내적인 갈등, 경제적 궁핍 등이 모두 인간의 고통을 증가시켰고, 절망에 대한 두려움과 감정을 증대시켰으며, 공격성과 파괴적인 면에 불을 붙였다….
>
> 사람들이 위기의 시기를 넘기며 살아가도록 돕고 그들에게 물질적 지원을 해 주는 것뿐만 아니라, 현재의 극적인 상황에서 훨씬 더 중요한, 갑작스럽고 엄청난 곤경에 직면해서

---

2) 구소련에 대한 이 보고서의 상당 부분은 다음 자료에서 가져왔음. Natalie Rogers et al., ®Fostering Creative Expression in the Soviet Union,© New Realities (March/April 1990).

> 도 개인의 성장을 장려하도록 해 주는 것… 따라서 심리치료와 심리학적인 지원은 큰 중요성을 지니게 된다. 현재의 상황에서 이것은 절망적일 만큼 불충분하다. 예를 들어, 인구 5백만 명의 도시 레닌그라드에는 몇십 명밖에 안 되는 소수의 전문 치료사들이 있을 뿐이며, 더 작은 도시에는 더 적은 치료사가, 그리고 대부분의 마을에는 거의 한 명도 없는 것이 현실이다.
>
> 공식적으로는 심리치료가 추악한 삶의 방식에 인성을 적응시키는 데 주로 이용되는 일종의 이데올로기적 도구로 간주되었다는 것을 반드시 명심해야 한다. 심리학자와 치료사들이 심리학을 마르크스 철학에 맞추는 것이 전문적인 훈련이있다. 지금도 심리학 교육은 만족스러운 수준에는 한참 못 미친다.
>
> 이러한 위기에 대응하여 레닌그라드의 심리학자와 심리치료사의 단체는 독립적인 협력센터인 '화합' 을 창립했다.

나는 러시아 사람들로부터 내 아버지가 소련으로 여행을 갔던 일이 그곳 심리학의 위상을 바꿔 놓았다는 이야기를 많이 들었다. 모스크바 대학의 줄리아 지펜레이터(Julia Gippenreiter) 교수는 그녀의 집 식탁에 앉아 내게 다음과 같이 말했다.

> 칼 로저스 씨가 오기 전에 심리학은 하나의 분야로 그리 큰 관심을 끌지 못했습니다. 그 이유는 눈의 움직임을 측정하거나 부수적인 연구들에만 초점을 맞췄기 때문입니다. 칼 로저스 씨가 온다는 말을 들었을 때 우리는 그 사실을 믿을 수가 없었지요.
>
> 그가 도착했을 때, 우리는 그의 워크숍에 앞다투어 가고 그의 강연에 떼지어 몰려들었습니다. 그 순수하고 겸손하기까지 했던 사람으로부터 인간중심적 접근을 경험하고서 많은 다른 사람들도 그러했듯 내 경우도 심리학의 초점이 바뀌었습니다. 나는 지금 학생들에게 적응하는 법을 교사들에게 가르치고 있고, 대학 수업에서 로저스의 촉진의 원칙을 사용하고 있어요.

아버지는 소련을 방문하고 돌아와서, 자신의 책이 러시아 어로 번역되었던 적이 없었기에 소련 사람들이 자신의 글을 읽었다는 것을 전혀 몰랐었다고 내게 말했다. 아버지는 사람들이 자신의 작업에 대해 뭔가를 알고 있다는 것을 쉽사리 믿지 않았다.

1980년대 후반, 몇 명의 인본주의적 심리학자들의 소련 방문으로 이 학문 분야의 위상과 인기가 높아 갔다. 정말 그것은 너무나 필요했던 프로그램이었다. 왜냐하면 그곳 사람들에게는 전화상담 서비스도, 위기 개입 기술도 전혀 없었고, 아주 극소수의 임상 교육만 있었기 때문이다. 공산주의 시절에는 사람들에게 정서적 문제가 없었다는 것이다…. 최소한 구소련 정부는 그렇게 선언했다.

1987년 아버지가 돌아가신 후, 알렉세이 마티유쉬킨(Alexei Matyushkin) 박사가 소련에서 아버지의 작업을 계속해 달라며 나를 초청했다. 나는 내 작업을 가르치고 싶다고 설명했다. 내 작업은 아버지의 작업과는 꽤 다른 것이었다. 그에게 인간중심 표현예술치료를 충분히 이해시키기 위해 나의 연구 보고서를 건네주었다. 그는 그것을 검토하고 나서 내게 열렬한 초청장을 보냈다.

1989년과 1991년 두 번 소련을 다녀오면서 나는 좀 더 현명한 사람이 되었다. 그곳의 정치학과 경제학의 정도, 70년이라는 억압적이고 잔인한 체제하에서 삶을 겪어 온 사람들의 인간적 처지를 이해하기 위해 노력했다. 그 노력이 나 자신을 진심으로 움직여 인생관을 변화시켰다. 사람들이 내게 배운 게 무엇인지를 물을 때, 나는 ™용기와 인내∏라고 대답한다. 식품이 넘쳐나는 대형 슈퍼마켓에 갈 때마다 나는 몇 파운드 안 되는 소시지와 버터 한 조각을 얻기 위해 사람들이 기다리고 있는 모스크바의 국영 시장을 떠올린다.

시대의 변화가 나타나고 있던 시기, 1989년 나를 처음으로 초빙한 것은 힘 있는 소련 정부 조직인 교육학 아카데미였다. 두 번째 방문은 심리치료사들을 위해 새롭게 만들어진 두 곳의 비영리 사립 교육 기관에서 후원을 받았는데, 모스크바 심리학 및 심리치료 연구소와 레닌그라드에 있던 가르모니아였다.

이 책을 저술하는 1년 동안 극적인 변화가 있었다. 즉, 소련이 독립국가 연합이 되고, 소련에 있는 우리의 동료들은 이제 러시아 인으로 불리며, 레닌그라드는 상트페테르부르크라는 예전의 이름을 되찾았다. 또 에스토니아에 있던 동료들은 민족적 독립을 되찾았다.

두 번의 소련 방문에서 물론 심리학자, 교육자, 사회사업가, 의사, 전화상담가, 조사 연구가들에게 인간중심 표현예술의 강도 높은 교육을 제공했다. 1989년 나는 한 팀으로 작업하기 위해 동료인 클레어 피츠제럴드(Claire Fitzgerald)와 프랜 메이시(Fran Macy)

를 초청했다. 1991년에는 나와 프랜이 작업을 연이어 하였다. 우리는 자각과 비언어적 소통 기술 그리고 좀 더 높은 차원의 의식 상태를 강화하기 위해 개인과 집단을 위한 표현예술 경험을 제공했다. 이 경험들은 인간중심 상담에 있어서의 임상 교육과 통합되었다.

러시아 사람들은 창조적 연결 과정에 스스로 참가하면서 그림을 그리고 콜라주를 만들거나 춤을 통해 자신을 표현하면서 정서적 고통과 정신적 충격을 깊이 파고 들어갔다. 동시에 자신의 창조적이면서 직관적인 본성에 열심히 눈을 뜨게 되었다. 언어뿐만 아니라 은유와 움직임, 이미지 속에서 그들의 내적 세계를 탐구함으로써 삶의 고통을 인생의 배움, 즐거움, 웃음 그리고 미래에 대한 새로운 시각으로 변환시켰다.

다음은 사람들이 이 기회를 어떻게 자신의 성장과 자기강화에 이용하고, 실제 생활 속에서 강하면서도 긍정적인 행동을 취할 수 있는가를 보여 주는 극적인 사례들이다.

에스토니아 : 우리는 거짓말만 들었던 거야!

에스토니아(당시 소련의 일부)의 타르투에서 집단 참가자들은 현재의 삶에 대한 자신의 감정을 표현하고자 콜라주를 만들었다. 나는 피터에게 잡지나 신문, 자신의 개인 미술 작품에서 잘라 온 조각들을 짜맞춰 놓은 콜라주에 대해 설명해 줄 것을 부탁했고, 그는 이렇게 대답했다.

> 여기 미래를 희망적으로 지켜보는 올빼미가 있어요. 바로 나의 희망적인 부분이죠. 그런데 이 올빼미는 우리 각자 안에 있는 악마를 상징하기도 해요. 위의 왼쪽 구석에는 레닌의 그림이 있고요. 나는 그에게 검은 눈을 하나 그려 줬는데, 그건 우리가 지금 보고 있는 암흑이 있기 때문이죠. 우리는 그 사람과 그 사람의 지금까지의 모든 모습들에 질렸어요. 그가 전부 다 나쁜 것만은 아니지만, 이제는 다른 나라들로부터 정보를 받아들이고 있는 이상 우리가 들었던 모든 것들이 다 거짓이라는 사실에 직면하고 있는 거죠! 이쪽 위에는 나비를 잡으려고 애쓰는 남자 한 명을 만화로 그린 것을 배치했는데, 당신도 보다시피 발이 커서 걸려 넘어지고 있어요.

콜라주의 상징들을 계속 설명하던 그의 가슴에서 긴 한숨이 새어 나왔다.

> 여기에는 머리가 텅 빈 사람이 한 명 있고, 그 텅 빈 머릿속으로 뭔가를 쏟아 붓는 병이 있네요. 이건 우리에게 그랬던 것처럼 사람들이 잘못된 정보를 받아들이는 방식을 상징하고 있어요. 그렇게 오랫동안 우리가 배워 왔던 그 많은 것들이 거짓임을 깨닫는 건 너무나 큰 충격입니다!

나는 피터에게 그가 한 설명을 일인칭 시점으로 다시 말할 수 있겠냐고 묻는다. 이 방법은 사람들이 자신의 작품과 그것에 대한 자신의 감정을 스스로 인식할 수 있게 해 준다. 그는 말했다. "나는 마치 희망을 가지고 미래를 바라보는 올빼미와 같아요. 다른 많은 사람들처럼 나는 잘못된 정보로 가득 찼었죠. 그냥 나비 한 마리를 잡으려고 할 뿐인데도 누가 나를 가로막을 수 있다는 겁니다."

나는 색종이에서 잘라 낸 오렌지색의 손 세 개가 콜라주 도화지의 바깥에 붙어 있는 쪽으로 그를 주목시킨다. "이것들이 당신에게 의미하는 바는 뭐죠?"라고 나는 묻는다. 그는 답한다. "내 세계의 틀 너머로 손을 뻗어 초월로 향하고 싶어요. 나 자신의 경계선을 넘어서면 사물을 보는 관점을 얻을 수 있거든요."

나는 피터가 개인적이고 정치적인 정신적 충격에 대해 얼마나 빨리 통찰을 갖게 되었는지를 보면서 놀란다. 이미지를 이용하는 것은 부인하는 것을 없애 버리는 지름길이다. 이미지는 무의식이 숨겨졌던 진실들을 꺼내 놓으면서 그것을 만든 창조자에게 말할 수 있도록 허용하는 역할을 한다.

피터에게 있어 자신이 34년간 잘못된 정보를 제공받아 왔다는 충격적인 현실을 직면하는 것은 쉬운 일이 아니었다. 그는 자신의 콜라주를 탐색해 가면서 배신당했다는 느낌을 발견했다. 새로운 진실을 발견했기 때문에 다음 단계는 그가 경험한 느낌에 직면하는 일이 된 것이다.

모스크바 : 희망의 창

모스크바에서 또 다른 감동적인 일화가 한 상담 시연 중에 일어났다. 우선 전체 그룹은 두 사람씩 짝을 지어 나눠져서 10분간 ™당신의 생활에서 신나는 어떤 것과 불안하게 하는 어떤 것∏에 대해 서로 인터뷰를 하였다. 이 인터뷰에 뒤이어, 사람들은 미술 재료

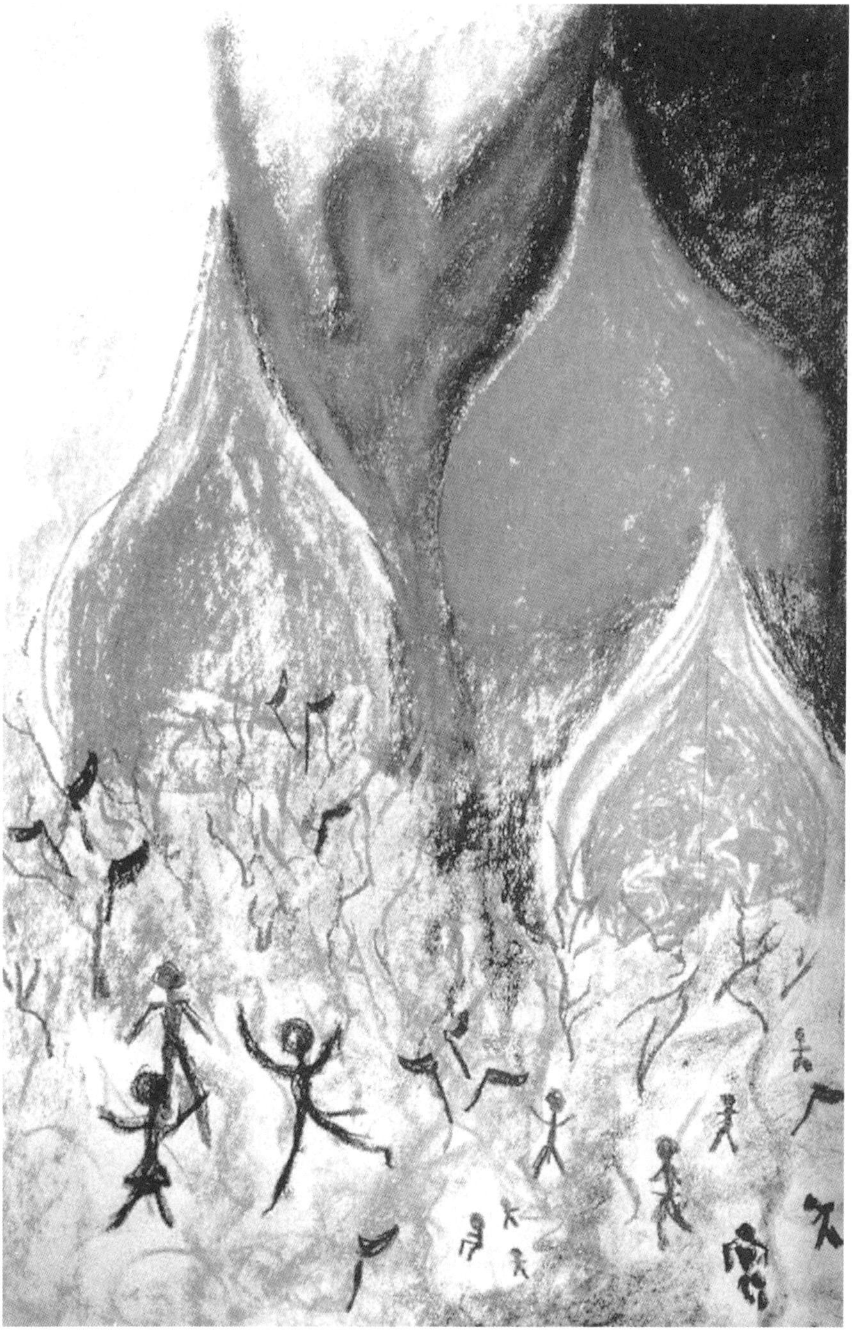

모스크바 내가 받은 인상-아름다운 자고르스크의 돔 지붕과 춤추는 친구들, 그리고 공중에 떠 있는 검은 천사_나탈리 로저스

에스토니아의 콜라주 "우리는 거짓말만 들었던 거야." 한 에스토니아 인은 황량했던 과거와 함께 '세상의 틀을 넘어 초월로' 향해 뻗는 희망 가득한 손을 묘사한다.

자기탐색을 위해 표현예술을 사용하고 있는 알렉스와 구소련의 심리학자, 교육자들

나의 밝은 쪽은 '빛나고 햇살이 비추며 진취적이다. 다른 쪽은 내 인생의 문제점인데 항상 숨어 있는 위험처럼 느껴진다.'

_알렉스 '사샤' 오를로프

다문화적인 이해의 증진(모스크바)_나탈리 로저스

를 가지고 이런 생활 속 상황들에 관해 자신의 감정을 묘사하는 그림을 두 점씩 그렸다. 그림그리기가 끝났을 때, 나는 40세의 심리학자인 사샤(알렉스) 오를로프[Sasha (Alex) Orlov]에게 전체 그룹을 위한 상담 시연의 일부로서 그의 그림들에 대해 나와 대담할 의향이 있는지 물었다. 그는 감사해하며 그러겠다고 했다. 나머지 워크숍 참가자들이 우리 두 사람이 앉은 의자를 둥글게 둘러싸고 앉았다. 나는 그룹 전체의 조용하고 집중된 주의력이 만든 응집된 에너지가 상담자와 내담자 모두에게 이 에너지를 확대시켜 준다고 설명했다.

사샤는 자기가 그린 그림 두 개를 가져와서 '나의 생활에서 신나는 요소와 불안하게 하는 요소들' 을 설명했다(283쪽 참조). 우선 그는 밝은 쪽, 즉 빛나는 황금빛의 일련의 동심원을 빛나고 진취적이며 햇살이 비치는 자신의 일부라고 설명했다. 그런 후에 그림의 또 다른 반쪽을 뚫어지게 바라보았다. 그 반쪽에는 울퉁불퉁한 암석, 수평선 위의 검은 새들, 대양, 그리고 그 대양 밑에는 벌린 입 속에 위협적인 이빨을 가진 커다란 물고기가 그려져 있었다. 그는 이 대양이 격동하고 있고 물고기는 뭐든지 잡아먹는다고 했으며, 어떤 위험이 늘 도사리고 있다가 언제든지 자기를 사로잡을 수 있다고도 설명했다. 그는 이 물고기에 나타난 것처럼 그의 어린 시절의 고통과 현재까지 계속되는 공포 그리고 잠재적인 위험에 대해 이야기했다. 목소리에는 진심이 어려 있었고 얼굴은 생각에 깊이 잠긴 듯했다. 무거운 분위기가 감돌았다.

나는 그의 설명을 받아들이는 자세로 따뜻하게 반응하면서 그의 이미지에 대한 언어적 설명이 좀 더 필요할 때만 질문을 했다. 그리고 나서 그는 내 눈 속을 바라보았고 그렇게 조용히 바라보는 상태 그대로 거의 2분을 정지해 있었다. 이토록 오래 지속되는 침묵과 계속되는 응시에 나는 약간 당황했지만, 침묵이야말로 이 내담자에게 가장 유익한 시간일 수 있다는 것을 깨달았다. 나는 점점 약간의 불편함과 함께 호기심을 느끼기 시작하였다. 그래서 "당신에게 무슨 일이 일어나고 있는지 알 수 있다면 이렇게 똑바로 눈을 쳐다보는 일이 조금은 쉬워질 것 같아요." 라고 말했다.

사샤는 천천히 답했다. "당신의 눈 속을 바라보는 것은 마치 희망의 창, 즉 또 다른 세상으로 열린 창을 들여다보는 것과 같아요."

이 상담 시연 시간에 뒤이어 사샤는 자기가 경험한 과정에 대해 말할 기회를 가지게 되었다. "처음에는 그 큰 바다와 암석과 물고기에 대한 나의 감정 속으로 들어가고 싶지 않았어요. 그러나 그것을 탐색해 보니 그렇게 무시무시한 것만은 아닌 듯했어요. 그렇지만 이번 세션에서 가장 중요한 것은 내가 당신의 눈으로 들어가게 해 줌으로써 다른 세상을 볼 수 있게 해 준 것입니다."

이 워크숍이 진행되는 동안 사람들이 스탈린 체제하의 소련에서 살아가는 것에 대해 이야기하는 것을 많이 들었다. 그리고 나의 모든 감각들이 모스크바의 다른 색깔, 냄새, 음식, 얼굴들, 분위기를 빨아들이고 있었다. 나는 영적으로나 문화적으로 비애감과 풍요로움 둘 다를 느꼈다. 이 집단 참가자들이 마지막 콜라주를 만들고 있는 동안, 나는 유성 파스텔이 있는 곳으로 가서 러시아에 대한 나의 감상을 즉각적으로 그려 내놓았다. 아름다운 자고르스크의 돔 지붕을 그리기 시작한 후 거리에서 춤을 추는 사람을 막대상(stick figure)으로 재빨리 그렸는데, 이것은 우리 그룹의 영혼을 상징하는 것이었다. 돔 지붕 뒤로 있는 하늘을 색칠할 때 검은 형상 하나가 나타나는 듯 보였다. 나는 그것을 바라보고는 (이러한 일은 실제로 일어난다) 그것이 또렷이 드러나고자 한다는 것을 깨달았다. 나의 감상을 바탕으로 한 그림을 완성하고 전체 그룹과 이 그림을 공유했다. 몇몇 참가자들은 그 ™검은 천사∏가 미래의 전조가 아닐까 매우 염려하는 듯했다. 그들은 내가 내리는 해석에 대해 궁금해했다. 나는 "그림 속에서 나타나는 이 형상을 보았을 때, 나는 곧바로 여러분이 스탈린 체제하에 겪었던 검은 역사를 생각하게 되었어요. 그렇지만 여러분이 그것을 '검은 천사'라고 칭하니까 그 말은 정말이지 나의 흥미를 자극하는데요. 나도 궁금해요. 이것이 미래의 옹호자인지, 아니면 불길한 어떤 것인지? 나는 정말로 모르겠어요."

기타 단편들

사샤의 사례는 평화를 위한 환경을 조성하는 수단으로서의 인간중심 표현예술치료의 여러 면모를 지적하는 것이라 볼 수 있다. 그가 어린 시절부터 짊어지고 왔던 끔찍한 두려움을 묘사할 때 그 압도적인 면은 사라지기 시작했다. 두려움은 모든 것을 마비시킨다. 두려움은 행동에 나서지 못하게 한다. 확실히 소련 사람들은 두려움 속에서 살아왔음이 틀림없다. 생존을 위한 적절한 반응이 바로 두려움이었던 것이다. 두려운 면을 이미지로 표현하고 두려운 것을 타인과 나눌 수 있으면 두려움을 새로운 시각으로 바라보는 과정을 열어 준다. 전체주의 체제가 무너졌기 때문에 두려워할 대상도 줄어들었다. 그러나 오래된 행동과 태도는 바뀌기 어렵다. 이 작업을 통해 사샤는 관점의 변화를 실제로 보고 경험할 수 있었다.

표현예술의 매우 중요한 또 다른 면은 예술이 희망과 기쁨을 표현할 방법을 제공한다는 것이다. 위와 같은 수용적 분위기에서 사샤는 나의 눈을 통해 희망의 세계를 볼 수 있었다. 이 소련 사람들이 사적이고 정치적인 역사를 나와 함께 나눌 때 그들의 용기에 나는 너무나 큰 감동을 느꼈기 때문에, 어떤 의미에서 그는 내 영혼 속을 깊이 들여다보고 있었다고 할 수 있다. 이 강인한 사람들이 그들 나라의 문제를 풀어낼 사람들이라는 것을 나는 아주 강력하게 느낄 수 있었다.

사샤는 빛에 대해 깨어나는 감각을 표현하기 위해 선명한 색상을 사용했다. 이 이미지는 메시지와 암시가 되어 거꾸로 그에게 말을 해 준다. 언어에만 머무는 심리치료는 희망과 기쁨, 통찰력을 경험할 기회를 그다지 많이 제공하지 않는다. 동작이나 그림을 통한 심상화가 가능한 것에 대한 감각을 불러일으킨다.

1991년 모스크바를 다시 방문하여 1989년 워크숍 그룹의 참가자들을 만나 그때 받은 훈련을 어떻게 활용했는지 물어보았다. 나는 놀랐다. 베라와 비탈리아는 가족들로 구성된 76명의 워크숍을 시작했고 2년 동안 매달 한 번씩 일요일에 만났다고 했다. 다음은 베라의 말이다. "예술 매체들이 아이들의 선천적인 호기심, 천진난만한 창조성과 함께 만나면서 부모와 청소년이 갈 길을 이끌어 주었습니다. 부모들은 이런 활동이 자녀들과 대화하는 방식을 완전히 변화시켜 주었다고 말하죠. 우리가 이전에 받은 교육으로는 이런 것을 제공할 용기를 가지지 못했을 겁니다."

빅토리아는 신경과민인 영재 아동과 일하고 있다. "아이들은 좁은 학교라는 틀에 자신을 맞추려고 애쓰다가 좌절을 겪었어요. 직접 말로 대화하는 방식보다는 표현예술과 글쓰기가 그들의 노이로제를 제대로 치료하고 있습니다."

작가이며 학자인 유리는 표현예술을 러시아 군대에서 활용했다. "그들은 동료가 사람이라는 것을 알아야 합니다. 우리가 군대에 혁명을 일으킬지도 모르죠!" 그는 웃으면서 말했다.

이 러시아 인들이 얼마나 빨리 배운 것들을 받아들여서 그들의 작업 상황 속에 적용했는지를 아는 것은 고무적인 일이었다. 그들은 바로 이런 작업에 접근하는 것을 갈망해 온 것이다. 그리고 함께 작업하는 사람들의 필요에 부합하도록 표현예술을 적합하게 변형시켰던 것이다.

요약

문화 간의 다리를 만들어 연결하는 것은 아주 잘될 경우 민간 외교가 된다. 표현예술을 사용하는 것은 우리 모두가 희망과 포부, 고통과 화, 사랑을 지닌 인간이라는 것과 자신만의 독특함과 가치를 지니고 있다는 것을 발견하는 데 도움을 준다.

이 장에서는 창조적인 과정을 국제적인 이해를 증진시키기 위해 사용하는 구체적인 사례들을 제공하고 있다. 다음 장에서는 우리의 창조성을 발전시키는 것이 전 세계의 민주주의를 발전시키고 평화로운 해결책을 제공하는 데 필수적인 요소가 된다는 이론을 제안할 것이다.

WE ARE THE CURATORS OF LIFE ON EARTH

WE HOLD IT IN THE PALM OF OUR HAND

Helen Caldicott

Creativity and Consciousness for the Future

미래를 위한 창조성과 의식

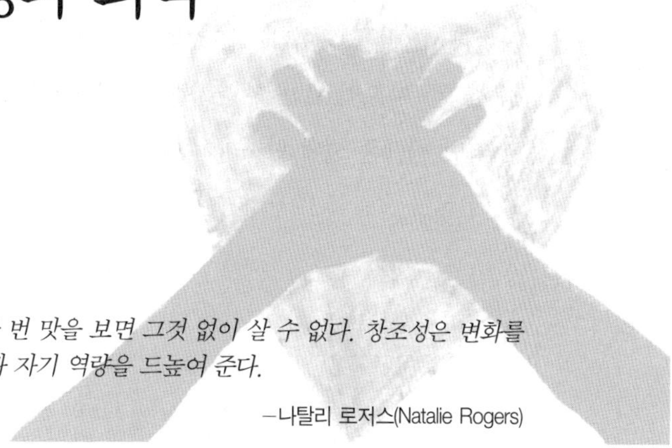

11

창조성은 자유와 같다. 한 번 맛을 보면 그것 없이 살 수 없다. 창조성은 변화를 불러오는 힘이며 자존감과 자기 역량을 드높여 준다.

—나탈리 로저스(Natalie Rogers)

이 책의 앞부분에서는 내면의 진실, 개인의 통합, 차원 높은 의식, 영성, 우주적 에너지의 근원에 대한 연결을 찾아내기 위해 표현예술을 통해 창조성을 일깨우는 것에 대해 논하고 있다. 제10장에서는 창조적 과정과 표현예술을 문화 간 이해를 증진하기 위한 다리라고 강조했다. 이 장에서는 인도주의적이고 평화로운 세계로 향하는 길인 창조성에 대한 나의 생각과 느낌, 경험을 모두 통합하려 한다. 나는 창조적 과정에서 산파 역할을 하는 우리와 같은 사람들이 오늘날의 이 힘겨운 세계에 중대한 역할을 하리라 믿는다.

우리는 지금 어디에 있는가? 우리는 마음속에 무엇을 그릴 수 있는가? 어떻게 창조성과 표현예술이 우리의 이런 여정이 계속 진행될 수 있도록 만들 것인가? 내가 어떻게 하면 그 해결책의 일부가 될 수 있을까? 이런 질문들은 도전해 볼 만한 가치가 있다.

다수의 뛰어난 인물들이 지금 우리는 세계적인 위기의 시대에 살고 있다고 기록했다. 핵무기의 방사능으로, 오존층에 구멍을 냄으로써, 먹이사슬에 침투하는 독성 물질의 사용으로, 폭력적인 방법으로 문제를 풀려고 시도함으로써 우리는 인류와 모든 생명체를 절멸시킬 수 있는 능력을 갖게 되었다. 인류를 파괴하는 방법에 대한 어마어마한 지식은 기가 질릴 정도이다. 또한 청소년, 어린이, 부유층, 빈곤층, 노년층, 권력층, 억압받는 층 할 것 없이 모든 사회 요소들에 의해 저질러지는 폭력이 급속도로 확대되고 있다는 것에 지치고 겁이 난다.

이 모든 것들은 바뀌어야 한다. 사실, 변화를 이끌어 내려는 많은 힘들이 있다.

미래 그리기

우리는 마음속에 무엇을 그릴 수 있을까? 아마도 이것은 우리 시대의 가장 중대한 질문일 것이다. 가능한 것들을 마음속에 그려 보는 과정에 참여하지 않으면 우리가 만들어 가는 모든 길에서 발이 걸려 넘어질 것이다.

크고 깨끗하고 깊고 고요하며 푸른 물빛의 호수를 향해 세차게 흐르는 강을 상상해 보라. 이 호수가 우리의 목표이다. 그곳에서 내적 평화와 외적 평화는 하나가 된다. 이따금 바람이 흰 파도를 몰아쳐 일게 하지만 파괴적인 폭풍우는 잠잠해졌다. 고요가 찾아오면 구름과 나무와 동물들이 거울 같은 호수의 수면에 비친다. 우리는 호수에 뛰어들어 물장난을 치면서 물을 마실 수도 있다. 수면에서 헤엄칠 수도 있고 깊이 다이빙할 수도 있다.

지구촌 주민인 우리, 즉 다양한 피부색의 여러 민족들, 구세대와 신세대가 호수에 비친 자신들의 모습을 보며 빙 둘러 손을 맞잡을 것이다. 우리는 춤추고, 노래하고, 그림을 그리고, 북을 두드릴 것이다. 우리는 서로의 이야기에 귀 기울이고, 연민을 나누고, 협상하고, 타협하면서 논쟁을 해결할 것이다. 이웃이 배고플 때는 "여기 내 것을 좀 드세요. 나에게는 필요 이상으로 많이 있어요."라고 말할 것이다.

개인적으로 나는 서로 돕고 협력하는 것이 사람들에게 인정받는 가치가 되는 그런 세상을 열망한다. 나는 동료들과 국민들이 '한 수 위'가 되려 하기보다 서로서로 돕는 세상을 마음속에 그린다. 권력을 가져야 하는 목적은 그것을 이용하여 다른 사람들을 지배하고 통제하는 것이 아니라 바로 그 권력을 나누는 데 있다. 나는 여성과 소수자들이 정말로 동등한 기회를 가지고, 물질주의와 탐욕이 보다 위대한 비전으로 대체되는 세상을 그려 본다. 그런 비전을 품으면 물질만 축적하기보다는 창조적이면서 남을 돌보는 사람이 됨으로써 자아실현을 성취할 수 있는 세상을 만들 수 있다. 나는 남성들이 섬세하고 육감적이면서도 직관적인 면을 경험할 수 있게 되고, 여성들은 자신의 의견을 내어 인정을 받고 스스로의 역량이 강화되는 그런 세상을 그려 본다. 그리고 동물과 식물과 인간이 독성 물질에 노출되지 않고, 깨끗하고 신선한 공기를 느끼면서 깊이 숨을 내쉴 수 있는 그런 세상을 그려 본다. 나는 억압과 굶주림 또는 두려움이 없는, 따라서 폭력적이어야 할 필요가 전혀 없는 세상을 그려 본다. 우리는 이런 기본적인 요구가 충족되고 모든 개인들의 차이가 존중되도록 창조성과 과학 기술을 이용할 수 있다.

"꿈꾸고 있네!"라고 말하는 사람도 있을 것이다. 맞다, 나는 계속 꿈꿀 것이다. 우리는 마음속에 그리는 것이 무엇이든 그것을 해낼 수 있다는 것을 증명해 왔다. 그것은 사람들을 달에 보내는 일이기도 했고 원자를 쪼개는 일이기도 했다. 꿈꾸고, 미래를 그려 보고, 우리가 요구하는 것을 논의하고, 우리의 감정과 직관과 전문적 지식을 나누기 위해 힘을 합한다면 바로 그런 꿈을 증명할 수 있을 것이다. 가고 싶어 하는 그곳이 어디인가에 대한 어떤 개념을 갖고 있다면, 우리는 그 길을 따라 나아가는 데 필요한 걸음을 내디딜 수 있을 것이다.

마음속으로 좀 더 나은 세상을 그리고 있다면 어떻게 그곳에 닿을 수 있을까? 그 강물이 흘러가는 물길은 어떤 모습일까? 그런 세상을 발전시키는 데 창조성과 표현예술은 어떤 역할을 할 수 있을까? 그 고요한 호수에 닿으려면 한결같이 흐르면서 늘 변하는 어떤 과정 속에 자신을 반드시 참여시켜야 한다. 그 강물의 물길은 뒤틀리기도 하고 방향이 바뀌기도 하며, 거품이 일었다가 급류나 폭풍우, 햇살 등을 만나기도 한다.

뗏목에 올라타 여행을 시작하면 이번 여정이 어떻게 전개될지 전반적인 느낌이 온다. 그것은 거부하는 마음을 떨치고 민감하게 인식하는 것이고, 이중성을 극복하기 위해 서로 대립되는 것을 인식하고 통합하는 것이며, 자존감과 자기 역량을 가진 건전한 사람이 되기 위해 내면의 평화를 찾는 것이다. 이 여행은 우리가 반응하고 책임질 수 있는 창조적인 사람이 되도록 끌어당긴다. 급류를 헤쳐 나갈 때는 가슴과 마음에 궁극적인 전망을 부여잡아야 한다는 것을 우리는 안다.

안내 표지판

출발해서 앞으로 나아가다 보면 길을 알려 주는 특별한 표지판을 읽게 된다. 강 입구의 표지판에는 다음과 같이 써 있다.

> 변화를 이루어 내려면 아주 민감하고 의식적이며, 통합되고, 자신의 신념을 기꺼이 행동으로 옮기고자 하는 의지와 책임감 있는 창조적인 사람들의 노력이 필요합니다.

강줄기를 그린 지도를 보니 길을 일러 주는 몇 가지 지시문이 있다.

- 인간의 잠재력을 신뢰하라.
- 부인하는 대신 알아차려야 한다.
- 창조성은 에너지를 깨운다.
- 알아차림은 글로벌 의식을 가져온다.
- 양극성의 통합은 전체성을 가져온다.
- 평화를 구현하라.
- 자기 역량을 강화하면 행동하게 된다.
- 순응보다 창조성이 우선이다.
- 해결책을 찾아라.
- 창조적인 반응을 실천하라.
- 창조적인 전망이 길잡이 별이다.

물살을 타고 강을 흘러가면서 우리는 이 표지판들 각각의 의미를 탐험할 수 있게 된다. 가장 첫 번째 쓰여진 말인 "변화를 이루어 내려면 아주 민감하고 의식적이며, 통합되고, 자신의 신념을 기꺼이 행동으로 옮기고자 하는 의지와 책임감 있는 창조적인 사람들의 노력이 필요합니다."를 자세히 설명해 보겠다. 인간중심 표현예술치료의 철학과 가치, 과정은 이 시작점에 서 있는 사람들의 발전을 촉진시키기 위한 하나의 길이 된다. 헌신하는 사람이 되려면 희망적인 관점을 유지함과 동시에 다른 이들의 말을 공감과 연민으로 경청하는 기술이 필요하다. 표현예술과 인간중심적 접근은 사람들이 이런 완전함으로 갈 수 있도록 도와주는 데 있어 진정한 연관성을 지닌다.

우리는 과거의 경험에서 상당수의 사람들이 세상의 일에 대한 전망을 바꾸고 소리 내어 말하고 행동으로 옮기면 역사의 흐름을 바꿀 수 있다는 것을 알고 있다. 베트남전 반대 운동의 경우가 바로 그것이었다. 이 책은 자기인식, 역량 강화, 행동의 세 요소가 손을 맞잡고 있음을 입증해 준다. 이어지는 내용은 매우 개인적인 것으로 깊이 들어가는 것이 어떻게 보편적인 것에 연결되는 느낌을 가져다주는지 요약해 주고 그 사례를 보여 준다. 지구 반대쪽에 있는 식물, 동물, 사람들과 연결됨을 느끼면 그 고양된 의식을 반영하기 위해 삶의 방식을 조금씩 바꾸게 된다.

이 장의 많은 부분에서는 인간중심 철학과 창조성을 지역 의원에게 편지를 쓴다거나 환경 또는 정치적 주제 때문에 공적으로 목소리를 높이는 것과 같은 사회적 행위와 연결시키고 있기도 하다. 그러나 누구나 만들어 낼 수 있는 가장 중요한 변화는 우리 자신의 관점과 우리 자신의 생활양식 속에 있다. 또 우리의 친구들과 가족 구성원, 그리고 고용주들과 어떻게 연관되어 있는가 하는 관계 상태 속에서 변화가 드러나야 한다. 생활 속에 인간중심적 접근을 수용함으로써 당신의 자녀, 학생들, 파트너나 연인, 담당 의사나 환자와 이야기하고 그들의 말을 경청하는 방법도 변화하게 된다. 사람들은 존경받고 이해받는다고 느낀다면 다른 사람들을 위해서 자신이 경험했던 바로 그런 안전한 공간을 만들려고 더욱 노력할 것이다. 이 과정은 우리 삶의 모든 면에 스며들 수 있고, 이것이 결국 개인적 · 사회적인 환경을 바꾸게도 된다. 이런 관계에 있어 창조적 연결 과정을 함께하면 이해와 의미는 점점 더 깊어지게 될 것이다.

인간의 잠재력을 신뢰하라

물길에서 처음 방향을 틀면서 우리는 "인간의 잠재력을 신뢰하라."는 이정표를 만나게 된다. 인간의 완전한 잠재력과 그 잠재력을 향해 나아가는 추동을 신뢰하라는 것은 간단한 말이기는 하지만, 이 말은 평등함과 힘을 나누어 가지는 것을 삶의 방식으로 믿는 사람들과, 반드시 사람들을 지배하고 권력과 통제를 행사해야만 한다고 믿는 사람들 간의 기본적인 차이를 나타낸다. 이 생각은 세상에 악은 하나도 없다는 순진한 관점을 지지하는 것이 아니다. 적절한 성장 환경이 주어지면 사람들은 완전한 자기를 찾으려고 노력한다는 의미이다. "실현하려는 성향은 방해받거나 왜곡될 수도 있지만, 이는 그 유기체 자체를 파괴하지 않고서는 절대 파괴될 수 없다."[1)]

자기실현에 대한 인간의 능력을 신뢰하는 것은 또한 각 개인이 자신의 내적 세계를 개인적으로 탐색하는 것에 가치를 둔다는 것을 의미한다. 즉 개인적 성장, 자기이해, 통찰력에 대한 노력을 존중한다는 것을 의미한다. 인간 잠재성 계발 운동을 비판하는 몇몇 비평가들은 자기인식과 자기이해를 이루고자 하는 노력에 자아도취라는 딱지를 붙였다. 비록 몇몇 사람들이 자기 연구의 단계 이상을 넘어가지 못하는 것이 사실일 수도 있지만, 지속적으로 좀 더 넓은 의미에서 자각을 강조하는 촉진자들(교사, 치료사, 부모 등)은 보다 광범위한 인식을 위한 환경을 조성한다. 지금 내 마음속에 떠오르는 동심원의 이미지가 있다. 그 가운데 핵심은 자기이며, 각각의 원들은 다른 사람들과 다른 문화, 환경을 에워싸고 있다.

그러나 이 세상에서 실제로 자기 역량을 강화하고자 한다면 자기 자신을 제대로 알고 제대로 평가하는 것이 필수이다. 『인간/지구(Peson/Planet)』의 저자 테오도어 로잭(Theodore Roszak)은 이렇게 말한다.

> 이 세상의 고요한 틈 속에서 사적이고 내면적인 탐색을 할 수 있게 데려간 자기발견의 경험에는 정치적인 타당성이 있다. 참을성 없는 비판가들, 격렬한 급진주의자들과 달리 나는 비정치적으로 보이는 이 막간극을 성급하게 자아도취나 회피주의로 매도하지 않으려 한다. **나는 이 막간극의 필요성을 새로운 문화의 태동기로 본다.** (저자 강조)[2)]

혼란스러운 세상에서, 적절한 환경이 주어지면 사람들은 최선을 다할 것이라고 믿는 것이 쉽지 않다. 우리는 우리가 사랑하고 보살피고 이해하고 인정했던 사람들이 사회적

---

1) Carl Rogers, *A Way of Being* (Boston: Houghton Mifflin, 1980), p. 118.

2) Theodore Roszak, *Person/Planet* (New York: Doubleday, 1978), p. 318.

으로 용인되는 방식으로 잘 행동하리라는 믿음을 버리고 그 증거도 버리려는 경향이 있다. 한 개인이 자신을 규제할 수 있을 때까지 수용하기 힘든 행동을 사회가 제한하는 것이 중요하겠지만, 완전한 자기가 되려는 욕망은 더욱 강력한 내적 힘이다. 이런 개념은 자녀 양육 및 교육, 심리치료사들과 의료 종사자, 기업 간부 및 관리자들을 위한 개념으로 매우 세분화된다. 이 개념의 실천은 가정, 학교, 직장에서 시작된다. 만약 자신이 안전하고 관심을 받으며 이해받는다고 느낀다면 최선의 자기가 되기 위해 노력할 것이라는 것을 우리가 알고 그들(어린이 포함)에게 다가간다면, 우리는 이 세상에서 삶의 질을 향상시킬 수 있는 많은 일을 할 수 있게 될 것이다.

부인하는 대신 알아차려야 한다

우리의 목적지를 향해 여행해 가는 다음 단계는 개인적으로 알아차리는 단계이다. 알아차리는 상태에서만 적절한 선택을 할 수 있다. 즉, 인간관계에 대한 당신의 감정을 인식하는 것, 세상에 일어나는 사건들에 대한 감정을 인식하고 전 세계적으로 일어나는 깊은 고통과 역경을 인식하는 것들 말이다. 각자가 용감해지고 타인을 사랑할 수 있는 능력을 인식하는 것 또한 중요하다. 표현예술은 당신의 감정과 사고뿐만 아니라 당신이 이 세상 속에 살면서 갖는 세상에 대한 견해를 표면화시키는 강력한 도구이다. 무의식이 당신의 육체와 이미지와 소리를 통해 당신에게 이야기하도록 하면 당신이 알아차리는 데 도움이 된다.

부인하는 것은 개인적으로나 세계적으로 우리의 가장 큰 적이다. 알아차림과 부인은 정반대에 있다. 개인에게 처한 비극이나 굶주림, 환경오염, 전쟁과 같은 인간에게 불필요하게 가해진 비극을 보고 느끼는 슬픔과 고통을 부인하는 것은 우리의 모든 감정에 덮개를 덮어 버리는 것과 같다. 이것은 우리를 무기력과 우울, 무감정의 상태로 이끈다. 반면에 더욱 알아차리고 인식하면 창조적 에너지와 연결되어서 흘러 들어가야 할 필요가 있는 정서의 거센 물결 속으로 이끌려 가게 된다.

이 세상에 너무나 많은 부인이 존재한다는 것은 놀랄 일이 아니다. 전 세계의 재난 소식을 전해 주는 통신 기술로 인해 우리는 어마어마한 고뇌의 폭격을 당한다. 부인하면 절망에 무릎 꿇지는 않게 된다. 그러나 갑옷을 입으면 우리를 최신 기술로 만든 로봇으로 만들어 수많은 제품은 만들어 낼 수는 있어도 연민과 창조적인 해결책을 만드는 것은 불가능하게 한다.

각자의 내부에 있는 엄청난 고통과 이타적인 충동이라는 동전의 양면을 모두 경험할 수 있도록 하는 정서적으로 안전한 방법을 찾아내는 것이 중요하다. 우리가 살고 있는 도시에서 일어나는 대부분의 폭력은 그것을 바라보기를 꺼려 하는 우리 자신과 가난, 노숙, 실업, 차별, 교육의 부재와 같은 불안을 조성하는 모든 근본적인 원인들 때문에 일어나는 것이다. 우리가 거부함으로써 끔찍한 범죄들이 폭발적으로 일어나고 대중매체는 그것을 치장한다. 이런 근본적 원인에 대한 국가 전체의 부인은 범죄를 행하는 사람들이 무엇을 필요로 하는가에 초점을 맞추기보다는 증상이나 징후에 대해 일회용 밴드를 붙이는 임시방편적인 방법만 쓰게 한다.

우리는 또 각자 개인들 마음속에 있는 인도주의적인 충동을 부인한다. 홍수, 지진, 버려진 아이, 장애인 등 어떤 위기가 닥치면 우리는 베풂으로 반응할 수 있는 기회를 얻는 셈이다. 남에게 무엇인가를 줄 때 그때가 바로 보상받음을 느끼는 때이다. 그러나 우리의 지도자들은 모든 사람들의 최고선을 위해 나라라는 이름 아래 하나가 되어 남을 돕자고 요청하는 적이 거의 없다. 인간의 고통에 대한 자연스럽고 관대한 반응을 정치 지도자들이 부인하기 때문에 우리는 인간이라는 최소 공통분모 위에서 행동할 수밖에 없다. 이 책 전체를 통해 나는 표현예술이 스스로 알아차림으로 가는 길임을 강조해 왔고, 우리가 더 깊이 자기를 인식할수록 타인도 발견하게 된다는 것을 보여 주었다. 다른 사람들을 연민으로 대하고 사랑하는 능력을 인식함으로써 당신은 타인들과 함께 창조적이고 협력적으로 노력하는 길로 향하게 되는 것이다.

이 세상에서 당신의 이웃들에게 당신이 속한 공동체, 세계라는 공동체, 당신이 숨 쉬는 공기와 마시는 물, 그리고 생태계의 복잡한 부분들을 이루는 식물, 동물들에게 무슨 일이 일어나고 있는지를 인식하게 되는 것 또한 꼭 필요한 일이다. 궁극적으로 이것은 당신의 의식이 모든 것을 다 포괄할 수 있도록 확장시켜 준다. 혼자서 공부할 때, 당신이 얻은 지식에 대해 스스로 어떻게 느끼고 있는지를 표현하기 위해 예술을 이용할 수 있다. 걱정, 혼란, 무기력함이나 절망을 표현함으로써 자신의 중심, 즉 살아 있는 모든 유기체의 부분이면서 또한 “나는 나의 완전한 능력을 발휘하는 강한 자기이고 싶어요!”라고 말하는 바로 그 핵심을 발견하게 될 것이다. 당신이 살고 있는 지역의 하천 오염에 대해 화가 날 때 당신이 느끼는 바를 그림으로 그려 보라. 아니면 당신의 생각과 분노를 탐색하기 위해 자유로운 글쓰기를 해 보라. 당신의 자녀들이 다니는 학교에 낼 자금이 모자랄 때 당신이 느끼는 바를 쓰고, 춤추고, 그려 보라. 당신은 아마 그 결과물에 놀라게 될 것이다. 그것은 당신의 생각과 감정을 명백하게 하는 데 도움을 줄 것이고, 사물을 바라보는 새로운 관점을 얻을 수 있도록 도와줄 것이다. 당신은 아마도 편집장에게 편지를 쓰거나 학교 교육위원회 회의에서 발언을 하고 있는 자신을 발견하게 될지도 모른다.

이 장의 ™행동가이자 예술가Π 부분에서는 핵 방사능의 무시무시한 파괴력에 대한 코니 스미스 시겔(Connie Smith Siegel)의 인식과, 그 상황에 대해 목소리를 높이기 위해 그림을 이용한 결과를 언급하고자 한다. 예술은 부인하는 것을 벗어던지고 새로운 자각을 낳을 수 있도록 도와주는 강력한 도구이다. 그러면 우리는 새로운 여러 사회 형태의 이미지를 분명하게 보여 줄 수 있을 것이다.

창조성은 에너지를 깨운다

창조성은 우리에게 절대적으로 필요한 생명력의 에너지이다. 어느 정도의 에너지만 있다면 그 에너지는 우리를 창조적이게 해 준다. 그러나 이것이 선결 조건은 아니다. 만약 피곤하거나 지루하거나 곤경에 빠졌을 때라도 스스로를 창조적 과정 속으로 들어가게 한다면, 그 과정이 바로 우리의 몸/마음/영혼 속에 흐르고 있는 에너지를 열어 줄 것이다.

즉흥적으로 춤추고, 그림을 그리고, 노래하고, 글 쓰고, 그 결과물에 대해 염려하지 않을 수 있다면 우리 안에 있는 어린이 같은 순수한 에너지가 자극을 받는다. 누구나 비난이나 평가를 두려워하여 속에 꽉 붙들어 놓은 엄청난 에너지의 원천을 가지고 있다. 창조성은 누구나 언제든지 꼭지를 틀면 나오게 할 수 있는 역동적인 에너지의 근원이다.

그러나 종종 에너지가 막힐 때도 있는데, 그것이 형태를 이룬 것이 분노의 에너지이다. 제8장에서 논의되었던 대로, 분노는 우리가 건설적인 방향으로 변환시킬 수 있는 에너지이다. 만약 분노를 부정하지 않고 인식하고 있다면 앉은 자리를 박차고 일어나 건설적인 무언가를 할 수 있도록 만드는 동력으로 그 분노를 사용할 수 있다. 예를 들면, 산림 남벌과 관리 소홀로 숲이 사라지고 있다는 데 대해 언짢아지고 화가 나면 행동을 취하는 동력이 될 수 있다는 얘기다. 핵 폐기물에서 방사능이 나와 병에 걸릴 수 있다는 절망감을 깨닫는 것이 그 상황에 대해 걱정하거나 화나게 되는 첫 번째 단계이다. 그리고 다음 단계로 그 상황에 대해 무언가를 할 수 있도록 추진시킨다. 여성들이 성희롱과 강간을 당한다는 데 대해 분노하는 것은 결과적으로 건설적인 행동주의가 된다. 소수 집단이 매번 기회를 잃고, 저지당하고, 절망하게 되는 것에 몹시 격분하는 것은 그런 부정을 바로잡을 수 있는 방법을 찾도록 도와주는 것이다.

로드니 킹(Rodney King) 사건 평결 및 LA 폭동이 끝난 바로 그 다음 주에 나는 다민족으로 구성된 수업을 맡아 가르치고 있었다. 나는 창조적 연결 과정이라는 수업 주제를 학생들에게 전달했다. 그리고 우선 한 주 동안 일어난 일들에 대해 우리가 어떻게 느끼고 있었는지에 집중하면서 방 안을 천천히 걸어 다닐 것을 제안했다. (나는 그 폭동에 대해서는 언급하지 않았다.) “여러분이 움직일 때 여러분의 신체가 여러분에게 전할지도 모를 메시지에 주목하세요. 눈을 감고 어떤 감정이 올라오든 그것들과 교감하면서 여러분의 움직임을 잘 살펴보세요.” 이런 동작을 5분간 진행한 후, 학생들에게 조금 전의 감정을 평소에 잘 쓰지 않는 손을 사용해서 종이 위에 옮겨 볼 것을 제안했다. 그림 그리기가 끝나고(약 15분 정도 후에) 그들에게 그 그림에 대해 몇 마디 글로 써 보라고 했다. 마지막으로 우리가 경험했던 것을 나누었다. 그날 오후는 우리가 서로의 분노와 고통, 정의롭지 않은 것에 대한 인식과 두려움, 희망에 깊이 귀 기울였던 너무나 놀라운 시간이었다. 나는 한 흑인 여성이 그녀의 가족들에게 되풀이되는 정의롭지 않은 일들에 대해 자신의 감정을 표현하던 것을 결코 잊지 못할 것이다. 그녀는 “다시는 안 돼! 다시는! 절대! 절대! 다시는 안 돼!”라고 자신의 그림 위에 써 있는 글귀를 읽으면서 울부짖었다. 우리 자신의 인종 차별에 귀 기울이고 공감하고 이해하면서 우리는 더욱 깊은 차원의 배움을 얻었다. 절대 잊을 수 없는 배움이었다.

우리의 모든 분노와 고통에 계속 덮개를 덮어 두었다면 폭발을 자초할 수도 있었을 것이다. 신뢰와 안전한 환경을 만들었기 때문에 조금씩 마음이 움직임에 따라 각자 부인하고 있는 것들을 던져 버리기 시작했다. (나는 특히 폭동의 공포를 지켜본 그주 동안 내 자신의 부인을 인식했고, 나의 감정을 닫고 있었다는 것을 알아차렸다.) 그림, 동작, 소리, 이미지를 이용함으로써 우리의 느낌을 분출하고 개인적으로 다른 변화를 불러올 수 있는 방법들을 논의했다. 어떤 의미에서는 이미 수업을 통해 다문화 간의 이해와 돌봄이 자라고 있었기 때문에 이미 차이가 생기고 있었다고 할 수 있다.

나는 선(禪)의 대가인 베트남 인 틱낫한(Thich Nhat Hanh) 스님이 화에 대해 말한 방식을 높이 평가한다.

> 내가 화의 감정을 가졌다면 그것에 관해 나는 어떻게 명상을 해야 할 것인가? 그것을 불자로서 또는 지성인으로서 어떻게 다루어야 할 것인가? 나는 화에 맞서 싸워야 하고 없애기 위해 수술을 감행해야 하는, 나에게 낯선 어떤 것으로 간주하지 않겠다. 화는 나이고, 내가 화라는 것을 나는 알고 있다. 이것은 비이원론(nonduality)이며, 둘이 아니다. 나는 배려와 사랑과 다정함과 비폭력으로 나의 화를 다뤄야 한다. 왜냐하면 화가 곧 나 자신이므로. 나는 나의 화를 마치 어린 남동생이나 여동생을 사랑과 배려로 돌보듯이 배려해야 한다. 왜냐하면 내 자신이 화이니까, 내가 그 속에 있고 내가 그것이니까. 불교에서는 화, 증오, 탐욕을 싸우고 파괴하고 멸망시켜야 할 적으로 간주하지 않는다. 만약 화를 소멸시킨다면 그것은 우리 자신을 소멸시키는 것이다. 그런 식으로 화를 다루는 것은 당신 자신을 싸움터로 변형시키는 것이며, 당신 자신을 갈기갈기 찢는 것이나 마찬가지다…. 만약 당신이 그렇게 싸운다면 당신 자신에게 폭력을 행사하는 것이다. 만약 자신에 대해 동정심을 가지지 못한다면 다른 사람들에 대해서도 동정심을 가질 수 없을 것이다. 화가 났을 때 다음과 같이 알아차려야 한다. "나는 화가 난다. 내 속에 화가 있다. 내가 화이다." 이것이 제일 처음 해야 할 일이다.
>
> 사소한 화일 경우 한 번 웃고 몇 번 심호흡하면서 그 화의 존재를 인정하면 화를 용서나 이해, 사랑 같은 좀 더 긍정적인 것으로 바꾸기에 충분하다. 화는 파괴적인 에너지이다. 우리는 그 에너지를 파괴할 수 없고, 단지 그것을 좀 더 건설적인 에너지로 전환할 수 있을 뿐이다. 용서가 그런 건설적인 에너지의 하나라 하겠다…. **화는 곧 당신이므로 화를 더 건설적인 에너지로 전환해야 한다.**(저자 강조)[3)]

---

3) Thich Nhat Hanh, *Being Peace*, edited by Arnold Kotler (Berkeley: Parallax Press, 1987), pp. 40–41.

틱낫한 스님은 사소한 화를 덜기 위한 명상에 대해 이야기하고 있다. 커다란 화와 불만의 경우, 우리는 자신의 통찰력과 강력한 목소리를 찾기 위해 예술을 이용할 수 있다. 화는 폭력을 부르는 연료이기 때문에 그것을 듣고, 원인을 이해하고, 밑에 깔린 문제들을 다루기 위한 방법을 찾는 것이 필수적이다. 예술은 우리의 분노를 표출하면서 강력한 메시지를 전하는 데 사용할 수 있는 매체이기도 하다.

창조성을 통해 우리는 생생하면서도 경이롭고 황홀한 에너지를 건드려 볼 수도 있다. 이런 느낌에 대해 표현예술을 이용함으로써 다른 사람들과 그 즐거움, 기쁨을 나눌 수도 있다. 숲 속을 산책한 후에 자유로운 형식의 글쓰기를 해 보라. 당신이 사랑에 깊이 빠졌음을 느낄 때 어떤 그림을 그려 보라. 당신 자신과 다른 사람들에게 즐거움을 가져다주기 위해 꼭 전문적인 예술가일 필요는 없다. 진정으로 즐거운 음악을 들을 때 그저 의자에 앉아 있기보다 움직임을 이용해 보라. 창조적 과정의 신비 속으로 들어가면서 당신은 활력을 되찾게 될 것이다.

양극성의 통합은 전체성을 가져온다

우리들 각자는 다양한 개인적인 양극단적 성향(제8장 참조)을 통합하고 초월하려고 고군분투하고 있지만, 세상을 나누는 것은 바로 남성/여성의 양극단이다. 이것은 그저 남성 대 여성을 의미하는 것이 아니다. 물론 이런 대결이 그 분열의 일부이기도 하지만 말이다. 중요한 것은 여성 속에 내재된 남성성과 남성 속에 내재된 여성성을 의미하는 것으로, 반드시 받아들이고 통합하고 초월해야 하는 것들이다.

> 식물, 동물, 인간이라는 유기체의 세 왕국에서 가장 중요하면서 일반적으로 양극화되어 있는 것이 바로 성이다. … 남성적인 면은 역동적이고 무엇인가를 시작하는 극인 반면, 여성적인 면은 수용하고 '속에 품는' 정교한 극이다. 이러한 유형의 양극단은 남자-여자의 관계를 훨씬 넘어서서 삶의 수많은 현상들로까지 확장된다. 특히 중국 사람들이 이것을 매우 강조했는데, 그들은 이 두 원리를 우주의 발전을 위한 토대인 동시에 인간 삶의 모든 측면에 대한 토대로 보았다. 부성과 하늘로 상징되는 창조적인 면은 양이며, 모성과 땅으로 상징되는 수용적이고 섬세한 측면은 음이라고 불렀다.[4]

4) Thich Nhat Hanh, *Being Peace*, edited by Arnold Kotler (Berkeley: Parallax Press, 1987), p. 2.

여성들은 자기 가치와 개인적 힘, 그리고 권력을 발견하고 있는 중이다. 그들은 가정에서나 사회에서 자신들의 새로운 역할을 정의하게 되면서 남성적인 또는 양의 에너지를 발휘하여 자신들의 여성성과 균형을 이루려고 한다. 남성들은 그들의 직관적이고 양육적인 감정들과 경쟁하지 않고 협력하는 능력을 발견하게 되면서 자신들의 여성적인 에너지를 받아들이고 마찬가지로 균형을 잡게 될 것이다. 각자가 내면의 균형을 찾게 될 때, 우리는 평화로운 해결책을 함께 만드는 참여자가 될 것이다.

개인적이면서 동시에 전 지구적인 안녕은 음과 양의, 즉 받아들이는 것과 주장하는 것의 조화로운 상호작용에 달려 있다. 우리 서양 문화는 양, 즉 자기주장만 하고, 생산적이고, 논리적이고 직선적이며, 경쟁적이고 남성적인 에너지를 너무 강조해 왔다. 우리 자신과 세상을 균형 있게 만들려면 반드시 여성성에 그에 알맞은 자리를 내주어야 한다. 지금이 바로 여지껏 우리가 만들어 왔던 불균형을 바로잡기 위한, 직관적이고 수용적이며 협력적이면서도 환상적인 방식을 제시해야 할 때이다. 우리는 각자 마음속의 음과 양을 통합할 필요가 있다.

한 학생은 이렇게 말했다.

> 나의 슬픈 감정은 나의 일부분인데 그 양이 꽤 많다. 나는 이런 감정들을 사랑한다. 이것들은 나의 가장 깊은 사랑의 감정과 연결되어 있다…. 나는 이 감정들을 두려워하기보다는 이것을 껴안고 마음속에 품는 것을 배우고 있다. 나는 바닥에서 슬퍼하며 기도하는 자세로 있는 내 모습을 조소 작품으로 만들었고, 이 조소 작품을 바라볼 때 고통을 느끼지만 보호받고 지지받는 기분도 느낀다. 이런 경험은 내게 지구와의 유대 관계를 내면화할 수 있게 한다. 평화롭고 안전한 감정이다…. 나는 바로 이것이 나의 전부라는 것을 경험할 수 있었다.
>
> **창조성이란, 우리 자신의 내부에 있는 평화의 장소로 갈 수 있게 해 주는 수단이다.** 이것은 우리가 추구하던 그 모든 것이고, 좌파와 우파, 동양과 서양 사이에 다리를 놓기 위해 필요한 것이며, … 통합, 함께하기, 하나 됨이라는 삶을 의미하는 온전함, 원대함에 대한 정보를 준다.(저자 강조)[5]

---

5) Christine Wayne, ®The Creative Connection© (Orinda, CA: JFK University, student paper, 1988), p. 3

우리의 양극성에 대한 깨달음을 고양시켜 주고 그것을 초월하도록 하는 데 있어 표현예술인 이미지와 동작, 소리, 글쓰기가 적합하다. 표현예술은 그 본질적 특성에 의해 사람들이 상징적이고 은유적인 차원에서 그들의 감정과 생각에 접근할 수 있게 도와주기 때문이다. 이런 차원이 다시 우리의 이원론적인 양식을 통합하고 초월하는 것을 더욱 쉽게 해 주기 때문이다.

알아차림은 글로벌 의식을 가져온다

우리가 의식을 변화시켜 갈수록 세상도 바꾸게 될 것이다. 자기표현의 창조적 과정에 완전히 몰입하면 자발성을 일깨우게 되고 개인적 문제와 세계적 이슈들에 대한 신선한 관점이 생겨난다. 초기의 각성은 당신 몸에서 일어날 수도 있다. 예를 들어, 당신이 차를 운전할 때 숨을 죽이거나 핸들을 꽉 쥐는 경향이 있다는 것을 알아차리기 시작할 수도 있다. 정서의 폭이 넓어지고 있다는 것을 발견하기 시작할 수도 있다. 이전에는 한 번도 마음을 감동시킨 적이 없었던 장면들이 이제는 당신에게 정서적 자양분을 공급할 수도 있을 것이다. 누군가가 당신을 교묘히 억누르고 있을 때 당신의 감정을 알아차리게 될 수도 있다. 이런 의식적인 알아차림은 놀랍게도 글로벌 의식으로 가는 필요 조건이다. 마치 동심원이 퍼져 나가듯, 인식은 결국 모든 살아 있는 창조물들을 포괄하는 데까지 확장된다. 이런 개인적 각성은 우리가 어떤 선택을 할 때 참고할 수 있는 자료가 된다. 직장에서 성희롱을 당하는 여성들에 대한 통계를 알고 있을지는 몰라도, 그런 일에 대한 나의 감정을 받아들이기 전까지 나는 아마도 그것들을 거의 모른 체할 것이다. 이렇듯 우리의 감정은 종종 행동을 위한 자극제가 된다.

이 세상을 살아가며 건설적으로 행동을 하려면 인간의 고통과 기쁨을 함께 감싸안기 위해, 그리고 자연과의 교감을 회복하기 위해 우리의 의식을 넓힐 필요가 있다. 창조적 연결 과정은 우리가 모두 연결되어 있다는, 우리가 모두 하나라는 의식을 키운다. 또한 의식을 넓혀 간다는 것은 우리의 내적 본질을 깊이 인식하게 한다. 내적 핵심을 찾는 것은 우리를 개인의 한계를 초월한 인식의 상태, 즉 모든 생물체의 상호 연결과 상호 의존이라는 이해의 상태로 데려가 준다.

가끔은 이것이 가슴과 마음을 지나치게 확장하는 것처럼 보일 수도 있다. 나는 내 자신에게 "과연 내가 어떻게 나와는 너무나 다른 낯선 문화와 종교를 가진 땅에서 사는 사람들과 소통한다고 느끼거나, 그 사람들에 대해 마음을 쓸 수 있겠는가?"라고 자문한다. 그런데 지진이 멕시코시티의 일부 지역을 뒤집어 엎어 놓았을 때, 나는 사람들과 가깝게 느끼게 되었다. 또는 걸프전과 같은 세계적으로 위협적인 사건이 발생하여, 그리고 우리가 폭격했던 그 무고한 시민들의 고통에 대해 나의 몸 전체가 반응할 때, 나는 내가 다른 이들과 연결되어 있음을 안다. 그 순간에는 고통을 막을 길이 없다. 이것은 홍수처럼 넘쳐 흘러 들어온다.

마치 내 가족이 장애를 입은 것처럼 걸프전을 경험한 것이 나를 어찌할 줄 모르게 만들었다. 많은 미국인들이 폭탄이 투하될 때마다 응원을 보내는 동안 나는 무시무시한 죄책감을 경험했다. 사람들이 밖에 나가 '승리'를 축하하는 동안, 나는 우리가 15만 명의 사람들을 죽였으며 다수가 여성과 어린아이들이었다는 사실에 너무나 괴로웠다. "어째서 나는 수천 마일이나 떨어진 곳에 있는 사람들의 고통이 느껴지지 않게 어떠한 개인적인 장벽도 세워 버티지 못하는 걸까?" 하고 나는 궁금해했다. 그러나 나는 무고한 희생자들과 고통을 함께할 수 있다면 베를린 장벽이 무너졌을 때 마음껏 축하할 수도 있고, 용감한 러시아 인들이 군사 쿠데타를 저지하기 위해 그들의 백악관 앞에서 꿈쩍도 않고 서 있었을 때, 그리고 미국인들이 남미의 상황을 비난하면서 우리의 백악관 앞에서 시위를 벌였을 때 함께 흥분할 수도 있다는 것을 깨달았다. 확장된 의식은 삶을 정서적으로 윤택하게 경험할 수 있게 해 줄 뿐만 아니라 책임감 있는 행동주의를 더 많이 불러일으킨다. (이 장의 뒷부분에서 이러한 개인적 깨달음에 대해 좀 더 충분히 설명한다. 즉, 어떻게 나의 신체 자각이 내게 시를 쓰는 과정을 거치게 하고 정치적 행동으로 데려다 주는지에 대해서 말이다.)

평화를 구현하라

고요 속에 침잠해 있을 때나 명상하는 것은 자기에게 돌아가 내재된 메시지를 듣고 좀 더 높은 자기로부터 안내를 받을 수 있는 방법이다. 자기에게 돌아가는 것은 도망가는 것이 아니며, 사회 속에서 사려 깊게 판단하고 행동할 수 있게 해 주는 중심 잡기로서 중요한 것이다.

나의 동료인 벤 헤지스(Ben Hedges)는 이렇게 썼다.

> '탐색하다, 발견하다, 여행하다, 조사하다'와 같은 단어는 창조적 과정을 설명할 때 자주 나오는 말이다. 이런 창조적 과정을 지향하는 방식에 있어, 만약 휴식이나 잠시 멈추는 시간, 침묵의 시간, 단순히 감상할 순간이 없다면 극도로 피곤해질 것이다. 끊임없이 알아야 하고, 치유해야 하며, 평화를 향해 작업해야 한다면 그 목표 지향적인 면 때문에 오히려 소모적이고 무감각해질 수 있다. 즐거움, 놀이, 바보스러움, 자발성 등은 인간의 영혼과 심장 박동에 중요한 역할을 한다. 이런 요소들은 창조적 과정과 인간의 모든 노력의 기초라고 할 수 있다. **평화를 향한 작업에서 가장 심오한 방법 중 하나는 평화를 구현하고 평화가 되는 것이다.** (저자 강조)[6)]

나는 이 생각에 동의한다. 평화를 구현하는 것은 온전해짐과 능력의 강화를 뜻한다. 지금의 이 시간 지향적이고 생산중심적인 사고의 문화 속에서 삶을 고요하면서도 수용적인 시간으로 만드는 것, 그리고 좀 더 고차원적인 의식의 상태로 마음을 열 시간과 균형을 이루는 것은 점점 더 필수적이 되고 있다. 우리가 향해 가고 있는 광활하고 깊고 맑고 푸른 호수의 본래 이미지로 돌아가 보자. 당신 자신을 파도가 일었다 가라앉고, 폭풍우에 의해 세차게 물결이 치솟는 호수로 상상해 보라. 그리고 나서 어느 평온하고 조용한 날에 그랬던 것처럼 파도가 가라앉게 하라. 당신 자신이 평화롭고 사물이 비치는 고요한 물이 되게 하라. 그 순간 그대로 있어 보라.

우리는 촉진자로서 논쟁을 하고 있는 양측 사람들이 서로를 이해하도록 돕는 동시에 양쪽 모두에 대해 감정이입적 경청을 함으로써 평화를 구현할 수 있다. 인간중심적 접근은 양극성에 관해 명상하고 그것을 변화시키는 데 도움이 된다. 즉 논쟁하는 각 집단에 감정이입을 하면서 경청하고 다시 각 사람들의 반응을 촉진해 주면, 더욱 명확한 설명의 방식을 이용하면서도 깊은 이해의 차원에서 서로의 이야기를 듣게 되는 분위기를 만들어 낼 수 있다. 어떤 사람의 이야기를 다른 사람이 함께 열중했을 때, 이 두 사람이 훨씬 더 서로의 이야기를 잘 들어줄 수 있다는 것은 참 간단한 진실이다. 부부치료, 가

6) Ben Hedges, "Creative Confluence," (Orinda, CA: JFK University, unpublished paper, 1990).

족치료, 그리고 팀 개발 과정 같은 작업으로부터 이 사실을 알 수 있다. 촉진자는 신뢰의 분위기를 쌓아 가는 중에 핵심과 무관한 토론과 언쟁에 빠져 있는 사람들을 논쟁의 핵심에 도달하도록 도와주게 되는데, 그런 사람들에게는 자주 논리적인 요소뿐만 아니라 많은 감정적인 요소가 있기 마련이다. 이런 정서적인 요소들은 논리적인 요소만큼 중요하며 말로 표현되어야 하고, 귀 기울여야 하고, 명확하게 설명되어야 하고, 받아들여져야 하며, 이해받아야만 한다. 상호 이해가 이루어지면 출입문은 창조적인 문제 해결 쪽으로 열리게 되어 있다.

이 과정은 또한 이미지와 은유를 위한 시각예술을 사용하면서 강화될 수 있다. 논쟁에 참가한 사람들을 보면 가끔 서로의 차이점에 대해 느낌을 확인하고 표현하는 능력이 부족하다는 것을 알게 된다. 색깔과 상징을 이용해 보면 그들의 대인 관계 속의 모든 감정과 무의식적인 원동력을 확인할 수 있다. 그 감정 상태를 인지하기 시작하면서 사람들은 그 감정을 더욱 명확하게 전달할 수 있게 되는 것이다.

나의 아버지는 말년에 인간중심적 접근을 실험하고 이것을 국제적 논쟁에 적용하는 데 특히 관심을 가졌다. 인간연구센터(The Center for the Study of the Person)에 의해 고안되고 코스타리카의 피스 대학 및 국제연합에 의해 공동 후원을 받은 한 평화 프로젝트에서 아버지와 연구진들은 50명의 참가자들을 만났다. 그들 중 대다수는 중미 지역과 17개 국가의 정부 고위직 관료였다. 이 관료들은 이 모임과 부수적인 집단 모임의 인간중심적 촉진을 통해 형성된 분위기 속에서 점차 남을 신뢰하게 되고 좀 더 인간적이 되고 더욱 친밀해지면서 마음을 열어 반대쪽의 의견을 듣게 되었다. 즉 실현 가능한 창조적 해결책을 생각해 내는 쪽으로 귀착되어 간 것이다.

이제 독자들이 이 프로젝트에 주목했으면 좋겠다. 그 이유는 내가 이 책 전체에 걸쳐 신뢰의 기초가 되는 것은 인간중심적 철학에 의해 조성된 분위기나 환경이라는 것을 강력하게 언급하고 있기 때문이다. 표현예술은 이런 환경 속에서 성장을 위한 강력한 매개체가 될 수 있다. 평화를 위한 작업을 하면서 우리가 사용할 표현예술 과정에 대해 논의할 때는 이러한 맥락을 유지하는 것이 중요하다.

자기 역량을 강화하면 행동하게 된다

창조적 과정의 흐르는 강물 위를 여행하고 있는 동안 우리는 알아차림을 배우고, 의식 속에서 더욱 확장되며, 내적인 양극단을 통합하고, 평화를 실천하게 된다. 또 새로운 자존감이 생겨 더욱 온전해짐을 느낀다. 우리가 독선적인 방식이 아니라 순수하게 자신의 독특한 특성들을 인정함으로써 그것을 가치 있게 하면 자기 역량의 강화 단계로 인도받는다. 그리고 자기 역량 강화는 다시 개인적인 동시에 사회적인 행동으로 변형된다.

앞의 내용들에서 표현예술을 통해 자존감과 자기 역량 강화로 발전한 많은 사례가 제시되었다. 그와 같은 자기탐색에 있어 때때로 말만으로는 충분하지 않을 때가 있다. 모든 감각을 이용하는 것이야말로 새로운 인식과 자신감을 가져다준다. 동작 실습을 할 때 나는 사람들에게 ™마치 스스로 자신 있고 강해진 것처럼 느끼듯이∏ 설어 보라고 자주 요구한다. 자세와 걸음걸이, 또 ™존재∏감에 있어서까지 놀랄 만한 차이점들이 이런 실습과 함께 나타난다. 운동감각적으로 자존감을 경험하고 나면 실제로 자존감을 더 많이 가지기 위해 무엇이 필요한가에 대해 감을 잡기 시작한다. 존중감은 아주 천천히 조금씩 자란다. 자신을 높이 평가하려면 시간과 실천이 필요하다. 당신은 자신의 자존감이 빠르게 성장하는 것을 발견할지도 모르지만, 그것보다는 해마다 더욱 조금씩 자신을 제대로 인정하는 법을 점점 더 배우게 될 것이다.[7]

자존감, 자기 역량 강화, 실천은 모두 같은 과정의 일부이다. 자신의 가치를 인식하게 되면 더 강해진다. 우리의 인생이나 타인의 인생을 개선하는 발걸음을 내딛으면 자존감을 얻게 된다. 이것이 바로 완전한 성숙으로 향하는 순환 고리이다.

순응보다 창조성이 우선이다

창조적 과정이라는 흐르는 강물 위를 여행하면서 우리는 커다란 갈림길에 다다르게 되고 여기에서 행로를 선택해야만 한다. 한쪽 길은 우리를 순응으로 이끌고, 또 다른 길은 자기표현의 자유로 이끈다. 순응으로 이르는 길은 궁극적으로 전체주의적 체제에 의해

---

7) Carl Rogers, ®The Rust Workshop: A Personal Overview,© *The Journal of Humanistic Psychology* 26: 3 (Summer 1986), pp. 23 – 45 참조.

지배당하는 것을 선호하는 사람들이나 그런 체제에서 우두머리에 서는 것을 선호하는 정치 지도자들이 선택한 길이다. 클라크 머스태커스(Clark Moustakas)는 다음과 같이 지적한다.

> 한 개인이 다른 사람들을 무조건 순응하고, 따르고, 모방하고, 그 사람들과 똑같이 될 때, 그는 점점 더 자기소외의 방향으로 나아가게 된다. 그런 사람은 문제점이나 논쟁을 두려워한다. 그는 눈에 띄거나 남들과 다른 것을 두려워한다. 그는 가치나 의미를 찾기 위해 자신의 경험을 통해 생각하지 않고, 어떤 자연스러운 결론에 이르게 하는 자신만의 견해를 따르도록 허용하지 않는다. 그는 논쟁을 직접 대면하는 것을 피하며 자기인식과 자기발견을 요구하는 상황 속에서는 불안해진다….
>
> 이 사람은 자신만의 실제 소망과 능력으로부터 단절되어 어떠한 성취도, 진정하게 누구와 관계되어 있음을 느끼는 것도 경험하지 못한다….
>
> 이렇듯 무조건 따르기만 하는 사람은 자신의 자질이나 경험을 이용하지 못하고, 전문가나 권위 있는 인물 또는 전통적인 지침들로부터 자기가 가야 할 방향을 택한다. 그렇게 길을 따라 가다가 어딘가에서 자신의 실제 정체성을 포기하게 되고, 그 자신을 무난한 집단의 형태 속으로 덮어 가려 버린다.[8)]

이것은 정확히 우리 사회 속에서 창조성을 육성할 필요, 다시 말해 개개인들이 독립적인 사색가이자 행위자가 될 수 있도록 지원해 줄 필요가 있다는 이유가 된다. 이렇게 사색하는 행위자들은 주어진 어떠한 상황에 대해서도 그 상황에 대한 타당성과 도덕성, 윤리에 관해 자신의 지적인 분별력을 사용한다. 자신의 개인적인 창조성과 분별 능력을 사용하지 못할 때, 사람들은 극단주의적인 지도자에게 넘어가기 쉬우며, 이는 존스타운의 집단 자살과 같은 비극으로 결과를 맺게 된다.

물론 순응이 필요할 때도 있다. 법을 따를 때 우리는 어떤 면에서 순응하고 있다. 법에 복종하는 것이 우리와 우리 사회의 최선의 이익을 위한 것이라고 의식적으로 여기고 있다. 이런 결심은 자신의 신념에 대한 용기를 잃어버렸거나 자신의 정체성을 잃어버렸

---

8) Clark Moustakas, *Creativity and Conformity* (New York: Van Nostrand Reinhold, 1967), p. 35.

기 때문에 한 우두머리를 맹목적으로 따르는 그런 사람들과는 아주 다르다. 창조적인 인간은 선택의 자유에 대해 늘 개방적인 상태로 있으며, 융통성이 있고 각 개인의 차이를 존중한다. 순응을 잘하는 사람은 폐쇄적이고 융통성이 없는 사고를 지니며, 자기인식이나 분별 능력을 사용하지 않고 지도자를 따른다. 민주주의를 유지하기 위해서는 아이디어를 다룰 줄 알아야 하고, 선택의 여지와 대안에 대해서도 시선을 돌릴 줄 알아야 한다.

창조성과 자기표현은 독립적 사고와 자발성, 자존감, 자기 역량 강화에 더해 더욱 고차원적인 능력을 불러일으키기 때문에 이 둘은 반드시 정기적인 교육 프로그램에 포함시켜야만 한다. 내가 미술 작업실에서든 사회 과목 수업에서든 창조성이 존중받는 그런 교육적 체계 속에서 자라 온 것은 행운이었다. 대부분의 학교들은 창조성을 억제한다. 결국 이것은 민주주의적 체제를 파괴하는 것이다.

창조성은 순응할 것을 요구하는 사람들에게는 위협적이다. 독재자들은 자기표현과 창조적 과정을 진압한다. 그들은 시민들이 스스로의 힘으로 생각하거나, 자발적이거나, 상상력이 풍부하거나, 자기 스스로 결정하는 것을 원하지 않는다. 독재자들은 준수, 즉 절대 복종을 원한다. 또 창조적 과정은 어떠한 교리에도 들어맞지 않는다. 우리가 보아 온 대로, 창조적 과정은 직관적이고 신비를 함께 지니면서도 미지의 세계로 파고든다. 아이디어와 모양과 색깔을 마구 다루면서 놀이와 실험을 기꺼이 행하는 과정이다. 그리고 글쓰기, 말하기, 색깔, 선, 형태, 드라마, 음악과 같은 모든 매체가 이 과정의 일부가 되어 이 매체들을 통해 감정이 표현될 수 있도록 허용해 준다. 이 모든 과정을 통해 개성이 뚜렷하며 자존감 넘치고 의식적으로 행동할 수 있는 능력을 찾게 되는 것이다.

오늘날 민주주의와 경제 제도는 탐욕과 폭력을 조장하는 것 같다. 비록 내가 살고 있는 이 제도가 억압적 체제와 대조했을 때 상대적인 자유를 느끼게는 하지만, 또한 우리 스스로가 억압적인 독재정권 같은 존재가 되는 것을 피하기 위해서는 우리의 창조성과 더 높아진 의식을 사용해야 한다는 것을 절감한다. 포악한 지도자들은 엄청난 공포를 만들어 내고 그것으로 사람들이 창조성을 억제하도록 강요한다. 이런 체제에서 살아남기 위해서는 개인적으로 진정성이 없는 상태가 요구된다. 개인들은 사람들 앞에서 완전한 거짓의 얼굴을 해야만 하는 것이다. 직장에서 하루 종일 거짓으로 살면 그것은 영혼에게 무슨 짓을 하는 것일까? 당신이 진정으로 믿을 수 있는 곳은 부엌뿐이라고 말하면서, 혹시 부엌에 도청 장치가 있는 건 아닐까 걱정하는 것은 또 영혼에게 무슨 짓을 하는 것일까? 이런 체제 속에서 살고 있는 사람들을 방문하고 마음속 깊은 이야기를 나누고 나서, 나는 그들이 두 가지 삶, 즉 공적인 삶과 사적인 삶을 살아가야 했음을 알게 되었다. 그것은 인간의 영혼을 분열시키는 것이었다.

그렇기 때문에 사람들이 인간중심 표현예술을 열광적으로 환영하는 것이 놀랄 일도 아니다. 자신의 생각과 감정을 재발견하고 마음속에 있는 것을 공개적으로 나눌 수 있도록 허용하는 기회를 가짐으로써 사람들은 개인적 일치감을 경험할 수 있게 된다. 내적으로 경험한 것은 외적으로 드러난다. 바로 진정성을 다시 경험할 때 이것은 놀라운 안도감과 기쁨을 가져다준다. 이 진정성은 한 번 살아나면 오직 총부리에 의해서만 멈춰질 수 있다.

창조성과 순응에 관한 문제는 내가 1989년 모스크바에 있었을 때 절실히 와 닿았다. 내가 칸딘스키를 좋아한다는 것을 듣고 몇 명의 소련인들이 나를 새로 열린 칸딘스키 회고전에 데려갔다. 칸딘스키의 미술 작품은 30년이 넘도록 그 박물관의 지하실에 숨겨져 있었던 것이다! 2시간 동안 그의 풍부한 색감의 그림 수백 점을 돌아본 후에, 나는 들뜨고 강렬하면서도 숭고한 느낌으로 그 박물관을 나왔다. 모스크바 거리를 걸으며 나는 충분히 내 자신을 잃지 않을 용기를 가졌음을 느꼈다. 나는 소련인 동료들에게 "스탈린이 그 그림들을 자물쇠로 잠가 두었다는 건 놀라운 일도 아니네요. 그 그림들은 표현의 자유와 창조성, 개성이 무엇인가를 실제로 증명해 보이고 있거든요!"라고 말했다.

해결책을 찾아라

창조적인 사람들은 해결책을 찾는다. 창조성의 강물을 따라 배를 타고 가면서 당신은 행동주의의 모델이 되는 사람들을 찾기 위해 강둑을 쳐다볼 수 있다. 그런데 이런 행동주의는 당신의 이웃이 가진 다른 문화를 존중한다든지, 당신의 자녀에게 평가 없이 자유롭게 낙서할 기회를 주는 것과 같은 단순한 것일 수 있다. 또는 당신의 수업 시간이나 회의 시간에 어떤 동작이나 그림, 소리, 자유로운 글쓰기를 도입해 보는 것일 수도 있다.

다음 내용에서 예술이 메시지 전달자가 되게 하는 두 가지 예를 보여 줄 것이다. 첫 번째는 스스로 자신의 힘을 강화한 한 예술가의 예이다. 두 번째는 개인적인 사례로, 내가 아직도 배우고 있고 여전히 신비롭게 여겨지는 경험이다.

행동가이자 예술가

나의 예술가 친구 코니 스미스 시겔은 오래전부터 교사이자 화가였다. 그녀는 내가 귀중하게 여기는 많은 감정들을 웅변적으로 표현한 글을 썼다. 그녀는 우리를 둘러싼 핵무기의 광기, 즉 인간 멸종의 실제 가능성에 대한 자신의 자각을 이렇게 시술하고 있다.

> 세상이 잘못되어 가고 있음을 느끼게 되면서… 스튜디오에서의 작업은 불가능해졌다. 나는 내 작품에서 그리고 다른 예술가들과 함께, 예술이 목소리를 높이는 데 쓰일 수 있다는 생각과 계획으로 가득 차기 시작했다. 이런 생각들은 활기와 강렬함으로 하나씩 생겨났고, 마침내 이런 생각들을 조금씩이나마 행동으로 옮기면서 악몽 속에 살고 있다는 느낌이 줄어들게 되었다.[9)]

예전부터 장엄한 풍경들을 그려서 전시했던 코니는 그 이후 그 풍경들에다 저명한 의사 헬렌 캘디코트(Helen Caldicott)의 대담한 발언들을 조합하여 큰 현수막을 만들었다. 이 문장은 두 점의 커다란 그림에 테두리를 치며 다음과 같이 적혀 있다. "우리들 각자는 이 지구의 생존에 대한 총체적 책임을 인정해야 한다." "우리는 지구상의 생명을 돌보는 사람들이다. 지구의 모든 생명은 바로 우리의 손바닥에 놓여 있다." 코니는 자신의 작품을 의사소통을 위한 강력한 수단으로 사용하면서 자신의 입장을 확실히 했다. 그녀는 다음과 같이 말한다.

> 핵이라는 딜레마에 대한 정서적 반응을 서로 소통하는 데 있어 예술의 필요성은 엄청난 것이다. 그리고 모든 종류의 예술은 여기에 해당된다…. 나는 예술을 만드는 과정 그 자체

---

9) Connie Smith Siegel, "Artist as Activist." *Awakening in the Nuclear Age*, Issue 13 (Spring 1986), p. 9.

가 강력한 정치적 활동이라고 느낀다. 모든 전문 직업 중에서 예술은 인간의 독특함을 표현하는 것 이외에는 다른 어떤 실용적인 기능을 하지 않는 것처럼 보이는 것이 가장 취약한 부분이다. 그럼에도 불구하고 예술이 최고로 실용적이고 이 시대에 가장 절박하게 필요할 수도 있다는 것, 즉 우리에게 우리가 살아 있는 창조물이며 인생을 진정으로 겪어 나갈 때 하나의 기적이라는 것을 상기시켜 주는 것이 바로 예술의 기능 속에 있다. 생명을 없애는 '기술'은 아연실색할 만큼 넘쳐나고 있으며 그 효과를 발휘하고 있다. 우리의 생존은 생명을 창조하는 활동들을 기꺼이 받아들이는 것, 즉 살아 있는 모든 부분, 모든 직업에 있어서의 창조적 표현 속에 들어 있는 변형의 과정을 활용하는 데 달려 있다고 할 수 있다.

예술은 인간의 독특함을 입증하고 삶을 긍정할 수 있게 하는 매개체가 될 뿐만 아니라, 분노와 공격성을 포함한 인간의 모든 감정의 범위를 표현하고 변형시키기 위한 중대한 기회를 제공한다. 색깔, 움직임, 드라마와 같은 매체에 깊이 뿌리를 내리게 되면 가장 강력한 분노도 좀 더 크고 더욱 숨김 없는 세계로, 즉 모든 감정을 포함하고도 있으면서 또한 이것을 초월하는 더 거대한 현실로 열리게 된다. 화를 색깔로, 예를 들어 빨간색과 검은색으로 표현할 때, 이것을 불과 같은 자연의 기본 4대 원소의 하나처럼 보는 것이 가능할 것이고, 화에 의해 파괴되기보다는 화의 힘으로 에너지를 얻는 것이 가능해진다. 모든 예술은 이런 가능성을 제공한다.[10)]

나는 특히 코니가 분노와 공격성을 건설적인 예술의 방향으로 돌리는 것을 주장하는 그 강렬함을 좋아한다.

예술로 표현하는 것을 통해 인간의 에너지를 변형시키거나 승화시킬 수 있는 가능성은 인간이 가진 가장 놀라운 자질 중의 하나이다. 이것은 질병과 범죄, 전쟁과 같은 문제들에 대해 사람들이 흔히 생각하는 것보다 훨씬 더 큰 영향력을 행사할 수도 있을 것이다. 만약 승화의 힘이 더 잘 알려지고 활용될 수 있다면 병원과 법정, 감옥, 군대가 대부분 문을 닫게 만들 수 있을 것이다.

사전적 의미의 승화는 '순간적인 충동의 에너지를 그것의 원래 목적에서 미학적이거나 문화적으로 더 높은 목적으로 향하게 하는' 것으로 정의되며, 나는 내 자신에게서 이런

---

10) Connie Smith Siegel, ®Artist as Activist.© *Awakening in the Nuclear Age*, Issue 13 (Spring 1986), p. 11.

행동가이자 예술가 코니 스미스 시겔은 미술을 의사소통을 위한 강력한 도구로 활용한다.

> 질적 변화를 경험해 왔고 수백 명의 학생들에게서 이를 목격하고 있다. 그것이 절망이거나 기쁨이거나 단순한 호기심이거나 간에 어떤 종류의 충동이라도 사람을 창조적 표현으로 이끌 수도 있을 것이고 색깔, 선, 소리, 또는 동작으로 옮겨지면 의식의 변화가 일어나게 된다….

코니는 다음과 같이 글을 맺는다.

> 핵무기를 만드는 논리는 이와 같은 역동적인 힘에 대한 두려움, 인간의 본성은 근본적으로 파괴적이라는 믿음, 끊임없이 저지되어야 한다는 믿음에 기초하고 있다. 이것은 철저하게 비관적인 관점이지만, 지금까지 저질러진 인간의 잔악한 행위들을 직면할 때는 논리적인 설득력을 지니는 것이다. 예술가들은 이 같은 상황에 대해 모든 종류의 치료사들, 치유자들과 함께 또 다른 중요한 이론적 근거를 제시할 수 있다. 즉, 인간의 본성은 파괴적인 것이 아니라 사랑스러운 것이라는 사실이다. 인간 행동의 밑바닥에는 삶을 향한 충동이 존재하며, 오로지 이 창조적 에너지를 다시 사용하고 표현할 때에만 치유가 가능해진다는 것이다. [11)]

표현의 능력은 전문적인 예술가들에게만 국한된 것은 아니다. 나는 충동적인 차원에서나 미숙한 경험에서라도 그것이 진정으로 표현되어 나오는 예술이라면 매우 강한 메시지를 전하는 것을 관찰했다. 바로 이런 작업에서 만들어진 작품 전시회는 매우 강력한 충격을 주었다.

시는 거리낌없이 말한다

앞의 사례는 코니가 자신의 예술을 자기치유와 사회 운동으로 사용하였음을 보여 준다. 그러나 그녀는 의식을 변화시키기 위해 이미지의 힘을 이용하는 수많은 화가나 극작가, 영화 제작자, 시인들 중의 한 명일 뿐이다.

세상의 반대편에서 무고한 희생자들과 동일시한 나의 경험은 동작과 시 그리고 정치적 행동 간의 연결이 유효함을 보여 주는 한 예이다. 시가 전개되는 과정은 메시지가 어

---

11) Connie Smith Siegel, "Artist as Activist." *Awakening in the Nuclear Age*, Issue 13 (Spring 1986), p. 12.

본능적이고 있는 그대로의 경험이 강력한 메시지를 전달한다._나탈리 로저스

떻게 운동감각적인 신체로부터 바로 나와 무의식을 내뿜고 창조성을 자유롭게 흐르게 하는가에 대한 극적인 한 예이기 때문에 나는 이 경험을 공유하고자 한다. 이런 과정이 어떻게, 왜 일어나는지에 관한 미스터리가 나를 매혹시킨다. 나는 지금 독자들에게 걸프전에서의 미국의 행동이 옳은 것인지 잘못된 것인지에 대한 판단을 잠시 유보하라고 요청한다. 나는 이 이야기를 포함시켜 독자들이 인간 연결의 보편성을 대리 경험할 수 있었으면 한다.

1991년 1월 걸프전이 발발하여 텔레비전과 신문의 일면에 상세하게 보도되던 당시 나의 근심과 분노는 점점 커졌다. 그 당시 나는 신체의 내부 충동으로부터 개인적인 움직임을 만들어 내는 '진정한 동작(Authentic Movement)'이라는 재닛 애들러(Janet Adler)의 주말 프로그램에 참여하고 있었다. 공감적이고 돌봄의 마음을 지닌 관찰자들이 전체 그룹을 위해 의식적인 지지를 보내기 위해 둥그렇게 둘러앉아 있었다. 나는 방 한가운데 자리한 작은 그룹에 들어가 눈을 감고 1시간이 넘도록 내부로부터의 충동이 나의 동작을 이끌어 가도록 했다. 내게는 세상의 일들에 자신을 개방하겠다는 의도가 없었는데도 내 몸이 마치 대량 학살을 준비할 때 쌓여 가는 긴장감을 흡수하는 스펀지 같이 느껴졌다. '사막의 폭풍' 작전 카운트다운이 내 속의 시한폭탄의 카운트다운인 것만 같았다. 내 개인적 삶은 평온하다 할지라도 세상을 향한 나의 안테나는 닥쳐올 파괴를 알리는 메시지를 수신하고 있었다.

동작 경험을 끝낸 후 그것을 나눌 기회를 가졌다. 나는 보통 나의 경험에 대해 거의 다 말로 표현하는 편이지만, 이번만큼은 그 시간 동안 내게 일어났던 것에 대해 완전히 말문이 막혀 버려서 한마디도 입 밖에 낼 수가 없었다. 그것은 너무나 압도적이었다.

그날 밤 잠을 이루지 못하고 있을 때 내 자신으로부터 시 하나가 갑자기 쏟아져 나왔다. '쏟아져 나왔다'고 하는 것은 정확히 그렇게 느껴진 대로이다. '내 감정을 표출하기 위해 무엇을 써야만 할까?'라고 생각하지 않았다는 것이다. 일기장을 들고 침대에 앉는 순간 다음에 적힌 말들이 밖으로 나왔다. 나는 시적인 표현을 하는 사람이 아니었다. 내 평생 동안 서너 편의 시를 썼을 뿐이다. 따라서 이런 일은 창조적 연결 과정의 미스터리 중 하나라고 할 수 있다.

말할 수 없는 것을 말하며

나에겐 환영이 보인다.
(그러지 않길 바랐지만)
피로 흠뻑 젖은 모래,
　　시체들, 뜨겁고 건조한 모래 위에
　　　　납작해진 팬케이크.
100명도 아닌, 그렇다고 수천 명도 아닌

수만, 수십만의 사람들이,
사라졌다, 영원히.
(나는 방금 국무성에서 6만 개의 시체 운반용
자루를 만들라고 명령했다는 것을 들었다.
두 배로 빨리 돌아가는 싱어 재봉틀.
"준비하라." 그들은 말한다.)
나는 긴 두 줄의 사람들을 본다
('군대' 도 '대대' 도 아닌)
수천 명의 아들들,
딸들,
아버지들,
어머니들,
연인들과 친구들,
흩날리는 모래를 지나 기어가, 조금씩 조금씩
더 가까이 대량 학살로 다가가는.
"그들을 토막 내고 죽이시오." 파월 장군은 냉정하고도 침착하게
공중파 TV에서 전 세계를 향해 연설한다.
나의 환영은 그 살해를 본다 —
마치 미친 인간이 계속 다시 또다시 또다시 물어 대는
상처 입은 개를 찔러 죽이듯이 — 어느 쪽도
그만두려 하지 않는다.
살충제를 뿌리고 나면
가스와 세균이 사름들을 파리 떼처럼 흩어 버린다.
"소름 끼칠 만큼," 우리는 말한다. "이것은 더 많은 대가를 치러야 한다.
우리는 지금 이것을 끝내야만 한다! 싹 쓸어버려!"
"핵무기가 더 빨리 끝낼 거야." 그들은 말할 것이다.
핵무기가 끝장내고

독가스가 투하되고
　퍼져 나간다
페르시아 해에 둥둥 떠 있는 두터운 기름층처럼.
누가 6만 개의 시체 운반 부대 자루를 필요로 하는가?
그걸 전부 함께 담을 수는 없나?
이라크, 이란, 사우디아라비아, 시리아, 터키, 요르단, 이집트, 쿠웨이트,
　이스라엘, 그리고 100만의 아랍, 영국, 프랑스, 이스라엘, 그리고
　　미국의 아들들,
　　　딸들,
　　　　아버지들,
　　　　　어머니들,
　　　　　　연인들과 친구들.
누구라도 이 모든 것을 담을 만큼 충분히 큰
　페르시아 만의 부대 자루를 가지고 있지는 않나?
소중한 바다와, 사막의 꽃들과, 고대의 성지들을 다 담을 만큼
　충분히 큰,
　　그리고 100만의 썩어 가는 영혼들까지도 담을 만큼?

****

울부짖어라!
　고함쳐라!
　　탄원하고,
　　　빌고,
　　　　깃발을 휘날리고,
　　　　　전화를 걸어 항의하고,
　　　　　　투표하라.

누가 내 말을 듣고 있어요?

이봐요! 키를 잡고 있는 당신!

당신은 저 검은 구멍이 보이나요?

나에겐 환영이 보인다.
(그러지 않길 바랐지만)

이 시를 쓴 것은 마치 압력솥의 증기 배출구를 여는 것과 같았다. 나는 그것을 쓰면서 울었고, 그 다음 날 진정한 동작 집단에게 그것을 읽어 주었을 때도 울었다. 그들은 나를 지지해 주는 네트워크였고 나를 격려하며, 바로 그 시를 이용해서 다음 단계를 밟기, 즉 이 시를 라디오 방송국과 정치 지도자들에게 보내기, 다시 말해 이 시를 반전 행위를 위한 강력한 수단으로 사용하라고 했다. 시인으로서의 나의 자신감은 제로였던 관계로, 그 시가 가치 있다는 집단의 설득력이 나를 다음 단계로 나아가도록 해 주었다. 나는 이런 지지를 받고 난 뒤 집으로 돌아와 시를 공중파 라디오에 보냈다. 그 시는 여러 번 읽혔다. 그리고 그 시를 직접 읽어 달라는 초청을 받기도 했다. 또 35명이 넘는 정치 지도자들에게 우편으로 그 시를 보내고 그들에게 이 상황에 대해 적절한 조치를 취해 달라고 요구했다.

내 고뇌는 몸 동작을 통해 하나의 인식이 되었다. 그 인식은 스스로 한 편의 시라는 예술 형태로 변했으며 나는 이 예술 형태를 정치적 메시지로 사용할 수 있었다. 어떤 행동을 취했을 때 나는 엄청난 안도감을 느꼈다.

독자들이 나의 정치 활동에 동의하든 그렇지 않든 간에, 예술을 통해 행동으로 이어지는 이 변화 과정이 누구에게나 모델이 될 수 있다는 데는 동의할 것이라고 생각한다. 독자 스스로 창조적 과정을 실험하고 탐구할 수 있도록 허용한다면 더없이 훌륭한 지각과 이해의 순간들을 찾을 수 있을 것이다. 그것의 일부는 세상 속의 고통을 반영하기도 하고, 또 다른 일부는 황홀경을 반영하기도 할 것이다. 고통과 황홀경이라는 양쪽 어느 경우에도 메시지의 강력함은 우리를 더 큰 세계로 들어가게 해 줄 것이다.

나는 역사의 결정적인 순간들에서 다른 사람들과 정서적으로, 운동감각적으로, 영적으로 연결되어 있음을 느끼며, 그래서 혼자가 아니라는 것을 안다. 많은 종교들이 우리는 모두 하나라는 이 개념을 받아들인다. 그러나 이런 종류의 연결됨을 실제로 경험하도록 개방하는 일은 드물다. 이것은 더욱 예민하게 자각해 감으로써, 당신의 창조적 에너지를 발산해 내기 시작함으로써, 당신의 개인적인 핵심 또는 중심을 찾음으로써, 그리고 우주적 에너지의 힘에 마음을 열면서 연마될 수 있는 것이다. 글로벌 차원으로의 상호 연결과 연민이야말로 결국 우리를 새로운 평화로 이끌게 될 영혼인 것이다.

창조적 반응을 실천하라

요약하겠다. 창조적인 사람들은 반응을 보일 수 있는 사람들이다. 다시 말해 그들은 해결책을 추구한다. 우리는 정치적 지도자들이 그 방법을 알려 주기를 기다릴 수가 없다. 우리는 협상이나 갈등하는 상황에 대한 평화적 해결을 주장하는 창조적인 사람들과 이 지구를 지속적으로 지켜 나가는 데 필요한 생활방식을 고집하는 사람들을 필요로 한다. 창조적인 사람들은 그저 겉모습이나 가면을 쓴 모습이 아니라 진정으로 그들의 진실됨을 느끼는 사람들이다. 즉 자신의 모습 전부를 진정으로 느낄 수 있게 하는 안전하고 신뢰할 수 있는 환경이 만든 산물인 것이다. 창조적 반응이란 무정하게 판단하지 않고 갈등 속에 있는 각 집단이 필요로 하는 것들을 실제로 듣는 것을 말한다. 창조적 반응이란 마음을 열고 유연하며 건설적이고 희망적인 상태로 있으면서, 우리에게 닥친 지금의 위기에 대한 선택적인 해결책을 찾는 데 있어 끈기를 지닐 수 있는 상태를 유지하는 것을 의미한다.

우리는 세상의 일들에 대해 창조적 반응을 할 필요가 있다. 그렇지 않으면 폭력과 대규모의 파괴가 평화를 향한 수단인 것처럼 보이게 되고, 무한정으로 발달하는 고도의 기술이 진보로 간주될 것이다.

나는 인간중심적 접근의 표현예술의 사용을 작품 활동의 한 형식으로 강조하고 있지만, 인식을 키우고 개인적인 인간관계에서의 행동 변화를 촉진하기 위해 이런 접근법들을 사용하는 것이 다른 모든 변화를 낳게 하는 중추 역할을 한다는 것을 알고 있다. 개방적이면서 정직하게, 그러면서 당신의 친구, 파트너, 자녀들과 의사소통할 수 있게 되는 새롭고 창조적인 방법을 찾아내는 것은 많은 사람들에게 그 영향력의 파동이 번져

나가게 할 수 있는 일이다.

의식 있고 창조적인 사람의 프로필을 살펴보자. 그런 사람은,

- 자기인식과 자존감이 있다.
- 자기 역량이 강화되어 있으며, 이것은 독립적으로 생각하고 행동하는 위험을 감수한다는 의미이다.
- 논리뿐만 아니라 직관을 이용하고, 아이디어를 계속 떠올리고, 독창적이며 전일적으로 사고하면서 오래된 문제들에 대한 새로운 해결책을 찾는다.
- 리드하는 동시에 협력적이다.
- 자신만의 가치 체계를 유지하는 동시에 차이점에 귀 기울이고, 이해하며, 마음으로부터 공감한다.
- 참석한 집단들이 서로의 이야기를 지성적인 차원뿐만 아니라 깊은 감성적인 차원에서 들을 수 있도록 도와줌으로써 각 개인 간의 서로 다른 견해를 의사소통할 수 있도록 촉진한다.

독자들이 이 리스트를 훑어보면서 자기가 이 기준에 많이 들어맞는다는 것을 인식했으면 한다. 만약 어떤 특성들이 자신에 대한 개념과 너무 멀리 있는 것처럼 보인다면 다시 보라. 이 책은 타인을 촉진하면서도 남의 말에 경청하는 사람이 되는 것뿐만 아니라 알아차리는 것, 자기 자신에게 힘과 능력을 부여하는 것, 그리고 이중성을 초월하는 것의 과정에 대해 논의하고 있다. 이 책을 읽으면 독자들은 분명 자기에게 창조적인 면이 상당히 많다는 것을 알아차렸을 것이다. 우리 모두 의식적이고 창조적인 사람이 될 능력이 있다. 우리는 모두 창조적이다. 우리 모두 인식 또는 의식을 넓힐 능력을 가지고 있다. 우리의 창조성은 오랜 세월에 걸쳐 여러 층의 문화적인 금지로 덮여 있다. 의식 있고 창조적인 자신이 되는 것은 참자기를 찾아 우리를 둘러싸고 있는 세상을 향해 마음과 가슴을 열기 위해 시간을 들여 그 딱딱한 억압의 층들을 벗겨 내는 것을 의미한다.

창조적 비전이 바로 길잡이 별이다

지금의 이 어려운 세상에 대한 평화로운 해결책을 위해서, 또 개인의 안녕을 증진하며 더욱 창조적이고 현명한 협력을 이뤄 내기 위해서는 모든 관계들, 가족, 교육 제도, 기업, 정치 지도자들이 반드시 함께 창조적 과정을 고무시키고 육성하며 사용해야 함이 필수적이다. 창조적 연결 과정, 즉 인간중심 철학과 표현예술 과정은 창조성을 일깨우고 진정성과 자기 역량 강화를 허용해 주는 하나의 방법이다.

세상에 살고 있는 사람들이 모두 한마음이 될 것이라고는 절대 기대할 수 없다. 항상 갈등과 논쟁이 존재할 것이다. 그러나 사람들이 서로에게 유익한 해결책을 찾기 위해 창조적으로 반응하는 것은 기대할 수 있다. 만약 우리가 하나의 지구촌 공동체로서 의견 차이를 평화롭게 해결하고자 마음먹는다면 실제로 이루어질 수 있다. 우리에게는 세계적 위기를 해결할 모든 기술적 자원과 두뇌가 있다. 타인을 다스리고 싶어 하는 사람들과 협동과 협조를 원하는 사람들 사이에 충돌이 일어난다. 위계적인 체계는 제대로 기능하지 않았다. 살아남으려면 우리의 모델이 사다리와 피라미드에서 원으로 바뀌어야 한다. 우리에게 있는 잠재적인 해결책들을 창조적이고 협력적이며 탐욕 없이 바라보려면 자발적인 의지와 결단력이 필요하다. 우리는 우리 자신에게 "만약 세상에 더 이상 전쟁이나 굶주림이 존재하지 않는다고 보장된다면 나는 무엇을 기꺼이 포기할 수 있을 것인가?" 하고 물어볼 수 있다.

당신은 자녀들의 평화와 건강을 위해서라면 무엇을 포기하겠는가? 나는 나의 자유와 개성, 또는 내가 선택한 것을 믿고 말할 수 있는 권리를 포기하지 않을 것이라는 걸 알고 있다. 더 이상의 불필요한 굶주림과 파괴, 폭력이 없어진다는 보장이 있으면 나는 분명히 많은 물질적 이익을 기꺼이 포기할 것이다. 만약 우리가 진실로 모든 잠재력을 다하여 사랑할 수 있다면 세상은 얼마나 멋진 곳이 될까! 텔레비전 뉴스를 틀어 사람들이 살기 알맞은 집을 함께 만들어 가는 모습을 보고, 외교관들이 문화와 종교의 벽을 넘어 서로의 이야기에 귀 기울이는 모습을 바라본다고 상상해 보라. 두려움과 탐욕을 물리쳐 버린 실제 상황을 본다고 상상해 보라.

걸프전을 일으켰을 때 썼던 것만큼의 창조적인 에너지와 돈과 결단력을 실현 가능한 미래를 건설하는 데 쏟아 부을 때 느낄 흥분감을 상상해 보라. 정해진 목표를 이루기 위해서 우리는 엄청난 양의 물품과 기술을 한데 모을 수 있다. 우리에게 필요한 것은 지구의 모든 인간들에게 질 높은 삶을 가져다줄 수 있는 목표를 조준하기 위해 이와 동일한 정신을 활용하는 것뿐이다.

우리의 창조성에 얹어 둔 뚜껑 외에 세상의 문제에 대한 해결책에 다가가지 못하게 하는 것은 정말 아무것도 없다. 내면의 창조력에 자신을 열면 가능한 것을 마음으로 그려 볼 수 있다. 가능한 것을 마음으로 그려 보면 우리의 의지와 결단력이 활기를 띠어 결국 그것을 만들어 낼 수 있다. 그래서 마음에 품어 보는 것이 중요한 단계가 되는 것이다. 우리는 초에 불을 밝히는 선구자가 될 수 있다.

감옥에 갇혔다가 후에 체코슬로바키아의 대통령이 된 시인 바츨레프 하벨(Vaclev Havel)은 옥중에서 아내 올가에게 이런 시를 적어 보냈다.

> 희망은 영혼이 자리한 하나의 차원.
> 그것은 우리의 바깥이 아니라 안에 있다.
> 잃어버리면 다시 찾아야 한다.
> 물건이나
> 사건 속에서가 아니라
> 당신 내면에서
> 그리고 당신을 둘러싼 사람들과 함께.[12)]

이제 마무리하기 위해 제1장에서 한 말을 한 번 더 말하고자 한다. 우리의 생명력, 즉 내면의 핵 또는 영혼과 모든 존재의 본질 사이에는 어떤 연결이 있다. 우리의 본질 또는 전체성을 발견하기 위해 내면 여행을 하면서 우리는 외부 세상과 우리가 연결되어 있음을 알게 된다. 안과 밖의 세계는 하나가 된다. 강을 따라 여행하면, 다시 말해 타고난 창조성을 일깨우면 인간애가 가득하고 평화로운 세상에 대한 희망을 만들어 내고 지켜 갈 수 있다.

---

12) Vaclev Havel, *Noetic Sciences Review* (Spring 1990) 인용.

생명의 심장과 접촉하다_사자 그린우드

참고문헌 Bibliography

이 참고문헌은 내가 인간중심 표현예술치료 작업을 개발하던 중에 영향을 받았던 책들이다. 나는 새롭게 확산되고 있는 표현예술치료라는 영역을 추구하는 사람들에게 특히 도움이 될 수 있는 책들을 추천하고자 한다. 따라서 이 목록에는 심리치료의 원리는 물론 미술, 동작, 음악, 소리, 글쓰기 치료와 관련된 것들이 포함되어 있다.

즉흥연극 분야를 제외한 것에 대해 사과한다. 즉흥연극은 수많은 표현예술 방식들을 효과적으로 통합해 줄 때가 많다. 앞으로 이 간극을 메우려고 한다. 춤과 동작치료사, 음악치료사들은 책보다는 논문을 쓰는 경향이 있다. 여기에는 그런 논문의 목록을 싣지 않았다. 그러나 메리 화이트하우스, 조운 초도로우, 재닛 애들러 같은 동작치료사들과 음악치료사인 프랜시스 골드버그의 논문은 추천한다.

인본주의 심리학에는 몇 권의 고전들이 있는데, 에이브러햄 매슬로우, 칼 로저스, 롤로 메이, 클라크 머스태커스, 시드니 주러드 같은 저자들의 책이 그러하다. 이들은 외부의 권위에 기대고 의존성을 키우면서 인간의 본성을 불신하는 기존의 심리학을, 인간의 본성을 신뢰하고 자기 역량을 강화할 수 있다는 심리학으로 바꾸어 놓은 개척자들이다. 후자의 관점이 인본주의적 가치와 방법론의 토대이며, 이런 가치와 방법론은 21세기에 더욱 요구되고 있다. 하지만 불행히도 이렇게 소중한 책들이 오늘날 대학교 교과과정에서는 사용되지 않고 있다. 앞으로 이 세상에서 벌어지는 일들에 대해 영향을 미치도록 우리의 의식을 바꾸어야 한다면 이 중요한 책들을 전면에 내세워야 할 것이다.

Achterberg, Jeanne. *Imagery in Healing: Shamanism and Modern Medicine.* Boston: New Science Library, 1985.

Adamson, Edward. *Art as Healing.* York Beach, ME: Nicolas-Hays, 1984.

Anderson, Harold H. *Creativity and Its Cultivation.* New York: Harper & Brothers, 1959.

Arrien, Angeles. *The Tarot Handbook: Practical Applications of Ancient Visual Symbols.* Sonoma, CA: Arcus Publishing, 1987.

———. *The Five Universal Shapes and How To Use Them.* Sonoma, CA: Arcus Publishing, 1992.

Assagioli, Roberto. *Psychosynthesis: A Manual of Principles and Techniques.* New York: Viking, 1965.

Barlin, Anne Lief and Greenberg, Tamara Robbin. *Move and Be Moved.* Los Angeles: Learning Through Movement (5757 Ranchito, Van Nuys, CA 91401), 1980.

Barron, Frank. *Creativity and Psychological Health.* Princeton, NJ: Van Nostrand, 1963.

———. *Creativity and Personal Freedom.* Princeton, NJ: Van Nostrand, 1968.

Benzwie, Teresa. *A Moving Experience: Dance for Lovers of Children and the Child Within.* Tucson, AZ: Zephyr Press, 1987.

Berman, Morris. *Coming to Our Senses.* New York: Bantam, 1989.

Bridges, William. *Transitions: Making Sense of Life's Changes.* Menlo Park, CA: Addison-Wesley, 1980.

Brown, J. et al. *Free Writing! A Group Approach.* Rochelle Park, NJ: Hayden Books, 1977.

Bugental, James F. T. *The Art of the Psychotherapist.* New York: W. W. Norton, 1987.

———. *Psychotherapy and Process: The Fundamentals of an Existential-Humanistic Approach.* New York: Random House, 1978.

Campbell, Don G. *The Roar of Silence: The Healing Powers of Breath, Tone, and Music.* Wheaton, IL: Theosophical Publishing House, 1989.

Campbell, Joseph. *The Mythic Image.* Princeton, NJ: Princeton University Press, 1974.

——— (Ed.). *The Portable Jung.* New York: Viking Penguin, 1971.

Cane, Florence. *The Artist in Each of Us.* Craftsbury Common, VT: Art Therapy Publications, 1953.

Capacchione, Lucia. *The Creative Journal: The Art of Finding Yourself.* Athens, OH: Swallow Press, 1979.

———. *Recovery of Your Inner Child.* New York: Simon & Schuster, 1991.

———. *The Power of Your Other Hand: A Course in Channeling the Inner Wisdom of the Right Brain*. North Hollywood, CA: Newcastle Publishing, 1988.

Chicago, Judy. *Through the Flower: My Struggle as a Woman Artist*. Garden City, NY: Doubleday, 1975.

Cornell, Judith. *Drawing the Light from Within*. New York: Prentice Hall, 1990.

Edwards, Betty. *Drawing on the Artist Within: A Guide to Innovation, Invention, Imagination and Creativity*. New York: Simon & Schuster, 1986.

———. *Drawing on the Right Side of the Brain: A Course in Enhancing Creativity and Artistic Confidence*. Los Angeles: J. P. Tarcher, 1989.

Feder, Elaine and Bernard. *The Expressive Art Therapies: Art, Music and Dance as Psychotherapy*. Englewood Cliffs, NJ: Prentice-Hall, 1981.

Feldenkrais, Moshe. *Awareness Through Movement: Health Exercises for Personal Growth*. New York: Harper & Row, 1972.

Fox, Matthew. *The Coming of the Cosmic Christ: The Healing of Mother Earth and the Birth of a Global Renaissance*. San Francisco: Harper & Row, 1988.

Gawain, Shakti. *Creative Visualization*. New York: Bantam, 1985.

———. *Living in the Light: A Guide to Personal and Planetary Transformation*. San Rafael, CA: New World Library, 1986.

Gendlin, Eugene T. *Focusing*. New York: Everest House, 1978.

Ghiselin, Brewster (Ed.). *The Creative Process: A Symposium*. Berkeley, CA: University of California Press, 1952.

Goldberg, Natalie. *Writing Down the Bones: Freeing the Writer Within*. Boston: Shambhala, 1986.

———. *Wild Mind: Living the Writers' Life*. New York: Bantam, 1990.

Grof, Stanislav. *The Adventure of Self-Discovery: Dimensions of Consciousness and New Perspectives in Psychotherapy and Inner Exploration*. Albany: State University of New York Press, 1988.

Gunther, Bernard. *Sense Relaxation: Below Your Mind*. New York: Macmillan, 1969.

Halprin, Anna et al. *Collected Writings*. San Franciso: San Francisco Dancers' Workshop, 1973.

Harman, Willis. *Global Mind Change: The Promise of the Last Years of the Twentieth Century*. Indianapolis, IN: Knowledge Systems, in cooperation with the Institute of Noetic Sciences, 1988.

——— and Rheingold, Howard. *Higher Creativity: Liberating the Unconscious for Breakthrough Insights*. Los Angeles: J. P. Tarcher, 1984.

Heider, John. *The Tao of Leadership*. Atlanta: Humanics Limited, 1985.

Heilbrun, Carolyn G. *Writing A Woman's Life*. New York: Ballentine, 1988.

Houston, Jean. *The Possible Human: A Course in Enhancing Your Physical, Mental, and Creative Abilities*. Los Angeles: J. P. Tarcher, 1982.

Ingerman, Sandra. *Soul Retrieval: Mending the Fragmented Self*. San Francisco: Harper San Francisco, 1991.

Jaffee, Aniela (Ed.). C. J. Jung: *Word and Image*. Los Angeles: J. P. Tarcher, 1982.

Jourard, Sidney M. *The Transparent Self*. New York: Van Nostrand Reinhold, 1971.

Jung, Carl G. *Man and His Symbols*. Garden City, NJ: Doubleday, 1964.

———. *Mandala Symbolism* [from *Collected Works of C. G. Jung*, Volume 9, Part I. Bollingen Series XX]. Princeton, NJ: Princeton University Press, 1959.

———. *Memories, Dreams, and Reflections*. New York: Pantheon, 1963.

Kenny, Carolyn. *The Mythic Artery*. Atascadero, CA: Ridgeview Publishing, 1982.

Keyes, Laurel Elizabeth. *Toning: The Creativc Power of the Voice*. Marina del Rey, CA: DeVorss & Co., 1973.

Keyes, Margaret Frings. *Inward Journey: Art as Therapy*. London: Open Court Publishing, 1983.

Kiebert, Coeleen. *All of a Sudden*. Aptos, CA: self-published, 1980.

Kirschenbaum, Howard. *On Becoming Carl Rogers*. New York: Delacorte, 1979.

——— and Henderson, Valerie Land, eds. *The Carl Rogers Reader*. Boston: Houghton Mifflin, 1989.

Knill, Paolo. *Intermodal Learning in Education and Therapy*. Cambridge, MA: self-published, 1978.

LeShan, Lawrence. *How To Meditate: A Guide to Self-Discovery*. Boston: Little, Brown, 1974.

Levant, Ronald F. and Shlien, John M. *Client-Centered Therapy and the Person-Centered Approach: New Directions in Theory, Research, and Practice*. New York: Praeger, 1984.

Levine, Stephen K. Poiesis: *The Language of Psychology and the Speech of the Soul*. Toronto: Palmerston Press, 1992.

Lewis, Penny (Ed.). *Theoretical Approaches in Dance-Movement Therapy*, Volume II. Dubuque, IA: Kendall/Hunt, 1984.

London, Peter. *No More Secondhand Art: Awakening the Artist Within*. Boston: Shambhala, 1989.

Maslow, Abraham H. *Toward a Psychology of Being.* Princeton, NJ: Van Nostrand, 1962.

———. *The Farther Reaches of Human Nature.* New York: Viking, 1971.

Mathieu, W. A. *The Listening Book: Discovering Your Own Music.* Boston: Shambhala, 1991.

May, Rollo. *The Courage To Create.* New York: Bantam, 1975.

McMurray, Madeline. *Illumination: The Healing Image.* Berkeley, CA: Wingbow Press, 1988.

McNiff, Shaun. *The Arts and Psychotherapy.* Springfield, IL: Charles C. Thomas, 1981.

———. *Depth Psychology of Art.* Springfield, IL: Charles C. Thomas, 1989.

———. *Art as Medicine: Creating a Therapy of the Imagination.* Boston: Shambhala, 1992.

Mindell, Arnold. *Dreambody: Body's Role in Revealing the Self.* Boston: Sigo Press, 1982.

———. *The Year 1: Global Process Work. Community Creation from Global Problems, Tensions and Myths.* London: Penguin, 1989.

Moon, Bruce L. *Existential Art Therapy: The Canvas Mirror.* Springfield, IL: Charles C. Thomas, 1990.

Moustakas, Clark E. *The Self: Explorations in Personal Growth.* New York: Harper & Brothers, 1956.

———. *Creativity and Conformity.* New York: Van Nostrand Reinhold, 1967.

Nachmanovitch, Stephen. *Free Play: Improvisation in Life and Art.* Los Angeles: J. P. Tarcher, 1990.

Oaklander, Violet. *Windows to Our Children.* Moab, UT: Real People Press, 1969.

Pelletier, Kenneth R. *Mind as Healer, Mind as Slayer: A Holistic Approach to Preventing Stress Disorders.* New York: Dell, 1977.

Prinzhorn, Hans. *Artistry of the Mentally Ill.* New York: Springer-Verlag, 1972.

Progoff, Ira. *At a Journal Workshop: The Basic Text and Guide for Using the Intensive Journal Process.* New York: Dialogue House Library, 1975.

Purce, Jill. *The Mystic Spiral: Journey of the Soul.* New York: Avon, 1974.

Ray, Michael and Myers, Rochelle. *Creativity in Business.* New York: Doubleday, 1986.

Rhyne, Janie. *The Gestalt Art Experience.* Monterey, CA: Brooks/Cole, 1973.

Rico, Gabriele L. *Writing the Natural Way: Using Right-Brain Techniques to Release Your Expressive Powers.* Los Angeles: J. P. Tarcher, 1983.

Ristad, Eloise. *A Soprano on Her Head: Right-side-up Reflections on Life and Other Performances.* Moab, UT: Real People Press, 1982.

Robbins, Arthur. *The Artist as Therapist.* New York: Human Sciences Press, 1987.

Robbins, Lois. *Waking Up in the Age of Creativity.* Santa Fe, NM: Bear & Co., 1985.

Rogers, Carl R. *Client-centered Therapy: Its Current Practices, Implications, and Theory.* New York: Houghton Mifflin, 1951.

———. *On Becoming a Person.* Boston: Houghton Mifflin, 1961.

———. *Carl Rogers on Personal Power: Inner Strength and Its Revolutionary Impact.* New York: Delacorte, 1977.

———. *A Way of Being.* Boston: Houghton Mifflin, 1980.

———. *Freedom To Learn for the 80s.* Columbus, OH: Charles E. Merrill, 1983.

Rogers, Natalie. *Emerging Woman: A Decade of Midlife Transitions.* Santa Rosa, CA: Personal Press, 1980.

Rubin, Judith Aron (Ed.). *Approaches to Art Therapy: Theory and Technique.* New York: Brunner/Mazel, 1987.

Schoop, Trudi. *Won't You Join the Dance.* Palo Alto: National Press Books, 1974.

Stevens, John O. *Awareness: Exploring, Experimenting, Experiencing.* Moab, UT: Real People Press, 1971.

Thich Nhat Hanh. *Being Peace.* Berkeley, CA: Parallax Press, 1987.

Ueland, Brenda. *If You Want To Write: A Book about Art, Independence and Spirit.* St. Paul, MN: Graywolf, 1987.

Vaughan, Frances E. *Awakening Intuition: Greater Realization Through Your Intuitive Powers.* New York: Doubleday, 1979.

———. *The Inward Arc: Healing and Wholeness in Psychotherapy and Spirituality.* Boston: Shambhala, 1986.

Virshup, Evelyn. *Right Brain People in a Left Brain World.* Los Angeles: The Guild of Tutors Press, 1978.

Wadeson, Harriet. *Art Psychotherapy.* New York: John Wiley & Sons, 1980.

Walsh, Roger N. and Vaughan, Frances (Eds.). *Beyond Ego: Transpersonal Dimensions in Psychology.* Los Angeles: J. P. Tarcher, 1980.

Zweig, Connie and Abrams, Jeremiah (Eds.). *Meeting the Shadow: The Hidden Power of the Dark Side of Human Nature.* Los Angeles: J. P. Tarcher, 1990.

찾아보기

ㅈ

ㅍ

ㅎ

기타